오픈 데이터, 지금이 기회다!

Open Data Now

투이컨설팅 오픈데이터팀 엮음

(저자 : Joel Gurin)

오픈 데이터, 지금이 기회다!

초판인쇄 | 2016년 12월 7일
초판발행 | 2016년 12월 7일
지 은 이 | 조엘 구린
옮 은 이 | 양정식, 박경수, 김대용, 오재영, 송혜민, 문보라
펴 낸 곳 | 투이컨설팅 오픈데이터팀
인쇄/출력 | (주)팬다콤프로세스
디 자 인 | 손형기

등 록 | (주)투이컨설팅
주 소 | 서울시 영등포구 영신로 220, KnK디지털타워 1710호
전 화 | 02-786-7281
팩 스 | 02-786-4118

ISBN 978-89-963598-2-1

값 15,000원

핫 스타트업, 스마트한 투자, 정통한 마케팅,
신속한 혁신을 위한 비법

오픈 데이터, 지금이 기회다!

Open Data Now

투이컨설팅 오픈데이터팀 엮음
(저자 : Joel Gurin)

New York Chicago San Francisco Athens London Madrid Mexico City Milan New Delhi
Singapore Sydney Toronto

1 2 3 4 5 6 7 8 9 0 DOC/DOC 1 9 8 7 6 5 4 3

ISBN 978-0-07-182977-9
MHID 0-07-182977-6
e-ISBN 978-0-07-182978-6e-
MHID 0-07-182978-4

목차

제 02 부 비즈니스 환경 : 오픈 데이터의 새로운 트렌드

엮은이 서문

오픈 데이터는 금맥일 것인가?

작년 5월 당시 국내 대표 내비게이션 앱인 '김기사'가 다음카카오에 626억원에 인수되어 세간을 놀라게 하는 사건이 있었다. 김기사는 오픈 데이터를 통해 사업모델을 만들어 성공한 대표적인 케이스이다.

세계 여러 나라들은 공공데이터에 대한 활용에 대해 다양한 정책을 추진하고 있다. 미국도 2012년 5월 투명성 제고, 일자리와 비즈니스 창출을 위해 모든 공공정보를 기계판독 가능한(machine readable) 오픈포맷으로 개방하라는 '대통령 행정명령과 오픈데이터 정책' 발표를 하였다. EU도 '11년 12월 공공데이터를 온라인 단일 창구를 통해 무료로 제공해 경제적 기회 증대 및 사회현안 해결에 활용한다는 '오픈 데이터 전략'을 발표했으며 일본도 "전자행정 오픈데이터 전략은 행정의 신뢰성 · 투명성 향상, 신 시장 창출에 따른 경제 활성화 관점에서 매우 중요하기 때문에 공공데이터를 적극 개방하고, 활용을 촉진하기 위한 구체적인 방안을 검토할 계획"이라고 밝혔다. 이러한 정책에 따라 세계 각국의 공공데이터 개방과 민간 활용이 가속화 되고 있는 상황에서 우리나라에서도 공공데이터 활용으로 경제에 새로운 활력소를 불어 넣고 성장의 동력으로 삼아야 할 시점이 이미 도래했다고 볼 수 있다.

우리나라에서는 정부3.0과 창조경제의 핵심가치를 실현하기 위한 전략으로 공공데이터 개방을 추진하고 있다. 2013년 10월 데이터개방의 법적 실효성을 뒷받침하기 위해 「공공데이터의 제공 및 이용 활성화에 관한 법률」("데이터개방법"이라 함)을 제정·시행했으며, 산·학·연·민·관이 참여하는 수요자 중심의 공공데이터 정책 소통의 장(場)인 '국가 오픈데이터 포럼'을 출범시켰다. 아울러 공공데이터 개방(공공부문)과 이용(민간부문) 활성화에 관한 전반을 지원하는 전담조직인 '공공데이터활용지원센터'를 설치하였으며 국무총리를 위원장으로 하는 공공데이터전략위원회를 설치하여 정책의 추진사항을 매년 점검하고 평가해오고 있다.

2013년부터 2016년까지 정부가 가진 전체 데이터의 60%정도를 개방하려는 목표를 가지고 추진해 오고 있으며 특히, 산업적으로 개방효과가 큰 16대 개방 우선 전략분야를 선정하고 36개 국가 중점데이터를 발굴하여 올해까지 개방을 마무리 할 계획으로 매년 100억원 이상 투자하고 있다.

투이컨설팅의 오픈데이터팀은 지난 4년 동안 오픈 데이터와 관련하여 데이터 개방체계, 공공데이터 품질관리, 데이터 품질관리 수준평가, 공공데이터 품질관리 지원센터 운영 등 다양한 컨설팅을 수행해 오고 있다.

특히, 공공데이터 개방체계 구축 컨설팅을 수행하면서 데이터 개방에 대한 방법론, 활용 가이드와 사례 등이 많지 않아 오픈 데이터 구축을 위한 효과적인 방안을 제시하는데 어려움을 겪어왔다.

이러한 해법 제시의 갈증을 해소하고 다양한 활용사례를 확보·공유하여 오픈 데이터 시대의 조속한 도래에 조금이라도 도움이 되고자 팀원들과 의기 투합하여 이 책을 출간하게 되었다.

작년 12월 여러 전문가의 의견 수렴을 통해 책을 선정하고 번역, 검토, 감수 등 거의 1년간 작업을 진행해왔는데 우리 팀의 멤버인 박경수 수석, 김대용 수석, 문보라 선임, 오재영 선임, 송혜민 선임이 함께 고생해 주었다. 누구 보다도 출간 작업에 있어 격려해 주시고 앞장서 이끌어 주신 김인현 대표님께 진심으로 감사하다는 말씀을 드리고 싶다. 또한 많은 격려와 지원을 해준 최인규 사장님, 이진우 부사장님, 임동진 전무님을 비롯해서 정일 팀장에게도 감사드린다. 책의 완성도를 높이기 위해 시간을 투자해 준 김경란 매니저, 공공데이터 품질지원단의 최유미 책임, 김윤경님에게도 감사의 말을 전한다. 그리고 발간 전날까지 밤 새워 마지막 교정 작업에 혼신을 쏟은 문보라 선임, 송혜민 선임에게 다시 한번 감사하고 싶다. 아울러, 국가중점 데이터 개방체계 구축을 위해 지금도 힘쓰고 있는 한국정보화진흥원 공공데이터활용지원센터의 개방 · 활용 담당자 및 팀장님께도 감사드린다. 번역서 출간은 집필서 보다 훨씬 더 많은 수고와 시간을 요구한다. 프로젝트를 진행하면서 발간하는 작업에 이해와 사랑을 보내준 팀원과 가족에게 고마움을 느낀다. 그리고 영문번역 실력이 일천하여 문맥이 다소 매끄럽지 않거나, 일부 오류가 있을 수 있으나 널리 혜량하여 주시기를 바란다.

오픈데이터는 21세기의 원유(原油)라고 흔히 들 이야기 한다. 수년 전부터 트렌드를 차지한 빅데이터와 오픈데이터가 맞물리면서 새로운 시대로 접어 든 시점이다. 더욱이 이세돌 기사에 압승을 한 알파고가 세상에 부각됨으로써 인공지능과 함께 데이터의 중요성이 더욱 부각되고 있다.

오픈 데이터는 21세기의 새로운 광맥(鑛脈)으로서 전 세계적으로 앞 다투어 성공의 사례를 만들어 내고 있으며 해외에서는 이미 도입기를 지나 성장기를 지나고 있다. 이 책을 통하여 독자들이 우리나라의 오픈데이터를 이용한 스타트업의 출현을 가속화하는데 도움이 되고, 오픈데이터를 이해하고 사용하고자 하는 모든 사람들에게 유익하고 좋은 시작점이 되기를 기대한다.

2016년 12월

투이컨설팅 양정식 이사

▌추천사▐

"이제는 데이터 시대입니다"

한국빅데이터학회 회장 겸 경희대 교수 박주석

"IT시대에서 DT시대로!"

알리바바의 마윈 회장이 작년 베이징에서 열린 빅데이터산업 설명회에서 "알리바바는 빅데이터의 최대 수혜자로 지금은 정보화시대(IT)에서 데이터시대(DT)로 급속히 이양하고 있다"고 말했다.

2012년 세계경제포럼과 가트너 10대 기술로 빅데이터가 등장한 이래, 최근 데이터의 중요성이 더욱 부각되고 있다. 인공지능 등 신기술의 핵심으로 빅데이터가 사용되면서 상용화에 국내외의 관심도 뜨겁다.

이러한 빅데이터 시대를 도래하게 한 배경 중에 오픈데이터가 중요한 역할을 했다고 생각한다. 현재 오픈데이터의 선진국이라 할 수 있는 미국과 영국은 오픈 데이터를 활용하여 각 산업에 파괴력이 있는 서비스를 제공 중이고 수십억 달러가 넘는 가치를 지닌 스타트업이 출현하여 가히 오픈데이터의 전성시대를 구가하고 있는 상황이다.

우리나라도 시대의 흐름에 맞추어 정부 중심으로 공공 데이터 개방에 열을 올리고 있는 상황이다. 하지만 정부주도로 이루어 지면서 개방 실적은 괄목하게 증가하고 있으나 활용 성과는 미미하다. 즉, 아직 먹을 준비가 안 되어 있는데 밥상을 차려놓은 상태이다. 시장이 성숙되려면 시간과 준비가 필요하다. 원료(데이터)를 잘 정제하고 내용, 특성 등을 제공하는 동시에 실 사례에 대한 세밀한 조사를 통해 활용법(레시피)을 제시해야 되지 않을까 생각한다.

이러한 시기에 "오픈데이터, 지금이 기회다!" 출간은 여러 이해 당사자에게 도움을 줄 것으로 기대한다. 저자인 조엘 구린은 오픈데이터 분야의 국제적인 전문가로 미국의 개방형 데이터 기업 센터(Center for Open Data Enterprise)의 설립자이며 가브랩(GovLab)의 시니어 어드바이저로 활동하였다. 가브랩은 미국의 대표적 공공데이터개방 전문기관으로서 미국, 멕시코, 호주 등 정부와 협력해 데이터 활용 기업을 분석하는 '오픈 데이터 500' 사업을 추진하고 있다.

"오픈데이터, 지금이 기회다!" 의 출간을 진심으로 축하하며, 데이터 시대를 맞이한 우리나라에 신선한 영향을 주었으면 하는 바램이다.

서문

나의 데이터스피어[1] 여행

나는 지금까지 다양하고 만족스러운 경력을 쌓을 수 있었던 것을 행운으로 생각한다. 과학 기자로서 사회에 첫 단추를 뀐 이후 책을 썼고 잡지 에디터로도 활동했으며 편집장이 된 후엔 컨슈머 리포트(Consumer Reports)의 부사장으로 승진하기도 했다. 그 후 워싱턴 정부 기관의 국장, 출판 • 비영리단체의 수장으로 일하는 등 다양한 경험을 했으나 지난 삼 년간 내가 알게 된 이 오픈 데이터는 단언컨대 그 동안의 내 경력 중에서 가장 흥미롭고 영감을 준 일임에 틀림없다.

내가 오픈 데이터의 세계에 빠진 것은 2010년 가을부터였다. 그로부터 1년 전인 2009년, 정부 기관인 연방정부 통신위원회(Federal Communications Commission)의 소비자 행정 사무국 최고책임자로 취임했다. 풍부한 소비자 관련 경력을 가진 덕분에 소비자 문제를 중시하는 줄리어스 제네코스키(Julius Genachowski) 신입 의장의 눈에 들어 영입되었다. 그곳에서 나는 '어떻게 하면 소비자들이 가지각색의 휴대폰 요금제 중 자신에게 가장 잘 맞는 요금제를 선택할 수 있을까?' 와 같은 성가신 소비자 문제를 두고 팀원들과 함께 고민하고 토의했다.

이 질문에 대한 답을 찾던 중 금융서비스와 헬스케어 등의 분야에서 이와 비슷한 문제를 담당하던 동료와 얘기를 나눌 수 있었다. 그리고 이런 문제를 해결하기 위해서 백악관 스마트공시 전담팀를 설치해야 한다는 의견을 냈던 당시 과학기술국(Office of Science and Technology Policy)의 대

1. 데이터스피어 (Datasphere) :
디지털 데이터로 저장되어 있는 추상적인 환경을 말하며 대표적으로 인터넷을 들 수 있다.

니 고로프(Danny Goroff)를 만나게 되었다. 그 결과 나는 재무부의 소피 레이즈맨(Sophie Raseman)과 함께 백악관 스마트 공시(Smart Disclosure) 전담팀의 공동 의장으로 취임했다. 그때부터 소비자들이 정보에 근거하여 더 잘 알고 선택할 수 있도록, 제품과 서비스에 관한 정부의 오픈데이터 사용에 대해 연구해왔다.

전담 팀에서 일하는 과정에서 오바마 정부의 공개정부계획을 이끌었던 베스 노벡(Beth Noveck)을 만났다. 몇 건의 프로젝트를 함께 했고, 이후 뉴욕대학 정부정책 연구실에 있는 그녀의 연구팀 수석 고문으로 합류했다. 우리가 고브랩(GovLab)이라고 부르는 이 연구실은 기술혁신과 데이터 수집분석, 기타 기업들과의 협업을 통한 정부에 대한 새로운 접근법 개발이 주 업무인데 그 중 가장 핵심이 되는 것이 바로 오픈 데이터였다.

오픈 데이터를 이해하고 사용하기 위한 새로운 방식을 개발하고 있는 사업가, 기업 회장, 연구원, 교수, 기자 등 수많은 사람들을 알게 되었고 "데이터 해방(Data liberation)!"을 부르짖는 새로운 부류의 기술 전도사들도 만나게 되었다. 그리고 발전에 발전을 거듭하고 있는 새로운 세계, 바로 이 오픈 데이터 자원을 알게 되었다. 오픈 데이터 자원이란 비즈니스와 정부, 사회의 혁신적 변화를 위해 자료를 제공하는 데이터스피어의 한 유형을 말한다.

나는 민간분야, 소비자 보호 단체 그리고 정부 기관에서 일할 수 있었던 것을 행운이라고 생각한다. 왜냐면 이 세 가지 측면에서의 모든 경험을 토대로 이 책이 쓰여졌기 때문이다. 주요 독자가 될 비즈니스 리더들이 그들의 사업체를 발전시키거나 고객에게 보다 효과적인 마케팅으로 다가가 새로운 투자 기회를 찾으며 새로운 비즈니스를 구축해나가는데 있어 이 책이 많은 도움이 되기를 바란다. 하지만 여기서 그치지 않고 이런 기업들과 일하는 정부 기관, 기업과 정부의 투명성을 강조하는 지지자들 그리고 개인의 삶의 질을 높이기 위해 오픈 데이터를 사용하고자 하는 소비자들에게도 이 책이 안내자가 되어주길 바란다.

서론

세계 최대의 무료 자원

오픈 데이터는 스타트업의 창업을 도울 것이다. 사업가들은 이제까지 대중이 보지 못했던 창업 아이템을 만들 것이다. – 버락 오바마의 연설 중(2013년 3월 9일)

대량의 새로운 경영 데이터들이 당신에게 주어졌다고 상상해 보자. 이 데이터는 향상된 의료 시스템, 심도 있는 투자 장치, 에너지 고효율화, 교통수단 향상, 웹사이트나 앱을 통한 소비자 서비스 영역의 확대 등을 제공할 수 있는 새로운 회사를 만드는데 사용될 수 있다. 또한 기존의 기업에게도 큰 도움이 될 것이다. 이를 통해 회사의 이미지, 마케팅 시장의 추세, 리스크 없는 동업자들을 알아낼 수 있고 또한 과학연구의 성장 속도는 한 자리 단위가 아닌 서너 자리 단위로 빨라질 것이다. 이런 기회들을 개발하는 데는 돈과 그만한 노력이 들겠지만 가장 중요한 핵심인 데이터 자원은 모두 무료 이용이 가능하다.

위에서 말한 이상적인 자원으로는 바로 오픈 데이터를 들 수 있다. 오픈 데이터의 개념은 간단하다. 개인과 기업, 정부 혹은 그 누구든지 다른 소스를 통해 오픈 데이터로의 접근이 가능하다. 온라인으로 비행기표를 예약해 보았거나 스마트폰의 GPS를 사용 중이거나 일기예보를 확인해 본 적이 있다면 당신은 오픈 데이터를 직간접적으로 사용한 것이다. 이 외에도 오픈 데이터는 데이터 분석개발과 스타트업 창업, 경영 전략상의 문제 해결, 새로운 경영 방침을 제시하고 개선하는 데에도 사용된다.

오픈 데이터의 진화는 인류를 한 단계 발전시켰다. 강력한 컴퓨터, 저렴한 가격의 메모리 장치, 기하급수적으로 성장한 디지털 정보, 거대한 데이터베이스가 인류 역사상 처음으로 대중화되고 있는 것이다. 이러한 현상은 오픈 데이터를 완전히 새로운 단계로 도약시켰고 그 과정에서 전 세계를 변화시키고 있다. 오픈 데이터는 전 세계 기업가들의 성공 전략으로 사용되고 있다. 투자자들은 오픈 데이터를 통해 리스크와 이윤을 계산하여 최고의 투자 전략을 세우고 주주들은 기업평판을 파악하고 데이터기반 마케팅 전략을 개발한다. 사업가들은 오픈 데이터를 통해 날씨, 부동산, 교통 등 대중에게 도움이 될 만한 서비스를 만들어 내며 수천만 달러를 벌어 들이기도하고 그보다 훨씬 더 큰 기업가치를 창출하고 있기도 하다.

2013년 10월 맥킨지 앤 컴퍼니(McKinsey & Company)는 오픈 데이터의 가치에 관한 보고서를 전 세계에 배포했는데 이것을 통해 교육, 에너지, 의료 분야 등에서 연간 약 3조 달러의 경제적 성장 가치가 있을 것으로 예측했다. 이는 현재까지 오픈 데이터의 가치를 가장 희망적으로 예측한 자료로, 오픈 데이터를 지나치게 포괄적으로 보았기 때문인데 예를 들어 오픈 데이터 활용이 교육 개선을 이루면서 사람들의 수익을 높인다는 가정도 포함되는 것이다. 그럼에도 불구하고 이 보고서는 오픈 데이터에 대한 사업적 관심과 가능성에 대한 높은 기대감을 잘 보여주고 있다.

동시에 오픈 데이터는 기업뿐 만 아니라 개인에게도 큰 영향을 끼친다. 정부는 오픈 데이터를 점진적으로 공개해 정부에 대한 신뢰와 경영 혁신 환경을 조성하려 하고 있다. 연구자들은 오픈 데이터를 통해 치료법을 더 빨리 찾고 기자들은 돈세탁에서 의료보험 사기에 이르기까지의 광범위한 문제들을 공개하고 기업의 운영 정책을 발전시키기 위해 오픈데이터를 사용한다. 나는 지난 3년간 연방정부 통신위원회 위원회 소비자 부서장, 백악관 전담 팀의 의장 그리고 현재는 뉴욕대학 연구팀의 일원으로서 최근 형성되고 있는 오픈 데이터의 리더들을 만났다. 또한 오픈 데이터를 사용하여 의료, 경제, 교육, 에너지 분야에서 창업을 생각하는 유망한 사업가들을 만났으며 새롭고 다양한 데이터를 공개하고자 노력하는 미국, 영국의 고위관료들, 정책 입안자들, 학자들, NGO 단체들도 알게 되었다. 이 책은 그들의 모든 비전과 통찰, 지식, 조언이 반영된 책이라 할 수 있다.

오픈 데이터의 세계는 빠르게 변화하는 중이다. 그래서 오픈 데이터를 주제로 한 그 어떤 책도 최신 정보를 모두 담아내기란 어렵다. 따라서 나는 OpenDataNow.com을 개설해 가장 최근에 이루어진 개발내용과 토론 그리고 기회에 대해 살펴 볼 수 있도록 했다. 이 웹사이트에서는 발전을 거듭하는 오픈 데이터 사회 속에서 그 핵심 역할을 하기 위한 블로그, 앱, 뉴스가 제공된다. 나는 독자들이 웹사이트를 둘러보고 댓글도 남기면서 활동해 주길 부탁한다. 책에서 언급한 몇몇 전문가들의 기사, 인터뷰 전문, 팟캐스트도 포스팅하고 있다. 이 목록은 부록 A의 316 페이지와 317 페이지에서 확인할 수 있다. 이 책은 오픈 데이터의 잠재성과 관련된 여러 소스를 독자들에게 알려 준다. 책 내용의 대부분은 오픈 데이터를 실용적으로 사용하는 방법에 관한 조언들로 구성되었다. 또 이러한 분야가 생소한 독자들을 위해 용어사전도 추가했는데, 나 역시 연구를 위해 이 사전을 사용할 때가 있을 정도로 굉장히 자세히 설명해두었다.

오픈 데이터는 여러분이 사업가이거나 경영자, 투자자, 소기업가, 공공기업이나 비영리단체 종사자 혹은 그 밖의 다른 직업을 가진 사람일지라도 그것과는 별개로 당신의 업무 방향성을 바꿔 새로운 기회를 제공해 줄 것이다. 이 책은 당신이 이 새로운 현상에 대해 제대로 이해하게 해주며 더불어 리스크에 대처할 수 있도록 오픈 데이터 활용을 도와주는 친절한 안내자가 되어줄 것이다.

01
오픈 데이터의 위력

01. 웹만큼 거대한 기회

02장, 주목받는 스타트업 : 정부 데이터를 돈으로 만들기

03장, 소비자 웹사이트 : 스마트 공시를 위한 선택엔진

04장, 대규모 데이터를 관리하기 위한 신생기업들

05장, 데이터중심 투자 : 사업분석을 위한 새로운 툴

06장, 그린 투자 : 지속가능 데이터에 베팅하기

07장, 새비 마케팅 : 평판 데이터가 당신의 브랜드를 정의하는 방법

08장, 감정분석을 활용한 마케팅 기법

09장, 집단을 활용한 신속한 혁신

10장, 열린 연구실 : 열린 협업을 통한 혁신

1장 웹만큼 거대한 기회

2012년 11월, 나는 영국 정부에게 1,000만 파운드의 보조금을 받아 새로 발족된 오픈 데이터 연구소(ODI)의 사람들로 꽉 찬 회의실에 앉아 있었다. 이 연구소는 자금력을 갖는 스타트업으로서의 면모를 제대로 갖추고 있었고 실리콘 라운드어바웃(Silicon Roundabout)으로 알려진 런던에 위치해 있었다. 이 지역은 샌프란시스코의 사우스 오브 마켓(South of Market) 근처나 맨하탄 남쪽의 실리콘 앨리(Silicon Alley) 기술집약지역과 매우 유사해서 아직 발전의 여지가 많은 곳이다. 따라서 앞으로 대규모의 신규기업들이 몰려온다 하더라도 충분히 감당해낼 수 있을 정도로 넓고 또한 부동산 가격이 오를 것 같은 그런 곳이다.

나는 오픈 데이터(즉, 대규모 데이터를 누구나 사용할 수 있도록 만들자는 새로운 운동)에 관한 논의를 위해 모여든 기업, 정부, 비영리단체 소속의 스무 명쯤 되는 동료들과 함께 있었다. 11월의 어느 월요일, 백아더 재단의 기금으로 연구소에서 행해지는 연속 회의 중 그 두 번째 회의가 진행되었다. 백악관, 다우닝가 10번지(영국행정부), 영국 정부의 내각 및 사업개발부, 세계은행, 주요 영국 소매업자, 첨단 기술 컨설팅 회사 두 곳, 우수한 기술을 가진 출판사 그리고 법, 컴퓨터 과학, 인공 지능, 물리학, 인지 신경과학 등의 대학 부서, 재단 두 곳, 내각 투명성 및 오픈데이터 조정관, 시민참여 및 녹색 비즈니스 행동과 관련한 비영리단체 등의 대표자들이 회의에 참석하고 있었다. 우리는 이 연구소의 CEO인 개빈 스타크스(Gavin Starks)와 인사를 나누었다. 그는 버진, 구글, 영국 정부, 유니세프 등의 다양한 조직에서 20년 동안 인터넷 개발을 하였다. 또한 그는 오픈 데이터가 월드 와이드 웹발명과 같은 영향을 미칠 것이라고 보고, 이와 관련된 야심찬 사례를 만들고 있었다.

그는 오늘날의 오픈 데이터에 대해 다음과 같이 요약했다. "제게 있어서 오픈 데이터는 1994년의 웹과 매우 유사합니다. 당시에 저는 이메일이 앞으로 우수한 기술로 자리잡거나 웹사이트가 곧 출현할 것이라는 확신을 심어주기 위해 노력했습니다. 당시 사람들은 이메일과 웹사이트의 잠재력에 대해서 들떠있었으나 어느 누구도 그 두 가지가 어떤 모습으로 성장할지는 알지 못했습니다. 지난 20년 동안 우리는 혁신, 창의성을 경험했지만 그와 동시에 혼란도 많이 겪었습니다. 지금 오픈 데이터가 우리를 어디로 안내할지 정확히 알 순 없지만 오픈 데이터가 진화할 것이라는 것은 분명한 사실입니다. 곧 몇 가지의 비즈니스 방식이 새롭게 시작될 것이며 일부는 진화할 것입니다. 어느 방향으로 가야 할 것인지는 우리 모두가 앞으로 겪어야 할 도전이 될 것입니다. 그러나 저는 우리가 웹 초기 시절 경험했던 잠재력이 지금은 오픈 데이터에 있다는 것을 확신합니다."

신기술을 웹의 초기 단계와 비교한 것이 이번이 결코 처음은 아니다. 그러나 오픈 데이터 운동 리더들은 다시금 이러한 주장을 할 자격이 있다. 이 연구소의 사장이자 공동 설립자인 팀 버너스리(Tim Berners-Lee)경의 자서전을 보면 "나는 유럽원자핵공동연구소(CERN)에 있는 동안 월드 와이드 웹을 발명했습니다"라고 간결하면서도 정확하게 표현되어 있기 때문이다. 오픈 데이터연구소 회장인 나이젤 섀드볼트(Nigel Shadbolt)경은 웹 과학과 인공지능의 선구자로서 영국 정부의 오픈 데이터 정책을 만든 장본인이다. 그들은 미국과 영국 및 기타 국가에서 개발중인 오픈 데이터의 전형적인 선구자이다.

오픈 데이터는 정확하게 사람, 기업, 조직, 새로운 벤처를 시작하는데 활용하거나 패턴과 경향 분석, 데이터중심 의사 결정, 복잡한 문제 해결

등에 활용 가능하도록 공공에게 개방된 데이터로 설명 될 수 있다. 물론 겹치는 부분이 있긴 하지만 빅 데이터와는 사뭇 다르다. 오픈 데이터는 누구에게나 무료로 투명하게 공개하여 제공되도록 만들어졌으며 이를 통해 비즈니스 수행방식, 정부운영, 모든 종류의 거래관리 방법에 변화를 줄 것이다. 이 연구소의 모임을 구성하는 사람들이 그러했듯 오픈 데이터 뒤에는 세계적인 기업의 지도자, 기술, 정부, 학계, 비영리단체 및 보건, 교육, 환경 과학 등 다양한 집단들이 존재하고 있다.

오픈 데이터 운동은 데이터 수집에 소요된 비용을 제공한 납세자들에게 정부가 수집한 데이터를 제공해야 한다는 민주적 발상에서 출발했다. 그러나 오픈 데이터는 그것이 가져올 사회적 혜택뿐만 아니라 이 책에서 강조하는 엄청나게 새로운 비즈니스 기회를 만들고 있다. 인터넷은 원래 소련의 스프트니크 인공위성 발사 이후 그에 대한 대응책으로 시작된 정부지원사업 아르파넷(ARPANET)에서 비롯된 것이라는 사실을 기억할 필요가 있다. 미국 정부의 아르파넷 프로젝트는 우리 시대의 주요 경제 동력 중 하나가 되었고 정부는 이와 유사한 방식으로 데이터 공개를 통해 새로운 경제적 자원을 만들어 내고 이를 관리할 수 있는 인프라를 만들고자 했던 것이다.

미국과 영국 정부가 개발한 오픈 데이터 정책은 경제성장과 일자리 창출을 위한 지원책에 의해 실현되고 있다. 2013년 5월, 오바마 대통령이 발표한 새 오픈 데이터 정책에서는 다음 사항을 분명히 했다. 매우 유용한 대규모의 연방 데이터를 사용케 하고 다른 어떤 정책보다 많은 비즈니스 의제를 포함하도록 했다. 중요한 것은 이 발표가 워싱턴이나 백악관의 로즈가든에서 열린 기자회견이 아닌 텍사스 오스틴 소재의 기술 센터를 방문했을 때 이루어졌다는 것이다. 그곳에서 오바마 대통령은 정부의 오픈 데이터를 모든 종류의 신규 사업 창업에 도움이 되도록 지금껏 없었던 다양한 방법으로 제공할 것을 약속했다.

오픈 데이터 정책은 영국의 오픈 지식(Open Knowledge) 재단, 워싱턴의 썬라이트(Sunlight) 재단 등에서 만들어진 미국 정부의 오픈 데이터 제공 기준에 대해 자세하게 설명하고 있다. 이 책은 더 나아가 정부의 데이터뿐만 아니라 다른 소스도 포함하고 있다.

나는 "오픈 데이터"에 대해 누구나 활용할 수 있도록 다양한 형태로 제공되는 데이터이면서 특정한 조건을 충족시켜야 한다는 의미로 사용한다. 모든 오픈 데이터는 재사용을 허용하는 방식으로 라이센스를 제공해야 한다는 것이다. 데이터는 "공개성"에는 단계적 차이가 있긴 하지만 컴퓨터로 쉽게 읽을 수 있는 형태가 되어야 한다. 그리고 오픈 데이터는 무료로 제공되어야 하고 비용을 청구한다 하더라도 최소한이어야 한다는 일반적인 합의가 있다.

오픈 데이터는 연방, 주, 지역의 모든 데이터와 연구자가 발표한 과학 데이터, 회사운영과 관련한 공개된 데이터, 일반 사람들에 의해 작성된 사용자 리뷰와 트윗, 구글을 통해 알 수 있거나 웹 사이트에서 수집할 수 있는 데이터 모두를 포함한다. 오픈 데이터는 이같이 수 많은 종류의 데이터를 사용함으로써 다음과 같은 일을 가능케 한다

- 기업가는 수백만 달러의 수익을 창출하는 신규 사업을 구축할 수 있다. 1970년대 국립 해양대기청에 의해 공개된 데이터와 최근 공개된 GPS 데이터는 매년 수십억 달러를 창출하는 새로운 사업들을 양산하고 있다. 헬스관련 오픈 데이터를 이용한 신규 비즈니스가 곧 시작될 것이고 금융, 교육 기회 및 기타 분야도 증가하고 있다.

- 정부는 비즈니스 개발을 위한 새로운 중앙 집중식 데이터 소스를 제공하고 있다. Data.gov (오바마 행정부에 의해 시작된 웹 사이트)는 이제 누구나 무료로 사용하는 수십만의 정부 데이터셋을 만들고 사용할 수 있도록 하였다. 영국은 자신들의 버전인 Data.gov.uk를 출시하였으며, 다른 국가들은 미국에서 배포한 "Data.gov in a box" 같은 플랫폼을 사용하여 데이터 허브를 서비스하고 있다.
- 기업들은 새로운 마케팅 전략 개발과 경쟁사 평가, 정확한 협력관계 설정을 통해 자신의 브랜드 가치를 구축하고 있다. 새로운 기술인 감정분석은 트위터, 블로그, 뉴스 피드 및 기타 공공 소스에서 정보를 수집하고 정량화하여 비즈니스 통찰력을 통해 여론을 가늠할 수 있도록 한다.
- 투자자들은 이익이 큰 회사를 찾아내고 리스크가 높은 회사들을 피할 수 있다. 투자자는 새로운 데이터중심 웹 사이트를 통해 신속하게 대기업과 소규모 기업에 관한 심층 정보를 얻을 수 있다. 오픈 데이터는 온라인 툴과 데이터 시각화를 제공하는 웹사이트를 통해 혁신적인 스타트업에서부터 전 세계를 대상으로 하는 기업에 이르기까지 다양한 곳에 새로운 통찰력을 제공하고 있다.
- 기업은 그들의 이익을 위해 보다 더 투명하게 업무를 수행하고 있다. 기업은 정부 공시와 자발적인 보고를 통해 환경, 사회, 거버넌스 관행에 대한 자세한 오픈 데이터를 사용할 수 있다. 이 데이터를 공개함으로써 회사는 보다 효율적으로 신규 투자를 유치하고 기업의 이미지를 향상시킬 수 있다.
- 과학자와 연구자들은 전문가 및 아마추어 온라인 네트워크에 자신의 데이터를 앞서 공유함으로써 연구성과를 높이고 연구의 획기적인 돌파구를 마련하기 위해 노력하고 있다. 특히 자연과학과 생체의학 분야의 약물연구와 같이 기밀을 유지해야 한다고 생각하는 영역에서도 더 많은 데이터를 공개하기 시작했다.
- 소비자가 모든 종류의 제품과 서비스에 대해 더 자세한 정보를 가지고 선택 할 수 있도록 돕는다. 다수의 신규 사업은 소비자들이 복잡하고 중요한 결정을 내리는 데 필요한 "선택엔진"을 온라인과 모바일을 통해 서비스하고 있다. 그들은 소비자들이 헬스케어, 주택 담보 대출, 신용 카드나 대학 등 여러 부분에서 그들에게 가장 적합한 옵션을 선택할 수 있도록 돕고 있다.

빅 데이터 vs 오픈 데이터 : 관련은 있지만 서로 매우 다른 것

지난 몇 년 동안 정보 과학에서 가장 큰 이슈였던 빅 데이터와 오픈 데이터를 절대 혼동해서는 안 된다. 빅 데이터는 데이터 내에 존재하는 패턴과 관련성을 알아내기 위해 대용량 데이터셋을 가공하는 것으로, 이것이 가능하게 된 이유는 그 어느 때보다 더 강력해진 컴퓨터 파워와 저렴한 데이터 저장소 덕분에 엄청난 양의 데이터를 매일 축적하고 생성하며 분석할 수 있게 되었기 때문이다. 빅 데이터는 우리가 일상생활을 하면서 남기는 모든 "활동이나 선택, 기호품과 같은 인간활동의 모든 발자취"를 사용한다. 휴대 전화의 GPS 시스템은 우리가 운전하는 위치를, 신용카드 구매기록은 우리의 쇼핑목록을, 구글은 우리가 검색했던 것들을, 스마트 계량기는 우리가 사용한 에너지 사용량을 추적하고 기록한다. 이러한 활동이나 선택, 기호품 등은 모두 빅 데이터라는 제분공장에 들어오는 제분용 곡물인 것이다.

빅 데이터와 오픈 데이터는 각각 중요한 상업적 용도를 가지고 있지만 그것의 철학이나 목표, 실무는 매우 다르다. 예를 들어 대기업이 고객 데이터베이스를 분석해서 개별 고객에게 맞는 마케팅을 찾고자 한다면 빅 데이터를 사용하겠지만 시장 정보와 브랜드 구축을 원한다면 오픈 데이터를 사용할 것이다. 마찬가지로 정부가 시민들이 참여하는 참여 민주주의를 육성하고자 한다면 오픈 데이터를 사용하겠지만 보안을 구실로 한 국민 추적을 위해서는 빅 데이터를 사용할 것이다. 최근 출간된 책인 "빅 데이터"가 이 영역에서 가장 일반적인 사례를 제공하고 있지만 오픈 데이터에 관한 것은 두 페이지 반 정도만 할애하고 있는 것만 봐도 둘은 같지 않다는 것을 알 수 있다.

빅 데이터의 경우, 데이터 소스는 보통 수동적이며 데이터는 종종 사적으로 보관된다. 빅 데이터는 일반적으로 특정한 목적이나 방향성 없이 심지어는 무엇을 만들어 내는지 알지 못하면서 수동적으로 데이터를 생성하는 소스로부터 만들어진다. 그리고 빅 데이터를 사용하는 기업과 조직은 일반적으로 사업상 또는 보안상의 이유로 데이터를 공개하지 않고 사적으로 보유한다. 이런 것들에는 대형 유통업체가 보유하는 고객의 구매습관 정보, 병원의 환자정보, 은행의 신용카드 회원정보 혹은 정부기관이 수집한 수많은 휴대폰 소지자들의 통화내역 정보들이 있다.

이 글을 쓰고 있는 2013 년 가을, 내가 데이터라는 단어를 언급할 때면 항상 국가안보국과 그 기관의 프리즘(PRISM)[2] 프로그램에 대한 토론을 떠올린다는 것을 알게 되었다. 우리는 여전히 국가안보국이 수집한 데이터가 정확히 무엇이고 왜 수집하는지 알고 싶어 한다. 미국 국가안보국의 폭로는 데이터 프라이버시에 대한 전국적인 논쟁의 불씨를 일으켰다. 사실 미국 국가안보국의 폭로가 가져온 결과는 생각보다 나쁘지 않았다(제 11 장에서 자세히 언급). 프리즘은 빅 데이터에 대해 사람들이 느끼는 충격을 보여주는 대표적인 예이다. 왜냐하면 최근까지도 사람들의 참여나 인식 없이 대규모로 수집된 데이터가 대중으로부터 숨겨진 채 보관되었기 때문이다. 이 또한 오픈 데이터와는 대립적인 것이라 할 수 있다. 사실 국가 안보 측면에서 보자면 오픈 데이터라는 개념 조차도 빅 데이터와는 반대가 된다.

대부분의 빅 데이터와는 달리 오픈 데이터의 목적은 공공을 위한 것으로 누구라도 쉽게 접근하고 분석해서 그들의 목적에 맞게 사용되도록 의도적으로 생산된 것을 말한다. (나는 에드워드 스노든(Edward Snowden)의 폭로를 오픈 데이터로 보지 않는다. 왜냐하면 오픈 데이터는 좀도둑이 아닌 권한이 있는 사람에 의해 제공되어야 진정으로 공개되는 것이기 때문이

2. PRISM(Planning tool forResource Integration, Synchronization and Management) : 미국 국가안보국의 정보 수집 툴로, 구글 • 페이스북 • 야후 • 스카이프 • 팔톡 • 유튜브 • 애플 • ADL • MS등 미국의 주요 IT기업들이 서비스 운용을 위해 사용하는 서버 컴퓨터에 접속해 사용자 정보를 수집하고 분석하는 시스템

다.) 오픈 데이터는 종종 연구나 개발에 박차를 가하거나 신규 사업, 헬스케어와 안전을 향상 시키는 등의 특정 목적을 염두에 두고 제공되기도 한다.

눈 여겨 봐야 할 점은 빅 데이터와 오픈 데이터는 분명 겹치는 부분이 있다는 것이다. 이를 사용할 경우 결과는 보다 강력할 수 있다. 일부 정부 기관은 국가의 주요한 경제적 이익을 위해 매우 많은 양의 오픈 데이터를 만들어 왔다. 날씨 데이터와 GPS 데이터가 대표적인 예이다. 미국 인구조사 데이터와 증권 거래위원회에 의해 수집된 데이터는 서로 다른 데이터이다. 민간 연구소의 경우, 과학적 결과물의 속도를 가속화하기 위해 생체의학 분야에서 생산된 많은 양의 데이터를 공유하고 있다.

오픈 데이터는 이처럼 빅 데이터와 연관성을 갖고 있으나 다른 한편으로는 열린정부 운동과도 관련이 있다. 열린정부에는 대중에게 데이터를 공개하는 것뿐만 아니라 시민이 정부에 참여하는 공동 전략도 포함되는데 빅 데이터, 열린정부, 오픈 데이터가 과연 어떻게 관련되고 완성되는지 이 책의 부록 B의 "데이터 카테고리 정의하기"에서 벤 다이어그램을 통해 더 자세한 분석을 제공한다.

오픈 데이터가 주는 사업 기회

빅 데이터와 오픈 데이터가 모두 중요한 비즈니스 자원이 될 것이라는 점에 대해서는 폭넓은 합의가 이루어졌지만 아무도 그 가치를 정확히 확신하지는 못한다. 오픈 데이터 전체의 가치를 결정하는 것은 결코 쉽지 않다. 오픈 데이터를 사용하는 많은 기업이 아직은 초기 단계라 그들의 성공을 측정하기엔 이르다. 또한 많은 경우 오픈 데이터뿐만 아니라 열린정부 데이터 역시 사용하기 때문에 오픈 데이터가 그들의 비즈니스에 어느 정도로 기여하는지 계량화하기란 쉽지 않다.

현재 내가 뉴욕대학 고브랩(GovLab)에서 수행하고 있는 오픈 데이터 500 연구는 경제학자들과 다른 연구자에게 오픈 데이터의 가치를 평가하는 데 도움이 되는 새로운 정보 기반을 제공할 것이다. 나이트(Knight) 재단에서 지원하는 이 연구는 정부의 오픈 데이터를 사용하는 헬스, 금융, 교육, 에너지 및 기타 분야에 있어 미국기업에 관한 최초의 실질적이고 포괄적인 연구이다. 우리는 현재 이 미국 기업들 중에서 500개를 선별해 어떻게 정부의 오픈 데이터를 사용하는지 또 정부기관들이 더 유용한 데이터를 생성할 수 있는 방법은 무엇이라고 생각하는지에 관해 설문조사를 실시하고 있다. 2014년 초까지는 웹사이트를 통해 신생기업을 대상으로 진행하는 설문조사를 마치고 연구결과를 다운받을 수 있도록 할 것이며 오픈 데이터 커뮤니티의 회원들이 향후 연구를 제안할 수 있도록 할 것이다. 서로 다른 종류의 오픈 데이터 회사를 선별하기 위해 동료와 나는 이미 수행되었던 다른 연구를 살펴보기 시작했다. 런던에 있는 ODI는 오픈 데이터의 잠재력을 연구하기 위해 컨설팅 회사인 딜로이트(Deloitte)와 2012 년부터 함께 일해 오고 있다. 딜로이트 인사이트 팀의 연구 책임자인 하비 루이스(Harvey Lewis)가 이끄는 일련의 연구를 통해 다음과 같은 오픈 데이터 사업의 다섯 가지 "유형"이 선별되었다.

- 공급자는 자기 데이터를 쉽게 사용할 수 있도록 오픈 데이터로 게시한다. 이 데이터에 대해 비용을 청구하진 않지만 (만약 청구한다면, 그것은 오픈 데이터가 될 수 없을 것이다) 공급자에 대한 고객 충성도를 증진시키며 공급자의 평판을 향상시킨다.

- 수집자는 오픈 데이터를 수집하고 분석하며 통찰력을 제공한다. 요금을 부과하거나 기타 여러 방법으로 돈을 번다.
- 개발자는 오픈 데이터를 무료 자원으로 사용하여 "웹 기반 앱, 태블릿 앱, 스마트 폰 앱"을 설계, 구축, 판매한다.
- 강화자는 통상적으로 기존에 있던 대기업을 말하며 오픈 데이터 활용을 통해 제품과 서비스를 향상시킨다. 예를 들어 고객을 더 잘 알기 위해 인구 통계 데이터를 사용한다.
- 조장자는 회사가 오픈 데이터를 좀 더 쉽게 사용할 수 있도록 만든다.

나는 위와 같은 유형이 유용하다는 것을 알게 되었고 간단히 두 가지 유형으로 정리했다.

첫 번째 유형은 오픈 데이터를 통한 더 나은 비즈니스(Better Business Through Open Data)이다. 오픈 데이터는 의료, 에너지, 교육, 금융, 교통, 소비자 사회의 서로 다른 측면을 향상시킬 수 있다(딜로이트 팀에 따르면 많은 분야가 열린정부 데이터를 통해 소비자와 직접 관련을 맺게 될 것이며, 소비자 중심 비즈니스로부터 시작된 관심은 최대의 경제적 영향력을 이끌어 낼 것이라고 했다). 위에서 언급한 수많은 영역에서 오픈 데이터가 존재하는지 조차도 인지하지 못할 정도로 일상생활의 한 일부로서 자리매김할지도 모른다. 지금은 환자가 아프면 의사를 찾아가지만 오픈 데이터가 일상의 한 부분이 되면 환자 스스로가 더 나은 정보에 근거해 더 나은 치료를 선택할 수 있게 된다. 집안일을 할 때도 여전히 전기를 사용하겠지만 오픈 데이터를 사용하면 집안의 에너지 사용을 효율적으로 관리 할 수 있게 된다. 소비자가 항공권 예약을 할 때는 오픈 데이터로 구동되는 웹사이트를 이용하여 어떤 신용카드와 금융서비스를 선택할 것인지를 결정하게 된다. 소비자를 중시하는 기업들은 드러나지 않게 오픈 데이터를 사용해

서비스를 향상시키기 때문에 일상생활은 대체로 지금과 거의 다를 바 없겠지만 실은 점점 나아질 것이다.

만약 오픈 데이터가 없었다면 존재하지 않았을지도 모르는 여러 회사들 아니 산업들이 누리는 기회도 있다. 나는 이것을 오픈 데이터 집중투자(Open Data Pure Plays)라고 말하고 싶다. 여기에는 날씨 데이터를 분석하여 농업 혁명을 일으키고 있는 스타트업과 의료, 금융 시장, 기타 분야의 동향을 예측하기 위해 오픈 데이터를 사용하는 회사들, 정부의 데이터를 관리하여 시장화하는 회사들, 우주와 같이 광대한 소셜 미디어로부터 얻은 데이터를 통해 시장에 관한 통찰력을 개발하는 회사들이 포함된다.

웹과 마찬가지로 오픈 데이터는 미국, 영국 및 기타 국가에서 신규 사업과 경제 성장을 이끄는 주요 동력이 될 것이다. 새로운 일자리를 창출하고 창업에 힘을 실어주며 수십억 달러의 수익을 내는 새로운 산업을 착수하게 할 것이다. 이 책은 오픈 데이터가 가질 수 있는 광범위한 기회와 앞으로 수년간 활용될 방법을 만들어줄 광범위한 요인들이 무엇인지에 대해 다룬다.

책 소개 : 오픈 데이터의 네 가지 약속

이 책은 내가 직접 인터뷰했던 수많은 기업 중 일부 기업으로부터 얻은 오픈 데이터의 사업적 적용에 관해 기술한 내용이다. 1부는 기업과 기업의 고객을 위한 오픈 데이터의 거대한 네 가지 약속에 관해 기술한다. 즉, 새로 등장한 주목받는 스타트업의 잠재력, 스마트한 투자를 위한 툴과 서비스, 정통한 마케팅을 위한 전략, 신속한 혁신을 위한 네가지의 새로운 형태이다.

2장부터 4장은 오픈 데이터를 활용함으로써 빠르게 발전하고 있는 스타트업에 관해 기술한다.

제 2장은 미국 정부와 기타 다른 나라가 무료로 제공하는 거대한 데이터 자원을 사용하여 정부 데이터를 돈으로 만들고 있는 회사에 대해 설명한다. GPS 데이터를 새로운 방식으로 사용하고 있는 다양한 회사들을 예로 든다. 그리고 정부의 헬스데이터를 기업들이 사용하기 시작하면서 인기를 누리고 있는 상황에 대해서도 설명한다. 런던의 오픈 데이터 연구소의 스타트업 "인큐베이터"와 농업에서 혁명을 일으키며 전 세계 농민 이익 증대를 위한 연구를 진행하고 있는 최근 약 10억 달러에 매각된 클라이메트 코퍼레이션(The Climate Corporation)에 대해서도 기술한다.

제 3장은 소비자가 헬스케어, 금융 서비스, 교통과 같이 복잡한 영역에서 정보에 입각하여 올바른 선택을 하도록 돕는 새로운 회사의 유형으로서 스마트 공시를 위한 선택엔진을 살펴본다. 카약(Kayak)부터 질로우(Zillow)에 이르기까지 잘 알려진 몇몇 기업들은 이미 스마트 공시를 제공하고 있지만 성장의 여지가 있다. 특히 미국에서는 더 그렇다. 여러 대기업이 에너지 제공, 신용 카드, 보험에 스마트 공시를 제공하고 있는 영국에서는 매달 2,400만명으로 추정되는 사람들이 매달 이러한 가격 비교 웹 사이트를 사용하고 있다. 인구수에 비례한 기준으로 볼 때 영국에 비해 훨씬 더 많은 인구를 가진 미국은 거대한 잠재시장으로 앞으로 매월 1억명 정도의 고객이 이를 사용할 것이라고 예상할 수 있다.

제 4장에서는 "대규모 데이터 관리"가 목표인 신생기업에 대해 기술하며 다른 기업에게 정부의 오픈 데이터를 사용할 수 있도록 돕는 몇몇 신생기업과 기존에 있던 기업을 프로파일 한다. 수년 동안 여러 대기업이 정부의 데이터 서비스를 제공해 오고 있지만 오픈 데이터를 더 많이 공개함으로써

새로운 기회와 새로운 스타트업이 만들어지고 있다. 그 중 하나인 에니그마(Enigma.io)는 약 30개의 다른 참가자들을 제치고, 테크크런치 디스럽트 뉴욕(TechCrunch Disrupt NY)[3] 에서 가장 인기 있는 신생 스타트업을 수상하기도 했다. 이들이 수상한 기술은 아메리칸 아이돌(American Idol)에서 수상한 것과 견줄 정도로 오픈 데이터가 가진 대단한 잠재력을 보여주는 것이다.

제 5장 데이터중심 투자에서는 오픈 데이터와 새로운 분석 기술이 투자자에게 어떻게 가치 있는 툴과 통찰력을 제공하는지 보여준다. 캐피털 큐브(Capital Cube)라는 회사는 국제적으로 거래되는 4만개 이상의 공개 기업 데이터를 분석하기 위한 소프트웨어를 개발했다. 매일 이루어지는 데이터 업데이트를 통해 현재 일어나고 있는 거래가 자동으로 대화형 설명으로 변환되도록 한다. 이 기능을 통해 앞으로의 리스크를 예상하고 회사의 다른 분야 수익과 비교할 수 있다. 영국의 듀딜(Duedil; 공동서류검토를 의미하는 "due diligence"에서 명명)은 수십억 달러 규모의 신규 투자 장려금을 희망하는 중소 기업에게 데이터를 제공한다. 현재 증권 거래위원회는 많은 양의 정보를 인코딩 할 수 있는 컴퓨터 언어인 XBRL를 채택하고 있어 투자자는 머지않아 더 많은 오픈 데이터를 사용 가능한 형태로 가질 수 있게 될 것이다.

제 6장은 이상적인 목표였지만 지금은 주류투자전략으로 빠르게 변하고 있는 오픈 데이터에 의해 구동되는 녹색투자에 관한 내용이다. 투자자들은 지속적인 성장과 운영에 대해 데이터를 통해 증명할 수 있는 회사를 점점 더 선호하고 있다. 이러한 기업들은 사회와 환경에 좋을 뿐만 아니라 좋은 기업 거버넌스와 낮은 운영 리스크의 모델이 되기도 한다. S&P 500 기업의 대다수는 자신의 사례를 보고하기 위해 글로벌 리포팅 이니셔티브

3. 테크크런치 디스럽트 뉴욕 (TechCrunch Disrupt NY) 미국 뉴욕에서 열리는 미국 최대 IT 스타트업 컨퍼런스.

(Global Reporting Initiative)가 제공하는 지속 가능성을 측정하는 도구를 사용했다. 블룸버그(Bloomberg : 회사)는 가입자들에게 지속 가능성 데이터를 제공하기 시작했으며 이를 사용하는 사람의 수는 연간 거의 50%씩 증가하고 있다.

제 7, 8장은 새비마케팅(Savvy marketing)을 위해 오픈 데이터가 제공하는 새로운 기회를 설명한다.

제 7장은 평판 데이터가 당신의 브랜드를 어떻게 정의하는가에 관한 내용으로 평범한 사람이 만든 오픈 데이터의 강력한 형태에 관해 설명한다. 사람들이 온라인에 올리는 불만이나 경험 그리고 각기 의견은 전 세계가 보게끔 공개되어 있는 평판 데이터 중심부에 축적된다. 스마트한 기업은 정교한 온라인 마케팅을 통한 그들의 브랜드 구축을 위해 이런 데이터를 분석하고 가공하는 방법을 찾아내 대응하고 앞으로 어떻게 사용할 것인지를 알고 있다. 소비자 불만 해결을 도와주는 신생기업인 퍼블릭디맨드(PublikDemand)[4]의 설립자는 소비자의 불만을 과연 기업들이 어떻게 회사의 장점으로 바꿀 수 있는지에 대해 설명한다. 퍼블릭디맨드는 회사가 민원에 공개적으로 대응함으로써 회사의 평판을 개선하고자 할 때 사용할 수 있는 "사회적 고객 서비스"라는 새로운 접근방식을 사용하고 있다.

제 8장은 수천 개의 소비자 의견을 정량적 기업정보 수집활동으로 변환시키는데 사용되는 첨단기술인 감정분석 마케팅 과학에 대해 다룬다. 셀 수 없이 많은 웹 사이트들이 소비자에게 호텔, 레스토랑, 제품, 서비스에 대해 리뷰를 쓰도록 권유하고 있으며 수 많은 고객들은 그 제품이나 서비스에 대한 자신의 생각을 트위터이나 블로그에 업로드 한다. 이런 것들은 웹을 사용하는 모든 사람의 집단의식에서 나와 데이터셋을 만들어내며 오픈 데이터로 통합되어 분석될 수 있다. 감정분석이란, 특정 단어를 생각하면

4. 퍼블릭디맨드(PublikDemand) 현재는 문닫은 것으로 알려짐

떠오르는 긍정적이거나 부정적인 "감정"을 가진 단어에 집중하면서 소셜 미디어로부터 데이터를 추출하는 것을 말한다. 이 장에서는 감정분석의 권위자인 세스 그라임스(Seth Grimes)가 새로운 유형의 사업과 기업정보 수집활동을 위해 기업이 이 기술을 어떻게 사용할 수 있을지에 대해 설명할 것이다.

제 9, 10장은 오픈 데이터의 네 번째 약속인 신속한 혁신을 위해 오픈 데이터가 사용될 수 있는 방법을 알아본다.

제 9장은 새로운 형태의 크라우드소싱(Crowdsourcing) 연구 중심 회사가 오픈 데이터를 사용하여 솔루션을 찾는 방법에 대해 보여주며 "시민과학" 프로젝트에 대해서도 설명한다. 이 프로젝트는 민간부문에서 가능한 모델을 제공하면서 다른 종류의 과학적 데이터를 분석 가공하기 위해 약 100만 명의 자원봉사자를 모집했던 학구적 프로젝트이다. 이외에도 전문가로부터 어려운 데이터 문제를 해결하는데 도움을 받기 위해 상금과 대회를 활용한 탑코더(TopCoder), 캐글(Kaggle), 이노센티브(InnoCentive)와 같은 회사의 사례를 살펴본다.

마지막 제 10장에서는 오픈 데이터가 어떻게 오픈 이노베이션(역자 주: 공개형 기술혁신전략, 2003년 버클리대학의 헨리 체스브로우(Henry Chesbrough) 교수가 제시한 이론으로 기업 내부뿐만 아니라 외부의 자원을 함께 활용해 기술을 개발한다는 이론)에 박차를 가하고 있는지를 살펴본다. 오픈 이노베이션은 아주 새로운 과학적 접근법으로 많은 연구소들 간의 협업을 증진시키기 위해 초기에 공개적으로 데이터를 공유한다. 상식적으로 기밀이 유지되어야 할 데이터가 공유됨으로써 기밀 유지가 당연시 되는 과학 연구와 신약개발 분야의 문화에 역행하는 것이 된다. 그러나 오픈 이노베이션은 새로운 사업모델에 있어서는 매우 효과적이다. 바이오

의학 스타트업에서부터 제약계의 거물인 글락소스미스클라인(GlaxoSmithKline)에 이르기까지 기업들은 이제 오픈 이노베이션을 생산적으로 사용하고 있다.

미래 예측하기 : 변화하는 비즈니스 환경

1부 10장에서는 오픈 데이터의 잠재력은 즉각적이고 실제적이라는 것을 보여주며 이를 적용하고자 하는 기업에게 실용적인 조언을 해준다. 한편 기업은 오픈 데이터를 기반으로 추후 몇 년 동안 데이터를 사용하는 방법에 영향을 끼칠 사회적, 법적, 정치적 요소를 알게 될 것이다. 제2부 "비즈니스 환경: 오픈 데이터의 새로운 트렌드"에서는 관찰해야 할 가장 중요한 동향을 3 장에 걸쳐 설명한 후 결론을 내린다.

제 11장은 국가안전국 계획에 따라 강화된 개인정보 보호문제가 개인정보와 관련된 모든 종류의 규정에 어떤 변화를 가져올 것인지에 대해 기술한다. 개인정보는 새로운 기술에 의해 안전하고 선택적으로 특정 목적을 위해 사용될 때 특별한 의미의 오픈 데이터가 될 수 있다. 펄스널닷컴(Personal.com)과 레퓨테이션닷컴(Reputation.com)같은 회사는 개인정보를 보호하면서 개인이 제어하는 데이터를 통해 새로운 시장과 새로운 비즈니스의 기회를 열어야 한다고 주장한다.

제 12장은 금융 당국, 시민 단체, 언론인 그리고 일반인들의 기업과 정부가 오픈 데이터를 사용하여 더 투명하게 운영될 수 있는 방법에 대해 알려준다. 기업이 새로운 "투명한 사회"에서 성공하기 위해 수행해야 할 새로운 규칙을 설명한다. 또 몇몇 데이터중심 기업이 그들 사업의 투명성을 어떻게 만들어가는지도 보여준다.

제 13장은 미국, 영국, 유럽의 중앙과 지방정부 그리고 세계 다른 여러 지역에서 데이터 공개정책을 지속적으로 추진하고 있는 현상에 대해 설명한다. 미국은 역사적인 영향을 미칠 수 있는 오픈 데이터 정책을 제정하였으며 영국 정부, 유럽 연합, G8도 유사한 제도를 만들어 데이터를 개방하고 있다. 이러한 변화는 모두 정부의 오픈 데이터가 전세계 기업의 혁신과 성장을 위해 사용될 수 있는 성장 자원이 될 것이라는 것을 보여준다.

마지막으로, 제 14장에서는 이 책에서 얻은 가장 중요한 교훈을 요약하고 향후 몇 년을 예측한다.

오픈 데이터는 많은 소스와 다양한 용도를 가지고 있지만 오픈 데이터 운동은 정부 데이터의 접근성, 의미성, 활용성을 더욱 강화하도록 압박하는 데서 비롯되었다. 현재 연방 정부의 데이터는 막 해킹되기 시작한 거대한 무료 자원이라 볼 수 있다. 2장에서는 정부의 오픈 데이터가 가진 잠재력과 이것을 활용하기 시작한 회사를 알아본다.

01장. 웹만큼 거대한 기회

02. 주목받는 스타트업 : 정부 데이터를 돈으로 만들기

03장. 소비자 웹사이트 : 스마트 공시를 위한 선택엔진

04장. 대규모 데이터를 관리하기 위한 신생기업들

05장. 데이터중심 투자 : 사업분석을 위한 새로운 툴

06장. 그린 투자 : 지속가능 데이터에 베팅하기

07장. 새비 마케팅 : 평판 데이터가 당신의 브랜드를 정의하는 방법

08장. 감정분석을 활용한 마케팅 기법

09장. 집단을 활용한 신속한 혁신

10장. 열린 연구실 : 열린 협업을 통한 혁신

2장 주목받는 스타트업 : 정부 데이터를 돈으로 만들기

정부의 오픈 데이터는 공공지식을 증가시키고 시민에게 권한을 부여하며 미국의 비즈니스가 형성되도록 만드는 잠재력을 지니고 있다. 최근 몇 년간 보여준 비즈니스 혁신은 연방 정부의 오픈 데이터 추진을 위한 원동력이 되었다. 미국 정부는 전 세계에서 무료 오픈 데이터의 가장 거대한 단일 소스가 될 것이다. 이 사업의 잠재력은 이제 막 드러나기 시작했으며 현재 형성되기 시작한 스타트업 붐에 일조하고 있다.

오바마 정부는 13장에서 기술된 열린정부(Open Government)를 만들기 위한 노력의 일환으로 오픈 데이터 정책을 개발해오고 있다. 2013년 5월에 발표한 이 정책에 따라 더 많은 정부 자료가 이전보다 더 다양한 방법으로 일반에게 제공될 것이다. 이 정책의 역사는 날씨 데이터를 오픈한 1970년대와 그로부터 10년 이후 GPS 데이터를 공개하기로 결정한 오바마 이전의 정부 시점으로 거슬러 올라간다. 오늘날 정부의 날씨 데이터의 가치는 연간 300억 달러를 넘어선다. 이는 정확한 날씨 예측과 날씨 보험과 같은 날씨 애플리케이션에서 도출된 것이다. 한 연구에 의하면 GPS 데이터의 가치는 900억 달러로 추산되었다. 실제 가치는 이보다 적을 수도 있겠지만 적어도 수백억 달러 이상은 될 것이다.

오바마 정부에서 최초의 연방 최고정보관리책임자를 역임했던 비벡 쿤드라(Vivek Kundra)는 "질로우는 10억 달러 이상의 가치가 있고 날씨 채널은 2008년 약 35억 달러에 매각되었으며 가민(Garmin)의 시가총액은 72.4억 달러에 달한다."라며 정부의 지리, 날씨, GPS 데이터의 가치를 숫자들로 요약했다. 이 기업들의 공통점은 정부의 미가공 데이터를 이용하여 데이터를 구축했다는 점이다.

한편 어떤 기업들은 완전히 새로운 종류의 서비스를 만들기 위해 정부 데이터를 사용하고 있다. 예를 들어, 2006년에 사업을 시작한 판지바(Panjiva)는 정부의 오픈 데이터를 "국제 무역을 위한 플랫폼"으로 사용했다. 배송과 구매자/판매자의 금융 평가와 평판 평가에 관한 정부의 오픈 데이터를 사용함으로써 판지바는 더 강력하고 투명하고도 효율적으로 국제 무역 네트워크를 구축할 수 있었다.

중앙정부와 지방정부의 오픈 데이터는 사업가에게 기회를 제공한다. 어떤 도시의 데이터 개발자는 출퇴근자용 앱 구축을 위해 교통 관련 오픈 데이터를 공개했다. 보스톤, 로스엔젤레스, 샌프란시스코, 토론토, 워싱턴 DC에서 현재 이용 가능한 인기 있는 앱인 넥스트버스(NextBus)는 출퇴근하는 사람들에게 버스가 도착하는 시각과 버스 정류장에서 기다려야 하는 시간, 버스가 도착하기 전까지 커피 한 잔 정도를 마실 여유가 되는지를 알려준다.

역설적인 것은 만약 오픈 데이터가 무료라면 어떻게 무료 데이터에서 비즈니스를 구축할 수 있을까? 라는 점이다. 대답은 다음과 같다. 오픈 데이터라는 것은 정보에서부터 가치를 유도하는 종착점이 아니라 시작점이라는 것이다. 전반적으로 볼 때 정부는 지금까지 공공 부문이 응용 프로그램을 개발하기보다는 정부가 사용할 수 있는 데이터 그 자체를 만드는 데에 더 집중해왔다. 그러므로 민간 부문은 획득한 오픈 데이터를 가지고 거대한 것을 만들어 내는데 집중함으로써 가치를 증진시킬 수 있는 것이다.

해마다 증가하는 스타트업과 새로운 비즈니스 앱을 보면 정부가 가진 오픈 데이터의 혁신적 저력을 실감할 수 있다. 심지어 지난 수십 년 간 사용해왔던 날씨 데이터셋과 GPS 데이터도 계속해서 새로운 아이디어와 새로운 회사를 만들어 내고 있다는 점은 주목할 만 하다.

데이터중심 기업으로 전 세계에서 가장 잘 알려진 구글은 GPS와 그 외에 정부의 오픈 데이터를 앱에 점점 더 많이 사용하고 있다. 구글 맵스(Google Maps)와 구글 어스(Google Earth)는 구글 자체 데이터를 정부 데이터와 결합시켜 생성되었다. 또한 구글 맵스의 소스인 데이터를 사용하는 웹사이트와 앱의 수가 백 만이 넘을 만큼 구글 맵스와 구글 어스는 오픈 데이터 자체의 소스가 되고 있다.

GPS와 다른 매핑 데이터를 활용한 구글의 최종 애플리케이션은 바로 2020년까지 완성될 예정인 자율주행 자동차일 것이다. 이 자동차에 사용된 기술로 인해 구글은 돈을 벌고 일반인들 역시 이 기술을 통해 얻게 되는 혜택이 있다. 한 애널리스트는 이 기술 덕분에 자동차 사고 수는 줄어들고, 운전자는 교통 체증 손실로 인한 시간과 연료를 절약할 수 있게 됨으로써 연간 2000억달러 이상의 총 경제적 가치를 가져다 줄 것이라고 보고 있다. 구글의 자율주행 자동차 네비게이션 시스템이 사용하는 데이터는 궁극적으로는 GPS에 나타나는 구글 자체의 맵 데이터뿐 아니라 센서와 카메라를 통해 자동차가 자체적으로 수집한 데이터이다.

GPS와 위치 데이터는 다음의 일부 사례처럼 현재 가장 많이 사용되고 창의적인 스마트폰 앱에 많은 도움이 된다.

- 사람들이 어디에 "체크인" 했었는지를 보여주는 팔로우 유얼 프렌즈(Follow-your-Friends) 앱으로 시작했던 포스퀘어(Foursquare)는 시간이 지난 후 예전의 경험을 다시 떠올리거나 친구들이 갔던 식당에 대한 추천을 받을 수 있는 새로운 기능을 개발했다.
- 우버(Uber)는 사용자의 위치에서 가까운 곳에 있는 택시를 알려줌으로써 새로운 택시 서비스를 창조했다. 이것을 가능하게 한 우버 공동설립자는 "버튼을 누른 후, 타라."고 말했다.

- 웨이즈(Waze)는 이 앱을 사용하는 운전자들끼리 지속적으로 정보를 교환함으로써 실시간 교통정보를 제공한다. 한편, 인릭스(Inrix)는 스마트폰 사용자와 자동차 제조사 같은 기업 사용자 모두에게 성능이 향상된 네비게이션을 제공한다. (인릭스는 파트너사인 I – 95 코리더 콜리션(Corridor Coalition)[5] 에서의 교통량을 측정한다. 고속도로 I – 95 에서 꽉 막혀 오도가도 못 했던 기억이 너무나 많은 뉴욕사람 중 하나인 나로선 이런 기관이 존재한다는 사실에 기쁨을 감출 수가 없다.)
- 레드레이저(RedLaser)는 당신이 구매를 고민 중인 제품의 바코드를 스캔 하는 즉시 근처 다른 상점에서 판매되는 동일 제품의 가격을 알려 준다. 이 웹사이트에 따르면 이 앱은 2,700만 다운로드 되었다고 한다.
- 인스타그램(Instagram)과 플리커(Flickr)는 올린 사진에 매핑 데이터를 추가할 수 있다. 바인(Vine)에서도 짧은 동영상의 경우 매핑 데이터를 추가할 수 있다. 에버노트(Evernote)는 자기자신에게 메모를 썼던 위치를 추적할 수 있도록 해 준다.

1983년 레이건(Reagan) 대통령은 그 당시 개발 중에 있던 GPS시스템을 군용뿐 아니라 민간용으로도 제공하겠다고 밝혔다. 그 때는 아무도 위와 같은 수준의 발전을 예측할 수 없었다. (레이건 대통령의 이 약속은 클린턴 대통령 때에 와서야 지켜졌다.) 레이건 대통령의 발표가 있던 시절은 휴대전화라는 말에 어울릴만한 최초의 휴대전화가 막 사용되기 시작하던 때였고 (비록 그 크기는 커다란 손전등 크기로 거대했지만) 화면이 있는 (컴퓨팅 능력은 없는) 휴대전화는 그로부터 십 년이나 더 지나서야 나타났다. 여기에 바로 핵심 포인트가 있다. 즉 정부의 오픈 데이터가 가진 가치는 수십 년 동안 혁신가들이 기술의 발전에 따라 새로운 아이디어와 기업을 발전시키면서 장기적으로 이용할 수 있는 영구적인 공공 자원이라는 점에 있다.

GPS데이터보다 더 오랜기간 사용해 온 날씨 데이터의 장점 또한 엄청나다.

5. I-95 Corridor Coalition은 캐나다 제휴 회원들과, 메인 주에서 플로리다 주까지의 교통 기관, 공공 안전 및 관련 기관들의협력체이다. I-95 는 뉴욕~로드 아일랜드간 고속도로이다.

원래 온라인 날씨 서비스였던 웨더 언더그라운드(WeatherUnderground)는 새로운 데이터를 지속적으로 추가하여 태블릿 플랫폼으로 새롭게 태어났다. 최신 데이터를 통해 기상특보, 화재, 레이더, 웹 캠 이미지를 선택적으로 지도에 표시할 수 있다. 신생기업인 스톰펄스(Stormpulse)는 정교한 날씨 예측을 위해 B2B 서비스를 제공한다. 스톰펄스 웹사이트에서는 "에너지, 교통, 국방, 의료, 소매분야와 같은 광범위한 산업분야에서 날씨로 인한 리스크를 줄일 수 있다." 라고 선전한다. 그러나 가장 눈에 띄는 새로운 애플리케이션들은 정교하고 복잡한 새로운 데이터를 통해 날씨패턴을 분석하여 농업에 혁명을 가져온 것들이다. 이것은 10년 전에만 해도 불가능했었다.

이 책을 쓰는 동안 나는 정부의 오픈 데이터 사용에 앞장서고 있는 많은 기업과 기관을 인터뷰할 기회가 있었다. 혁신이 어느 정도까지 가능할 것인지를 알아내기 위해 강력하고 새로운 방식으로 날씨 데이터를 사용하고 있던 회사를 방문한 적이 있다. 이곳은 바로 헬스 관련 오픈 데이터 혁신을 목표로 할 뿐 아니라 정부의 후원을 받으며 영국에서 새롭게 론칭된 오픈 데이터 기업 "인큐베이터" 였다.

클라이메트 코퍼레이션 : 보험에서 새로운 녹색 혁명까지

2013년 봄, 나는 샌프란시스코에 있는 클라이메트 코퍼레이션의 공동 설립자이자 CEO인 데이비드 프리드버그(David Friedberg)를 만났다. 2006년 설립 이후, 전국 30개 지점과 시애틀 25개의 새 사무실을 포함해 150명 이상의 직원을 거느린 기업으로 성장한 이 회사는 내가 프리드버그를 만났을 무렵 5,000만 달러의 벤처 투자를 받았다. 그로부터 6개월이 지난 2013년 10월, "데이터 분석이라는 새로운 시대에서 일어난 가장 거대한 규모의 거래중 하나" 라는 말을 들으며 몬산토(Monsanto)에 약 10억 달러에 매각되었다.

원래 웨더빌(WeatherBill)이라는 이름이었던 클라이메트 코퍼레이션은 더 나은 종류의 날씨 보험을 판매하기 위해 시작된 회사였다. 이후 전 세계 농민들이 기후 변화 적응을 통해 새 녹색 혁명의 일부인 수확량 증가에 도움을 줄 수 있는 회사로 성장했다. 이것이야말로 영민하고 창의적인 사람이 정부 데이터를 심층 연구하면 어떤 일이 일어날 수 있는지를 잘 보여준 완벽한 오픈 데이터 기업가 정신의 한 예이다.

샌프란시스코 현대 미술 박물관 뒤쪽 한 건물의 고층에 자리한 클라이메트 코퍼레이션 본사로 걸어 들어가다 보면 마치 첨단 과학 박물관으로 들어가는 것 같은 느낌이 든다. 이곳의 회의실 이름 역시 니콜라 테슬러(Nikola Tesla), 아리스토텔레스(Aristoteles), 라이트 형제(Wright brothers) 같이 세계적으로 유명한 과학자나 발명가의 이름을 따서 지었고 각 회의실은 그 이름들과 관련된 디자인으로 꾸며져 있다. 그 예로 크리스챤 도플러(Christian Doppler) 회의실 벽에는 레이더 지도가 걸려있다.

그러나 본사에서 가장 중요한 장식은 로비에 있는데 그것은 바로 전 세계의 날씨를 실시간으로 아름답게 보여주는 지름 1미터 83센티미터 크기의 지구본이다. 아이패드를 통해 제어되는 프로젝터 시스템을 사용하는 이 지구본은 변화하는 바람의 패턴, 온도, 해류 혹은 당신이 보고 싶은 것이 무엇이든 보여주면서 지구의 수백 가지 다른 데이터 중심 뷰를 보여준다. 뿐만 아니라 달이나 화성의 표면도 재현할 수도 있는데 혹시라도 당신이 직원들과의 회의를 위해 어떤 특정 분위기를 만들어야 한다면 데스스타(Death Star)[6] 라도 복제할 수 있을 정도다. 국립 해양대기청에 의해 개

6. 영화 스타워즈에 나오는 제국국의 치명적 무기, 죽음의 별

발된 이 지구본은 과학 박물관에서 볼 수 있다. 이 지구본을 소유하고 있는 유일한 민간 기업 일지도 모르는 클라이메트 코퍼레이션은 지역 학생들을 종종 초대하는데, 학생들은 이 지구본을 보고 두려움을 느끼기도 한다. (당신이 만약 이 지구본을 반드시 소유하고 싶고, 넓은 거실을 갖고 있다면 온라인으로 "사이언스 온 어 스피어(Science On a Sphere)"[7]를 검색하면 된다.)

데이비드 프리드버그는 괴짜 중의 괴짜이다. 대학에서 천체 물리학을 전공한 후 클라이메트 코퍼레이션을 설립하기 이전 그는 구글에서 일했다. 그와 그의 동료들은 놀랍게도 사업의 기초가 되는 데이터에 대한 독점권도 없는 상태에서 성공적인 데이터 중심 사업을 발전시킬 수 있다고 생각했다. 몇 가지 예외사항은 있었지만 회사의 발전에 견인차 역할을 하는 테라바이트의 데이터는 누구든 자유롭게 사용할 수 있다. 하지만 클라이메트 코퍼레이션이 그 동안 쏟아 부었던 분석적 전문기술은 그 누구도 흉내 낼 수 없는 독특한 고유 가치를 가지고 있다.

클라이메트 코퍼레이션의 시작은 수많은 기업의 연간 매출에 날씨가 아주 큰 영향을 끼친다는 간단한 통찰력에서 비롯되었다. 프리드버그는 자신의 통찰력을 이렇게 설명한다. "눈이 쌓이지 않으면 스키장은 문을 닫고, 비가 내리면 골프장은 개장하지 않습니다. 또한 도시에 눈이 너무 많이 내리면 각 구청에서는 제설작업을 해야 합니다. 심지어 부슬부슬 이슬비만 내려도 길모퉁이에서 레모네이드를 파는 노점상은 그날 하루 장사를 접어야 합니다. 따라서 우리가 만약 날씨를 시뮬레이션 할 수 있다면 특정 날씨로 인한 재무손실을 막을 수 있는 기업 맞춤형 보험약관을 개발할 수 있습니다.

먼저 전국에 있는 200개의 날씨 관측소에서 얻은 데이터를 분석한

7. 국립해양대기청(National Oceanic and Atmospheric Administration)에 의해 만들어진 구형의 투영 시스템으로, 더 나은 천체 현상을 나타내는 것이 목적이며 현탁 글로브가 아닌 평면에 고해상도 영상을 제공한다

다. 동시에 추후 보험을 계약할 가능성이 있는 사업자는 클라이메트 코퍼레이션 웹사이트로 들어가 자신의 사업체에서 가장 가까운 날씨 관측소를 선택한 후, 그 관측소에서 추후 측정 가능성이 높은 악천후 날씨에 대비한 보험에 가입한다. 그러면 클라이메트 코퍼레이션은 그 관측소에서 측정한 과거 날씨 데이터를 분석하여 수학적으로 가능한 날씨를 예측한 후 이에 맞는 적절한 보험청약서를 작성한다.

"수년간 지켜본 바, 이러한 모델에 가장 적합한 시장은 바로 농업 분야라는 것을 깨달았습니다. 미국 농부의 연간 매출은 약 5,000억 달러이며 영업 이익은 1,000억 달러에 이릅니다. 즉, 농업은 평균 20%의 마진을 보는 분야로서, 이런 농업에서 수익 변동 요인의 하나로 드는 것이 바로 날씨입니다. 농업에 따라오는 그 밖의 모든 리스크는 제초제, 살균제, 살충제 등의 기술을 통해 대체로 거의 제거 가능합니다. 농업은 날씨에 따라 그 결과가 매우 달라지며 최악의 경우 날씨 하나 때문에 농부들은 모든 것을 잃을 수도 있습니다. 날씨에 약간의 변동만 생겨도 그로 인해 발생하는 손실은 감당하기 어려울 정도로 클 수도 있는데, 게다가 농부들은 연방 작물 프로그램에 대해 부족하다시피 할 정도로 보험에 가입하지 않았습니다."

이것이 농부들에게 관심을 받기 시작했을 때 즈음, 클라이메트 코퍼레이션은 미국 전역에 위치한 200개의 날씨 관측소로부터 전달 받은 데이터가 지역 농장들의 날씨를 표본화할 만큼 정확하지 않다는 것을 알게 되었다. 이에 관측소의 수를 2,000개로 확장하여 더 많은 양의 데이터를 얻고자 했지만 그것 역시 충분치 않았다. "당신이 농부이고 당신이 있는 곳에서 가장 가까운 날씨 관측소가 언덕 넘어 30마일이나 떨어져 있다고 가정해 봅시다. 일일 강우량이나 기온이 실제로 당신이 느끼고 있는 것과 관측소에서 제공하는 데이터가 정확하게 일치하는지를 얼마나 자주 확인해야 할

까요?" 이를 해결하기 위해 이 회사는 미국 전역의 모든 토지의 위치와 모양, 크기를 보여주는 공동토지 단위 데이터(Common Land Unit Data)를 사용했다. 이 데이터는 무료로 제공되는 오픈 데이터이지만 미국 농무부가 이 데이터를 공개하도록 하기 위해 수 차례 정보공개법(Freedom of Information Act)을 요청했고 스탠포드 대학 및 다른 연구기관과 협업하기도 했다. (클라이메트 코퍼레이션은 여전히 정기적인 업데이트를 위해 노력하고 있다.)

클라이메트 코퍼레이션은 모든 분야에서 보다 정확하게 날씨를 측정하기 위해 정부 데이터를 사용했다. 프리드버그는 도플러 레이더를 사용함으로써 어느 한 농부의 땅에 내린 일일 강우량을 1인치의 약 100분의 1 정확도로 측정하는 것이 가능하다고 했다. 또 미국 지질 조사기관으로부터 지상 토양 조사 및 위성 영상을 통해 만들어진 지형과 토양의 유형을 보여주는 지도를 입수했는데, 이 지도는 정확하게 토지의 한 면의 길이가 10m (대략 도시지역 주택의 뒤뜰 크기 정도)인 정사각형 크기다. "농부들은 얼마나 많은 비가 올 것인지를 걱정하는 것이 아닙니다. 그들이 정말로 걱정하는 것은 얼마나 많은 양의 물이 그들의 땅에 있어야 하느냐는 것입니다."라고 프리드버그는 말했다. 그것은 강우량과 토양 둘 다에 의해 결정된다.

"10년 전이었다면 지금 이 회사가 하고 있는 일들은 거의 불가능했을 것입니다."라고 프리드버그는 말했다. 데이터를 모으고 나서야 "지금 우리는 당신의 땅에서 일어나는 일들을 당신보다 더 자세히 예측할 수 있습니다. 위성 이미지는 점점 발전을 거듭하고 있으며 또한 비용은 무료입니다. 즉, 당신은 이미지를 무료로 사용할 수 있고 프로세스에 따른 예측 또한 무료로 확인할 수 있습니다. 이젠 땅의 적외선 영상 역시 사용할 수 있기 때문에 정확히 몇 일에 작물을 심었는지 그 작물이 얼마나 컸는지 추정할 수 있습니다."

프리드버그와 그의 파트너는 이 일을 진행하던 중 그들이 하는 일이 단지 보험 판매만이 아닌 전 세계의 농업을 개선시키는 일이라는 것을 깨달았습니다. 그들은 작물 수확량에 데이터를 추가하고 더 정확한 날씨와 농업 생산량을 연결시켜 발전한 모델을 통해 Climate.com이라는 서비스를 개발했다. 이 서비스는 보험계약자들에게는 무료이며 비 계약자들에게는 유료로 제공된다. "우리는 당신이 어떤 땅을 일구면 되는지 오늘 농약을 치고 파종을 마쳐야 할 땅은 어디인지, 비료를 반드시 주어야 땅은 어디인지, 작물을 심기위해 닷새 이상 기다려야 하는 땅은 어디인지 매일 알려줄 것입니다." 그들의 목표는 농부의 수익을 20~30% 증대시키는 것이다. 여러 방면에서 취약한 이 산업(농업)에서 이 정도 수치는 큰 상승이라 볼 수 있다.

다음 과제는 녹색 혁명 2.0이 될 것이다. 미국 정부의 위성 데이터는 국경에서 멈추지 않고 전 세계에 영향을 준다. 클라이메트 코퍼레이션은 현재 그들 자신의 데이터와 관련된 데이터가 있는 업무를 국제적으로 적용할 방법을 찾고 있는 중이다. 시작은 아마도 호주가 될 것이다. 프리드버그는 결국 "중앙 아프리카에서 옥수수를 재배하는 농부는 아이폰이나 문자 메시지를 통해 그날 그날 자신들이 할 수 있는 최적의 일이 무엇인지 말해 줄 Climate.com 서비스를 확인하는 것으로 하루를 시작할 지 모릅니다." 라고 자신했다.

하지만 따지고 보면 이것은 수수께끼처럼 알쏭달쏭하다. 데이터를 생성하기 위해 엄청난 투자를 한 것은 미국 정부인데 데이터를 가져와서 사용한 것은 민간기업이기 때문이다. 실제로 오픈 데이터의 지지자들은 당연히 그래야만 한다고 생각하고 있다. "나는 이런 일들이 제대로 되려면 자본주의가 가진 인센티브가 반드시 필요하다고 굳게 믿고 있습니다. 정부는 실패하지 않는다는 목표를 갖고 있고, 당신은 리스크를 감수하지 않는 것이 목표입니다. 당신은 '리스크를 감수하고 더 많은 수익을 만들라'고 하는 '자본주의 경제 모델'을 사용하기 위해서 정부의 테두리 바깥으로 나가야 합니다. 하지만 정부의 지지 없이는 아무런 혁신도 일어나지 않을 것입니다." 프리드버그는 자신을 가리켜 "저는 정부가 인프라 서비스를 제공해야 한다고 강력히 주장하는 사람입니다." 라고 결론을 지었다.

여기서 중요한 건 마지막 코멘트이다. 정부는 오픈 데이터 인프라를 통해 데이터중심 사업자를 위한 기초를 제공함으로써 혁신에 박차를 가할 수 있다. 지금까지 GPS와 날씨 데이터가 그것을 증명해 주었고 앞으로는 헬스 데이터가 증명해 주기 시작할 것이다.

헬스 데이터 "최선을 다해 준비한 최고로 신나는 파티"

정부의 오픈 데이터 사용 열풍을 이어갈 분야로 헬스와 헬스케어가 주목을 받고 있다. 맥킨지 보고서는 미국의 헬스분야 빅 데이터가 갖는 가치를 3,000 ~ 4,500억 달러로 평가했다. 이 중 일부는 병원과 환자 기록 같은 개인의 사생활 데이터인 반면 다수는 메디케어(Medicare) 비용, 약의 효능과 부작용, 헬스케어와 공중 보건의 기타 분야에 관한 오픈 데이터이다.

2013년 6월, 나는 "오픈 헬스 데이터의 위력 드러내기" 라는 주제로 열린회의에서 관중들로 꽉 찬 워싱턴 DC의 옴니 쇼럼 호텔에서 실시간으로 블로깅을 하고 있었다. 옴니 쇼럼 호텔은 컨벤션 스타일의 호텔로 전 세계에서 가장 거대한 오픈 데이터 행사 중 하나인 연례 헬스 데이터팔루자(Health Datapalooza) 회의를 4년째 개최하고 있었다. 2년 전인 2011년에는 국립 보건원 강당에서 열렸던 헬스 데이터팔루자에 참가하기도 했었다. 옴리 쇼럼 호텔 회의장에 있는약 2,000개의 좌석은 이미 꽉 찼고, 100명 내외의 사람들은 회의가 열리는 홀 뒤편에 서 있었다.

2010년에 최초로 열렸던 헬스 데이터팔루자는 정부의 헬스 데이터를 더 나은 용도로 사용하고자 하는 목적으로 약 45명의 보건복지부 직원들이 참가했었다. 그 후 2013년 까지 40~50배 더 큰 규모로 열린 회의에서 속속 중요 참가자들이 나타나기 시작했다. 첫 헬스 데이터팔루자행사 때부터 보도를 했던 한 기자는 "헬스 산업과 벤처 자금은 여기에 있습니다." 라고 말했다. 헬스 데이터는 반박의 여지 없이 명백하게 거대한 사업이라 할 수 있고, 연방 정부는 이 사업이 가진 잠재력을 제대로 알리기 위해 노력 중이다.

헬스 데이터팔루자는 현 미국 CTO이자 전 보건복지부 CTO였던 토드 박(Todd Park)이 발족했다. 토드 박은 정부의 날씨 데이터가 하나의 산업 전체를 발전시켜 나가는 것을 보고 영감을 받았다. 특히 성인 인터넷 사용자의 80%가 온라인을 통해 헬스 정보를 받는 것을 보고 헬스 역시 동일한 잠재력이 있다고 보았다.

토드 박은 오바마 행정부에서 가장 열정적인 오픈 데이터의 대변인이 되었다. 그는 오픈 데이터의 움직임에 자사의 슬로건을 부여했다. 바로 데이터 리버레이션(Data liberation; 데이터 해방)이라는 용어를 대중화시켰는데 연설에서는 "데이터 리보라시옹(Data liberación)" 이라는 프랑스어로 발음하는 것을 좋아했다. 토드 박은 헬스 데이터팔루자 이외에도 민간 부문에서 납세자에게 비용을 받지 않고 정부 데이터를 이용하여 "멋진" 일을 할 수 있도록 독려하기 위해 에너지, 교육 그리고 또 다른 분야에도 데이터팔루자를 적용하려 한다.

데이터팔루자는 어떤 관계자가 언급한 바와 같이 "데이터에 완전히 미친 파티" 라고 말 그대로 정의할 수 있으며 그 다음 이벤트를 설명하는 아주 좋은 표현이다. 2013년 헬스 데이터팔루자에서 토드 박은 "우리는 여러분처럼 재능 있는 혁신가와 기업가 같은 일반인들로 하여금 정부 데이터를 더욱 손쉽게 사용할 수 있도록 할 것입니다. 당연히 프라이버시 보호는 엄격히 시행 될 것입니다." 라며 정부 전문가들이 빠른 속도로 더 많은 데이터를 사용할 수 있도록 노력하고 있다고 칭찬했다. "이 데이터는 우리 것이 아니라 여러분의 것입니다. 여러분은 세금을 냄으로써 이미 데이터 비용을 지불하였습니다. 여러분이 그 동안 생각해보지 못했던 거대한 규모로 새로운 앱과 서비스, 돌파구, 사업, 구직 등 굳이 특별한 분야에서만 느끼는 것이 아닌 일상적으로 경외심을 경험하기 위해 쉽게 사용 가능하면서도 기계가 가독할 수 있는 형태로 다시 돌려주어야 하는 것이 우리의 임무라고 생각합니다." (오픈 데이터의 핵심 개념인 기계 가독성이란 데이터는 컴퓨터가 처리할 수 있는 형식이어야 한다는 것을 의미한다.) 토드 박은 계속해서 말을 이어나갔다. "여러분들은 미국의 헬스케어를 더 나은 방향으로 발전시킬 것입니다. 측정할 수 없을 만큼 많은 생명을 구하고 삶의 수준을 향상시킬 수 있을 것입니다. 저는 미국의 혁신가들이 해야 할 일 중에서 이것보다 더 중요한 것은 없다고 생각합니다."

헬스 데이터는 규모가 방대하고 아주 다양하다. 2013년 데이터팔루자는 정부가 제공한 오픈 데이터와 종합병원, 의원급 병원, 환자 기록 같은 매우 비공개적인 데이터를 사용하여 진행 중인 업무를 쇼케이스 했다. 그러나 나는 여기서 일부 회사들은 새로운 통찰력을 얻고 자기 사업을 발전시키기 위해 진심으로 오픈 데이터를 사용하고 있다는 것을 알게 되었다.

새로운 방식으로 데이터를 사용하고 있는 베테랑도 있다. 전시회가 열리고 있는 홀에서 1993년의 카이저 퍼머넌트(Kaiser Permanente)의 일부로 시작해 2006년에는 별도 회사를 세운 아르키메데스(Archimedes)대표와 대화를 나눴다. 그는 헬스케어를 위한 알고리즘과 예측 가능 모델을 개발하는 데 20년이라는 세월을 바쳤다. 메디케어와 메디케이드 서비스 센터(CMS), 임상시험의 데이터베이스, 전국 건강 영양 설문조사와 같은 소스에서 제공하는 데이터를 이용함으로써 건강 상태와 기타 인구집단 사이에서 발생하는 의료적 중재 효과 모델을 개발하였고 이를 통해 치료시기에 따라 환자에게 적합한 치료법을 찾아낼 수 있도록 도와주는 툴을 제시했다. 이와 다소 유사한 연구기관인 임패크 인터내셔널(Impaq International)(영리)과 전국 여론연구 센터(비영리)는 헬스케어 정책과 프로그램이 가진 잠재적 영향력을 분석하기 위해 정부의 오픈 데이터를 사용하고 있다.

그리고 나는 설립된 지 5년 밖에 되지 않았어도 오바마 행정부가 매우 좋아하는 아이트리아지(iTriage)라는 헬스데이터 회사의 직원들과도 이야기를 나누었다. 응급실 의사에 의해 시작된 이 회사는 웹사이트나 당신의 스마트폰을 이용하여 증상을 파악하여 여기에 필요한 신속한 조언과 치료받을 수 있는 가까운 병원리스트를 알려준다. 데이터팔루자의 아이트리아지 부스에서는 한밤중 낯선 도시의 한 호텔 방에서 가슴에 일어난 엄청난 통증을 느껴 잠에서 깬 한 남자의 증언을 담은 동영상을 보여주었다. 이 남자의 스마트폰에 깔려있는 아이트리아지 앱은 의사들이 갑작스런 그의 심장 마비를 치료하고 생명을 구할 수 있는 가장 가까운 응급실에 대한 정보를 제시했다. 이 회사는 앱 사용자가 즉시 치료 받을 수 있는 병원과 의사, 기타 의료공급자가 누군지 파악하기 위해 CMS가 개발한 전국 공급자 식별등록처(National Provider Identifier Registry)의 오픈 데이터를 사용하고 있다. 이 회사는 맞춤형 의약품을 위한 새로운 케어패스(CarePass) 프로그램의 일부가 된 애트나(Aetna)에 인수되었다.

데이터팔루자에서 만났던 또 다른 회사는 개인과 공중보건 양쪽에 아주 중요한 영향을 미칠 가능성이 있는 메드와쳐(MedWatcher) 였다. 메드와쳐는 FDA 계약자로서 FDA 데이터를 더 가치 있게 만들기 위해 노력하고 있다. FDA는 서로 다른 약물로 인한 부작용에 관한 보고서와 데이터베이스를 오래전부터 계속 관리해 오고있다. 그러나 극소수의 사람들만이 이 데이터베이스 형성에 참여하거나 이 데이터베이스가 만들어내는 리스크를 알고 있다. 메드와쳐가 하는 일은 환자들이 휴대전화로 이 데이터베이스에 접근하도록 하는 것이다. 환자는 이 데이터베이스를 통해 현재 자신이 복용 중인 약물의 부작용을 알 수 있으며 문제가 발생할 경우 직접 FDA에 보고 할 수 있다. 수 년이 지난 지금 이 회사 덕분에 우리는 약물 안전과 약물 안전 개선 법에 대한 지식을 얻을 수 있었다.

아이트리아지나 메드와쳐 같은 회사들은 환자가 환자 자신의 건강을 관리 하도록 돕는 반면 아이딘(Aidin)이라는 또 다른 새로운 회사는 의료 시스템 자체에 품질관리를 구축하고 있다. 아이딘은 할머니가 재활시설에서 제대로 치료를 받지 못한 경험을 갖고 있던 젊은 데이터 분석가에 의해 시작되었다. "제 할머니는 일주일 동안 환각상태에 빠져 있었습니다." 라며 엔피알(NPR : 공영 라디오방송국)에서 말을 이어갔다. "할머니에게 일어난 과잉진료 때문에 할아버지와 가족들은 엄청난 정신적 외상을 입을 정도로 충격이 컸습니다." 아이딘은 헬스케어 기관의 품질을 관리하기 위해 환자의 이용 후기를 리뷰에서 제공되는 데이터를 포함한 정부의 오픈 데이터를 사용했고 퇴원 계획뿐만 아니라 이 할머니와 같은 사례를 방지하기 위해 이 데이터를 병원 시스템과 통합시켰다.

오픈 데이터 스타트업을 위한 정부 지원 인큐베이터

미국 정부는 날씨와 GPS데이터에서 시작해 지금은 헬스 데이터를 사용하며 자신의 역할을 규정해 오고 있다. 즉, 정부는 손쉽게 사용할 수 있는 형태로 중요한 주제에 대한 데이터를 수집하고 또한 제시하는 역할을 한다. 영국의 경우에는 정부의 역할이 이보다 한 걸음 더 앞서간다. 영국 정부는 총리의 지시에 따라 새로운 오픈 데이터 회사 육성과 "배양"을 위해 자금을 제공해 오고 있다. 이 모델은 현재 런던의 ODI에서 시험 중에 있으며 순조로운 출발을 보이고 있다.

우연히도 내게 이 책을 쓰도록 영감을 주었던 2012년 11월 회의로부터 약 5개월이 지난 후, 나는 ODI가 목표를 어떻게 성취하고 있는지를 보기 위해 연구소로 돌아갔다. 연구소 회장이었던 나이젤 섀드볼트경은 연구소가 추구하는 바를 이렇게 표현했다. "우리 연구소에서 제공하는 데이터의 수준을 향상시켜 수요를 유도하며 생태계를 구축하고 연구소의 역량을 활성화하며 성공에 도달하기까지의 스토리를 함께 나누고자 노력하는 중입니다."

ODI는 적절한 마인드 구축을 위한 프로젝트를 시작으로 사업을 진행했다. 개빈 스타크스 CEO는 "우리가 이 연구소에서 추구하는 것은 오픈 데이터 문화를 촉진시키는 것입니다." 연구소는 개소 이후 곧바로 "문화로서의 데이터" 라는 테마를 표현할 미술작품을 공모했다. 공모 결과 전 세계 20여개가 넘는 나라에서 100여 건에 달하는 작품이 출품되었고 그 중 9개 작품이 선정되었다. 2013년 4월, 연구소에는 기괴하면서도 세련된 분위기를 연출하는 작품이 멋지게 전시 되었는데 그 중 눈길을 끄는 조각상이 하나 있다. 그것은 바로 실물 크기이며 몸체가 시스루이고 여러 층에 걸쳐 조명과 전선이 다르게 배열된 반투명의 직선 외눈 인간이었다. 이 작품은 연구소에서 약 10 마일 정도 떨어진 런던 남부에 있는 어떤 시설과 연결되어 있으며 깜박이는 불빛은 그 시설에서 (확실히 어떤 작동을 말하는 것인지는 분명하진 않지만) 작동되고 있는 어떤 무언가를 나타내는 것이라고 했다.

하지만 내가 가장 마음에 들었던 작품은 연구소 부엌에서 본 개념 예술을 조금 파괴한 듯한 감자 칩이 꽉 들어찬 자동 판매기였다. (앗! 영국에서는 감자 칩이라고 하지 않고 "크리스프"라고 한다지요?). 감자 칩 서너 봉지가 저절로 자동 판매기 아래쪽으로 떨어지는 것을 보기 전까지 그 자동 판매기는 전혀 눈이 띄지 않는 평범한 기계 같아 보였다. 하지만 자세히 들여다보니 BBC 뉴스가 쉬지 않고 나오는 평면 텔레비전과 연결되어 있었고 벽에 붙어 있는 작품 설명란에서 보니 작품 제목은 아니나 다를까 "자동 판매기" 였다. 이 작품은 BBC에서 경제에 관한 나쁜 뉴스가 보도될 때마다 감자 칩 한 봉지가 나오도록 한 텍스트 분석기를 갖추고 있었다. 자동 판매기 바닥에 왜 그렇게 많은 감자 칩 봉지들이 있었을까? 한 직원이 다음과 같은 설명을 덧붙였다. "지난 며칠 동안 정부 예산에 대한 뉴스가 많았습니다."

이 작품은 단순히 재미를 넘어 아주 진지한 메시지를 안겨준다. 즉, 오픈 데이터는 서로 다른 모든 종류의 인간 활동과 우리가 살고 있는 세상의 모든 측면을 삶과 연결할 수 있는 가능성이 있다는 것이다. 다시 말하지만, 게빈 스타크스는 인터넷도 이와 동일선상에 있다고 본다. "인터넷과 이메일, 웹사이트를 만드는 것 자체는 공동체 분열 증가와 같은 글로벌한 변화에 대한 사회의 반응이었습니다. 저는 오픈 데이터를 바라보는 관점도 이와 비슷하다고 생각합니다. 오픈 데이터는 지역, 전국, 글로벌 체계의 이슈에 대해 사회적으로 반응하는 것이라고 생각합니다. 만약 우리가 사회적 형평성과 환경의 지속가능성, 경제 성장을 해결하기 위해 데이터 중심 의사결정 시대에 들어선다면 이런 결정들을 할 수 있도록 도움을 주는 오픈 데이터가 필요하게 될 것입니다."

이 연구소는 사회적으로 도움이 되는 일도 하면서 부가가치를 만들어내는 스타트업을 돕기 위해 공간과 기술적 지원, 상호 협조적인 환경을 제공하고 있다. 내가 2013년 4월 ODI를 방문했을 때 그 연구소의 "인큐베이터"에 있던 5개의 신생회사 중 4개 회사가 그 연구소 부지에 설립되어 있었다. 나는 각 회사의 설립자들과 다양하며 동시에 새로운 오픈 데이터 앱에 대한 의견을 나누었다. (그 후 2013년 가을 스타크스를 만났을 때 그는 내게 이 연구소가 육성한 기업의 수가 두 배로 불어났다고 말해주었다.)

마스토돈 씨(Mastodon C) : 오픈 데이터, 빅 데이터를 만나다. ODI 인큐베이터에 첫 번째로 합류한 빅 데이터 분석 회사인 마스토돈 씨의 프랜 베니트(Fran Bennett) CEO와 먼저 얘기를 나눴다. 이 회사는 경쟁사보다 더 낮은 탄소발자국을 남기면서도 더 효율적으로 빅 데이터를 분석하기 위해 클라우드 컴퓨팅을 사용하는 데 특화된 기업이다. 지금은 영국 국민헬스서비스(NHS)의 거대한 오픈 데이터에 집중하고 있다. 마스토돈 씨는 영국 전역의 처방 패턴이 얼마나 다른지에 대해 정부에게 지원을 받아 분석을 마쳤으며 더불어 상표등록에 의한 법적 보호를 받고 있지 않은 약(일반의 약품)으로 충분함에도 불구하고 별다른 이유 없이 비싼 약이 처방되는 지역을 찾아냈다. 만약 이런 분석이 영국 국민헬스서비스로 하여금 일부 의사들의 처방전 방식을 바꾸게 한다면 영국 국민 헬스서비스는 연간 10억 파운드 이상을 절감할 수 있을 것이다.

로케이터블(Locatable) : 어디서 살 것인가에 관한 데이터. 프랜 베니트와의 회의 후, 로케이터블의 공동창립자 3명 중 2명인 바산스 수브라마니안(Vasanth Subramanian)과 데이비스 프라임(David Prime) 이 둘과 함께 얘기를 나누게 되었다. 이들은 이 일을 하기 4~5년 정도 전에 물리학을 전공하던 대학생이었는데, 그들은 인간의 기본적인 질문에 자신들이 배운 과학 교육을 적용하기로 결심했다. 어디서 살아야 하는가? 라는 인간으로서 가지는 가장 기본적인 질문에 답하기 위해 런던이 아닌 다른 여러 곳에서 런던으로 출퇴근하는 시간을 보여주는 웹사이트를 만들었다. 여기에 인구통계, 임대가격, 범죄율, 학교와 같은 데이터와 함께 정부의 오픈 데이터이기 때문에 사용 가능한 여러 통계자료를 추가했다. 내가 이 책을 마무리할 때까지도 이 회사의 최초 사업모델은 나타나지 않은 상태였다. 하지만 여러 가지 시도를 통한 전형적인 스타트업 전략을 통해 현재 부동산 분야에서 새로운 접근법을 개발하고 있는 중이다.

오픈 코퍼레이트(Open Coporates): 수천만 개의 회사를 추적하다. 고브랩에서 내가 하던 기업 투명성과 관련된 일을 하는 오픈 코퍼레이트의 수장 크리스 태거트(Chris Taggart)와도 얘기를 나눴다. 그는 오픈 데이터와 일하기 이전에는 잡지 발행인으로서 이미 성공한 사람이었기에 다른 젊은 동료들보다 나이도 조금 많았다. 그는 "저는 지난 2년 동안 300만개의 회사와 3개국을 담당했었는데 현재는 5,200만개의 회사와 약 72개국을 담당하고 있습니다." 라며 오픈 코퍼레이트를 "전 세계 회사 중에서 가장 거대한 오픈 데이터베이스 회사" 라고 표현했다. 데이터베이스는 지금도 빠른 속도로 성장하고 있기 때문에 당신이 이 책을 읽을 때쯤에는 그 성장률이 지금보다 높아져 있을 것이다. 태거트에 따르면 그 누구도 정확한 수는 알 수는 없겠지만 데이터베이스에 가입하게 될 회사의 수를 약 2억 5천만개에서 5억개로 추정했다. 이 회사는 복잡한 회사구조를 시각화할 수 있는 보다 강력한 방법을 개발했는데 그것은 12장에 더 자세히 설명되어 있다.

아니스트 빌딩(Honest Buildings) : 상업용 부동산을 위한 링크드인(LinkedIn). 마지막으로 얘기를 나눈 사람은 오픈 데이터 연구소 인큐베이터 기업 중 유일하게 미국을 기반으로 하는 아니스트 빌딩의 유럽 부소장 닉 카츠(Nick Katz)였다. 포브스의 인용을 빌리자면, 카츠는 아니스트 빌딩을 가리켜 "건축업자를 위한 링크드인 같은 것"이라고 말했다. 그는 링크드인 프로파일을 검색해보라고 말했다. 그 다음 "어떤 한 건물의 링크드인 프로파일을 클릭하면 건축가와 건설업체들이 이 프로파일에 서로 연결되어 그들이 그 건물을 만들기 위해 수행했던 작업들을 보여줄 수 있습니다. 뿐만 아니라 사진과 설명 밑바닥에 깔려있는 많은 데이터를 가질 수 있으며 트위터와 같이 하이퍼태그를 달 수도 있습니다. 우리는 이제까지 해본 적 없는 완전한 검색 기능을 구축하고 있습니다." 아니스트 빌딩이 있다면 건축업자는 프로젝트를 위해 가능한 최고의 업체들을 찾을 수 있고 그들의 과거 건축작업이 어떠했는지와 작업에 대한 평판은 어땠는지를 가늠할 수 있다.

이 스타트업과 전 세계의 다른 기업들은 오픈 데이터가 창의적으로 적용될 때 일어날 수 있는 일이 얼마나 다양한지를 보여주고 있다. 대기업들도 오픈 데이터의 잠재력을 파악하기 시작했다. 버진 미디어(Virgin Media)는 회사 데이터를 혁신하는데 사용하기 위해 ODI와 공동작업을 해오고 있으며 다른 수십 개의 회사들도 자기 회사의 데이터를 사용하도록 오픈 데이터 연구소 기업의회원으로 가입했다.

사업 성공가능성 포착하기

프로그래머를 위한 경진대회인 "해커톤(Hackathons)"과 홍보 이벤트 같은 다수의 정부의 오픈 데이터와 관련한 계획들은 정부 데이터를 웹이나 스마트폰 앱을 위해 사용하는 것에 초점을 맞춰왔다. 가치있는 일이긴 하지만 "앱 경제"는 신규 사업 매출의 가장 강력한 원천이 될 수는 없다. 2013년 7월에 있었던 한 연구에 의하면 모든 앱의 90%는 무료이며 광고에 의해 수익을 얻는다고 한다. 예를 들어, 아이폰에 광고를 할 경우 앱 하나의 평균가격은 19센트로 아이패드는 이보다 더 비싸고 안드로이드는 좀 더 저렴하다.

사업을 발전시키기 위해 연방 정부 데이터 사용을 진지하게 고민하는 사람은 우선 그 데이터에 있는 것이 무엇인지를 아는 것이 첫 출발이 되어야 한다. 미국의 중앙집권화된 데이터 허브인 Data.gov는 지금까지 사용이 녹록치 않았다. 왜냐하면 충분한 필터링과 체계성이 없는 상태에서 너무 많은 데이터셋이 포함되었기 때문이었다. 그러나 책을 쓰는 이 순간에도 Data.gov는 더 가치 있는 자원이 되기 위해 재설계되고 있는 중이다. (영국은 Data.gov.uk) 또한 Data.gov는 사업, 에너지, 건강, 법, 제조업 등 관심분야의 서로 다른 데이터셋을 한 곳으로 모으는 다수의 커뮤니티를 갖고 있다. 연방 정부기관 역시 이 기관의 데이터에 접근하고 사용하기가 더 쉽도록 어플리케이션 프로그래밍 인터페이스(API)를 개발하고 있다.

- 백악관 블로그 www.whitehouse.gov/blog
- 과학 기술 정책 위원회 블로그
  www.whitehouse.gov/administration/eop/ostp/blog
- 열린정부 계획 블로그 www.whitehouse.gov/open/blog

- 연방 기술 문제를 다룬 온라인 출판사 www.fedscoop.com
- 비슷한 입장을 다루는 인포메이션 위크 (Information Week) www.informationweek.com/government.asp
- Challenge.gov에 게시된 다양한 연방 데이터 과제들

헬스케어의 경우 보건복지부(HHS)가 제공한 다수의 소스를 통해 데이터에 접근할 수 있고 데이터를 어떻게 사용하는지에 대한 통찰력을 얻을 수 있다

- HealthData.gov는 HHS와 의학연구소의 파트너십인 헬스데이터 계획에 의해 만들어졌는데 사업자, 연구원, 정책 입안자들이 다수의 데이터셋을 사용하도록 하고 있다.
- CMS.gov는 메디케어 & 메디케이드 서비스 센터(Centers for Medicare & Medicaid Services)의 웹사이트로서 기계 판독가능 형태를 통해 미국 헬스케어 시스템에 관한 광범위한 데이터를 발간한다.
- Medicare.gov에는 소비자와 정보 기반 사업 앱에 도움이 될 수 있는 모든 정보를 비교하는 품질 정보가 포함된다. 예를 들면 의사와 기타 의료인 병원, 양로원, 홈헬스 기관, 투석설비에 관한 품질 관련 정보를 비교해서 제시한다.
- 현재 HHS와 함께 매년 헬스 데이터팔루자를 운영하는 헬스 데이터 컨소시엄은 "헬스와 헬스케어 향상을 위해 데이터 가용성을 증진시키고 더욱 혁신적인 방식으로 데이터를 사용하도록 하기 위한 정부, 비영리, 민간 부문 기관들의 협업체이다." 그들의 업무 내용은 www.healthdataconsortum.org에서 볼 수 있다.

두 개의 다른 일반 소스는 정부의 오픈 데이터를 통해 새로운 앱과 기업을 발전시키고자 하는 사람들을 돕고 있다. project-open-data.github.io는 소프트웨어 개발 사이트 기트허브(GitHub)가 사용가능한

오픈 데이터 프로젝트로, 개발자들이 연방정부의 오픈 데이터 소스를 이해하고 활용하는 것을 도와주기 위한 정부 프로젝트이다. 앱 개발자 연합은 appdevelopersalliance.org 를 통해 앱 개발자와 지원자의 작업을 대신하여 지원한다.

마지막으로 몇 가지의 일반적인 전략은 정부 데이터에서 비즈니스 가치를 찾고자 하는 사람에게 도움이 될 수 있다.

관심 있는 기관에서 온 정보를 추적하라. 13장에 기술된 새로운 오픈 데이터 정책은 연방 정부기관이 자신의 데이터를 공개하고 유용하게 만들도록 할 뿐 아니라 그들이 관리하는 데이터셋이 무엇인지 그 목록을 발표하도록 하고 있다. 그렇게 함으로써 데이터 발표에 따라 그 목록들이 무엇인지 알아내고 창조적인 기회를 찾으며 데이터를 공개적으로 사용 하기 위해 관련 기관에 문의할 수 있게 해준다.

당신이 필요로 하는 데이터를 구하도록 정부기관에게 압력을 행사하라. 교훈적인 일화를 하나 소개한다. 정부 데이터를 직접 사용했던 최초의 스타트업은 고용주, 연금 펀드 매니저, 개인 투자자에게 401(k) [역자 주: 미국정부가 기업연금 활성화를 위해 마련한 세제혜택이 있는 기업연금] 계획에 대한 평가점수를 제공하는 브라이트스코프(BrightScope)였다. 공동설립자이자 형제인 마이크(Mike)와 라이언 앨프레드(Ryan Alfred)는 노동부가 Form 5500[8] 에 따라 수집하는 데이터를 이용하여 이 서비스를 발전시킬 수 있을 거란 생각을 했다. 이 데이터는 연금계획의 재무상황과 투자 및 운영을 보고하기 위해 사용되는 것이었다. 마이크와 라이언 앨프레드는 50건 이상의 정보자유법에 근거한 요청을 제출했고 노동부는 마침내 그들이 원했던 데이

8. Form 5500 : 종업원 복지 플랜에 가입된 직원들을 보호하기 위해 1974년 제정된 연방법 '에리사 (ERISA)'에 따라 직장 건강보험과 은퇴연금 등을 제공하는 고용주는 매년 노동청에 연례적으로 제출하는 서식

터를 종이 박스 안에 담아 제공하기 시작했다. 결과적으로 이 형제는 온라인으로 Form 5500 데이터를 수집하고 발행하기 시작하도록 노동부를 설득했고 그로 인해 브라이트스코프의 접근성은 훨씬 더 좋아져 누구든지 사용할 수 있게 되었다.

여기서 얻을 수 있는 교훈은 분명하다. 만약 당신이 정부 기관의 데이터를 사용할 일이 있다면 데이터를 손에 넣을 때까지 정부를 푸시해라. 새로운 오픈 데이터 정책이 있다면 사용 가능한 형태로써 가치 있는 정부 데이터를 얻는 일이 이전보다 훨씬 더 쉬울 것이다. 만약 프라이버시 또는 기밀과 관련된 중대한 문제가 없다면 말이다. 오픈 데이터 정책은 특히 정부기관이 데이터 사용자로부터 그들이 필요로 하는 데이터와 양식 유형에 대해 의견을 수집하도록 하고 있다. 기업가는 연방 정부기관의 문을 두드려 원하는 데이터 요구를 주저할 필요가 없다.

정부 데이터를 기업의 정보 수집 활동에 이용하라. 기업들은 엄청난 양의 정부 오픈 데이터를 사용할 수 있게 되어 경쟁사와의 사업 분석을 위해 데이터를 활용할 수 있게 될 것이다. 인구 통계, 의료 비용, 임금과 노동 문제, 기타 요인들에 관한 데이터는 새로운 통찰력을 제시하기 위해 회사 자체 데이터와 통합되어 사용할 수 있을것이다. 이 데이터의 사용법을 알게 된 기업들은 사업전략과 계획을 준비함에 있어 보다 유리한 입장에 서게 될 것이다.

03. 소비자 웹사이트 : 스마트 공시를 위한 선택엔진

3장 소비자 웹사이트 : 스마트 공시를 위한 선택엔진

오늘날 만들어지는 제품과 거기에 맞춰 발생하는 서비스는 신중한 쇼핑을 원하는 소비자들을 곤경에 빠뜨리고 있다. 과거에는 소비자 스스로 좋은 자동차를 고를 줄 알았고 터무니 없는 판매 권유를 뿌리칠 수도, 위험한 제품을 피할 수도 있었다. 하지만 지금은 복잡한 선택사양들과 그에 따른 조건들을 선별 할 수 있어야만 현명한 소비가 가능하다. 한 통신회사만 예로 보자면 단말기, 서비스, 제한, 가격 등에 있어 수많은 조건을 제시하기 때문에 선택사항은 천여 가지가 넘을지도 모른다. 주택구입을 위한 대출, 신용카드, 대학, 전기회사나 가스회사, 건강보험회사를 선택할 때도 상황은 비슷하다.

과거에는 많은 회사들이 소비자에게 비싼 서비스를 사도록 유도하고 소비자가 자신의 필요에 맞는 최선의 선택을 찾는 것이 불가능하게끔 유도하면서 소비자를 혼동시킴으로써 수익을 얻었다. 하지만 이제는 스마트 공시라고 하는 새로운 형태의 오픈 데이터가 있기 때문에 소비자가 이러한 혼동 속을 헤쳐 자신이 원하는 것을 찾아갈 수 있도록 도와주고 있다. 마찬가지로 오픈 데이터는 창업자에게도 새로운 사업 기회를 제공하고 있다.

스마트 공시는 소비자들이 자신만의 개인적인 결정을 내리는 것을 돕기 위해 정부 데이터, 기업의 제품과 서비스에 대한 기업정보, 선택에 필요한 소비자 자신의 니즈를 결합하는 것이다. 사람들은 데이터베이스 전문가가 아니기 때문에 중간에 선택엔진이 필요하다. 이 선택엔진은 데이터를 수집하고 걸러서 중요한 것만을 보여주는 기능을 제공하는데, 마치 호텔이나 비행기 예약 시 이를 도와주는 여행 사이트와도 같다. 선택엔진은 소비자의 상황, 예산, 우선순위에 맞출 수 있다. 선택엔진을 통해 성공하는 기업이 증가하고 있는데 미국의 여행이나 금융 사이트에서 영국의 대규모 "가격 비교" 사이트까지 아주 다양하다.

여기서 소비자의 니즈를 파악하고 충족시켜줄 수 있는 사업기회를 포착하기 위해 어떠한 상황을 가정해보자. 당신이 미네아폴리스에서 멤피스로 여행을 하는 중이다. 만약 항공사 선택을 도와줄 웹사이트(카약, 오비츠, 익스피디아)가 없다면 어떻게 하겠는가? 아마 제일 먼저 떠오르는 것은 여행사에 전화를 거는 것일 테지만 여행사 역시 현재 파업 중이다. 개인적으로 알고 있는 직원이 있는데 그 사람도 하필이면 독감에 걸려 출근하지 않았다고 최종 가정해보자.

당신은 어떻게 비행기를 예약할 것인가? 우선 모든 항공사마다 계속 전화를 걸어 서로 다른 선택사항이 있는 시간이나 요금을 확인해야하고 또다른 루트를 알아보기 위해 미네아폴리스에서 출발해서 멤피스로 들어가는 항공편을 모두 파악해야 한다. 당신은 3시간 이내의 환승을 원하고 주로 출퇴근 시 많이 탑승하는 저가용 비행기는 피하고 싶다. 마침내 당신이 원하는 적당한 비행기를 찾아 예약을 하려 해도 이 모든 것을 알아내기 위해 걸린 시간에 비행기표 가격은 이미 50% 이상 올라가 버릴 수 있다. 이 상황을 해결해 줄 적절한 웹사이트만 있었더라면 15분이면 해결할 수 있는 일이다. 그렇다면 결정을 하느라 반나절이라는 시간을 허비하지도 않고 심지어 당신이 내린 결정이 최선이었다고 확신조차 하지 못하는 상황을 피할 수도 있다.

이러한 방법은 소비자를 전혀 고려하지 않은 것이지만 일상생활에서 자주 접하게 되는 상황이다. 중요한 결정들 중에는 직접 따져보아야 할 것들이 많다. 금융 서비스, 휴대폰 요금, 대학, 건강보험 등의 기타 서비스는 무서울 정도로 다양한 선택사항이 존재하기 때문이다. 이런 종류의 의사결정에는 컨슈머 리포트가 제시하는 순위가 도움이 되지 않는다. 각 사람마다 처한 환경, 예산, 선호도에 따라 최고의 선택은 모두 다 다르기 때문이다.

스마트 공시는 오픈 데이터를 사용 가능한 것으로 만들기 위해 정부와 공공 데이터, 관련 데이터 그리고 선택엔진을 통해서 유용한 정보를 제공해준다. 스마트 공시는 소비자에게 확실한 도움이 되고 기업에게는 사업의 기회를 제공한다. 소비자 결정의 모든 중요하고 복잡한 것은 선택엔진이 제공하고 있으며, 이는 최고의 사업기회라 할 수 있다. 즉, 카약과 같은 선택엔진은 모든 일상생활에 적용될 수 있는 것이다. 가치 있고 개인화된 정보를 제공해 줄 수 있는 사업가라면 누구나 선택엔진 시장에 참여할 수 있다.

다르게 보면 소비자 중심적인 기업에게도 고객에게 더 유용한 정보를 제공해줄 수 있는 기회인 것이다. 이런 트렌드를 파악하고 자기 회사의 제품과 서비스에 관해 유용한 오픈 데이터를 제공하는 회사는 새로운 고객을 발굴할 수 있고 기존 고객의 충성도 역시높일 수 있다.

백악관의 위임 권한

나는 연방정부 통신위원회의 소비자행정국장으로서 재무부의 소피 레이즈맨과 공동으로 백악관 스마트 공시 전담 팀의 책임자로 참여하였다. 정부가 이러한 일에 도움을 줄 수 있는 방법을 찾기 위해 전담 팀은 25개 이상의 정부기관과 40개 이상의 기업이 참여하여 일년 이상을 연구하였다.

우리 전담 팀은 스마트 공시라는 용어를 만들어냈으며 이 용어의 공식적인 정의를 이끌어내는데 일조했다. 스마트 공시란, 복잡한 데이터를 표준화 하고 기계 판독이 가능한 형태로 만들어 소비자들의 의사결정에 도움을 줄 수 있는 정보를 적시에 제공하는 것이다. 2011년 중반부터 2012년 말까지 이 전담 팀은 백악관과 국가기록원이 개최한 스마트 공시에 관한 첫 번째 정상회담을 주최하게 되었는데 여기에는 300명 이상의 사람들이 참여하였으며 정부의 스마트 공시 웹사이트인 Consumer.data.gov가 소개되었다. 오바마 행정부는 정부기관들이 업무를 추진할 때 스마트 공시를 개선시킬 수 있도록 정부기관의 적극적인 참여를 독려했다. 이 전담 팀의 보고서는 2013년 5월에 발간되었으며 백악관 웹사이트에서 찾아볼 수 있다.

우리 연구는 오바마 행정부의 행동 경제학자들과 규제기관 모두에게 영향을 끼쳤던 넛지(Nudge)라는 책에 소개된 RECAP(Record, Evaluate and Compare Alternative Prices : 기록, 평가 그리고 가격 비교)이라는 개념에서 많은 도움을 받았다. 넛지는 시카고대학 경제학자인 리차드 탈러(Richard Thaler)와 하버드 법대 교수이자 오바마 정부 집권 1기 정보 규제 국장이었던 카스 선스타인(Cass Sunstein)에 의해 쓰여진 책이다.

기업의 입장에서 RECAP이란 개념은 고객이 무선음성, 문자, 데이터 서비스에 지불한 요금에 대해 매년 소비내역을 제공하여 고객이 자신의 요금제를 평가해 볼 수 있도록 하는 것이다. 탈러와 선스타인은 휴대폰 요금제를 사례로 들었는데 여기에는 그럴만한 이유가 있었다. NYU 법대의 오렌 바길(Oren Bar－Gill) 교수는 한 연구에서 미국인의 3분의 2는 잘못된 요금제를 선택하고 있으며 이로 인해 소비자들은 매년 총 130억 달러를 필요 이상으로 더 지불하고 있다고 밝혔기 때문이다.

넛지의 저자인 선스타인은 정부기관이 스마트 공시를 사용하도록 권장하는 글을 작성해 주었고, 탈러는 윌 터커(Will Tucker)와 함께 스마트 공시에 관한 최초 논문을 하버드 비즈니스 리뷰에 실어줌으로써 전담 팀에게 도움을 주었다. 탈러와 터커는 스마트 공시의 개념과 가능성을 다루었다.

"비즈니스 측면에서 봤을 때, 스마트 공시와 선택엔진은 사업에 위험을 주는 동시에 커다란 기회가 될 것입니다. 속임수와 혼돈으로 시장점유율을 높이는 회사 혹은 소비자의 게으름으로 인해 이익을 보던 회사들은 밀려날 것이며 적정 가격에 고가치의 제품을 제공하는 회사가 우위를 점하게 될 것입니다. 선택 엔진은 소비자뿐만 아니라 시장을 더욱 효율적으로 만들고 새로운 사업을 창출하며 정부의 대국민 서비스를 향상시키는데도 도움을 줄 것입니다."라고 탈러와 터커는 정리했다.

선스타인은 최근 출판된 본인의 저서 인 심플러(Simpler)에서 정부의 새로운 규제 정책에 대해 이와 비슷한 긍정적인 입장을 밝혔다. "스마트 공시는 미국뿐 아니라 세계 전체를 열광시킬 것입니다. 개인은 의료, 에너지, 금융, 교육과 관련된 자신의 정보를 쉽고 안전하게 접할 수 있습니다. 또 스마트 공시는 기업가나 현재 앱 또는 서비스를 개발하는 창업가들에게 새로운 기회를 제공할 것입니다. 종전에는 복잡하고 찾기 어려웠던 것이 간단하게 그리고 순식간에 접근 가능하게 되었습니다."

개인 맞춤형 의사결정을 위한 개인 데이터

스마트 공시는 RECAP에서 말한 것처럼 개인정보와 더불어 기업이 제공하는 서비스 정보를 함께 사용할 때 시너지 효과를 발휘한다. 스마트 공시는 개인의 의료 기록, 휴대폰 요금내역, 에너지 사용 내역 등과 같은 소비자 자신의 정보를 활용하여 본인에게 적합한 제품과 서비스를 선택해 줄 수 있다. 이것이 바로 특별한 의미에서의 오픈 데이터이다. 즉, 개인에 관한 정보는 그 개인에게만 "공개"하고 그 데이터를 가지고 있는 정부나 기업은 보안이 유지된 상태에서 데이터를 각 개인에게 공개한다. 물론 정부나 기업은 아무나 이 데이터를 볼 수 없도록 특별한 주의를 기울여야 한다.

자신의 정보가 디지털 형태로 노출되는 것을 꺼리는 사람들이 많지만 개인적으로 철저한 보안이 유지되면서 본인에게 다시 정보가 제공된다면 스마트 공시는 강력한 효과를 발휘할 수 있다.

연방정부 측면에서 보자면 그 동안 개인정보 관리는 올바른 단추를 누르는 문제였다고 할 수 있다. 이런 트렌드는 재향군인회가 컴퓨터 화면의 가상 버튼을 누름으로써 자신의 의료기록을 다운로드 받도록 한 앱인 블루버튼(Blue Button)을 출시했을 때 시작되었다. 재향군인회는 재향군인들과 신체에서 보내는 건강 상 징후와 테스트 결과, 가족력, 기타 데이터 등 그들 혹은 의사에게 도움을 줄 정보를 추적함으로써 더 나은 건강 서비스를 받을 수 있다고 생각했다. 블루버튼 서비스는 적어도 수천 명에게 도움을 줄 수 있다는 가정 하에 2010년 10월부터 전국적으로 시작되었는데 사용추이를 관찰한 결과, 2012년 가을까지 백만 명의 재향군인이 블루버튼을 사용한 것으로 나타났다.

이 서비스가 유명해지면서 민간에서도 참여를 시작하였는데 다행히 환자들에게 좋은 반응을 얻고 있다. 이 책을 쓰고 있는 2013년도 현재 유나이티드 헬스 그룹(UnitedHealth Group), 애트나(Aetna), 카이저 퍼머넌트(Kaiser Permanente)와 같은 민간 헬스케어 기관도 회원들에게 서비스를 제공하고 있다. 8천만 명이 넘는 미국인이 블루 버튼을 통해서 자신들의 의료 정보에 접근하고 있다.

미국정부의 최고기술책임자인 토드 박은 블루 버튼을 확장하여 마이데이터(MyData)라고 부르는 프로젝트를 진행하였다. 정부기관에게 특정 색깔의 단추로 서비스를 제공하도록 한 것이다. 에너지부와 환경보호청은 그린 버튼(Green Button)을 사용하여 에너지 사용 내역을 소비자들이 볼 수 있도록 했다. 이러한 정보를 새로운 웹사이트나 앱과 함께 사용함으로써 비용을 절감하거나 환경친화적인 에너지를 선택할 수도 있다. 그린 버튼은 서부 여러 주에서 시작되어 이미 1,600만 가구에서 사용되고 있으며 곧 수천만 가구로 확대될 것이다. 학생과 학부모가 성적표와 학습자료에 쉽게 접근하도록 하기 위해 교육데이터를 이용한 위와 유사한 프로그램도 현재 개발중에 있다.

영국에서 정부의 스마트 공시 아젠다는 개인 데이터와 함께 시작되었다. 정부의 마이데이터(midata)팀의 주도로 6개 에너지 회사가 고객들의 개별 기록에 대한 전자적 접근과 고객이 지불하고 있는 요금에 대한 더 나은 정보를 모두 제공하는 데 동의했다. 최근에는 대형할인점인 테스코(Tesco)에서 영국 소비자에게 구매 내역을 기반으로 한 서비스를 제공하고 있는데, 테스코의 보상 프로그램에 가입한 고객은 자신의 구매 영수증을 스캔하면 주변 경쟁사에서 더 낮은 가격으로 판매할 경우 그만큼을 현금으로 환불 받는다.

개인정보와 기타 다른 정보를 결합하여 올바른 결정을 하도록 도와주는 선택엔진들이 상업적인 성공을 거두고 있다. 캘리포니아에서 설립된 크레딧 카르마(Credit Karma)는 개인의 신용등급을 알려주면서 신용 상태에 따른 맞춤형 신용카드를 추천해주고 있다. 개인정보가 소비자뿐 아니라 공급자의 마케팅용으로 활용되고 있는 것이다. 크레딧 카르마는 자신을 이렇게 표현한다. "당신도 모르는 사이에 당신의 개인정보를 사고 팔며 상품을 권유하며 쫓아다녔던 전통적인 크레딧 시장과 달리 우리는 그 선택권을 소비자에게 돌려주고자 합니다". 현재 이 창업기업은 최근 벤처 자금으로 3,000만 달러를 유치했다. 비슷한 신생기업인 크레딧 세사미(Credit Sesame)도 정부의 인구통계 정보를 활용하여 개인의 신용도를 평가할 수 있도록 하고 있다.

선택엔진 사업

소비자들이 결정해야 할 상황과 오픈 데이터로 인해 사업가들은 유용하면서도 동시에 수익을 올릴 수 있는 선택엔진을 개발할 기회가 많아졌다. 스마트 공시 팀은 선택엔진의 주요 사업 모형을 다음과 같이 네 가지로 정의했다.

- 사용료 : 선택엔진을 사용하는 개인, 기업, 사용자들에게 사용료를 받는다.
- 기관 고객 수수료 : 공공시설 기관, 종업원 복지관리 기업이나 기타 수수료를 지급하는 회사로부터 선택엔진 사용 수수료를 받는다.
- 고객 발굴 수익 : 항공사, 호텔, 신용카드사로부터 새로운 고객 발굴 시 수수료를 받는다.
- 비영리기관 : 교육이나 의료부문 등 공익을 위한 사업을 지원한다.

전담 팀의 도움으로 백악관과 국가기록원이 2012년 3월 스마트 공시 회의를 열었을 때 점심시간을 통해 자신을 소개 할 수 있도록 선택엔진 기업들을 초청했다. 이들은 의료, 금융, 에너지, 교육, 통신, 자동차 구매 등에서 소비자의 선택을 도와주는 기업들이다. 스마트 공시를 통해 온갖 종류의 창조산업, 웹사이트, 앱 등이 만들어질 수 있다. 그 중에서도 가장 활발한 활동분야를 소개하자면 바로 다음과 같다.

의료. 2장에서 언급한 것과 같이 토드 박의 리더십 덕분에 소비자가 의료나 건강보험에 대한 오픈 데이터에 접근할 수 있게 되었다. 몇몇 관련 정부 웹사이트에서는 일반인들이 이런 정보를 직접적으로 사용할 수 있도록 제공 하고 있다. 마찬가지로 현재 신생기업들이 연방 데이터, 주 데이터 및 기타 데이터를 활용하여 소비자들의 헬스케어 대한 선택을 돕고 있는 중이다.

페어헬스(FAIRHealth)라는 웹사이트는 의료비용 관리를 위해 스마트 공시를 사용하는 모델이 되고 있다. 이 비영리기관은 보험 변상 방법에 대한 합의 이후인 2009년, 뉴욕주 검찰청의 지원을 받아 설립되었다. 페어헬스는 환자의 개인정보를 제외한 진료와 보험 청구 데이터를 수집하고 있다. 자신의 정보를 제공한 사람은 그 보상으로 사용료 할인을 받을 수 있다. 개인 데이터를 공공의 영역으로 가져온 것에 대한 혁신적인 인센티브인 것이다! 페어헬스는 2012년 기준으로 미 전역에서 우편번호로 분류된 130억 건의 서로 다른 사례에 대한 데이터를 보유하고 있다. 그 결과 이 웹사이트는 소비자에게 그들이 손해 보는 비용을 알려주고 보험을 고르거나 제공자와의 협상 및 탈퇴에 대한 결정을 가능케 해준다. 또한 연구자들 및 산업 분석가들은 이 데이터베이스를 이용하여 국가 전체의 의료비를 절감하려는 시도를 하고있다.

또 다른 상업용 웹사이트도 스마트 공시를 통해 사람들이 양질의 헬스케어를 찾고 의료비를 절감할 수 있도록 도와주고 있다. 케이크헬스(CakeHealth)는 개인의 의료비 지출을 온라인에서 조작하여 얼마를 지불하고 있는지 최적의 보험은 어떤 것인지를 알려준다. 헬스그레이드(HealthGrades)와 작닥(ZocDoc)은 의사의 전문성, 지역, 보험, 환자 평가 등을 통해 신속하게 의사를 찾고 예약할 수 있도록 도와준다.

주목할만한 사실은 대형 보험사에서도 현재 이와 비슷한 서비스를 제공하고 있다는 점이다. 예를 들어, 유나이티드헬스(UnitedHealth) 그룹에서는 2천만 이상의 자사 가입자에게 내 의료비용 견적서(my

Healthcare Cost Estimator)라는 비용 예상 서비스를 제공하고 있는데, 이 온라인 툴은 모든 건강보험사 또는 건강 관련 시설이 실제 청구된 금액을 기반으로 양질의 예측치를 제공한다. 이것이 바로 환자나 회사 모두에게 도움이 되는 윈윈 전략인 것이다.

대부분은 연방 차원의 헬스데이터에 많은 초점이 맞춰져 있지만 주 차원의 데이터 활용 역시 점점 증가하고 있는 추세이다. 한 예로 콜로라도 주에서는 2012년 가을부터 소비자의 비용을 절감시켜 줄 수 있는 All Payer Claims라는 데이터베이스를 사용할 수 있게 되었다. 이 프로젝트의 책임자인 필 칼린(Phil Kalin)은 엔피알과의 인터뷰에서 "환자들은 이제 온라인을 통해 실제 드는 비용이 얼마인지 병원이나 의사들 간의 가격 비교를 통해 예측할 수 있습니다. 예를 들어 MRI는 [Colorado Public News에 따르면] 최소 450달러에서 최대 3,500달러까지 들어가는데 품질 면에서는 뚜렷한 차이가 없다는 초기 데이터를 보았고, 다른 주에서도 품질 면에서는 뚜렷한 차이 없이 최소비용에서 최대비용까지 2배 이상 차이가 난다는 것을 알게 되었습니다."라고 밝혔다.

개인금융. 미국 재무부는 재무정보와 부서의 블로그를 기반으로 연방 차원의 온라인 데이터 허브를 구축하였다. 이는 Mint.com과 같이 개인의 재무정보를 관리하고 조언을 하는 일반적인 웹사이트와는 차원이 다르다. 예를 들어 GetRaised는 노동통계국의 통계를 이용해서 임금을 덜 받고 있는지의 여부를 알려주고 어느 정도의 임금 인상 요구가 가능한지 계산해준다. GetRaised를 사용한 여성의 3분의 2가 평균 6,700 달러의 임금 인상을 받았다. 헬로월렛 (HelloWallet)은 노동부와 연방준비제도의 통계자료를 이용하여 비슷한 상황의 동료들과 재무비교를 통해 소비를 줄이도록 권고하고 있다. 빌가드(BillGuard)는 소비자 금융보호국(CFPB)에서 제공하는 불만접수 사례를 기반으로 잘못 청구된 신용카드나 직불카드를 찾아내어 정정하는 서비스를 제공한다.

소비자가 자신의 개인적인 데이터에 더 많은 접근이 가능할수록 앞으로 더 많은 금융 툴이 나타날 것이다. 소비자는 IRS가 보유한 세금양식과 같은 정부 보유 금융기록에 대한 접근이 가능하게 될 뿐 아니라 소비자의 금융기관에서 가지고 있는 데이터가 있다면 더욱 도움이 된다. 의회는 2010년도 금융 개혁의 일부로 몇 가지 예외사항을 제외하고는 개인에게 금융기관으로부터 자신의 데이터를 요구할 수 있는 권한을 부여하였다. 이 법에서 금융기관은 "소비자로 하여금 전자적인 방법으로도 충분히 사용 가능한 형태로서 데이터를 제공해야 한다"고 규정하였고 소비자 금융보호국에 이 정보에 대한 표준을 정하도록 하였다. 이러한 데이터 활용의 증가는 소비자들에게 많은 도움이 되며 보다 나은 서비스를 제공받을 수 있게 해준다.

부동산. 소비자들에게 접근성, 교육, 범죄 등 주변 환경에 대한 비교평가를 해줌으로써 적합한 집을 찾는데 도움을 주는 부동산 웹사이트는 오픈데이터를 활용하여 구축된다. 이와 관련된 정보는 연방정부, 주정부, 지역의 데이터, 등기기록 등을 사용한다.

2013년 8월 부동산 웹사이트 질로우에 의해 이루어진 전국 생중계 방송에서 오바마 대통령은 스스로 감당할 수 있는 주택을 장만해야 하며 이를 위해 오픈 데이터가 매우 중요하다라고 강조했다. 백악관 블로그에는 "질로우의 일정 부분은 공공 오픈 데이터에 의해 움직입니다. 질로우는 노동통계국, 연방주택금융청, 인구조사국 등의 데이터를 무상으로 이용하여 연구한 결과, 특정 지역에서 수년 동안 주택을 임차하는 것보다 구매하는 것이 재정적으로 더 유리하다고 밝혔습니다." 라는 내용이 올라와 있다. 이 블로그에서는 리얼터닷컴(Realtor.com), 이스테이틀리(Estately), 트룰리아(Trulia), 레드핀(Redfin) 등의 다른 부동산 사이트도 소개되어 있다.

주택 구매자에게 선택 엔진을 제공하는 질로우는 오픈 데이터를 사용한 성공 사례로 볼 수 있다. 2013년 5월 정부의 오픈 데이터 정책이 발표된 이후, 질로우가 강조한 것은 데이터를 대중이 사용할 수 있도록 만들어야 한다는 것이었다. "등기소나 법원에서 서류를 뒤적이면서 시간을 보내며 찾아야 했던 부동산 정보를 질로우에서는 무상으로 쉽게 접근할 수 있습니다. 이러한 데이터를 무상으로 제공하기 시작한 2006년 이후 우리는 부동산에서 이뤄낸 변화에 고무되어 있습니다. 정보가 풍부해진 덕분에 사람들이 보다 더 현명한 결정을 내릴 수 있게 된 것 같습니다." 고 그들은 밝히고 있다. 이러한 질로우의 전략은 뚜렷한 효과가 있었다. 2005년 설립된 이 회사는 2011년 상장 당시 6,600만 달러의 영업이익을 거두었으며 2013년에는 23억 달러의 기업 가치가 있는 것으로 평가된 것이다.

교육. 오바마 정부에서 교육은 주택만큼 아주 중요한 공약이다. 오바마 대통령은 2013년의 연두 교서에서 스마트 공시의 웹사이트를 통해 등록금을 걱정하는 학부모들을 도와주겠다고 선언했다. 오바마는 "정부는 곧 대학평가표를 공개할 것이고 학교 간 비교를 통해 학생과 학부모들은 동일한 교육비로 가장 효과가 큰 대학을 선택할 수 있을 것입니다"라고 약속했다.

대학평가표는 학생과 학부모가 이전에 구할 수 있었던 정보와는 차원이 다른 것이다. 연방정부의 웹사이트에 있는 비용 데이터는 거품이 없다. 자동차를 살 때 전단지와 실제 가격에 차이가 있듯이 광고와 실교육비 사이에도 역시 차이가 있다. 웹사이트에서는 학생들이 자신의 정보를 입력하면 그들과 비슷한 상황에 처한 학생의 지원금이나 장학금 등이 감안된 대학 등록금이 얼마인지를 계산해준다.

대부분의 대학은 2011년 의회의 요청에 의해 만들어진 평가표에 따라 학생이 실제로 지불해야 할 순수 학비에 관한 정보를 제공해야 한다. 입시위원회(The College Board), 프린스턴 리뷰 (Princeton Review), 유에스 뉴스(U.S. News)와 같은 웹사이트에서는 순수 학비를 계산하는 방법에 대한 정보를 제공한다. 학비가 비싸지고 비용의 투명성이 중요해지면서 이러한 웹사이트는 학생이나 학부모에게 보다 유용한 스마트 공시 기능을 제공해 주고 있다. (2013년 8월 대통령은 대학 학비와 관련한 더욱 강력한 조치를 발표했다. 등록금, 졸업율, 학자금대출, 졸업 후 수입 등을 기준으로 대학의 순위를 매길 것을 선언했다. 학생들은 이러한 순위를 이용할 수 있고 연방정부의 지원금에도 이러한 순위가 어느 정도 반영될 것이다. 이러한 계획은 의회의 승인이 이루어져야 시행될 수 있으나 아직 시행되지 않았다.)

GreatSchools.org라는 웹사이트의 성공은 교육과 관련된 선택엔진에 대한 소비자들의 높은 관심을 보여주는 사례이다. 비영리기관인 이 웹사이트는 15년 전, 교육에 헌신적인 교사인 빌 잭슨(Bill Jackson)에 의해 시작되었다. 예일대에서 기계공학을 전공한 잭슨은 1980년대까지 미국과 중국에서 학생을 가르쳤지만 웹의 유혹을 뿌리치지 못하고 1990년대 실리콘밸리로 향하게 되었다. 그곳에서 그는 교육에 대한 열정과 기술적인 지식을 결합하여 학부모들이 다양한 교육 기회를 비교하고 선택할 수 있도록 웹사이트를 만들었다.

현재 12세의 학생을 둔 가정의 40%가 이 웹사이트를 사용하고 있다. 이 웹사이트는 공식적인 측정 데이터와 함께 대중들의 의견을 함께 보여주고 있다. 주정부의 데이터에 기초하여 10점 만점의 평가표에 학부모, 학생, 교

직원의 평가를 기반으로 한 5점 만점의 평가표를 보여준다. 이 기관은 미국 교육부와 긴밀하게 협력하고 있다. 교육부의 개혁을 주도하고 있는 짐 셜턴(Jim Shelton)은 GreatSchools.org에 대하여 "비슷한 부류의 기관 중 가장 독보적인 존재" 라고 평가하고 있다. 이 웹사이트는 재단 후원이나 기부금으로 운영되지만 1,000만 달러의 예산 중 약 30%는 광고나 사용료 등 다른 수입을 통해 조달하고 있다.

에너지. 앞서 소개한 그린 버튼은 성공적으로 적용되고 있다. 그린 버튼은 연방정부가 주도하고 민간기업이 참여하여 소비자 데이터를 표준화하며 제공된다. 표준화는 혁신과 창업을 촉진하였고 WattzOn, PlotWatt, FirstFuel 등을 출현시켰다. 이들은 그린 버튼에서 제공하는 데이터를 기반으로 개인이나 기업에게 에너지를 절약할 수 있는 방법을 제공해주고 있다.

그린 버튼이 분석이 용이한 형태로 개인의 에너지 데이터를 제공해 주는 것이라면 오파워(Opower)라는 회사는 한 걸음 더 나아가 주변의 데이터와 비교할 수 있는 기능을 제공한다. 스마트 공시를 활용한 이러한 창의적인 접근은 성공을 거두었다. 2007년에 출범한 오파워에는 400여 명의 직원이 근무하고 있으며 미국 버지니아 주 알링턴에 있는 본사 이외에도 샌프란시스코, 런던, 싱가포르에 지사가 있다.

2013년 4월에 이 회사의 전략 마케팅 부사장인 오기 카바조비치(Ogi Kavazovic)를 만났을 때 그는 "아직까지 에너지 절약이 본 궤도에 올라오지 않았습니다. 현재 에너지 절약에 참여하는 소비자는 1%에 불과합니다. 다른 사람들이 어떻게 에너지를 절약하는지를 보여주고 이를 통해 얻을 수 있는 금전적 이익을 설명해주는 것이 중요합니다." 라고 말하며 행동분석

적인 전략이 필요하다는 것을 강조했다

카바조비치는 재활용품 수집을 예로 들어 이를 설명해 주었다. 재활용품 수집에서 알 수 있는 것처럼 사회규범은 위력적이다. 사람들은 타인이 어떻게 재활용을 하는지를 눈여겨보고 있으며 자신이 환경보호에 소홀하다는 인상을 주지 않으려고 노력한다는 것이다. 오파워는 이웃의 에너지 소비 상황을 보여줌으로써 사람들이 에너지 절약에 신경을 쓰도록 유도한다. 또한 오파워를 통해 자신의 에너지 사용 내역을 분석하고 절감 방법을 찾아낼 수 있도록 했다.

오파워는 에너지 회사와 계약을 맺어 연간 사용료를 받고 있다. 미국의 많은 주에서는 에너지 회사가 독점적으로 운영되고 있기 때문에 제도적 장치를 통해 효율성을 강조하면서 소비자에게 부당한 이득을 얻지 못하도록 통제하고 있다. 그러나 이런 제도적인 통제가 없는 주의 경우에도 소비자들에게 더 좋은 서비스를 제공하기 위하여 오파워를 사용하기도 한다.

오파워는 2013년 10월에 30억 KWH의 에너지를 절약했다. 2011년 환경보호기금 연구에 의하면 오파워는 일반가정에서 평균 1.8%의 에너지를 절약할 수 있는 가장 좋은 절약 프로그램이며, 미 전역의 전 가정이 오파워를 사용한다면 1년에 30억 달러를 절약할 수 있다고 보고했다.

광대역 통신 서비스. 미국 연방정부 통신위원회와 통신정보관리청에서 만든 전국 광대역 통신지도에는 미국 내 거의 모든 지역의 광대역 별 속도와 가용성을 보여주고 있다. 이 지도는 내가 연방정부 통신위원회에 있을 때 만들어졌는데, 소비자가 최적의 통신 서비스를 선택할 수 있는 스마트 공시의 형태를 갖추고 있다. 지도의 유용성은 인터넷 서비스 제공자가 제공하는 데이터에 달려있다.

내가 연방정부 통신위원회의 소비자원 책임자로 있을 때 공학기술연구소와 합동으로 민간과 외부 기술자가 참여하는 컨소시엄을 구성하여 광대역 별 속도를 측정한 적이 있다. 그 결과를 2011년 미국 광대역 측정이라는 보고서로 출간하였고 온라인에서는 오픈 데이터로 사용가능하도록 했다. 민간에서도 측정에 참여하였기 때문에 이 데이터를 적합한 것으로 받아들였으며 대부분 결과에 만족했다. 하지만 케이블비전(Cablevision)이라는 회사의 경우 피크타임에는 이 회사가 선전한 것보다 속도가 늦어지는 것으로 나타났다.

스마트 공시를 통해 시장에 변화가 일어났다. 케이블비전보다 나은 서비스를 제공한다고 자부하는 회사가 생기면서 케이블비전은 전국적으로 서비스 개선 작업을 진행했다. 재측정 결과 케이블비전의 서비스가 실제로 개선된 것으로 나타났으며 이러한 사실이 대중들에게도 공개되었다. 결과적으로 수백만 명의 케이블비전의 고객이 더 좋은 서비스를 받게 된 것이다. 이제 미국 광대역 측정은 연방정부 통신위원회에 의해 매년 이루어진다.

자신의 인터넷 서비스를 점검해볼 수 있을 뿐 아니라 전 세계적인 인터넷 기능을 엿볼 수 있는 또 다른 프로젝트가 진행되고 있다. 2009년 이후 2억 번 이상의 측정이 이루어진 이 프로젝트는 엠랩(M-Lab; Measurement Lab)에 의해 진행되고 있다. 이들은 자신들을 개방적 생태계를 제공하고 네트워크 성능을 측정하는 연구자, 민간, 공익단체의 컨소시엄이라고 소개하고 있다. 엠랩은 전 세계적인 서버 연결 망을 통해서 학술적 연구자들에 의해 개발된 측정을 수행하고 있다. 개인이 노트북이나 스마트폰에서 수행하는 측정 결과를 수집하여 누구나 보고 사용할 수 있도록 하는 것이 엠랩의 접근법이다.

엠랩은 2009년 인터넷의 개척자이며 구글의 수석 인터넷 전도사인 빈트 서프(Vint Cerf)가 전문가들을 불러모아 네트워크 성능을 측정하는 방법을 논의하면서 시작되었다. 수 일간의 논의가 이루어진 후 연구가들과 정책가들은 프린스턴(Princeton)에 플래닛랩(PlanetLab), 뉴 아메리칸 파운데이션(New American Foundation), 학교와 연구소, 구글 등이 참여하는 엠랩을 만들기로 결정했다.

2013년 가을, 엠랩이 잘 되고 있는지를 물어봤을 때 서프는 "매우 만족스럽습니다. 800 테라바이트의 데이터가 수집되었으며 참여자는 누구나 이를 사용하고 분석할 수 있습니다. 우리는 전세계 다양한 지역의 기능과 동태를 보여줄 수 있는 툴을 제공하고 있는데, 도시의 구역 별로도 제공 가능합니다. 측정 결과가 공개되어서 평가되고 분석되는 것이 우리의 목적이며 엠랩의 데이터는 네트워크가 어떻게 작동하는지를 이해함으로써 기술자들이 네트워크 성능을 더 좋게 만드는 방법을 찾도록 하고 있습니다. 이는 공개된 고성능의 인터넷 환경을 통해 체계화된 전세계 정보를 누구든지 접근하고 사용하도록 한다는 구글의 사명과도 일치하는 것입니다."

기업이나 정부가 인터넷 성능에 어떤 영향을 미치고 있는지는 엠랩의 데이터로 알 수 있다. 인터넷 서비스 제공자들 간의 차이를 보여주는 데이터를 통해 소비자가 자신에게 적합한 제공자를 찾을 수 있도록 도와준다. 정치적으로 민감한 시기에 이란 정부에서 인터넷이 제대로 작동하지 않도록 네트워크의 속도를 낮춘다는 사실이 엠랩의 데이터를 이용한 연구에서 밝혀졌다. 프랑스의 연구팀은 엠랩 데이터를 이용하여 네트워크 중립성을 보여주는 지도를 만들었다. 어떤 나라에서는 모두에게 동등하게 네트워크를 배분하는 반면 어떤 나라는 특정한 정보 제공자에게 편중시키고 있었다. 엠랩은 전세계의 통신이 효과적이고 공정하게 이루어질 수 있도록 만드는 가장 중요한 수단이 되고 있다.

원스톱 쇼핑과 미어캣 마케팅(Meerkat Marketing)

스마트 공시는 소비자 정보를 이용하는 여러 가지 성공적인 사업에 중심적인 역할을 하지만 아직까지 상업적인 활용은 충분하지 않다. 미국에서는 소비자가 신용카드, 휴대폰 요금체계, 보험 등에 가입할 때 선택 엔진을 사용하는 것이 일반화되어 있지 않다. 금전적 이득이 있음에도 불구하고 서비스를 바꾸는 것을 꺼리는 사람이 많기 때문이다. 스마트 공시는 판매가 용이해야 한다. 예를 들어 자주 여행하는 사람은 한 달에 한번 이상 비행기와 호텔을 예약할 것이다. 반면 의료 전문가를 찾을 때는 무언가 잘못된 것이 있을 때 뿐이고 집을 장만하거나 대학을 선택할 때에는 온라인 상에서 여러 번 정보를 찾아본 후에 결정을 한다.

여러 개의 선택 엔진을 하나의 웹사이트에서 제공하는 것도 전략이다. 이 전략을 사용한 대표적인 예인 빌쉬링크(BillShrink)는 휴대폰 요금 선택 엔진에서 출발하였지만 신용카드, TV 채널, 저축, 주유소 등을 선택할 수 있는 기능을 제공했다. 빌쉬링크는 무선회사의 웹사이트에서 정보를 모으고 소비자들의 청구서를 분석하기 위해 많은 자금을 투입했다. 그러나 창립자이자 CEO인 슈왁 사탸보루(Schwark Satyavolu)에 의하면 빌쉬링크는 소비자들의 관심과 흥미를 끌었음에도 불구하고 독자적으로 생존하는 데는 실패했다고 했다. 빌쉬링크의 모회사인 트루엑시스(TruAxis)는 2012년 마스터카드(MasterCard)에게 매각되었으며 마스터카드는 빌쉬링크의 데이터를 맞춤형 소비자 보상에 활용하고 있다.

사탸보루에 따르면 빌쉬링크는 두 가지 문제를 가지고 있었다. 그것은 구매 결정을 하는 소비자에게 접근하기 위한 비용이 너무 많이 든다는 것이고, 빌쉬링크를 사용하는 사람들이 이를 통해 구입을 해야만 수익이 올라가는데 실제적인 구매는 10%에 불과했기 때문이다.

반면 영국에서는 여러 다목적 선택 엔진이 대중적인 성공을 거두었다. 이들 또한 보험, 가스와 전기, 휴대폰, 광대역통신, 신용카드, 주택담보대출 등을 대상으로 비슷한 서비스를 제공한다. 가디언(Guardian)지에 따르면 2010년 6,200만 명의 영국인 중 2,400만 명이 매달 가격 비교 사이트를 이용했다. (가격 비교가 스마트 공시의 전부라고 할 수는 없지만 핵심적인 기능이다.) 이는 미국에서 1억 명이 사용하는 것과 같은 비율이다. MoneySupermarket.com, Confused.com, GoCompare.com 등이 왜 성공했는지는 알 수 없다. 그러나 영국의 새로운 사이트 중 하나인 CompareTheMarket.com의 성공 비결은 탁월한 마케팅 때문이라고 할 수 있다.

이 사이트의 광고 캐릭터는 알렉산드르 올로브(Aleksandr Orlov)가 이름 지은 미어캣이다. 미국에서 GEICO사의 겍코(Gecko: 작은 도마뱀)가 성공한 것처럼 미어캣도 부러움을 자아낼 정도로 대단했다. 2009년에 광고 방송이 나오자마자 이 러시아 억양의 미어캣은 대중적인 인기를 끌었다. 봉제 인형과 어른용 동화책이 줄지어 나오면서 다수의 미어캣 캐릭터가 만들어졌다. 2009년 크리스마스가 지난 후 가디언은 마하메드 알 파야드(Mohamed Al Fayed)가 소유한 해롯(Harrods) 백화점에서 올로브의 인형인 미어캣이 폭발적인 수요 속에서 19.95 파운드에 판매되었다고 보도했다. 알렉산드르 올로브가 주장하는 단순함이 통했다는 것이 소비자들을 통해 증명되었다. 신용카드나 보험을 선택하는 것이 재미있다고 생각하는 사람은 없었다. 하지만 재미를 추구함으로써 경쟁력을 확보했다

하지만 영국의 이런 선택 엔진들에 관련된 것이 그렇게 단순하지는 않다. 미국의 컨슈머 리포트 같은 영국의 "휘치?"(Which?)라는 잡지는 10개

의 가격 비교 웹사이트를 분석했는데, 소비자들이 이 웹사이트에 별로 흥미를 느끼지 못한다는 사실을 밝혀냈다. 가장 우수한 사이트조차 소비자 만족도는 50% 미만이었다. 동일한 조건으로 자동차 보험에 대해 가상 실험을 해 본 결과 사이트마다 추천이 달랐다. 그 중 2개의 사이트는 전체 중 10%에 불과한 보험사만을 대상으로 하고 있었다.

이러한 사실은 어려운 문제를 제기한다. 미국이나 영국의 선택엔진은 조작되고 있는 것인가? 그렇다고 해도 이것은 그리 놀라운 일은 아니다. 선택엔진은 다양한 방식으로 작동하지만 결국 그곳에서 구매가 이루어져야 한다. 웹사이트에서 권장하는 것을 구매할 때 수익이 창출되기 때문이다. 구매에 대해 더 많이 보상하는 회사 혹은 광고를 많이 하는 회사가 선택되어야 유리하기 때문에 항상 유혹이 있다. 자신들의 성공이 오히려 발목을 잡고 있는 것이다. 왜냐하면 선택엔진이 널리 사용되면 될 수록 소비자들은 그 동기를 더 많이 의심하기 시작할 수도 있기 때문이다.

사업 성공가능성 포착하기

스마트 공시는 상업적인 선택 엔진으로서 중요한 사업 기회를 제공해 줄 수 있을 뿐 아니라 서비스 공급자들에게도 유용하게 활용될 수 있다. 이는 백악관 웹사이트에 업로드 되어 있는 "스마트 공시 전담팀" 보고서에서 자세한 내용을 확인할 수 있다. 연방정부의 사이트인 data.gov에는 스마트 공시를 위한 별도의 커뮤니티인 Consumer.data.gov가 있는데 여기서는 데이터셋, 앱 등의 유용한 자원을 찾아볼 수 있다

뉴욕에 근거지를 둔 아이디어42(Ideas42)라는 독특한 회사는 행동경제학을 이용하여 소비자 의사결정에 활용하는 다양한 프로젝트를 수행하고

있다. 이 회사는 자신들을 "행동주의적 디자인 및 자문회사" 라고 소개하면서 2012년 3월 스마트공시에 관한 정상회담을 개최했고 이 분야에서 기타 다른 다양한 활동들을 벌이고 있다. 이들의 웹사이트는 www.ideas42.org이다.

스마트 공시의 원리가 제공하는 통찰과 기회는 여러 사업에서 활용될 수 있다.

고객 충성도를 높이려면 고객에게 그들의 데이터를 제공하라

의료기록, 에너지 사용, 쇼핑 내역 등과 같은 고객 자신의 데이터를 고객에게 제공해주는 것이 소비자의 필요를 충족시키고 고객 충성도를 높인다는 증거가 점점 늘어나고 있다. 오파워를 사용하는 약 20~30%에 해당하는 회사는 텍사스주와 같이 경쟁이 심한 시장에 있기 때문에 에너지 절약이 중요하지 않을 수 있다. 하지만 그들의 사업에 유용하다는 판단에 오파워를 이용하고 있다.

오파워의 오기 카바조비치에 의하면 이러한 회사들이 참여하는 이유는 에너지를 효율적으로 사용하는 고객이 회사에 만족하는 고객이라고 판단하기 때문이다. 에너지 절약을 통해 고객이 30, 40, 50 혹은 100달러를 절약한다면 그만큼 회사 매출이 줄어들 테지만 결국은 모두에게 이익이 된다. 에너지 절약에 도움을 주면서 자신들의 부담을 줄여주는 회사에 대해서는 고객의 충성도가 높아질 것이기 때문이다.

영국 오픈 데이터 연구소 회장인 나이젤 섀드볼트 경도 비슷한 사례를 들려줬다. "영국은 6개 통신사가 있는데 이들 간의 경쟁이 매우 심합니다." 오랫동안 통신사들은 소비자에게 개인 데이터를 제공할 경우, 더 좋은 조건을 제시하는 통신사로 소비자가 이동하지 않을까 고민해 왔습니다. 하지만 과거에는 전화로만 생각되던 통신이 이제는 광고나 지불 등 다양한 용도로 사용되고 있기 때문에 고객을 완벽하게 이해할 수 있는 매체라는 것을 깨닫게 되었습니다. 고객에게 정보를 되돌려줄 수 있는 능력을 지니게 되었고 믿을 수 없을 만큼 풍부한 정보로 고객들과 소통하게 되었습니다. 이제 기업들은 데이터를 통해 고객의 관심상품을 판매 할 수 있을 정도로 확실한 기회를 얻을 수 있게 되었다.

오픈 데이터 세상에서는 모든 회사가 통화 내역이나 에너지 사용 등과 같은 소비자 자신의 데이터를 고객에게 제공해야 한다. 이러한 데이터를 움켜쥐고 있을 이유가 없다. 고객에게 데이터를 제공하고 이를 분석하면서 마케팅 인사이트를 얻을 수 있다. 고객에게 데이터를 제공하는 것은 고객 충성도를 높이면서 관계를 지속할 수 있는 방법이다. 무엇보다 데이터에 대한 권리가 고객 자신에게 있다는 것이 정부와 소비자들의 생각이다.

성공적인 선택엔진을 만들어라

회사 중에는 적절한 선택엔진을 만들어 감당할 수 있는 비용 내에서 사용도 편하고 운영을 했을 경우 수익을 내려는 곳도 많다. 스마트 공시에 대한 기대가 커질수록 선택엔진 시장 역시 커진다. 성공을 위해서는 오픈 데이터를 이용한 우수한 앱, 흥미를 끄는 웹사이트 그리고 현명한 마케팅 등이 필요하다.

상업용 선택엔진은 사업 방식이 투명해야 한다. 선택엔진이 많아지면 소비자들은 뭔가 감춰진 게 있을 것이라고 의심하게 된다. 잘 알려진 회사가 웹사이트에 나타나지 않는 경우도 있는데, 이는 소개료에 대한 서로의 조건이 맞지 않기 때문이다. 사업은 고객과의 신뢰를 바탕으로 이루어지므로 그들의 운영 방식을 확실하게 밝혀야만 한다.

심지어는 여행정보와 같이 경쟁이 심한 분야라 할지라도 더 나은 경험과 더 설득력 있는 사용자 경험을 제공한다면 새로운 선택엔진은 성공할 수 있다. 2005년에 시작한 카약은 익스피디아(Expedia), 오비츠(Orbitz), 트레블로시티(Travelocity), 프라이스라인(Priceline)과 같은 기존의 회사들과 경쟁해야 했고 심지어는 구글과 마이크로소프트에서도 여행 정보를 제공하기 시작했다. 카약은 독자적으로 제공할 데이터를 가지고 있었던 것이 아니라 그저 여러 여행 사이트로부터 정보를 모아 제공해주었을 뿐이다. 하지만 소개료를 받는 다른 여행 사이트와는 달리 광고를 통해 수익을 창출했다. 카약은 단순하지만 호소력 있는 웹사이트를 통해 맞춤형 검색과 명확한 데이터를 제공함으로써 충성 고객을 확보했다. 2012년 7월 상장 이후(몇 개월 후 프라이스라인은 카약을 18억 달러에 인수했다) 가진 포춘지와의 인터뷰에서 공동설립자인 폴 잉글리쉬(Paul English)는 회사의 전략을 다음과 같이 밝혔다.

> *카약에서 우리가 한 일은 매우 단순합니다. 사람들이 비행기, 호텔, 렌트카를 찾도록 도와주는 것에 집중함으로써 소비자들이 정말 원하는 서비스를 제공할 수 있었습니다. 결국 마지막 순간까지 서비스 계획설계와 개발에 전념하는 것이 우리의 장점입니다. 카약을 다른 회사와 비교한다면 가장 최근의 의견, 트위터 반응, 각 나라에서 하루 얼마나 조회되고 있는지 등 고객과 관련된 데이터를 보여주기 위해 벽면 가득 모니터가 있다는 것입니다. 우리는 오늘 고객에게 어떤 일이 일어나고 있는 지에 집중하고 있습니다.*

소비자에게 혼란이 아닌 도움을 줌으로써 수익을 창출하라.

누구도 이런 사실을 인정하고 싶지는 않겠지만 소비자를 상대하는 분야에서는 고객을 혼란에 빠뜨려 필요로 하는 것보다 더 비싼 것을 선택하도록 하거나 고객이 인지하지 못하는 수수료를 지불하도록 하는 회사가 많다. 하지만 오픈 데이터의 세계에서는 이러한 불명확한 수익은 더 이상 지속될 수 없다. 웹에 익숙한 소비자라면 비행기 예약이나 청바지 구매 등과 같은 모든 경우에 있어서 다양한 선택 사양을 일목요연하게 선별해주는 웹사이트를 사용할 것이다. 긴 약관을 제시 하거나 소비자에게 혼동을 주는 웹 페이지를 제공한다면 머지 않아 고객들은 그 회사가 구식이거나 뭔가 숨기는 것이 있다고 생각하게 될 것이다.

소비자를 상대하는 기업이 오픈 데이터의 세상에서 선도적인 위치를 차지하기 위해서는 제품이나 서비스를 명확하게 밝혀야 하며 소비자에게 가장 적합한 것을 제시하고 이를 쉽게 선택할 수 있도록 해야 한다. 역사적으로 볼 때 진보적인 기업은 소비자 친화적인 정보를 제공함으로써 성공했다. 예를 들어 1970년에 자이언트(Giant)식품사는 소비자에게 제품의 단가와 영양에 관한 정보를 제공하는 소비자 대변인 에스터 피터슨(Esther Peterson)을 고용했다. 이 회사의 신조는 "소비자는 알 권리가 있다."는 것이고 이를 통해 고유한 판매 전략을 구사했다. 오늘날과 같이 복잡한 제품과 서비스를 접하고 있는 소비자는 유용한 정보를 제공하는 기업을 선호할 수 밖에 없다.

스스로 의사결정을 하도록 선택 엔진을 사용하라

기업은 단지 서비스를 제공하기만 하는 것이 아니라 그 서비스를 활용하는 소비자이기도 하다. 어떤 스마트 공시의 선택 엔진은 최적의 가격으로 필요한 것을 충족시켜줄 수 있는 결정을 할 수 있도록 도와준다. 기업에서의 활용이 유용하다는 것은 스마트 공시의 선두 기업에서 잘 나타나고 있는데 의료와 통신이 대표적이다.

정부가 하는 사업에 참여하기 전에 토드 박이 공동 설립한 캐스트라이트 헬스(Castlight Health)는 기업이 의료비용을 약 10% 정도 줄일 수 있도록 도와주었다. 나는 2012년 중반에 이 회사를 방문했고 2013년 8월에 마케팅 최고 책임자인 피터 아이작슨(Peter Issacson)과 다시 연락했는데 그는 캐스트라이트가 매우 빠르게 성장하고 있다고 말했다. 2012년 1월에 20만 명이었던 고객이 3백만 명으로 증가했다는 것이다. 의료비가 지속적으로 증가함에 따라 이를 직원들에게 부담시키는 회사가 늘고 있다. 하지만 직원들은 의료 서비스를 선택하는 데 어려움을 겪고 있었다. 의료비 간에 격차가 크지만 의료 서비스 품질은 가격과 별로 상관이 없었기 때문이었다. 캐스트라이트 헬스는 의료 서비스의 품질을 높이면서도 기업의 부담은 절감할 수 있도록 가격과 품질에 대한 투명한 정보를 제공하고 있다. 포춘이 선정한 상위 500개 기업 중에서 20여 개의 기업이 캐스트라이트를 이용하여 직원들에게 스마트 공시의 기능을 제공하고 있다. 이 기능은 보건복지부의 메디케어 & 메디케어 서비스 센터가 제공하는 의료 품질 등의 데이터를 활용한다.

캐스트라이트가 기업의 의료비를 줄여주는 역할을 한다면 발리다스(Validas)는 통신비를 줄여준다. 내가 연방정부 통신위원회에 있으면서 발리다스 회장을 처음 만났을 때에 그는 B2B 통신사업에만 집중하고 있었다. 2013년 1월에는 소비자를 위한 무료 서비스인 SaveLoveGive.com을 시작했는데, 이것은 소비자들에게 중요한 정보를 제공해 주는 서비스이지만 작은 규모의 회사에게도 적합한 것이었다. 소비자가 SaveLoveGive.com을 통해서 자신의 통신비에 대한 데이터 접근을 허용한다면 발리다스는 통신비를 절감할 수 있는 방법을 가르쳐준다. 그리고 이중 일부를 기부하도록 유도한다. 서비스 출시 후 반 년 만에 10만 명이 가입하여 500만 달러의 통신비를 절감하는 결과를 얻었고 11만 달러 이상의 기부금을 모을 수 있었다.

"거의 실시간에 가까운 사용량 수요를 더 잘 파악함으로써 통신비를 절감하는 것이 핵심이며 B2B와 B2C 모두 동일하게 적용됩니다. 모바일을 5개 사용하는 가정이든 25개를 사용하는 소기업이든 50,000개를 사용하는 기업이든 마찬가지입니다."라고 책임자인 딜런 브레슬린-반할트(Dylan Breslin-Barnhart)가 나에게 이메일로 알려주었다. 기업이 한 회선에 매월 20 달러를 절약할 수 있다고 가정한다면 25개의 회선에서는 연간 6,000 달러를 줄일 수 있고 1,000개의 회선이 있는 중형기업은 25만 달러 가까이 절감할 수 있다. 이 책을 쓰고 있는 시점에 10에서 100개의 회선을 가진 회사는 SaveLoveGive.com을 통해 서비스를 받을 수 있도록 추진하고 있으며 이보다 규모가 더 큰 기업은 Validas.com을 통해 서비스 계약을 맺을 수 있도록 하고 있다.

04. 대규모 데이터를 관리하기 위한 신생기업들

지난 몇 년간 워싱턴에서는 연방정부의 지출을 일반인들에게 투명하게 공개하려는 움직임이 활발히 전개되었다. 이러한 움직임은 데이터 접근성(Accessibility)과 투명성(Transparency)에 관한 법률인 데이터 법(DATA Act)에 의해 강조되었다. 오픈 데이터의 핵심적인 동기는 정부의 책임감을 높이고 국가 재정 사용에 대한 점검 방법에 변화시키기 위한 것이다. 백악관과 상원에서도 정당을 초월하여 강력하게 지원 하고 있고 소비자 운동가인 랠프 네이더(Ralph Nader)와 징세반대론자인 그로버 노퀴스트(Grover Norquist)도 이를 지지하고 있으며 데이터 법 통과를 위해 결성된 기술 기업 연합도 적극적으로 참여하고 있다.

의회 스텝이었던 허드슨 홀리스터(Hudson Hollister)가 만든 데이터 투명성 연합회(Data Transparency Coalition)에는 현재 15개의 기술 기업이 참여하여 데이터 법과 오픈 데이터 제도를 지원하고 있다. 시민들이 데이터 법을 환영하는 데는 여러 가지 이유가 있다. 그러나 기술 기업에서 관심을 갖는 이유는 무엇인가? 이익이 되기 때문이다. 소비, 의료 데이터 등 정부의 오픈 데이터가 활성화되면 이를 처리하기 위한 수요가 발생할 것이기 때문이다. 홀리스터는 내게 다음과 같이 말했다.

> *일부 기업은 터보택스(TurboTax)보다 기능이 개선된 플랫폼을 구축하기를 원합니다. 수혜자, 계약자, 기관 또는 주 정부가 규제를 준수하면서 연방정부의 지출 연관 보고서를 자동으로 만들어주는 제품을 구축하기를 원합니다. 기관이 오픈 데이터의 관점에서 정보를 수집한다면 종이 문서와 암호화하지 않은 데이터로 된 문서는 사라지고 자연스럽게 조회 가능한 전자 데이터로 대체될 것입니다. 그렇게 되면 대부분의 경우 지금까지는 수작업으로 제출하던 보고서를 소프트웨어를 통해 처리할 수 있게 되며, 이를 돕기 위해*

오픈 데이터를 활용하는 소프트웨어 산업이 발전하게 될 것입니다. 데이터에 부가가치를 더해 제공하는 플랫폼을 만들고 구독료와 광고료를 받으려는 회사도 있습니다. 구글이 아주 적절한 예가 될 것입니다. 또 일부 회사들은 분석을 제공하기도 하는데 표준화된 지출 데이터를 통해 만들어 낼 수 있는 결과물이 많기 때문입니다. 마지막으로, 서로 다른 유형의 인프라를 제공하는 회사도 있습니다. 데이터베이스를 설계해주거나 저렴한 비용으로 운영할 수 있는 클라우드 호스팅 시스템을 제공하는 회사가 대표적입니다.

2013년 5월 워싱턴에서 있었던 데이터 데모 데이(Data Demo Day)에서 홀리스터와 그의 연합회는 오픈 데이터 생태계를 구성하고 있는 24개의 회사를 소개했다. 이 회사들은 홀리스터가 설명했던 거의 전 영역에 걸쳐 있는데 규제 준수와 관련된 웹파일링즈(WebFilings)와 알알 도넬리(RR Donnelley), 데이터를 재공표하는 고비니(Govini)와 스파이크스 캐벌(Spikes Cavell), 데이터 분석을 하는 인포매티카(Informatica), 에스리(Esri), 이엠씨(EMC), 아이비엠(IBM), 오라클(Oracle), 인프라를 제공하는 소크라타(Socrata)등이 포함되어 있었다. 오픈 데이터가 많아지면 정부의 부정을 방지하고, 계약과 기금을 감시하며, 연방정부의 지출효과를 추적하고, 정부의 빅 데이터를 분석할 수 있으며 심지어는 솔린드라(Solyndra)와 같은 실패를 예방할 수도 있다.

데이터 데모 데이에 참가했던 회사명단을 통해서 알 수 있는 사실은 정부 데이터와 관련된 사업 기회는 많고, 오픈 데이터가 이를 더욱 확대시키고 있다는 것이다. 정부 데이터 관리에 대한 수요는 많고 다양하기 때문에 이름만 들으면 알 수 있는 초대형기업에서부터 기술 전문가들만 알고 있는 창업기업에 이르기까지 다양한 기업들이 이 시장에 뛰어들고 있다. 이 장에서 소개할 뉴욕의 스타트업 에니그마를 통해서도 알 수 있듯이 신생기업을 위한 기회는 놀라울 정도로 빠르게 늘어나고 있습니다.

오픈 데이터가 창업기업에 도움이 되는 이유

방대한 정부의 데이터 문제를 처리하는 데는 여러 대기업들이 참여하고 있다. 당신이 기술분야에 관해 특별히 관심이 없다 하더라도 이런 대기업은 생각해 낼 수 있을 것이다. 그들은 주요 공항등에 대형 광고판을 설치하고 있으며 우리는 감히 생각지도 못할 어려운 문제들을 해결하기 위한 제품을 제공하고 있다. 기업 소프트웨어 분야에서 시장과 기술을 선도하고 있는 에스에이피(SAP), 정보제공과 분석의 강자인 에스에이에스(SAS), 지리정보 소프트웨어에서 오랫동안 선두를 유지하고 있는 에스리 그리고 IBM 등이 대표적이다. 이들은 오랫동안 대규모의 기업이나 정부기관을 대상으로 사업을 수행해 오고 있다.

몇몇 주자들은 최근 새로이 등장했다. 페이팔(PayPal)과 스탠포드 출신의 컴퓨터 전공자 몇 명이 합세해 2004년에 설립한 팔란티르 테크놀로지(Palantir Technologies)가 한 예이다. 정확하게 말하면 팔란티르는 신생기업이라고 할 순 없지만 그렇다고 오랜 기간 시장을 지배했던 거대기업도 아니다. 팔란티르는 설립 이후 다방면에서 강력한 영향력을 미치는 포트폴리오를 개발해오고 있다. 초기에는 CIA가 벤처 창업의 일부였던 인큐텔(In-Q-Tel)로부터 자금을 조달하여 미국 정보기관과 국방부에서 테러방지 프로젝트를 수행했다. 또 다른 방면으로 오픈 데이터를 분석하여 정부 지출에 따른 잠재적 부정을 찾아내는 소프트웨어를 개발했다. 회사의 웹사이트에서는 데이터 분석을 통해 인신 매매에 대항하는 캠페인을 벌이기도 했는데 이는 구글의 자선자금을 지원받은 것이다.

전문적인 데이터 분석을 제공하는 회사가 이미 존재함에도 불구하고 새로운 창업기업이 필요한 이유는 무엇일까? 근본적인 이유는 데이터의 양과 다양성, 데이터 관리의 어려움, 광범위한 데이터셋의 규모 때문이다. 이런 이유들은 혁신가들에게 기회를 제공하고 있다. 한 예로 자칭 공공 정책가이자 열린 정부 운동가이며 협상 전문가인 캐나다 블로거 데이비드 이브스(David Eaves)가 올린 최근의 블로그 포스트를 살펴보자.

> *나는 오픈 데이터를 통해서 커다란 성공을 거두길 희망합니다. 하지만 오픈 데이터에 대해 내가 실제로 생각하는 바는 비용을 절감시켜주는 작은 성공이 무수히 많을 것이라는 겁니다. 에스에이피나 에스에이에스가 수천 만 달러의 운영비용을 절감 시켜줄 문제 5개 정도의 정부나 기업의 문제를 해결한다면 소크라타와 시칸(CKAN) 등을 통한 오픈 데이터에 대한 접근은 2만 달러에서 100만 달러 정도를 절감시켜줄 1,000개의 문제를 발견할 수 있을 것입니다. 이런 절감액이 오랜 시간에 걸쳐 서서히 축적되어 결국엔 엄청난 절감을 이뤄낼 것입니다. 이런 것들이 합해지면 아주 커질 것이지만 이러한 일이 한꺼번에 일어나지는 않을 것입니다. 눈치채지도 못할 만큼 작은 것들이 모여서 엄청나게 커질 것이기 때문입니다.*

오픈 데이터로 새로운 기회를 만들기 위해 연방정부는 작고 혁신적인 기업이 정부의 계약에 쉽게 참여할 수 있는 방안을 강구하고 있다. 이 오래된 과제는 하워드 딘(Howard Dean)과 버락 오바마(Barack Obama) 대통령 캠페인에 인상적으로 참여했던 크레이 존슨(Clay Johnson)이 주도했다. 존슨은 정부 조달사업을 간소화 시키기 위해 더 나은 기술부(The Department of Better Technology)라는 다소 우스꽝스러운 이름의 조직을 만들었다. 그가 제공하는 오픈 소스 소프트웨어 패키지인 스크린도어(Screendoor)는 도시, 주 또는 연방정부 등에서 사용된다.

존슨이 이 조직을 발족시킨 계기는 연방정부의 계약 비용이 염려되었기 때문이고 그는 이 조직을 통해 계약 절차를 좀 더 민주적으로 만들어보고자 했다. 존슨이 지적했던 것처럼 정부의 계약시스템은 사용하기 어렵기 때문에 이를 잘 다룰 수 있는 기존의 기업에게 유리하게 되어 있었고 이들은 높은 가격에 계약을 체결했다. 존슨이 자주 예로 든 말도 안 되는 계약은 정부계약에 관한 데이터베이스를 구축하는데 1억 8,100만 달러가 소요된 연방 웹사이트였다. 아이러니하게도 이 비용은 새로운 인간 두뇌 지도를 그리는 작업보다 8,100만 달러가 더 소요되는 금액이었다.

오바마 케어로 불리는 부담적정보험법(Affordable Care Act)을 지원하기 위해 만들어진 웹사이트인 Healthcare.gov의 실패를 계기로 2013년 10월에는 정부의 기술 관련 계약에 대한 새로운 접근이 필요하다는 논쟁이 확산되었다. 이 사이트의 구축을 위해 들어간 돈이 어림잡아도 5억 달러 이상이지만 수십만 명의 보험가입을 희망하는 사람들에게 제대로된 도움을 주지 못한 것으로 드러났다. 이 웹사이트의 사용자 화면은 보건복지부에서 설계한 것이지만 사이트를 실제로 작동하도록 하는 기술적인 부분은 오랜 기간 정부 프로젝트와 계약을 맺었던 기업에 의해서 구축되었는데 알고 보니 이 기업이 프로젝트를 망친 것이었다. 존슨을 비롯한 사람들은 이러한 실패를 거울삼아 연방정부가 IT 서비스 계약을 관리하는 방법을 개혁할 필요가 있다고 설득력 있게 주장했다.

정부의 계약을 어떻게 바꾸어야 할 지 고민하고 있을 때 문제의 본질을 이해하고 있는 연방정부의 기술자들에 의해서 작업이 이루어졌다. 백악관에서는 존슨을 오픈 데이터를 위해 신기술을 적용하는 엘리트 그룹인 대통령 혁신 위원회에 1년 간 합류시켰다. 처음에는 Procure.io라 칭했던 스크린도어는 여기에서 만들어진 것이며 소형 기업이 규모가 크지 않은 정부 IT 계약에 쉽게 참여할 수 있는 RFP-EZ라는 시스템을 개발하였다.

RFP-EZ가 도입된 이후 기존보다 30% 저렴한 가격에 계약이 체결되었다. 이 프로그램은 현재 백악관과 중소기업청에 의해 계속 개발되고 있는 중이며 앞으로는 기술 창업기업이 정부 사업에 참여할 수 있는 기회를 확대하는 데 공헌할 것이다.

정부가 사용하는 새로운 데이터 기술 또한 신생기업에게 기회를 제공한다. 증권거래위원회는 재무 데이터가 현재 컴퓨터 언어인 XBRL형식으로 제공되도록 강제하고 있다. 이러한 조치는 일부 논란을 불러일으켰고 증권거래위원회에 보고해야 하는 회사들은 어려움을 호소했다. 하지만 이것은 새로운 기업인 웹파일링즈의 탄생을 가져왔다. 웹파일링즈는 증권거래위원회에서 제시한 요구를 충족시키기 위해 기업들이 XBRL을 사용할 수 있도록 지원하는 신생기업이다. 이에 대해서는 다음 장에서 더 자세하게 다룰 것이다.

복잡하고 다양한 데이터셋을 처리할 수 있는 선진기술의 적용을 권장하고 있는 정부기관도 있다. 환경보호청, 보건복지부, 인쇄국 등에서는 링크드 데이터(Linked Data), 웹3.0(Web3.0), 시멘틱 웹(Semantic Web), 데이터 웹(Web of Data) 등의 새로운 데이터 관리 기술을 적용하고 있다. 링크드 데이터는 데이터마다 웹 주소를 배당함으로써 데이터의 관계를 관리한다. 컬럼과 로우에 의해 정의되는 기존의 데이터베이스와 달리 링크드 데이터 구조는 관계의 연결망을 통해서 마음대로 확장이 가능하다.

다양한 원천에 있는 상이한 형태의 정보를 분석할 때에는 링크드 데이터가 유용하다. 다양한 기관에 데이터가 분산되어 있는 경우가 대표적이다. 영국정부의 오픈데이터 허브인 Data.gov.uk는 링크드데이터를 활용하고 있다. 이는 위키피디아(Wikipedia)에서 정보와 문서를 관리하는 것과 동일한 방식으로 대용량의 데이터를 관리하는 위키피디아에서 분리된 신생기업인 디비피디아(DBpedia)이다.

워싱턴을 넘어 세계로

데이터 관리 기업은 연방정부뿐 아니라 지방정부의 사업에도 참여할 수 있다. 오픈 데이터는 글로벌 참여 예산 운동을 통해 지방 정부는 주민들에게 재무 데이터를 공개하고 시 예산을 어떻게 사용할 것인지를 결정하도록 하면서 지방정부의 민주화에 기여하고 있다. 그러나 대부분의 도시에서 경험하는 것은 데이터 활용이 어렵다는 것이다. 내가 캘리포니아 마운틴 뷰에 있는 오픈고브(OpenGov)의 공동 창업자인 네이트 레빈(Nate Levine)을 찾았을 때 그는 이렇게 말했다. "지방정부에서 사용하고 있는 시스템은 오래되어 데이터의 일관성이 부족하고 사용하기 어려운 형태를 지니고 있습니다. 지방정부가 다섯 군데라면 각각의 지방정부가 사용하는 데이터는 형태뿐 아니라 이를 추출하고 분석하고 공유하는 방법이 모두 다르다는 것을 발견하게 될 것입니다."

원래는 델파이 솔루션(Delphi Solution)이라고 불렸던 오픈고브는 이러한 문제를 해결하기 위해서 만들어졌다. 팔란티르의 공동설립자이기도 한 이 회사의 조 론스데일(Joe Lonsdale) 회장은 복잡한 예산 표를 차트나 그래프를 통해 쉽게 활용할 수 있도록 하는 웹 어플리케이션을 개발했다. 또 오픈고브의 CEO이자 공동설립자인 자크 북맨(Zac Bookman)은 이에 대해 "시의회에 상황을 파악할 수 있는 대형 스크린이 있는 것과 같습니다." 라고 말했다. 예를 들면 도시 관리자는 비상대책 혹은 야간근무를 서는 경찰인력에 투입되는 비용이 매년 어느 정도인지를 보여줄 수 있다. 이 회사는 팔로알토를 시작으로 일리노이 주의 스프링필드, 커네티컷 주의 뉴헤이

븐, 캘리포니아 주의 다수 도시 등에 참여하고 있으며 그 수효가 20여 개에 이른다.

도시마다 회계 처리 방법이 다르기 때문에 일부 데이터는 수작업으로 처리해야 하지만 오픈고브는 이를 자동화할 수 있는 기술을 개발하고 있다. 북맨에 의하면 자동화 기술을 통해 시민들은 지방정부가 무엇을 하고 있으며 시가 어떻게 운영되는지를 알 수 있게 된다는 것이다. 시민들이 이러한 데이터를 보고 사용할 수 있게 되면 정부의 효율성도 향상되며 지방정부 간의 지출을 비교하고 최적의 예산 사용 방법을 찾아내기 위한 분석을 수행할 수도 있다.

레빈은 심시티(Sim City)와 같은 게임을 하는 것 같아 보일 수도 있지만 결과적으로 시의 행정가와 재무책임자가 전산을 통해 중요한 재무 데이터를 언제든지 볼 수 있게 되길 바란다고 그의 비전을 설명했다.

오픈소스 데이터 포털 플랫폼의 선도주자인 CKAN은 또한 주정부와 지방정부 그리고 비영리기관에 무료로 소프트웨어를 제공하고 있다. 세계적으로 인정받고 있는 이 회사는 정부, 비영리기관, 기업 등에게 무상으로 데이터 포털 플랫폼을 제공하고 있다. 시애틀에 본부가 있는 소크라타는 모든 규모의 정부를 위한 선도적인 공급업체이다.

소크라타의 케빈 메리트(Kevin Merritt) 회장은 “소크라타는 손댈 수 없었던 정부의 방대한 데이터를 ‘소비에 적합하도록’ 개발하고 가공하는 데 집중해온 최초이자 유일한 소프트웨어 회사” 라고 강조하고 있다. 이 회사의 목표는 오픈데이터를 활용하여 도시, 카운티, 주, 국가 등의 정부가 투명성을 높이고 성과를 측정과 의사결정에 도움을 받을 수 있도록 하는 것이다. 메리트에 의하면 “소크라타는 정부가 데이터를 공개하도록 돕는데 전력을 기울이고 있으며 현재 80여 개의 정부가 소크라타의 오픈 데이터와 성과 관리 솔루션을 사용하고 있습니다. 점점 더 많은 오픈 데이터셋이 사용 가능해질수록 시민, 개발자, 기업들은 이런 데이터를 이용하게 됩니다. 결국 이들은 오픈 데이터 운동의 선구자가 될 것입니다. 오픈 데이터를 가장 많이 사용하게 될 사람은 내부 구성원입니다. 소크라타의 소비자들은 외부 이해관계자들이 쉽게 데이터를 사용할 수 있도록 해주지만 내부 부서간의 데이터 공유 혹은 개인들 간의 데이터 공유에도 효과적으로 활용될 수 있습니다." 메리트에 따르면 이런 전략은 성공을 거두고 있으며 2013년 8월 기준으로 이전 24개월 동안 3배의 성장을 거두었다고 한다.

오픈 데이터 쉽게 설명하기

정부의 오픈 데이터를 광범위하게 중개해 주는 벤처기업도 많다. 데이터 마켓(DataMarket)과 임포트(Import.io) 등 여러 기업이 이 분야에 참여하고 있지만 그 중에서 에니그마는 가장 주목 받는 스타트업이다. 그들의 개방 데이터 사업이 상당한 흥미를 끌고 있기 때문이다.

에니그마의 설립자는 히샴 우드기리(Hicham Oudghiri)와 마크 다코스타(Marc DaCosta)로 친구였던 이들은 서로 다른 분야에서 일했지만 데이터와 관련하여 동일한 문제에 직면해 있다는 것을 알게 되었다. 히샴 우드기리는 뉴욕의 외환딜러였고 마크 다코스타는 암스테르담에서 기후 문제를 연구하던 연구원이었다. 두 사람은 모두 오픈 데이터로 작업을 하고 있었는데 접근과 사용이 용이하지 않아 어려움을 겪고 있었다.

두 사람은 하던 일을 그만두고 이 문제를 풀기 위해 공동작업을 수행하였다. 얼마 되지 않아 두 사람은 세 번째 동료가 될 제레미 브론프만

(Jeremy Bronfman)을 만나게 되었다. 브론프만은 자본시장에서 일하다가 에너지 탐사 회사를 설립한 인물이었다. 그는 나에게 오픈 데이터를 "사업으로 연계시키기 위해서" 에니그마의 CEO가 되었다고 말했다. 회사이름을 에니그마(수수께끼)라고 한 이유는 제2차 세계대전 중에 암호를 풀 수 있는 기계를 만든 컴퓨터 개척자인 알렌 튜링(Alen Turing)를 기리기 위한 목적도 있었지만 너무나 많은 오픈 데이터가 필요한 것 이상으로 수수께끼 같이 얽혀 있었기 때문이다. 에니그마는 이러한 문제를 해결하였다. "우리가 해보고 싶었던 것은 인터넷처럼 오픈 데이터를 접근하기 쉽고 사용하기 쉬운 것으로 만들어 보자는 것이었습니다" 라고 그는 말했다.

2013년 5월 에니그마는 30개 회사가 참여한 테크크런치(TechCrunch DisruptNY)의 창업 콘테스트에서 승리하여 5만 달러의 상금을 받았다. 이를 계기로 회사의 지명도가 높아졌다. 3주 후 내가 브론프만을 맨하탄에서 만났을 때 브론프만은 협력하려는 기업뿐 아니라 자신의 데이터와 관련하여 도움을 받고자 하는 정부기관으로부터 수많은 전화를 받고 있었다.

이 회사의 전략은 "기업이나 경제 활동과 관련 있는" 데이터를 시작으로 가치 있는 공공 데이터를 찾아 훨씬 더 사용이 편리하도록 만드는 것이다. 여기에는 두 가지 어려움이 있을 수 있다. 첫 번째는 찾고 있는 것이 무엇인지는 알지만 그것을 사용 가능한 형태로 얻기 힘들다는 것이다. 그래서 당신이 고객이 데이터에 쉽게 접근할 수 있도록 도와주는 것이다. 두 번째는 데이터 발견이라고 불리는 것으로 관심 있는 주제에 관해 검색하여 필요성을 전혀 인식하지 못했던 데이터를 찾아내는 것과 관련된 문제이다.

브론프만은 맥도널드를 예로 들었다. "맥도널드가 새로운 점포를 오픈하려면 드라이브스루 고객과의 통신 대화를 위해 연방정부 통신위원회의 승인을 받아야 합니다. 즉, 연방정부 통신위원회의 승인 데이터만 살펴봐도 새로운 맥도널드 점포가 오픈 되었는지를 추적할 수 있습니다. 하지만 이러한 사실을 알고 있는 사람은 별로 없습니다.

우리는 그 동안 구글에 길들여져 왔습니다. 그래서 '연방정부 통신위원회의 승인 내역을 보고 싶습니다'라고 하는 것이 아니라 '맥도널드에 대해 모든 사항을 알고 싶습니다'라는 접근법을 취하게 됩니다. 에니그마의 역할은 패스트푸드 사업에서 연방정부 통신위원회의 승인 내역이 유용하다는 것을 알려주고 이를 제공하는 역할을 수행하고 있습니다." 브론프만은 "우리는 데이터가 어디에 있는지를 모르더라도 필요한 상황에 활용할 수 있도록 데이터를 연결해주려는 것입니다."라고 덧붙였다.

뉴욕에서 12명이 조금 넘는 사람들이 에니그마를 만들어 가고 있다. 우편을 통해 전달되는 CD로 된 데이터부터 기업의 웹사이트에 제공된 데이터까지 모든 가능한 종류의 데이터를 쉽게 사용이 가능한 형태로 만들기 위헤 연구해왔다. 또한 메타데이터만을 통한 검색이 아니라 전체 데이터셋을 신속하게 검색할 수 있도록 했다. 2013년 중반까지 에니그마는 10만 개의 데이터셋(기본적으로는 10만 개의 대형 데이터 테이블)과 200억 개 이상의 개별 데이터를 취급해야 하는 어려움에 처해 있었다. 반면 수많은 데이터 관련 문제를 해결했기 때문에 새로운 데이터의 추가는 그리 어렵지 않다.

현재 에니그마는 헤지펀드(Hedge funds)와 같은 민간기업에는 접근 수수료를 많이 받지만 학교, 비영리단체, 정부 등에게는 덜 받는 차등제를 적용하고 있다. 하지만 향후 데이터 접근과 활용이 무상이 될 수 있도록 추진 중인데 (만약 지금 무상으로 서비스를 제공하면 사용자들이 지나치게 많아져 시스템이 감당하기 어려울 것이다.) 그때쯤이면 수익은 데이터 접근에서보다는 분석이나 기타 프리미엄 서비스에서 더 많이 창출될 것으로 보인다.

에니그마가 하려는 일은 공공 데이터, 즉 유럽인이 "공공부문 정보"라고 부르는 것을 오픈 데이터로 변환시키는 것이다. 오픈 데이터는 이론적으로는 원하는 사람은 누구든지 사용할 수 있지만 찾고 활용하는 것이 어렵거나 비용이 발생할 수도 있다. 오픈 데이터에는 정부 데이터셋뿐 아니라 나이키의 공급자 목록과 같은 민간기업의 데이터를 포함한다. 이런 것이 오픈 데이터가 되기 위해서는 쉽게 접근하여 조회할 수 있는 시스템이 있어야 하며 비용도 저렴하거나 무상이어야 한다. 이것이 궁극적으로 에니그마가 하고자 하는 것이다.

에니그마가 제공하는 데이터셋 대부분은 유용하지만 어떤 것들은 설명하기 힘든 의미를 담고 있다. 나는 에니그마가 왜 항공기 등록 데이터를 사용 가능하도록 만드는지 궁금했다. "이점이 바로 히샴과 마크에게 영감을 주었습니다"라고 브론프맨은 말을 이어나갔다. "히샴과 마크는 새라 패일린(Sarah Palin)이 2008년 부통령 후보로 지명될 것이라는 발표가 나기 바로 몇 일 전 그 사실을 알아냈던 사람이 쓴 기사를 읽었습니다. 그 사람은 항공기 목록과 공화당에 정치자금을 기부하는 최대 기부자들의 웹 포털을 일일이 확인한 후 이 기부자들과 관계된 회사를 찾아 항공기 소유자가 누구인지를 조사했습니다. 이렇게 해서 그가 알아낸 것은 이제까지 한 번도 시카고 상공을 날지 않았던 항공기들이 지명 발표 며칠 전에 갑자기 와실라로 비행했다는 사실이었습니다."

"현재는 소수의 주에서만 이루어지지만 엄청나게 많이 활용되고 있는 또 다른 데이터베이스는 세금영수증 데이터입니다. 판매세를 부과하는 주에서는 판매가 일어날 때마다 판매세와 관련된 기록이 발생합니다. 주마다 신고하는 시점이나 내용은 차이가 있지만, 에니그마는 예를 들면 3월 한 달 동안 텍사스 주의 식당이나 호텔이 지역별로 거둬들인 수입이 얼마인지를 알려줄 수 있습니다. 이는 미시경제뿐 아니라 거시경제적으로도 엄청나게 강력한 지표입니다."

상대적으로 초기단계이긴 하지만 에니그마는 유용한 데이터 자원을 제공하여 활용할 수 있게 해준다. 브론프만은 에니그마를 통해 앞으로 가능하게 될 일을 다음과 같이 제시했다.

- 고객 명단과 같은 당신만의 독점 데이터를 방화벽이 있는 에니그마의 공공 데이터와 융합하여 활용
- 새로운 데이터에 인해 예상되는 사건에 대한 경보 제공
- 에니그마가 제공하는 지역구분에 따른 분석
- 정부 예산 삭감이 어떤 영향을 미치는지를 알기 위해 보잉사 등의 정부 계약 상황을 분석
- 월스리트 저널 등의 뉴스에 나오는 회사에 대한 정부를 에니그마를 통해 조회하여 로비나 선거지원 등 기업활동을 파악

브론프만은 "지금의 인터넷처럼 궁극적으로는 위에서 말한 일들이 생기는 구심점이 되는 하나의 생태계가 형성될 것이고 나는 그것이 에니그마였으면 합니다. 에니그마의 데이터를 기반으로 생기게 될 사업의 수는 엄청나게 많을 것입니다. 제대로 된 생태계와 기능이 제공된다면 엄청난 혁신이 일어날 것입니다."라고 마무리했다

사업 성공 가능성 포착하기

정부 데이터 관리가 필요하다는 것은 개인, 사업가, 기존의 기업에게 새

로운 기회가 열릴 수 있다는 것을 의미한다. 몇몇 신생기업은 기존의 시장을 지배하고 있는 거대기업에 대항하여 더 저렴하면서도 우수한 서비스를 제공하고 있다. 100여 개 이상의 연방 기관이 있기 때문에 사업의 성공 가능성은 높으며 주정부와 지방정부까지 포함시키면 가능성은 더욱 커진다.

국가의 오픈 데이터 정책이 국제적인 현상이 되고 있다. 국가 기관은 자신의 데이터를 대중에게 제공해야 하고 이를 통해 오픈 데이터를 관리하는 회사와 개발자들을 위한 새로운 시장이 형성되었다. RFP-EZ 라는 새로운 연방정부의 조달시스템은 IT와 데이터 관리 서비스를 제공하는 기업이 정부기관과 연결될 수 있는 새로운 방법을 제시했다. RFP-EZ는 15만 달러 이하의 계약에만 적용되고 있지만 과거보다 계약입찰에 참여하는 것이 더 용이하며 성공 확률도 높다.

정부 측면에서 봤을때 주정부와 지방정부에게 도움을 주는 오픈 데이터 프로그램에서 많다. "오픈 소스 데이터 포털 플랫폼의 선두주자"인 CKAN은 ckan.org에서 제품에 대한 정보를 제공한다. 소크라타는 www.socrata.com에서 회사의 정보를, www.socrata.com/customer-spotlight에서 고객의 명단을 제공하고 있다. 시정부에서는 2009년 제니퍼 폴카(Jennifer Pahlka)에 의해 설립된 흔히 "괴짜 평화봉사단(Peace Corps of Geeks)이라고 불리는 코드 퍼 아메리카(Code for America)의 도움을 받을 수 있다. 코드 퍼 아메리카에서는 재능 있는 신진 프로그래머를 육성해 미 전역의 시 정부에 투입하여 1년 동안 기술 관련 문제를 해결할 수 있도록 지원한다. www.codeforamerica.org에서 자세한 내용을 확인할 수 있다.

링크드 데이터를 활용하려는 정부기관은 워싱턴 지역에 있는 쓰리라운드 스톤스(3 Round Stones)가 개발한 플랫폼을 사용할 수 있다. 이 회사는 정부나 민간 모두에서 링크드 데이터 부문의 선두주자로 고브랩에서 우리

팀과 같이 작업했다. 이 회사의 웹사이트인 www.3roundstones.com에서는 여러 가지 정보를 제공해준다. 이 회사의 최고기술경영자인 데이비드 우드(David Wood)가 쓴 링크드 데이터에 관한 책도 그 중 하나다. 월드 와이드 웹 컨소시엄, 즉 W3C의 웹사이트인 www.w3.org에서는 집중적으로 링크드 데이터에 대한 웹 상에서의 표준과 성공사례를 제공하고 있다. 웹 연구집단인 렌셀러폴리테크대학교(Rensselaer Polytednic Institute)의 Tetherless World Constellation(TWC)[9] 에서는 2천 개에 달하는 정부 데이터셋을 링크드 데이터 형태로 구현했는데 logd.tw.rpi.edu에서 확인할 수 있다.

마지막으로, 가장 일반적인 수준에서 볼 때 정부의 오픈 데이터는 새로운 전문가에 대한 수요를 창출하면서 국가적인 데이터 붐을 불러일으키고 있다. 맥킨지 앤 컴퍼니 보고서에 의하면 앞으로 미국에서 약 15만 명 이상의 데이터 과학자가 더 필요하다고 추산한다. 데이터 과학자뿐 아니라 오픈 데이터를 제공하고 시각화하며 사용하기 위해서는 웹 개발자, 컴퓨터 그래픽 전문가 등 전문적인 지식과 기술을 가진 다양한 사람이 필요하다. 이렇게 성장하고 있는 분야의 인력을 훈련시키고 개발시키는 일에 종사하는 사람들은 앞으로 바쁘고 보람된 시간을 보내게 될 것이다.

9. Tetherless World Constellation (TWC) : 뉴욕에 있는 렌 셀러 폴리 테크닉 대학의 종합 연구 기관으로 미래 웹, 시맨틱 기초 및 Xinformatics 분야의 상호 연결된 주제를 연구하고 있음

01장. 웹만큼 거대한 기회

02장. 주목받는 스타트업 : 정부 데이터를 돈으로 만들기

03장. 소비자 웹사이트 : 스마트 공시를 위한 선택엔진

04장. 대규모 데이터를 관리하기 위한 신생 기업들

05. 데이터중심 투자 : 사업분석에 필요한 새로운 툴

06장. 그린 투자 : 지속가능 데이터에 베팅하기

07장. 새비 마케팅 : 평판 데이터가 당신의 브랜드를 정의하는 방법

08장. 감정분석을 활용한 마케팅 기법

09장. 집단을 활용한 신속한 혁신

10장. 열린 연구실 : 열린 협업을 통한 혁신

5장 데이터중심 투자 : 사업분석에 필요한 새로운 툴

미국 증권거래위원회(SEC)는 약 10,000 개의 공기업과 수천 개의 규제 대상 기관의 데이터를 수집한다. 이는 투자자, 기업, 금융전문가에게 핵심적인 정보이다. 지난 20년 간 증권거래위원회가 제공한 자료들은 예전에는 그저 수집하기 어려운 전문 데이터였지만 이제는 우리가 접근할 수 있는 정부의 오픈 데이터 중 가장 중요한 것 중 하나로 변모했다.

증권거래위원회 데이터에 관한 이야기는 오픈 데이터 운동을 상징하는 스토리 중 하나이다. 이는 오픈 데이터를 처음으로 그리고 가장 효과적으로 옹호했던 사람 중 하나인 칼 맬러머드(Carl Malamud)로부터 비롯되었다. 그는 오늘날 가장 핵심적인 공공 데이터인 금융정보를 공개함으로써 증권거래위원회를 당혹스럽게 만들었다. 1993년 증권거래위원회는 기업들이 증권거래위원회에 제출하는 문서에 제공된 데이터와 보통 에드가(EDGAR)라고 불리는 전자 데이터 수집 분석 검색 장치를 관리하고 있었다. 당시 이 귀중한 데이터는 문서당 15달러, 데이터베이스에 한 시간 접속 시 39달러, 1장 인쇄하는데 약 1달러의 가격으로 누구나 사용 가능했다. 몇몇 국회의원과 칼 맬러머드는 이것이 잘못되었다고 생각되어 개혁안을 추진했다.

칼 맬러머드는 국립과학재단, 뉴욕대학교, 몇몇 개인의 후원금과 사비를 들여 300만 건이 넘는 문서를 매입했고 2년에 걸쳐 이 문서들을 온라인에서 접속 가능하게 만들었다. 그런 다음 이 공공 데이터의 가치를 증명한 후 에드가를 대중적으로 이용 가능하게 해 달라고 증권거래위원회에 요청했으며 자신의 서비스는 폐쇄하기 시작했다. 몇 차례의 거절도 있었지만 결국 증권거래위원회는 칼 맬러머드의 요청에 동의했고 그의 데이터를 증권거래위원회의 공공 서비스로 채택했다.

현재 증권거래위원회에는 중대한 변화가 있었다. 증권거래위원회 자체의 데이터를 보호하기 보다는 점점 더 많은 오픈 데이터를 제공하고 있다. 2012년 중반 이후부터 미국 시장에서 거래하며 일정한 회계기준을 충족하는 8,000개 이상의 기업들은 XBRL(eXtensible Business Reporting Language; 확장 가능한 업무보고 언어)을 사용해 연간 및 분기별 보고서('10Ks'와 '10Qs') 일부를 제공하고 있다. XBRL은 기업 실적에 관한 표준화된 대량의 비교가능한 정보를 보고서의 숫자와 텍스트로 연결시키기 위해 전산 언어로 태깅 과정을 거친다. 각 기업은 기업정보를 기술하기 위해 11,000개의 서로 다른 전산 태그를 사용하며 필요하면 더 많은 태그를 추가할 수도 있다. XBRL안에 있는 이 데이터는 누구나 사용하도록 공개된 오픈 데이터이다.

XBRL로의 이동은 기술적, 제도적, 그 외 여러 난관들을 포함하는 중대한 전환점이었다. 하지만 이 프로그램을 개발하고 운영을 담당하는 증권거래위원회 공무원인 데이비드 블라즈코브스키(David Blaszkowsky)는 다음과 같이 장점을 말했다. "가장 작은 규모의 감시단체이건 혹은 투자자이건 간에 중대한 공공 재무정보의 사용자라면 누구나 동등한 접근을 할 수 있습니다. 그것도 즉시 아주 상세하고 또한 부분이 아닌 전체를 무료로 받아볼 수 있습니다. 게다가 사용자가 선택한 스프레드시트나 분석 툴 형태로 바로 사용할 수 있습니다"

원칙적으로는 XBRL이 오픈 데이터의 아주 좋은 예지만 증권거래위원회의 이러한 시도에 반대가 없었던 것은 아니었다. 기업의 재무담당자들은 시스템이 복잡하고 난해하여 사용하기 어렵다고 불만을 토로했으나 옹호자들은 시스템을 사용하다 보면 차차 적응하게 될 것이라고 반박했다.

2012년 12월에 제출된 콜롬비아 경영대의 한 보고서에 의하면 잘못은 시스템과 시스템의 비평가들에게 있다고 했다. 이 보고서의 저자들은 증권거래위원회가 의도했던 것처럼 "XBRL이 성공할 것인지에 관한 무수한 의구심"을 표명하면서도 "파일러들은 데이터를 더욱 유용하고 접근 가능하도록 만드는데 노력하는 것만큼 증권거래위원회의 XBRL규정을 철폐하는 노력도 해야 한다"라고 조언했다.

XBRL이 증권거래위원회의 데이터를 더욱 빠른 속도로 쉽게 접속분석하도록 만들 것이라고 기대하는 데는 설득력이 있다. 현재 호주, 중국, 프랑스, 독일, 일본, 네덜란드, 영국을 포함한 20개국이 재무보고에 XBRL을 사용하고 있으며 미국에서는 연방예금보험회의에서 매 분기마다 은행이 미국연방예금보험공사(FDIC)에 제출하는 금융실적 데이터가 포함된 콜 리포트(Call Report; 분기별 보고서)에 XBRL을 사용한다. 연방예금보험공사가 2005년 XBRL로 보고를 표준화한 이후부터 분기별 보고서는 훨씬 시의적절하고, 정확하고, 작성하기 쉬워졌다. 최근 증권거래위원회가 새로 만든 실시간 회계부정 적발 프로그램(일부 보고서에서는 "로보캅"이라고 부름)에서도 XBRL을 사용하고 있다. 투자 분석가들과 상업 데이터 분석기업들 역시 XBRL를 점점 더 많이 사용하고 있는 추세이다.

증권거래위원회의 자문위원회는 XBRL 사용에 찬성했고, 더 많은 데이터를 신속하게 사용 가능한 형태로 요청했다. 투자집단으로부터 증권거래위원회가 인풋을 받을 수 있도록 하기 위해 도드프랭크법(Dodd-Frank Act)에 따라 21인 투자자 자문위원회(21-member Investor Advisory Committee)가 설립됐다. 2012년 중 발표된 바에 의하면 이 자문위원회 회원들은 몇몇 투자기업의 최고경영진, 기관 투자가 자문회 임원, 미국 노동 총연맹 산업별 조합회의 퇴직연금 계획 대표자, 캘리포니아 교사 퇴직 관리제도 대표자, 캘리포니아 공무원 퇴직 관리제도 대표자로 구성 되어 있다.

2013년 7월, 21인 투자자 자문위원회는 더 많은 양의 실용적이고 기계판독 가능한 데이터를 증권거래위원회가 제공해줄 것을 요청하는 보고서를 제출했다. 이 보고서의 서문에서는 "엄청나게 많은 데이터가 증권거래위원회에 정기적으로 제출되고 있습니다. 이 방대한 정보의 절대다수는 현재 기계 판독이 불가하기 때문에 분석 비교 검색이 힘든 상황입니다. 현대기술의 힘을 빌린다면 이러한 정보들은 훨씬 더 거대한 가치를 드러낼 기회를 맞게 될 것입니다." 라고 밝혔고 뒤이어 XBRL을 사용하거나 XBRL과 유사한 시스템 사용에 찬성해줄 것을 요청했다. 그렇게 되면 투자자들과 규제기관들이 정보를 검색하고 증권시장을 모니터하며 "투자자가 거버넌스 프로세스에 참여하는 것을 용이하게 해 줄 것"이라고 말했다.

투자 조언을 위한 알고리즘

개별 기업에뿐 아니라 뮤츄얼 펀드에 관한 데이터도 포함하고 있는 증권거래위원회의 모든 형태의 데이터는 새로운 종류의 디지털 투자자의 출현을 가능케 했다. 이 웹사이트들은 일반적인 투자자에서부터 경제 전문가에 이르기까지 다양한 고객층에게 정교한 툴을 제공하기 위해 오픈 데이터를 활용하고 새로운 컴퓨팅 능력을 적용한다.

이런 웹사이트 중 대표적인 유형은 시그피그(SigFig)인데, 이 서비스는 개인 투자자들이 자신의 포트폴리오를 추적하도록 돕고 수수료는 줄이면서 이윤을 극대화할 수 있는 방안에 대해 조언한다. 최근 1,500만 달러의 새로운 투자금을 조성한 시그피그는 실제로는 투자자문회사로 등록되어 있지만 이들은 "편파적이지 않고 과학적인 포트폴리오 추천"을 위해 데이터 분석 알고리즘을 통해 사용한다. 또한 정밀한 분석을 통해 다양한 펀드를 추천해주고 비슷한 투자 층에 있는 사람들과 포트폴리오를 비교해준다. 이런 서비스에 대해 운영비를 받지 않는 대신 여러 웹사이트들과 처리방식을 공유하고 사용자가 새로운 브로커를 소개받을 때 추천 소개료를 받아 수익을 올린다.

이 회사의 발표에 따르면 시그피그 사용자들의 포트폴리오는 현재 500억 달러를 넘으며 전통적인 투자 자문가들이 보통 유치하는 것보다 더 젊은 나이대(30대 중반에서 50대 중반)의 고객층을 확보하고 있다. 다른 새로운 회사로는 퍼스널 캐피털(Personal Capital)과 모티프(Motif) 같은 스타트업이 있는데 이들은 시그피그와 비슷한 고객층을 확보하기 위해 사용자 친화적인 투자 조언을 하고 있다.

또 다른 대표적인 유형은 사용자 친화적이지만 좀 더 전문적인 투자자들을 대상으로 하는 캐피털 큐브다. 유료로 운영되는 이 웹사이트는 40,000개 이상의 다국적 무역 회사에 관한 정보를 제공하기 위해 증권거래위원회와 다른 여러 데이터를 사용한다. 캐피털 큐브의 설립자인 존 밸로우(John Ballow)의 표현에 따르면 "본질적으로 모든 무역회사에 대한 정보"를 제공하고 있다.

기존의 투자자 툴과 달리 캐피털 큐브는 각 회사들의 데이터를 매일 업데이트 하고 수치를 자동으로 분석하여 해설 문구를 보여주며, 사용자가 리스크와 잠재적 이윤창출을 가늠하는 것을 돕기 위해 분석 툴과 시각화된 데이터를 제공한다. 이 회사는 최근 애널리틱스 인사이트(Analytix Insight)사에 매각되었는데 현재 마샬 플레이스 어쏘시에이츠(Marshall Place Associates)에서 운영 파트너를 맡고 있는 밸로우는 더 이상 이 회사의 경영을 담당하지 않는다.

나는 밸로우와 약 1년 정도 연락하고 지내면서 이 회사의 발전상황을 지켜보았는데 캐피털 큐브 인수가 있던 즈음 이메일로 그와 연락했을 때 밸로우는 자신의 회사가 독특한 가치가 있다고 자신했다. 이메일에서 그는 "캐피털 큐브의 적시성과 넓은 적용범위 때문에 배당금과 수익의 질적 분석은 업계에서 독보적입니다." 라고 썼다.

캐피털 큐브는 XBRL 같이 최신 분석 장치를 사용하지 않고 팩트셋(Factset), 톰슨 로이터(Thomson Reuters), 캐피털 아이큐(Capital IQ)와 같은 제3자 정보 제공자들을 통해 데이터 피드를 받는다. "최근에 우리가 XBRL을 살펴보았을 데이터베이스는 허점이 많았고(예, 라인들의 누락) 정의에 일관성이 없으며(예, 확장자) 적용 범위가 매우 한정되어 있습니다." 라고 밸로우는 말했다. 만약 XBRL이 보통 투자자에게 금융데이터를 "사용자 친화적으로" 하려는 것이 목적이었다면 아직 부족하다면서 한 예로 XBRL 시스템에는 "수익"에 대한 정의가 일관성이 없다고 지적하며 다른 사람들 역시 이런 불만을 토로하는 것을 들었다고 했다. 밸로우는 수 천 개의 보고서보다는 높은 수준의 "표준화되고, 품질이 보장된, 일관성 있는 데이터가 더 쓸모가 클 것입니다"라고 말했다.

마지막 예는 전문가 수준의 웹사이트로, XBRL을 활용한 최초의 대중적인 투자사이트인 캘크벤치(Calcbench)이다. 캘크벤치는 약 9,000개의 공공기업에게 기업재무, 회계감사, 투자자문, 학계 관련 심층적이면서도 매우 상세한 데이터를 제공한다. 이 회사의 웹사이트에 따르면 "캘크벤치는 XBRL라고 불리는 정부에 의해 통치를 받는 데이터의 힘을 제대로 이용하는 새로운 능력을 가진 최초의 회사 중 하나이다. 따라서 증권거래위원회의 기업재무 데이터 저장소에 직접 접근할 수 있다. 그 결과로 훨씬 나은 가치의 데이터를 더욱 자세하고 빠르게 제공할 수 있다."라고 밝히고 있다. 이 회사의 웹사이트에서 "가치는 무한하지만 판독하기에는 극도로 복잡"하다고 밝힌 것처럼, 캘크벤치의 설립자는 XBRL이 사용하기에 어려움을 인식하고 재무분야에 활용가능한 풍부한 데이터를 구성하여 사업기회를 만들어 가고있다. 또한 캘크벤치는 "오류를 찾아내고 수정하고(지금까지 약 50만 개의 오류가 수정되었다) 기업들 간의 비교가능성을 높이기 위해 고급 전산기술"을 사용함으로써 증권거래위원회 데이터 수준이 향상되도록 돕는다.

위에 제시된 모든 웹사이트들은 분석대상 회사들에 대해서 (비록 오류가 있는 데이터임에도 불구하고) 하드 데이터[10]를 사용한다. 하지만 투자자들이 시장을 판단하는 것을 돕기 위해 한가지 매우 다른 방법이 사용되고 있는데, 이 접근법은 8장에 자세하게 설명된 감정분석이라는 새로운 기술에 근거한다. 정교한 텍스트 분석을 사용하는 감정분석은 사람, 제품, 기업에 관한 긍정적, 부정적 혹은 좀 더 섬세함이 담긴 "감정"을 탐색하기 위해 엄청나게 많은 양의 온라인 리뷰, 트위터, 블로그로부터 의미를 추출한다. 현재 일부 분석가들은 금융시장의 변동을 예측하기 위해 이 기술을 적용하고 있다.

나는 2013년 3월 뉴욕에서 감정분석과 관련된 회견에 참석했다. 한 발표자는 시장과 개별종목에 대한 종합적인 평가를 위해 시장 전문가들의 예측을 분석하는 일을 하는 크레드스트리트(KredStreet)(그 후 싸이크시그날(PsychSignal)이라고 이름을 바꿨다)의 공동 창립자 중 한 명이었다. 다른 한 발표자는 블룸버그 엘피(Bloomberg LP)에서 온 사람인데, 주식시장이 열리는 날 기업에 대한 뉴스가 나올 경우 거의 즉각적으로 대응할 수 있는

10. 하드 데이터 : 주로 논쟁의 여지가 없는 명백한 사실, 합리적으로 제시되는 수치 등으로 일반적으로 쉽게 수집할 수 있으면서도 금전적 가치로 전환이 쉬운 데이터

시스템을 개발하고 있다고 설명했다. 뉴스는 단 몇 초 만에 시장에서 일어나는 거래에 영향을 줄 수 있기 때문에 블룸버그 엘피의 분석은 앞서나가야 하며 자동화되고 신속해야 한다.

아무도 감정분석이 개인 재산이나 시장전체의 주가 추세를 예측하는데 얼마나 도움이 될지는 아직 확신할 수 없다. 감정분석은 여러 접근법 중 하나이며 감정분석만을 유일한 단서로 사용한다면 좋지 않은 투자결정을 하게 될 수도 있다. 하지만 대중의 감정을 경영이슈와 트렌드를 보여주는 하나의 지표로 보는 것은 의미가 있다. 당신이 주식에 투자하고 있거나 더 큰 규모의 투자를 고민하거나 공개적으로 눈에 띄는 회사와 파트너 십을 고려하고 있더라도 그것은 의미가 있다.

누구에게 투자하고 있는가?

투자자들은 그들이 관심을 갖고 있는 회사에 대해 좀 더 자세한 정보를 얻고 싶어하기 때문에 회사의 이미지가 어떤지, 누구의 소유인지 그리고 회사가 누구를 소유하는지 같은 기본적인 질문을 하는 경향이 있다. 이런 질문들은 물어보기엔 간단하지만 답하기엔 어렵다. 어떤 회사나 법인(법적 실체)을 식별하는 일관성 있는 방법인 고유식별기호에 관한 문제는 금융이나 법인 데이터 분야에서 일하지 않는 사람들에겐 너무 기술적이고 난해하게 보일 수 있지만 이 분야에서 일하는 사람들에겐 매우 중요하다. 이 문제는 자세한 회사 정보를 알아내려는 사람들을 괴롭히고 있으며 많은 기관들이 이를 해결하고 싶어한다.

오늘날 회사를 식별하는 것은 사회보장번호가 없는 사람을 식별하는 것만큼이나 어렵다고 해도 과언이 아니다. 예를 들어 내 이름은 조엘 로렌스

구린(Joel Lawrence Gurin), 조엘 엘 구린(Joel L. Gurin), 조엘 구린 (Joel Gurin), 제이. 구린(J. Gurin)과 같이 여러 문서들에서 다양하게 사용된다. 어떤 경우에는 아내의 이름과 섞인 조엘 씨. 구린(Joel C. Gurin)처럼 괴상한 이름으로도 수많은 메일과 광고가 오기도 한다. 가끔은 조엘 구리언(Joel Gurion) 이나 구어린(Guerin), 그루인(Gruin) 등 한도 끝도 없는 여러 이름으로 편지를 받기도 한다. 하지만 언제라도 필요할 때 사회보장번호와 공인인증서만 있으면 나 자신을 확실하게 다른 사람과 구분하여 식별할 수 있어 문제가 되지는 않는다.

기업들은 이런 간단한 옵션을 갖고 있지 않다. 사람처럼 회사들도 다양한 이름으로 알려져 있음에도 불구하고 사람의 실수와 회사 내에 존재하는 혼동스러운 소유권 구조로 인해 회사를 식별하는 것이 더 어려워지고 있다. 둔 앤 브래드스트리트(Dun & Bradstreet)가 사용하는 DUNS 번호 같은 몇몇 표준 법인 식별시스템이 있긴 하지만 가격이 비싸고 소유주가 존재하는 시스템이어서 대중적으로 사용할 수 없다. DUNS 번호는 기본적으로 돈을 지불한 사람만 코드 북에 접근해서 해독할 수 있다.

런던의 오픈 데이터 연구소에서 인큐베이트 되고 있는 스타트업 중 하나인 오픈 코퍼레이트는 전 세계에 현존하는 기업들을 최대한으로 분류하여 각 회사마다 고유한 식별자를 만드는데 심혈을 기울이고 있다. 이 회사 CEO인 크리스 태거트는 오픈 코퍼레이트가 핵심 데이터셋 중 하나라고 말했다. 둔 앤 브래드스트리트가 개발한 DUNS의 방식과 달리 오픈 코퍼레이트의 데이터는 오픈 데이터다.

몇몇 다른 기관들도 새로운 공개 식별자 시스템을 개발 중에 있는데 재무안정위원회는 초기에 금융회사에 주력했던 법인 식별자(LEI) 실행을 위해 G20와 협력해오고 있다. 현 시점에서 많은 이들이 LEI의 성공 여부에 의구심이 들 것이다. 하지만 어찌됐든 몇 년 안에 유일한 법인 식별자 시스템이 개발될 것이고, 어떤 시스템이 되든 간에 이 시스템은 투자자들에게 조직적이고 유용하며 신뢰할 만한 사업 데이터를 제공할 것이다.

투자를 촉진하는 오픈 데이터

중소기업들은 자금을 모으는데 애를 많이 쓴다. 투자자들이 규모가 작은 중소기업에는 애초에 관심을 갖지 않기 때문이다. 결론적으로 투자 가능성이 있는 기업들이 빛을 보지 못하게 되고 투자자들은 좋은 기회를 놓치게 된다. 그래서 오늘날 몇몇 스타트업들은 정보 공백을 채우고 중소 기업 소유주를 돕기 위해 오픈 데이터를 사용하고 있다.

뉴욕에 기반을 둔 스타트업인 온 덱 캐피탈(On Deck Capital)은 중소기업들에게 2007년부터 6억달러의 대출을 지원했다. 이 스타트업은 기존 은행들이 상대적으로 소규모 대출을 원하는 대출 신청자들의 신용상태를 평가하는데 할애할 시간이 없다고 설명한다. 온 덱 캐피탈은 이런 소규모 사업을 돕기 위해 대출 과정을 자동화했다. 이 스타트업은 대출 신청자의 현금흐름 등의 성과를 분석하기 위해 법적기록, 회사의 옐프(Yelp)[11] 리뷰, 회사의 산업과 지역에 관련 공공 데이터 등을 포함한 여러 소스와 함께 오픈 데이터를 활용하는 소프트웨어를 사용한다. 이 시스템을 사용하면 온 덱 캐피탈은 최대 25만 달러까지의 사업자금 대출을 당일에 승인할 수 있다.

영국의 듀딜이라는 스타트업은 대서양 반대편에 있는 사업체를 돕기 위해 어마어마한 데이터베이스와 웹사이트를 구축하고 있다. 이 회사는 영국과 아일랜드 기업에 대한 심층분석을 제공함으로써 투자에 활력을 불어넣고 있다. 중소기업에 자신있게 투자할 수 있도록 대출자가 필요로 하는

11. 옐프 : 샌프시스코,에 본사를 두고 있는 미국의 다국적 기업으로 지역 기업에 대해 군중기반(crowed-sourced) 리뷰 서비스 제공한다

정보를 제공하는 것을 목표로 하고 있다.

내가 런던 사무소에서 듀딜 고위간부와 만났을 때 그 회사가 더 큰 발전을 위해 고군분투한다는 것을 분명히 확인할 수 있었다. 회의실에서는 프로그래머들이 바쁘게 일하고 있었기 때문에 우리는 가까운 샌드위치 가게에서 인터뷰를 할 수밖에 없었는데, 2013년 4월 당시 듀딜은 많은 투자를 받은 지 얼마 되지 않았고 더욱 큰 기업으로 성장하고자 애쓰고 있었다.

CEO인 데미안 킴멜맨(Damian Kimmelman)은 자신이 2011년 듀딜을 창업한 동기에 대해 다음과 같이 밝혔다. "민간기업은 경제에서 압도적으로 큰 부분을 차지하기 때문에 우리의 목표는 언제나 민간기업의 투명성을 증진시키는 것이었습니다. 데이터는 사일로(독립적이고 공유되지 않은)형태로 저장되어 있습니다. 기업, 제공기관, 정부기관, 웹에서 데이터는 사일로 형태로 저장됩니다. 그래서 우리는 이런 저장된 데이터를 하나로 묶어 연결함으로써 중소기업을 위한 막대한 가치를 창출할 수 있습니다. 중소기업의 파트너와 투자자가 될 가능성이 있는 사람들은 데이터를 통하여 중소기업을 위해 함께 일하고, 중소기업의 성장에 도움을 줄 만큼 이들에 대한 충분한 자신감을 얻게 될 것입니다." 킴멜맨은 "투명성은 신뢰를 낳고 사업은 신뢰를 기반으로 발전합니다"라고 마무리했다.

듀딜은 투명성이 가져올 잠재적인 경제적 이득을 계산했는데 그 결과는 놀라웠다. 듀딜의 최고운영책임자인 저스틴 피츠패트릭(Justin Fitzpatrick)은 "발전 가능성이 있는 수 많은 기업들이 금융기관과 관계를 맺고 있지 않거나 금융기관이 대출 기준으로 요구하는 수준의 투명성이 없기 때문에 투자를 받지 못하는 경우가 허다합니다. 유럽 전역에서 기업의 투자 부족액은 무려 2500억 달러에 달합니다."라고 말했다. 이 예상치는 놓쳐버린 기회비용과 정보가 있는 상태에서 효과적으로 일했을 경우 발생할 생산성은 아예 고려하지 않은 것이다. "결론적으로 데이터를 통해 회사의 투명도가 올라가면서 기업들에게 배로 성장할 수 있는 기회를 가져다주는 것입니다."

듀딜의 시스템은 대중적으로는 사용할 수 없는 소유권이 있는 데이터 소스도 일부 사용하지만 영국의 중앙 법인등록소인 컴퍼니스 하우스(Companies House) 데이터처럼 거의 대부분 오픈 데이터를 바탕으로 구성되어 있다. 킴멜맨은 "우리는 모든 종류의 데이터를 좋아합니다."라고 말했다. 다른 오픈 데이터 중심 회사와 마찬가지로 듀딜은 데이터셋에 대한 독점권을 행사한다기보다는 데이터셋의 분석과 기능을 통해 가치를 창출하며 데이터 분석 외에도 중소기업이 잠재적인 사업파트너를 찾아 생산적인 거래를 할 수 있는 토대를 형성해주는 플랫폼으로서의 역할을 하고 있다. 이 분야에서 데이터는 기업간 협업을 위한 관문이다.

그런데 킴멜맨과 피츠패트릭은 각각 뉴욕과 보스턴 출신인데 굳이 먼 런던에 회사를 설립했을까? 피츠패트릭에 따르면 듀딜은 영국과 아일랜드계의 기업들로 한정하고 있는데 미국 기업에 관한 데이터는 구하기 힘들다는 아주 단순한 이유 때문이었다. 놀랍게도 미국은 기업 소유권에 관한 오픈 데이터가 다른 많은 선진국들에 비해 적은 편이다. 예를 들어 델라웨어주 같은 경우는 등록된 기업에 대한 데이터 접근을 제한하고 많은 돈을 지불해야만 데이터를 제공 받을 수 있도록 하고 있다. 오픈 데이터의 공백으로 인해 돈세탁이 더 쉬워지고 사업분석 및 법률집행은 더 어려워지고 있다. 이런 문제에 대한 국제적 관심이 고조되고 있다. 앞으로 점차 해결되길 바라본다.

비영리 단체도 역시 회사이다

더 우수한 투자 데이터 개발을 옹호하는 사람들은 대부분 규모가 큰 다국적기업에 관심을 보이지만, 비영리단체의 오픈 데이터에 대한 요구도 지속적으로 증가하고 있다. 정부와 기업이 영리단체에 투자하듯이 비영리단체에 투자하지는 않지만, 비영리단체에 기여한 사람은 누구나 그 단체가 하는 일을 통해 투자 이익이 창출되길 기대한다. 그렇기 때문에 비영리단체는 후원금 사용 내역을 공개하고 후원자들을 속이지 않으며 단체가 잘 운영된다는 것을 보여줄 의무가 있다.

비영리단체들은 국세청에 다양한 버전의 Form 990[12]을 사용하여 보고서를 제출한다. 국세청은 이 자료들을 보관하고 요청이 있을 경우 공개하는데, 스캔된 프린트파일을 DVD에 저장해주는 형태이며 일반인이 신청한 경우 비용을 청구한다. 효율적인 투명성이라고는 전혀 찾을 수 없다.

2013년 1월, 아스펜 연구소(Aspen Institute)는 뉴욕대학교의 베스 노벡과 슬로안(Sloan) 재단의 다니엘 고로프(Daniel Goroff)가 작성한 비영리단체의 투명성 개선에 관한 권고가 담긴 보고서를 발표했다. 이 보고서에는 국세청이 서류를 전자문서화 하도록 장려하며 Form 990 데이터를 온라인에서 쉽게 사용 가능하도록 권고하는 내용이 담겨 있었으며 몇 달 후, 오바마 정권이 이 보고서를 주시하고 있었다는 것을 알려주었다. 대통령의 2014년 예산안에는 국세청이 아스펜 연구소의 제안대로 일을 진행하라는 내용이 포함되어 있었다. 그 제안서에는 "모든 비과세 법인들은 소득 신고서를 전자문서로 작성해야 하며 국세청은 시의적절하고 기계 해독이 가능한 형태로 데이터를 공개해야 합니다."라고 말하고 있다. 이 책을 쓰고 있는 지금 이 제안의 실행여부는 확실하지 않지만 비영리단체가 이전보다는

12. Form 990 : "소득세 면제 조직의 반환 (Return of Organization Exempt From Income Tax)" 과 관련된 미국 국세청 양식으로 비영리 조직에 대한 금융 정보를 대중에게 제공한다.

더 투명해지길 요구하는 분위기는 계속 될 것이다.

사업 성공가능성 포착하기

시그피그, 캐피털 큐브, 캘크벤치 등 5장에 제시된 웹사이트들은 모두 투자 툴을 제공해 주며 일부의 경우 투자자의 서로 다른 전문성 수준에 따라 차별화된 조언을 제시한다. 이전과 달리 지금은 공개적으로 거래되는 기업에 대해 좀 더 완전한 데이터를 얻는 것이 가능해졌다. 이전보다 더 유용한 형태로 더욱 빠르게 얻을 수 있게 되었다. 어떤 투자자든 이러한 소스를 통해 이익을 얻을 것이다.

Marketwatch.com 같은 몇몇 투자정보 소스는 현재 마케팅 방향의 한 가지 지표로서 분석자의 "감정"을 추적한다. 이런 접근법이 흥미롭다면 싸이크시그날을 주시하기 바란다. 이 글을 쓰는 현시점에는 베타 버전만 출시됐지만 이 회사에 관한 비디오를 통해 그 동안 이 회사가 어떻게 발전해 왔는지를 볼 수 있을 것이다. 거대한 오픈 데이터셋을 분석하는 스모그팜(SmogFarm)이라고 불렸던 스타트업에서부터 싸이크시그날은 시작되었다. 주의 깊게 봐야 할 유망 기업이다.

이제 XBRL로 구성된 오픈 데이터의 장점에 대해 살펴볼 텐데 이 시점에서 XBRL을 이해하는 것은 의미있는 일이다. XBRL은 다소 복잡할 수도 있지만 공개기업을 위한 보고 요건이자 투자자를 위한 잠재력 있는 툴로 자리매김을 하고 있다. XBRL의 이해를 위해 사용가능한 자원은 수 없이 많다. 증권거래위원회에서 이미 정보포털로 xbrl.sec.gov을 운영하고 있고 XBRL US(xbrl.us)라는 단체는 사업보고 표준을 맞추기 위해 노력하고 있다. 웹파일링즈(www.webfilings.com)라는 회사는 XBRL 요구조건을 충족시키는 등 기업들이 증권거래위원회에 제출하는 보고서 작성을 돕기 위한 소프트웨어 솔루션을 제공하고 있다. 이 회사의 웹사이트에서는 포춘지가 선정한 500대 기업 중 60% 이상이 자신의 고객이라고 밝히고 있다. 또한 데이터 투명성 연합(datacoalition.org)이란 회사도 XBRL 사용법을 주기적으로 보고하며 정부의 오픈 데이터 개발에 대해 좀 더 전반적으로 보고한다.

비상장 기업들이 상장기업과 동일한 보고 요건을 가지는 것은 당연히 아니지만 이들도 철저한 조사를 받고 있다. 듀딜의 주요 관계자에 따르면 불충분한 데이터는 투자자들이 해당 기업들을 신뢰하는 것을 어렵게 만들었고 수백억 달러에 달하는 투자금이 투자 가능성이 있는 곳에 쓰이지 못하게 만들었다고 했다. 만약 당신이 영국이나 아일랜드 계의 회사를 운영한다면 듀딜 프로필에 어떻게 나오는지 확인해 보라. 이 프로필은 날로 증가하는 잠재적 투자자들이 보는 회사의 모습이기 때문이다. 만약 미국계 회사를 운영한다면 듀딜을 통해 당신의 회사가 유사한 데이터를 제공할지 말지를 생각해보라.

01장. 웹만큼 거대한 기회

02장. 주목받는 스타트업 : 정부 데이터를 돈으로 만들기

03장. 소비자 웹사이트 : 스마트 공시를 위한 선택엔진

04장. 대규모 데이터를 관리하기 위한 신생 기업들

05장. 데이터중심 투자 : 사업분석에 필요한 새로운 툴

06. 그린투자 : 지속가능 데이터에 베팅하기

07장. 새비 마케팅 : 평판 데이터가 당신의 브랜드를 정의하는 방법

08장. 감정분석을 활용한 마케팅 기법

09장. 집단을 활용한 신속한 혁신

10장. 열린 연구실 : 열린 협업을 통한 혁신

6장 그린 투자 : 지속가능 데이터에 베팅하기

87조 달러는 누가봐도 어마어마하게 큰 돈이다. 전 세계 모든 국가의 국내총생산(GDP)을 합산한 것보다 조금 더 크고 미국 국채의 5배 보다 조금 더 많은 금액이다. 또 1초마다 276만 달러를 사용해야만 1년에 모두 사용할 수 있는 돈이다. 또 사실 이 돈은 탄소배출량을 절감시키기 위해 노력하고 있는 투자집단의 자산규모 수치이기도 하다.

뉴욕과 런던에 기반을 둔 탄소정보공개 프로젝트는 지난 몇 년 동안 여러 기업들의 탄소배출에 관한 데이터를 수집해 왔고 현재 자산규모가 87조 달러로 대표되는 기관투자자들에게 그 데이터를 제공해 왔다. 대부분 포춘지 선정 상위 500대 기업에 포함된 이 프로젝트의 참가기업들은 설문지를 통해 자신들의 데이터를 자발적으로 제출하고 있다. 최근 이 프로젝트는 세계 물 부족 문제를 주요 이슈로 다루고 있다.

이러한 환경에 대한 자발적인 사업보고는 새로운 유형으로서 1950년대에 "CSR(기업의 사회적 책임)"이라고 불렸던 용어가 좀 더 강력한 형태로 바뀐 것이다. CSR이 주로 다루고 있는 영역은 환경, 노동자 인권, 기부, 지역사회 중심 경영 등이다. 지난 십 년 간 CSR은 여론의 냉소적인 비판과 좀 더 의미 있는 새로운 접근이라는 평가를 동시에 받으며 관심을 불러일으켰다.

종종 ESG 보고(환경적 · 사회적 · 거버넌스 보고) 또는 기업 지속가능성 보고라고 불리는 요즘의 CSR은 과거보다 좀 더 데이터 중심적이 되었다. CSR은 새로운 보고 시스템을 사용하여 오픈 데이터를 더욱 쉽게 비교 가능하도록 하고 있다. 기업 CEO의 오만한 몇 마디 말로 환경 보호와 관련된 활동들을 알리는 것이 아니라 데이터를 지속적으로 백업해야만 신뢰할 만한 노력을 하고 있다고 인정 받을 수 있다.

더 나은 사업 옹호자들을 위해 이런 종류의 데이터 공개를 강요받는 중인 반면 계몽된 사리사욕자들에 의해서도 데이터 공개가 주도되고 있다. 많은 투자자들이 지속 가능한 경영을 우수 기업 거버넌스의 조짐으로 인식하고 장기적인 수익성을 예측하는 지표로 보기 때문에 ESG 데이터를 요구하고 있다. 실제로 ESG 데이터를 공개하는 기업들은 그렇지 않은 기업에 비해 더 높은 수익을 올린다는 증거도 있다.

투자자들은 또한 투자 리스크를 줄이기 위해 우수한 ESG 평가를 받은 회사들을 찾는다. 회사의 거버넌스나 금융에 관한 오픈 데이터가 있다면 투자자들은 잠재적 리스크와 수익을 계산할 수 있다. 하지만 방글라데시에 있는 의류 공장이 무너질 리스크, 인도에서 운영하는 탄산음료 회사가 인도 내에서 용수권 다툼에 휘말릴 리스크 혹은 어떤 석유 회사가 또 다른 초대형 석유 유출 사고를 낼 리스크는 어떠한가?

새로 시행되는 정부 규제에 따라 기업의 폭로와 의문스러운 회사에 대한 조명이 증가할 리스크가 존재한다. 도드프랭크법은 "부칙에 의거하여" 투명성을 요구하기도 한다. 이 법은 증권거래위원회로 하여금 콩고민주공화국의 비인간적 작업환경에서 채굴되는 "블러드 다이아몬드"(총기나 군수품 구입을 위해 채굴 혹은 판매되는 다이아몬드)나 전자제품의 특정부품처럼 논쟁이 되는 광석사용에 관한 보고서를 관련 기업에게 제출하라고 요구한다. (증권거래위원회는 이 의무사항을 2012년에 시행했다) 이 법에 따라 증권거래위원회는 다양한 측면에서 광물채굴의 안전성에 관해 보고할 것을 요구한다. 또한 기업들이 특정 국가에서 석유, 가스, 광석을 채취하기 위해 혹은 필요한 라이선스를 획득하기 위해 지불했던 내역을 증권거래위원회를 통해 온라인상에서 공개하도록 하고 있다. 이 마지막 조항은 개발도상국의 자원이 부당하게 착취되지 않도록 전 세계적인 노력을 기울이자는 취지에서 2002년에 시작된 채굴산업 투명성 계획의 영향을 받은 것이다.

현재 점점 더 많은 기업들이 지속성 경영과 이를 입증하는 오픈 데이터를 공개하는 것을 최고전략으로 삼고 있다. 공개하지 않고 있다가 차후에 정부규정에 따라 공개하고 싶지 않은 당혹스러운 데이터를 공개하거나, 대중의 비난을 피하기 위해 운영방식을 재편하게 될 상황이 될 때 까지는 기다리고 싶진 않기 때문일 것이다. 기업들은 견고한 ESG 전략이 회사의 브랜드 이미지와 채용에 유익하고, 투자유치에 도움이 되며, 기업운영을 개선시킨다는 것을 이미 잘 인지하고 있다.

지속가능성에 관한 간략한 역사

기업의 사회적 책임은 21세기에 들어서면서 유행하게 되었고 2005년 무렵에는 많은 회사들이 CSR 프로그램을 시작했으나 어느 누구도 제대로 만족하지 못했다. CSR 프로그램의 수가 늘어나긴 했지만 이런 프로그램들은 대부분 피상적인 것이라고 여겼던 CSR 옹호론자들에 비해 사업계 일각에서는 기업이 "선량한" 행위에 주력하게 되면 사업성과를 내는데 집중하지 못하게 될 것이라고 경고했다. 기업의 자선단체 기부는 칭찬받을 만한 것이지만 그 기부가 비인간적 착취를 통해 얻은 것이라면 아무런 의미가 없는 것이다. (CSR은 영국에서는 여전히 강력한 영향력이 있는 개념으로, 기업의 책임에 관한 정부자문가인 필립 그린(Philip N. Green)은 지역기업을 중점으로 한 국가전체 CSR 계획인 'Trading for Good'를 관장한다.)

ESG 요인들에 중점을 둔 새로운 트렌드인 지속가능보고는 기업의 사회적 책임이라는 개념과 비슷하고 그 용어는 아직도 종종 교차되어 사용되고 있다. ESG 보고로 전환하는 것은 이를 받아들이는 기업들에게 있어 더욱 분명한 이득이 된다. CSR의 실효성에 대해 사람들이 의구심을 품었던 때, 환경적·사회적·거버넌스 요소에 주목하는 것만으로도 사업에 유익하다는 사례들을 일부 베스트셀러 서적들이 보여주기 시작했다.

예일대학교 경영환경센터에 근무하는 다니엘 에스티(Daniel Esty)와 강연자이자 컨설턴트인 앤드류 윈스톤(Andrew Winston)은 2006년 자신들의 저서인 'Green to Gold'에서 "혁신과 가치창출, 경쟁우위 개선을 위해 스마트한 기업이 환경전략을 사용하는 방법"에 대해 더 자세하게 설명했다. 지역사회와의 관계개선이나 에너지 부담금 감소와 같이 기업발전에 도움이 되는 그린경영 방법을 자세히 기술하는 한편, "기업들은 환경문제를 염려하는 다양한 분야의 이해당사자들이 증가하고 있다는 사실에 직면하게 됩니다."라고 하면서 진정한 사회적·환경적 공헌은 기업 브랜드 발전을 가져온다고 강조하였다. 그는 다음과 같은 결론을 내렸다. "머지않아 환경문제를 기업의 전략으로 감안하지 않는 기업은 그 분야의 리더로 자리잡을 수 없고 시장에서 지속적인 수익을 내기 어렵게 될 것입니다."

이들은 다섯 가지 유형의 이해관계자에 집중했는데 1) 규칙제정자와 감시자, 2) 아이디어를 만들어내는 사람과 오피니언리더, 3) 사업동반자와 경쟁자, 4) 소비자와 커뮤니티, 5) 투자자와 리스크 평가자이다. 2006년도에는 이해관계자들의 다수가 기업의 연간보고서, CEO 연설 또는 우수한 마케팅 캠페인 같은 회사의 약속에 만족했을지도 모른다. 하지만 오늘날에는 정부가 수집·공유하는 데이터나 탄소정보공개 프로젝트와 같은 독립된 단체에 제출된 데이터처럼 신뢰성 있는 오픈 데이터를 원한다. 그동안 너무나 많은 브랜딩 캠페인이 "친환경적 방안을 실행하는 척하는 시늉"만 내는 것을 봐왔기 때문이다. 즉 평상시와 다를 바 없는 경영을 하면서도 겉으로

만 친환경적인 것처럼 포장하기 위한 계산된 의도였던 것이다. 기억에 남는 한 가지 예로 비피(BP)사를 들겠다. 비피가 "석유시대를 넘어서(Beyond Petroleum)"라는 친환경 캠페인을 시작했던 2000년에도 이 캠페인은 회의론을 불러일으켰는데 2010년에 있었던 멕시코 만에서의 기름유출사건 이후 이 캠페인은 아예 노골적으로 비현실적으로 다가왔다.

'Green to Gold'가 출판되었던 해에 앤드류 새비츠(Andrew Savitz)와 칼 웨버(Karl Weber)는 'The Triple Bottom Line'을 출판했다. 저자들은 "지속 가능한 기업이란, 환경을 보호하며 환경과 상호작용하는 사람들의 삶을 윤택하게 해주면서 기업의 이해관계자들을 위해 이윤을 만드는 기업입니다"라고 정의한다. 그리고 기업들이 성공을 보장받고 싶다면 경제적, 환경적, 사회적 정책을 함께 고민해야 하며 이 세가지가 지속가능성이 있어야 한다고 주장했다. 더 중요한 점은 "지속가능성이란 용어가 기업 외부의 사회집단에게 돌아가는 혜택과 기업 그 자체에 의해 누리게 되는 혜택이 똑같이 중요하다고 본다면 책임이란 용어는 기업 외부의 사회집단에게 돌아가는 혜택을 강조하기 때문에" 저자들은 이 책을 통해 기업의 책임보다는 지속가능성이란 용어를 사용할 것을 제안했다는 것이다.

두 책이 공통적으로 주장하는 것은, 선한 일을 함으로써 지속가능성의 중요성을 깨달은 기업의 성과는 더 좋을 것이다 라는 것이다. 저자들이 환경분야에서 리더라고 인정한 50대 "Wave Riders" 기업들은 주식가치에 있어서 S&P 500과 FTSE 100을 능가하는 성과를 냈다고 보고했다. 저자들은 다우존스 지속가능성 지표와 FTSE4 우수 지표에 들어간 기업들은 대체로 시장에서 더 나은 성과를 보였다고 언급했다. 이 외에도 "지난 3년 간 [2006년 이전] 세계 지속가능 발전 기업위원회(World Business Council for Sustainable Development) 소속 기업의 주식은 각국의 증권거래소에서 15~25%의 성장을 보였다." 고 밝히면서 다우존스 인덱스의 존 프레스보(John Prestbo)회장의 말을 인용했다. "지속가능성은 개선된 우수 경영을 위한 대용물이 됩니다. 이것이 바로 투자자가 주식을 구매하는 의사결정을 할 때 가장 중요하게 고려해야 하는 요소입니다."

유니레버(Unilever)의 CEO인 폴 폴먼(Paul Polman)은 그 어떤 거대 글로벌 기업 보다 지속가능성을 추구하는 비즈니스 사례를 가장 잘 보여준다고 할 수 있다. "노골적인 자본주의자"라고 자칭하는 폴먼은 지속가능성은 성공하는 기업의 핵심이 될 것이라고 말했다. 2009년 폴먼 영입 이후 유니레버는 판매량을 2배로 늘리는 동시에 인간이 환경에 가하는 피해수치를 2020년까지 절반으로 줄이기 위하여 지속 가능한 생활 계획(Sustainable Living Plan)을 채택했다. 폴먼은 포춘(Fortune)과의 인터뷰에서 "이 계획의 핵심은 사회가 맞닥뜨린 문제들을 다룬다는 것입니다. 지속가능성은 비용을 줄이고 직원들에게 동기를 부여하며 소매업자들과 긴밀한 관계를 유지하도록 해줍니다." 원인과 결과가 무엇이든 간에 기업이 지속가능성을 강조하게 되면 기업의 가치도 따라서 상승한다. 실제로 유니레버의 주식은 2009년에서 2013년 사이 약 75%나 증가했다. 이것은 유니레버의 최대 경쟁자인 프록터앤갬블(Protecter & Gamble)의 시가총액 증가보다 두 배 이상 증가한 수치이다.

ESG 옹호 증거

지속가능성이 회사의 가치를 위해 유익하다는 것이 최근의 몇몇 분석을 통해 확인되었다. 그 중 한 연구결과에 의하면 자원능률적인 기업들(지속가능성에 관한 정의 중 핵심에 해당함)은 MSCI[13] 세계 지표에서 일반적인

13. MSCI(Morgan Stanley Capital International index) : 미국의 모건스탠리캐피털 인터내셔널사가 작성 · 발표하는 세계적인 주가지수로, 글로벌펀드의 투자기준이 되는 지표

기업보다 거의 두 배에 이르는 투자이익을 보았고 또한 더욱 혁신적이었다고 한다. 또 다른 분석에 의하면 세계 상위 100대 지속 가능한 회사들은 11가지 요인들에 근거해 보았을 때 지난 7년 동안 MSCI보다 기업 성과가 3분의 1 이상 뛰어났다고 한다.

2012년 도이체방크(Deutsche Bank)의 방대한 연구에 따르면 ESG 요인들을 잘 따랐던 기업의 89%가 시장에서 더 좋은 성과를 냈다. 2009년에는 지난 35년 간의 251개 연구 데이터를 통합한 좀 더 포괄적인 분석을 실시한 후 다음과 같이 조심스러운 결론을 내렸다. "ESG가 우월하다는 것이 여러 연구에서 증명되었는데, 이것은 기업의 사회적 책임(이 연구들에서 사용된 용어를 그대로 쓰겠다)정책과 경제적 성과 사이에 약간의 정적 상관관계가 있다는 것을 가리킨다." 이 분석결과, ESG 요인들에 관한 오픈 데이터가 모든 투자자가 리스크를 계산함에 있어서 중요한 부분이 되어야 한다는 아이디어가 제대로 힘을 얻게 되었다. 저자들이 언급했듯이 "만약 발각된다면 선행보다 악행이 기업의 경제적 성과에 더 확연한 영향을 끼치게 됩니다."

주가와 경제적 성과가 중요하긴 하지만 그것이 전부는 아니다. 많은 기업들이 전략 툴로 사용하는 "균형 성과평가제도"를 개발했던 로버트 캐플런(Robert Kaplan)은 현재 ESG 목표를 기업전략의 핵심부분으로 생각한다. "우수한 ESG 성과들은 회사의 경제적 성과에 직접적인 영향을 끼치며, 좋은 ESG 평판은 우수한 인력을 유치하고 보유하는데 도움이 됩니다. 그렇게 되면 인적자원 프로세스는 더 능률적이며 효과적으로 변화할 것입니다. 환경 관련 사고를 줄이고 직원의 안전과 건강을 향상시킴으로써 기업의 생산성은 높아지고 운영비용은 줄어듭니다. 마지막으로, 사회현상에 특별한 관심이 있는 고객과 투자자들은 우수한 ESG 평판을 받는 회사들에 대해 더 좋은 이미지를 갖게 될 것입니다."

지속 가능성 · 환경경영 컨설턴트인 피터 소이카(Peter Soyka)는 2012년 자신의 저서 지속 가능한 기업 만들기(Creating a Sustainable Corporation)에서 지난 20년간의 연구를 재조명했는데, 그 결과를 다음과 같이 요약한다.

- "적절한 오염방지 계획, 생태효율성 계획 그리고 이와 비슷한 계획들은 기업이 이를 위해 지불한 비용보다 더 많은 수익을 기업에게 되돌려 준다.
- 개선된 적극적인 환경 정책, ES&G 경영정책과 기업의 가치는 강력한 상관관계가 있다.
- 더 나은 지속가능성에 대한 성과를 보이는 회사의 자기자본비용이 더 낮다는 것을 암시하는 증거가 된다.
- 몇몇 연구에 따르면, 투자자는 ES&G 포트폴리오 작성을 위한 맞춤식 정밀 접근을 택함으로써 관련 벤치마크 자료보다 더 나은 성과를 낼 수 있다고 한다.
- 온실 가스를 더 많이 배출한다는 것이 부정적인 평가요인으로 간주된다는 것을 보여주는 증거들이 계속 나오고 있다.
- 최근 설문조사에 의하면 회사 경영인들이 지속가능성과 연관된 지식과 경험이 깊을수록 그들이 이윤에 대한 이해와 가치를 알 확률이 더욱 높다고 한다.

최고의 정책은 무엇인가?

지속 가능한 경영을 위한 일반적인 사례는 이견 없이 분명하다. 그리고 지속 가능한 경영을 얼마나 잘 하고 있는지를 보여주기 위해서는 오픈 데이터가 필수적이라는 데에도 의견이 일치한다. 피터 소이카에 따르면, 정책과 지속가능성 계획을 공개하는 것 외에도 구체적인 ESG 데이터를 공개하는 것이 "매우 중요하다"고 한다. "어떠한 이유라도 그 데이터를 대체할 수는 없습니다. 지속경영계획을 끝까지 관철하겠다는 기업의 의지에 대한 회의론을 극복하는 것을 시작으로 정책과 프로그램의 유효성을 보여주고 성과 향상 여부를 확인할 수 있는 수단을 제공해야 합니다."

블룸버그의 글로벌 지속가능성 계획국장인 커티스 라베널(Curtis Ravenel)도 비슷한 맥락의 얘기를 했다. "데이터는 투자에서 매우 중요하며 근거 없는 주장이 아닌 수치로 말합니다. 하지만 데이터만으로는 크게 도움이 되지 않습니다. 반드시 데이터를 맥락과 관련시켜야 합니다. 데이터와 정책, 경영에서 나온 통찰력은 서로 불가분의 관계에 있습니다."

라베널은 십 년 전에 블룸버그로 영입되었는데 2006년에 다음과 같이 말했던적이 있다. "저는 지속가능성이 경영과 환경 측면에서 모두 좋은 영향을 준다는 것을 블룸버그를 통해 보여줄 수 있다고 생각했기 때문에 계획안을 작성했습니다. 그로부터 일년 후 블룸버그 회장이 나에게 전화를 걸었고 그 계획안을 시행해 달라고 부탁했습니다." 더 많은 ESG 평가지표를 공표하기로 한 결정은 블룸버그라는 회사 자체를 더 지속가능성 있는 기업으로 만들기 위한 이러한 프로그램에서 발전된 것이고 그것은 매우 성공적인 전략이었다. 라베널은 "지난 1년 간 사용자가 50% 증가 했습니다."고 말했다.

블룸버그의 프로그램은 ESG 데이터가 투자자를 위한 기초데이터가 되고 있으며 이 데이터는 전통적인 투자분석과 통합되어야 한다는 경영철학에 기반한다. 블룸버그는 현재 온실가스 배출과 쓰레기 배출 정책들에 관해 보고한다. 만약 어떤 기업이 이런 데이터를 공개하지 않을 경우 블룸버그는 데이터를 공개하도록 압박을 줄 것이다.

이 분야의 또 다른 전문가들은 탄소정보공개 프로젝트와 더불어 블룸버그로 인해 지속가능 경영에 관한 오픈 데이터 요구가 급격히 증가했다고 말한다. 약 80여 개국이 참여한 글로벌 리포팅 이니셔티브(GRI)의 마이크 웰리스(Mike Wallace) 미국 지사장은 "지난 몇 년간 지속가능 경영에 관한 오픈 데이터가 실제로 이렇게 많고 또 이 데이터에 대한 관심이 이렇게 큰 적은 없었습니다." 최근에 그는 지속가능성에 관한 보고를 하는 기업의 수가 급속히 늘었다고 내게 말했다. 지속가능성 보고는 현재 상장기업을 위해서만이 아니라 콜버그 크라비스 로버츠(Kohlberg Kravis Roberts)와 칼라일 그룹(The Carlyle Group)같은 비공개 투자에 의해 자금을 조달 받고 있는 기업들을 위해서도 흔하게 사용된다. 웰리스는 비공개 투자에 의해 자금을 조달 받는 기업들은 상장될 때를 대비하고 싶어 한다고 강조했다.

글로벌 리포팅 이니셔티브의 공동 창업자이자 전 CEO였던 알렌 화이트(Allen White)는 최근 다음과 같은 의견을 냈다. "지속 가능성에 대한 보고는 10여 년 전에는 보기 드문 놀라운 일이었지만 그 후에는 예외적인 일에서 사업정책으로서 당연히 기대되는 일로 변화하며 인정되었습니다. 이런 인식의 변화야말로 최근 몇 년간 가장 눈에 띄는 경영혁신 중 하나로 자리잡았습니다." 그리고 그 변화는 지금 가속이 붙는 중이다.

미국에 있는 글로벌 리포팅 이니셔티브의 데이터 파트너인 The Governance & Accountability Institute는 2010년과 2011년 두 차례에 걸쳐 지속가능성 보고를 하는 포춘 500 기업들과 S&P 500 기업들의 수를 연구했는데, 1년 사이에 포춘 500 기업의 비율은 20%에서 57%까지 상승했고 S&P 500은 19%에서 53%의 상승을 보였다. 이 기업들의 대부분은 글로벌 리포팅 이니셔티브가 만든 체계를 사용했는데, 이것은 현재 사실상 전세계 지속가능보고의 표준이 되고 있다. KPMG가 2011년 실시한 연구결과 세계 250대 기업들의 95%가 기업의 사회적 책임 활동에 관한 보고를 하고 있으며 이들 중 80%는 글로벌 리포팅 이니셔티브 기준을 사용한다는 것이 밝혀졌다.

여러 정책을 통해 드러난 바와 같이 전 세계 다른 나라 기업에 비해 미국 기업들은 아직 지속가능성의 보고 측면에서 많이 뒤쳐져 있다. 유럽 기업들은 보고횟수를 늘리는 것뿐 아니라 정확한 데이터를 보고하고 있다는 것을 뒷받침 하기 위해 제3자 검증 같은 것을 추구하고 있다. 웰리스는 유럽 기업들 중 절반이 현재 이런 추가조치를 취하고 있다는데 주목한다. 그렇지만 만약 증권거래위원회가 더 많은 지속가능 정책을 보고 요건으로 규정한다면 미국기업들은 더 적극적이 될 것이다. 증권거래위원회는 현재 어떤 정책들이 회사 성과에서 "실질적인" 요인으로 간주되어야 할 지를 검토하고 있는 중이며, 이들 중 더 많은 사항들이 XBRL를 이용해서 보고되어야 한다고 요구할 수도 있다. 몇몇 기업들은 이미 이러한 변화들을 예측하고 자발적으로 보고를 늘리기 시작하고 있다.

글로벌 리포팅 이니셔티브의 보고시스템은 기업, 비영리단체, 정부, 회계법인 등 수천 명의 다양한 이해관계자들에 의해 사용되기 때문에 꾸준한 개선이 이루어지고 있는 중이다. 그러나 글로벌 리포팅 이니셔티브는 수많은 특정 지표를 사용하고, 글로벌 리포팅 이니셔티브가 아닌 단체들은 여전히 이와는 다른 지표들을 사용하고 있다. 지속가능성 전문가들은 지속가능한 지표 폭주로 인해 이 분야가 지나치게 복잡해져서 분석가들이 손쉽게 기업을 비교할 수 없을 거라고 우려하고 있다. 지속가능성 평가를 위한 글로벌 이니셔티브(Global Initiative for Sustainability Ratings), 지속가능 회계기준 위원회(Sustainability Accounting Standards Board), 국제통합보고위원회(International Integrated Reporting Council)와 같은 서로 다른 단체들이 지속가능성 보고를 위한 더 높은 수준의 시스템을 개발하기 위해 애쓰고 있다.

지속가능성과 성과는 밀접한 관련이 있기 때문에 기업은 이 둘을 통합할 단 하나의 최종결과물을 보유해야만 한다는 일부 분석가들의 주장도 있었다. 원 리포트(One Report)의 저자인 하버드 경영대의 로버트 에클스(Robert Eccles)와 그랜트 쏜톤(Grant Thornton), LLP의 마이클 크루저스(Michale Krzus)는 2009년 투자자, 기업, 표준화 기구 등이 참석했던 회의에서 보다 발전된 접근법을 설명한다. 그들에 따르면 "원 리포트란 기업의 연간보고서에 나오는 재무적인 내러티브 정보를 "기업의 사회적 책임" 이나 "기업지속가능 보고서"에 나오는 비재무적(예, 환경적·사회적·거버넌스 이슈)인 내러티브 정보와 결합하는 하나의 보고서를 만드는 것을 의미합니다."라고 정의한다.

이것은 편집 방식의 변화 그 이상이다. 즉, 오픈 데이터로서 더 유익하도록 정보를 통합하는 방법이다. 저자들이 설명하듯 원 리포트는 "사용자가 자신의 재무적·비재무적 정보를 분석할 수 있도록 해주는 분석 툴을 사용하는 것처럼 페이퍼 방식으로는 불가능한 통합된 보고서를 제공하기 위해서는 인터넷을 사용하는 것을 포함하고 있습니다." 크르저스는 나에게 몇몇 기업들이 현재 ESG 측정을 통합하기 위해 원 리포트를 사용하고 있다고 말했다. 대표적인 예로 아메리칸 일렉트릭 파워(American Electric Power), 노보 노르디스크(Novo Nordisk), UTC, 펩시코(Pepsico), 화이자(Pfizer)를 들었는데 런던에 기반을 둔 IIRC는 이 접근법을 개선시키고 홍보하기 위해 노력 중이다.

공급 측면에서 본 지속가능성

회사의 ESG 기록은 그저 공장이나 시설들이 어떻게 운영되느냐에만 근거하는 것이 아니라 원료에서부터 완제품에 이르기까지 경영을 위해 기업이 사용하는 공급사슬 전반을 반영하고 있다. 피터 소이카에 따르면 특히 현재 ESG 요인은 소비자를 상대하는 기업과 그 기업의 공급사슬에서 급속히 증가하고 있다는 점에 주목할 필요가 있다고 한다. "공급사슬 예측은 매년 ESG 데이터 수집과 보고에 관심을 더 많이 갖도록 합니다."라고 했다. 몇몇 대형 소매업자들은 공급업자들에게 보다 지속 가능한 방식에 따라 물품을 공급하도록 요구하고 있고 데이터를 손쉽게 수집하고 보고하기 위해 사용할 수 있는 소프트웨어 툴을 공급업자들에게 제공하면서까지 지속가능성을 증명하기 위한 데이터를 공표할 것을 요구하고 있다. 그동안 이런 정책의 대표주자로서 월마트를 들 수 있었으나 마이크 웰리스는 포드, 맥도날드, 인텔, 마이크로소프트 등도 이런 종류의 데이터를 공급업자들에게 요구하고 있다고 언급했다.

현재 공급체인 데이터는 그 밖의 중요한 집단으로부터 이목을 끌고 있다. 그것은 바로 최종적으로 이러한 기업의 제품을 구매하는 소비자들이다. 회사의 사회적 책임과 ESG 정책, 지속가능성에 관한 토의는 지난 수년 동안 기업의 리더들과 투자자들, 주주들 사이에서 이루어져 왔으나 이제 소비자도 점점 더 이런 논의의 중요한 부분을 차지하게 되었다.

패러다임을 바꾼 책인 Emotional Intelligence(2009)의 저자 다니엘 골먼(Daniel Goleman)도 자신의 책에서 소비자들에게 자신들이 구매하는 제품에 대해 완전히 투명한 데이터를 제공함으로써 시장이 변화될 가능성에 대해 언급하며 같은 맥락의 주장을 했다. "우리[소비자들]는 완전한 정보에 기반한 선택을 할 수 있기 때문에 파워는 판매자로부터 구매자로 이전됩니다.... 단지 상점에 가는것만으로도... 소비자들이 미래에 요구 되는 종류의 제품들을 제공하는 기업에 대해 완전히 새로운 경쟁우위를 집단적으로 만들 것입니다... 데이터 컨트롤이 판매자로부터 구매자로 전환되기 때문에 기업은 앞으로 이러한 정보의 바다가 변화의 흐름속에서 미리 대처하는 것이 좋을 것입니다."

Ecological Intelligence에서 골먼은 혁신적인 신생 스타트업인 굿가이드(GoodGuide)에 대해 상세히 설명했는데, 최근 설립된 이 회사는 소비 제품의 지속가능성과 이 제품들을 생산하는 기업에 대한 데이터를 제공하고 있다. 설립된 지 몇 년이 지난 지금 굿가이드는 의식적인 소비를 위한 기준을 설정하는 기업으로 남아있다. 굿가이드의 웹사이트와 앱이 대중의 쇼핑습관을 바꾸는데 얼마나 큰 영향을 주는지는 아직 확실치 않다. 하지만 소비자가 사용할 수 있는 형태로 지속가능성 데이터를 만듦으로써 몇몇 산업계에 영향을 끼치기 시작했고 기업의 투명성에 대한 기대치 역시 높였다. 굿가이드가 평가하는 제조업체와 기업들은 자신들의 ESG 프로필을 향상시킬 수 있는 방법에 관하여 굿가이드에게 점점 더 많은 조언을 구하고 있다.

2008년 다라 오루크(Dara O'Rourke)는 환경과 제품을 만드는 직원 그리고 그들의 건강을 위해 소비자들이 좋은 제품을 선택할 수 있도록 하는 것을 목표로 굿가이드를 설립했다. 그는 자신의 경력을 통해 이러한 의도를 제대로 실현하는 것이 얼마나 힘들고 전문지식이 필요한 일인지 잘 알고 있었다. 버클리 대학교 조교수인 그는 세계화, 환경적 정의, 착취노동 과목을 가르치며 산업 생태학 저널(The Journal of Industrial Ecology)에서부터 정책 연구 저널(The Policy Studies Journal)에 이르기까지 여러 논문을 발표해왔다.

굿가이드 웹사이트와 앱은 1,500개 이상의 데이터 소스를 이용하는데 굿가이드의 알고리즘을 통해 이 데이터를 운영하고 있으며, 이 기준들에 의거해 제품의 점수를 매긴다. 예를 들어, 유아 샴푸에 대한 평가는 이 샴

푸가 제조되는 작업환경, 독성 성분에 관한 EPA 데이터, 기업 CEO의 보수, 기업의 사회적 책임에 대한 모건 스탠리 기록, 제품 리콜 데이터베이스에 대한 검색 등 엄청나게 많은 것을 포함한다. 그는 샌프란시스코의 사무실에서 나와 함께 전화 인터뷰를 하면서 자신의 경험이 굿가이드를 설립하는데 어떤 영감을 주었는지 말해주었다.

"굿가이드는 제 삶의 여러 조각들을 하나로 엮은 것입니다. 제 연구는 여기 미국에서 우리가 소비하는 것들을 생산해내는 글로벌 공급사슬에 관한 것입니다. 저는 지난 20년간 베트남의 나이키 공장, 중국의 장난감 공장과 전자제품 공장, 엘살바도르의 의류 공장을 둘러봤습니다. 그러던 어느 날 당시 4살이었던 큰 딸을 통해 개인적으로 깨달은 바가 있었습니다. 더운 여름 날 딸의 얼굴에 썬크림을 발라주다가 저는 갑자기 궁금해졌습니다. 매일 아침 딸의 얼굴 전체에 발라주는 이 화학제품 안에는 도대체 무엇이 들어있을까? 지금 제 딸은 10살인데 그때는 4살밖에 되지 않았습니다.

다시 학교로 돌아가 저는 박사 후 연구과정에 있는 학생들과 대학원생들로 이루어진 팀에서 연구를 계속 하던 중 미국에서 제일 잘 팔리는 유아용 자외선 차단제에 문제가 될 만한 화학제품이 함유되어 있다는 것을 알아냈습니다. 유럽, 캐나다, 일본, 호주에서는 점차 사라지고 있었던 이 화학제품이 미국에서는 규정상의 허점으로 인해 아직 판매 중이었던 것입니다. 딸 아이의 자외선 차단제에서부터 샴푸까지 확인해 본 결과 의심될만한 발암물질이 사용중인 제품에 함유된 것을 알게 된 것입니다. 딸이 가장 아끼는 장난감에는 납이 함유되어 있었고 매트리스는 브롬 처리된 내연제로 덮여 있었습니다. 그 외에도 집안에서 우리가 사용하는 제품 여기저기서 유독 물질들이 발견되었습니다. 제 연구분야가 이런 것에 관한 것이고 박사급 연구원들이 제 밑에서 일함에도 불구하고 제가 집안에 들이는 제품들에 대해서는 거의 아무것도 모르고 있었다는 것을 깨달았습니다."

이 사건은 저에게 큰 동기부여가 되었고 학술적인 논쟁을 떠나 일반인들도 사용할 수 있는 공공 툴을 만들어 내기 위해 연구의 관점을 캠퍼스 밖으로 돌리게되었습니다. 제 바람은 사람들이 자신들의 가치, 윤리, 고민, 건강에 잘 맞는 결정을

내리는 것입니다. 만약 여러분이 걱정하시는 것이 기후이고 제가 걱정하는 것이 노동자의 인권이라면, 우리는 각자 자기의 가치에 잘 부합하는 제품이나 브랜드를 찾을 수 있습니다. 굿가이드와 함께 말입니다."

굿가이드는 2012년 언더라이터 래버토리즈(Underwriters Laboratories)에 의해 인수되었고 환경과학, 화학, 데이터 분석, 정부 규정에 박식한 과학자들과 조언자들을 영입했다. 소비자 정보를 만들기 위해 광범위한 오픈 데이터소스를 사용하는 굿가이드는 이 일이 기업에게도 역시 중요하다는 것을 알아 가고 있다. "앞으로 기업들은 그들의 제품과 공급사슬에 관해 실질적인 사실을 공개하라는 압력을 받게 될 것입니다. 점점 더 많은 소비자와 NGO들, 노동단체들이 그것을 요구하고 있기 때문입니다."라고 오루크는 말했다.

그는 몇 년간 소비자 정보에 관한 업무를 맡으면서 데이터의 가장 큰 소비층 중에 기업도 포함되어 있다는 사실을 알게 되었다. "우리가 회사를 설립한 후 처음 받은 전화는 우리가 기업을 평가하는 방식에 화가 많이 났던 브랜드들이었는데, 우리의 노력으로 지금은 대부분이 긍정적인 마인드로 바뀌었습니다. 이후 몇몇 도시, 주, 병원, 대학 등에 있는 소매업자와 기관구매자들로부터 우리의 도움이 필요하다는 전화를 받았습니다. "우리는 환경친화적인 것을 구매하고 싶습니다. 그런데 어떻게 해야 할 지 모르겠습니다. 우리가 구매하는 제품과 그 제품의 공급업체를 선별할 툴이 필요합니다. 이런 생각은 몇몇 소기업에서부터 이제는 대부분의 주요 대형소매업자로까지 퍼져나갔습니다." 많은 미국 기업들은 자신들의 제품에 영향을 끼칠 수도 있는 새로운 규제에 대해 걱정하고 있다. 의회가 제안하는 규제가 아닌 주, 도시 그리고 외국에서의 규제를 걱정하는 것이다.

예를 들어 다국적 소매업들은 유럽, 캐나다, 아시아 일부 국가에서 독성 화학 성분을 규제하는 새로운 규정과 미국 시장만을 대상으로 하는 기업들도 66개의 화학성분을 금지하는 워싱턴주의 어린이 안전제품법 같은 점점 늘어나는 새로운 규제에 직면하고 있다. 소매업자들은 제품에서 이런 화학 성분들을 없애거나 화학성분이 들어있는 제품은 해당 사실을 명시해야 한다.

메인 주, 캘리포니아 주 그리고 샌프란시스코에서도 제조업체가 독성 화학물질을 사용했을 경우 그것을 공개하도록 요구하는 법이 통과되었다. 기업이 자기 제품의 구성성분을 확실히 알고 혹시 문제가 있을 경우 제품 원료를 새롭게 배합한다면 기업은 이 투명성 법에 따라 인센티브를 받게 된다. 만약 캘리포니아 주에서 독성 물질 하나가 공개되면 블로그에 글 하나 올리는 것만으로도 전 세계에 그 사실을 알릴 수 있다. 요즘 제조업체들은 자기회사 제품에 무엇이 들어가 있는지에 대해 가장 큰 관심을 가지는데 확실히 이것은 계속 증가하는 추세이다. 자기회사 제품의 성분이 무엇인지 찾아보라고 강요 당하기 전에 서둘러 알아보는 것이 나을테니 말이다.

"브랜드와 소매업에 관해 우리가 추진했던 대부분의 프로젝트를 보면 기업들은 정말로 정보를 많이 갖고 있습니다. 그렇지만 자기들의 공급사슬이나 협력업체, 원재료 등에 대해 제대로 알지 못하는 경우도 많습니다. 특히 전 세계를 상대로 하는 일부 글로벌 브랜드는 더욱 그렇습니다."라고 오루크는 말했다. 의류 회사들은 자기회사 제품들이 어디서 제조되는지에 대해 많은 것을 알고 싶어하지 않을 수도 있다. 한 예로, 방글라데시에 있는 의류 공장이 붕괴된다 해도 공장이 어디에 있는지 모르면 책임을 인정할 필요가 없으니 말이다. "하지만 최근에는 감추고 싶지만 공개되는 이런 종류의 스캔들과 비밀 때문에 기업들은 억지로라도 점점 더 많은 정보를 알아야 할 수 밖에 없는 처지에 놓여 있습니다."

사업 성공가능성 포착하기

지속 가능보고의 현 상태는 흥미진진하지만 다소 혼동스럽기도 하다. 왜냐하면 너무나 다양한 측정 방법이 존재하기 때문이다. 지속가능성에 관하여 명확하고 널리 수용된 정의가 없고 오픈 데이터로 정확히 무엇을 어떻게 보고해야 되는지 모르기 때문에 잠재 투자자들과 시장 분석가 등 많은 이들은 지속가능보고 측면에서 기업들을 비교하기가 어려운 상태다.

이런 현재 상황에서 글로벌 리포팅 이니셔티브가 개발한 측정법은 가장 널리 인정된 기준이다. 글로벌 리포팅 이니셔티브 웹사이트(www.globalreporting.org)에는 글로벌 리포팅 이니셔티브 체제 사용에 관심 있는 모든 사람을 위해 측정, 소스, 보고서, 회의, 기타 자료 등 완전한 정보가 있다.

만약 지속가능보고가 어떻게 표준화되는지 진지하게 관심이 있고 이 과정에 인풋을 제공하고 싶다면 현재 이 문제로 고민하고 있는 단체에 대해서 알아보라. GISR에 관한 정보는 Ratesustainability.org에서; IIRC에 관한 정보는 theiirc.org에서; SASB에 관한 정보는sasb.org에서 얻을 수 있다.

다음의 몇 가지 모범 사례는 기업의 보고체계를 초월하여 명확해지고 있다.

당신의 기업을 지속 가능하게 운영하라.

말은 쉬우나 실천하기는 힘들다. 하지만 지속 가능한 기업은 운영 리스크가 더 낮고 더 많은 이윤을 창출한다는 증거들이 점점 더 많아지고 있다. 또 능력있는 새 인재영입이 유리하기도 하다. 투자자의 자격요건, 소비자의 요구, 일반적인 모범 사례들의 추세를 살펴보면 지속가능성은 앞으로 수 년 동안 기업의 우선순위에서 더 많은 부분을 차지하게 될 것으로 보인다. 거기다가 비영리 감시단체들과 폭로전문 기자들은 양질의 환경적, 사회적 또는 거버넌스 정책을 실시하지 않는 기업들을 찾아내고 있다.

ESG 측정에 관한 오픈 데이터를 공개하라.

어떤 일을 하는 회사든 그들이 우수한 기업정책을 따르고 있다는 것을 보여주기 위해 ESG 정책과 같은 오픈 데이터를 공개하는 것이 좋을 것이다. 투자자들은 회사의 지속가능성을 우수한 경영 방침이라고 보며 이것이 장기이윤 창출을 예측하는 요소로 작용한다고 보기 때문에 이들 역시 오픈 데이터를 요구한다. 탄소정보공개 프로젝트 같은 기구의 성공과 더불어 우리는 지금 너무나 많은 기업들이 자발적으로 ESG 데이터를 공개하는 티핑 포인트에 있다. 재무 데이터와 ESG 데이터를 하나의 지속가능 보고로 통합하기 위해 원 리포트 포맷을 사용하는 것을 고려해보라.

당신을 비난하는 사람들이 찾아내는 것이 무엇인지 파악하라.

굿가이드 같은 단체들은 소비자에게 해를 입힐 가능성이 있는 화학물질과 근로자에게 해를 입힐 가능성이 있는 제조과정을 찾아냄으로써 과학을 만들어 가고 있다. 2013년 방글라데시 공장에서 일어났던 화재는 미국과 유럽의 의류소매업에 큰 타격을 주었다. 온라인을 통해 90만 명 정도가

에이치앤엠(H&M)이나 갭(Gap)의 생산 규정들을 개선하라는 탄원서를 제출했다. 과거에는 기업들이 자신들의 생산 과정에 대해 알려고 하지 않았다. 생산 과정에 대해 아는 것이 없으면 최악의 사고가 나도 자신들은 책임을 지지 않아도 됐기 때문이다. 하지만 늘어난 오픈 데이터와 ESG 이슈 때문에 이러한 전략은 더 이상 현실적이지 않다. 기업은 자신을 비난하는 사람들이 무엇을 알아낼 것인지 미리 파악하고 필요하다면 운영면에서 개선을 해야 할 것이다.

규제로 강제화 되는 상황을 예상하라.

도드프랭크법이 제정되기 전에는 증권거래위원회가 기업에게 분쟁지역 광석에 대한 정책, 탄광의 안전, 외국 현지에서의 임금지불 내역에 대한 보고를 요구하지 않았을 것이다. 하지만 일반인들의 이목이 집중되었던 이런 이슈들은 결국 정부의 데이터 공개 요구로 이어졌다. 개발도상국 노동자의 안전, 탄소배출, 물 사용과 같이 지금 일반인들이 우려하는 점들은 가까운 미래에 더 공식적인 조사의 대상이 될 수 있다. 심지어는 일반적으로 규제를 반대하는 분위기에서조차도 연방규정과 법규에 따라 세간의 이목을 끄는 이슈들에 대해 더 확실한 투명성을 요구할 수도 있다. 만약 연방규정이 이런 이슈들에 대해 규제를 하지 않을 경우 다른 나라, 주, 심지어 도시들까지 ESG 정책에 관한 더 나은 투명성을 강요하는 공개요구를 통과시킬 수도 있다. 지금 이런 이슈를 잘 관리하는 기업은 추후 규제가 어느 곳에서 시행되던 간에 새로운 규제요건을 잘 준비할 수 있을 것이다.

07. 새비 마케팅 : 평판 데이터가 당신의 브랜드를 정의하는 방법

7장 새비 마케팅 : 평판 데이터가 당신의 브랜드를 정의하는 방법

나는 지금 갬블링을 통해 손에 넣은 울트라북으로 글을 7장이나 쓰고 있다. 포커게임, 추첨 또는 내기에서 이긴 것이 아니라 이베이(eBay)에서 중고로 산 것이다.

갬블링? 나는 갬블링을 이렇게 생각한다. 나는 돈에게 나를 대신해 내가 한 번도 만난 적이 없는 사람에게 가서 내가 한 번도 보지 못한 중고 기계를 사오라는 권한을 부여한다. 그 중고 기계는 이베이에 적힌 그대로이지만 나는 한 번도 본 적이 없는 상태이다. 만약 일이 잘못되면 이베이 구매자 보호정책에 따라 약간의 도움을 받을 수 있다. 하지만 그 정책은 내가 직접 가게에서 물건을 샀을 때처럼 노트북을 반환할 수 있는 간단한 절차와는 다른 해결과정을 거치며 결과는 보장할 수 없다.

다행히도 내 갬블은 예상한대로 잘 진행되었다. 내가 그 중고 노트북을 사기로 결정했던 이유는 판매자가 이베이에서 받은 긍정적인 평가(99%)였는데, 덕분에 좋은 물건을 살 가능성이 높다고 생각했다. 이런 기준으로 본다면 노트북 구매는 전혀 도박 같아 보이지 않는다.

이베이는 웹에서의 평판평가가 왜 중요한지를 보여주는 전형적인 예이다. 약 10년 전 이베이에서 실시한 통제연구에 따르면 사람들은 계속해서 좋은 평가를 받은 딜러(판매자)에게 빈티지 엽서를 사기 위한 돈을 더 많이 지불한다. 이 연구는 이베이 고객의 피드백은 "Yhprum의 법칙을 잘 보여준다. (Yhprum은 Murphy를 거꾸로 쓴 것이다.) 작동하지 않는 시스템이 때때로 꽤 잘 작동될 때가 있다."고 결론을 내렸다. 개인 엽서 판매자에게 적용되는 원칙은 동네 식당과 주요 호텔 등 많은 기업들에도 마찬가지로 적용 된다. 고객 리뷰, 평가 그리고 불만사항은 수년간 온라인 상거래의 모습을 만들어 오고 있다.

하지만 고객 리뷰 사이트가 더 강력해짐에 따라 그 정확도는 의심을 받기 시작했다. 내가 노트북을 살 때 99%라는 평가가 과연 의미 있는 것인지도 불분명해졌다. 최근의 한 연구를 통해 이베이 판매자의 5분의 4가 99% 혹은 그 이상의 좋은 평가를 받는다는 사실이 알려졌는데, 그 이유는 판매자를 평가하는 사람은 구매뿐 아니라 판매를 위해 이베이를 사용할 수도 있는데 다른 사람이 자신에게 보복평가를 할지도 모르기 때문에 나쁜 평가를 하고 싶어하지 않을 수도 있다는 것이다.

성공적인 기업은 온라인 평판 시스템이 어떻게 작동하는지 그리고 결함이 있음에도 불구하고 온라인 평판 시스템이 어떻게 소비자 시장을 형성하고 있는지를 알아야 한다. 광범위한 여러 사이트의 리뷰와, 블로그 그리고 트위터에 폭우처럼 쏟아지는 수많은 댓글은 오픈 데이터의 새로운 형태로서 정량적으로 분석될 수 있다. 이러한 이치를 이해하면 온라인 평판 시스템은 당신의 사업이 발전하도록 도와줄 것이다. 무시한다면 당신은 책임질 각오를 해야 한다.

오늘날의 이런 성공은 당신에게 불평을 하기 위해 연락을 취한 고객까지도 포함한 모든 온라인 고객과 좋은 관계를 구축하는 방법을 이해하는 데서 비롯된다. 밥 가필드(Bob Garfield)와 더그 레비(Doug Levy)는 저서 'Can't Buy Me Like'에서 "아직도 고객을 설득하거나 그들의 관심을 끌려고 하거나 고객에게 잘 보이기 위해 전 세계를 광고로 도배함으로써 제품과 서비스를 팔고 있다면 당신은 완전히 잘못하고 있는 것입니다."라고 주장한다. 광고처럼 고객에게 단지 말하는 것뿐만 아니라 귀 기울이는 방법까지 감안해 만들어진 고객과의 연관성은 보다 실질적이며 진정한 연결점이 된다. 이 방법은 전통적인 광고전략보다 더 효과적이면서도 비용이 덜 들 것이다. 이런 종류의 "사회적 경청"을 하기 위해서는 이번 장에서 살펴 볼 방법들을 통한 데이터 분석이 필요하다.

새로운 평판 경제에서 자신의 온라인 상태 관리법을 알고 있는 기업은 상당한 우위를 가지게 된다. 주목 받는 것은 뭐든 좋다라는 옛 속담은 사실 온라인에서는 무조건 통하는 것은 아니다. 그러나 요령 있는 기업들은 부정적인 리뷰나 심지어 노골적인 불만까지도 자신들에게 유리하게 바꿀 수 있다.

정부기관은 어떻게 불만 고충처리센터가 되었나

소비자 불만 고충처리센터를 관장하는 소비자국에서 국장으로 근무하던 시절, 휴대전화로 불만을 토로하는 고객의 목소리를 많이 들어왔다. 그 중에서도 우리 사무국은 수천 또는 수만 달러의 휴대전화 요금이 청구된 사람들의 사례를 접했다. 우리는 이런 문제 특히 기업의 입장에서는 어떤 이유로도 좋아할 것 같지 않은 용어인 "고지서 쇼크"라는 새로운 이름을 붙였고, 고지서 쇼크가 해결되어야만 했던 이유를 보여주기 위해 우리가 알고 있는 사례 중 제일 큰 사건을 공개했다.

특히 기억에 남는 사례는 케리 피에르(Kerfye Pierre)라는 젊은 여성에게 일어난 일인데, 케리는 2010년 아이티에 살고 있는 동생 집에 갔다가 거기서 발생한 지진 때문에 미국으로 돌아오지 못했다. 그녀는 구호활동을 돕기 위해 아이티에 머물렀고 미국에 있는 친구나 가족들과 연락을 취하기 위해 자신의 휴대폰을 사용했다. 그 후, 미국으로 돌아온 케리는 자신의 휴대폰 회사인 티모바일(T-Mobile)에서 34,872.82 달러의 청구서가 자신에게 날아 온 것을 알게 되었다. 아이티에서 지진이 발생했을 때, 티모바일은 케리에게 비상시에 거는 통화는 무료라고 확인해주었다. 그런데 티모바일의 입장에서 "무료"라는 말은 음성통화만 무료라는 의미였다는 것이다. 하지만 케리의 입장은 달랐다. 그 당시 티모바일에서 그렇게 말하지 않았다는 것이다. 티모바일은 케리에게 음성통화가 아닌 문자와 데이터 사용에 대해서는 평소대로 매우 높은 국제요율을 적용했다.

연방정부 통신위원회에 의한 조정이 진행된 후, 티모바일은 5,000달러의 요금을 제외한 모든 금액을 탕감하기로 합의했다. 2010년 10월 연방정부 통신위원회는 고지서 쇼크 방지를 위한 규제 제정에 관한 기자회견에 케리를 초청했다. 또 CNN은 케리의 사례를 토대로 고지서 쇼크에 대한 이야기를 만들었다. 하지만 놀라운 것은 티모바일은 여전히 5,000달러 청구제도를 유지 하고 있다는 것이다. 이것은 해마다 명확하게 수십억 달러를 버는 기업이 이런 상황에서 할 수 있는 최선의 결정은 아니었다.

결국 오랜 시간이 지나 티모바일 뿐만 아니라 모든 무선통신업계는 마침내 해결의 실마리를 풀었고 고지서 쇼크를 해결하기 위한 조치를 취하기로 결정했다. 연방정부 통신위원회는 우리가 보여준 불만 고충에 관한 기록에 힘을 얻어 무선통신 사업자들이 음성, 텍스트 또는 데이터에 대한 추가요금을 부과하기 전 고객에게 미리 경고를 보내기로 협상했다. 이 협상은 연방정부 통신위원회 의장, 무선협회(CTIA)와 이 협상을 승인한 소비자연맹의 연합 대표에 의해 발표되었다. 이 협상은 뉴욕타임즈 첫 페이지에 대서 특필되는 등 미국의 모든 주에서 방송되었다. 한편 이 협상은 무선통신업계에 그들의 평판을 개선시킬 기회를 준 것이기도 했다.

교훈? 소비자 불만은 중요하다는 것이다. 대중의 불만에 돌을 던지는 것

(절대 티모바일만이 그렇다고는 할 수 없다.)은 궁극적으로 부질없는 일이 인지 심리학자들은 사람과 기업이 이같이 완고하게 고집을 부리는 이유에 대해 다양한 설명을 하지만 여기에서는 그냥 그렇게 하는 것은 나쁜 거라고 해두자. 게다가 요즘과 같이 소비자가 자신의 불만을 공개하는 것과 그렇게 공개된 불만이 입소문으로 퍼지는 것이 점점 늘어나는 때에 그렇게 완고하게 대응하는 것은 특히 나쁜 아이디어이다.

연방정부 통신위원회 같은 몇몇 정부 기관은 규제대상 기업의 소비자 불만을 수 십 년간 추적해오고 있으며 최근 그 외의 기업들도 추적하기 시작했다. 많은 기업들이 현재 대중에게 불만에 관한 기록을 공개함으로써 보다 적극적인 접근방식을 취하고 있다. 기업들은 이러한 불만들을 오픈 데이터로 바꿈으로써 소비자불만으로 난처해진 기업들이 좀 더 소비자 친화적인 기업이 될 것이라고 기대하고 있다. 규제당국이 강제하기 전에 말이다. 아래 예를 참고하라.

- 몇 해 동안, 교통부는 항공사에 관한 불만 접수 건수를 근거로 각 항공사의 순위를 발표하고 있다.
- 미국 도로교통안전국은 제조사, 모델, 연도로 검색 가능한 안전불만검색엔진을 운영하고 있다.
- 2011년, 소비자 제품 안전위원회는 www.saferproducts.gov를 발족시켜서 소비자가 제품의 안전에 관련된 불만과 다른 사람들이 제기한 불만에 대한 리뷰를 게시할 수 있도록 했다. 2011년 이전에는 이 위원회에 보고된 개인의 불만은 공개되지 않았다.

2012년, 소비자 금융보호국은 누구나 다운로드·분석·사용이 가능한 신용카드 불만 공개 데이터베이스를 출시했다. 그 해 3월에 데이터베이스를 확장하여 주택담보대출, 은행계좌, 개인학자금 대출, 기타 소비자 대출에 대한 불만 데이터를 추가했다고 발표했다. 소비자 금융보호국에 의해 수집된 불만 데이터는 특히 중요하다. 이 데이터는 주요 소비자 관심사와 매우 직접적인 관련이 있고 너무나 많은 사람들이 소비자 금융보호국이 규제하는 금융서비스에 대해 불평하기 때문이다. 2013년 7월 소비자 금융보호국은 177,000건의 소비자 불만을 접수했고 이 중 80% 이상을 기업들이 재검토하여 불만에 대해 대응하도록 해당 기업으로 돌려보냈다.

소비자 금융보호국이 불만에 관한 통계자료를 기반으로 금융서비스 제공자를 평가하지는 않지만 이 기관이 불만 데이터를 오픈 데이터로 만들었기 때문에 다른 누구라도 그것을 분석할 수 있다. 이안 아이레스(Ian Ayres)와 예일대학교의 그의 동료들은 2013년 "데이터베이스 안의 해골"이라는 자극적인 제목의 논문에서 다음과 같은 결과를 발표했다. "(1) 뱅크 오브 아메리카(Bank of America), 씨티뱅크(Citibank), PNC 뱅크는 일반 금융기관보다 소비자 불만에 대한 대응이 심각할 정도로 굼떴다. (2) 웰스 파고(Wells Fargo), 아멕스(Amex), 뱅크 오브 아메리카 등 최대규모의 금융서비스 제공 금융기관의 이용자들은 소비자 불만 초기대응에 평균이상으로 불만을 표시했다. (3) 주택담보대출 제공 기관 중 원웨스트 뱅크(OneWest Bank), HSBC, 네이션스타 모기지(Nationstar Mortgage), 뱅크 오브 아메리카를 이용한 고객은 다른 은행들보다 더 많은 불만을 표시했다.

이제 금융기관들은 소비자 금융보호국 덕분에 고객 만족 측면에서 그 어느 때보다 더 많이 노출되어 있다. 최근 American Banker 기사에는 미국 은행들이 이전보다 더 진지하게 고객의 불만에 관심을 두기 때문에 더 이상 소비자 금융보호국에 갈 필요가 없다는 몇몇 은행간부의 말이 인용되었다. 고객의 문제를 효과적으로 해결함으로써 나쁜 소문을 방지하고 브랜드에 대한 긍정적인 입소문을 만들 수 있다. "당신이 게임 규칙을 배우면 게임에서 이길 수 있다고 굳게 믿습니다."라는 TD 은행의 서비스 전략 대표의 말처럼 말이다.

"비욘드 더 아크(Beyond the Arc)"라는 한 경영컨설팅 회사는 금융기관이 소비자 불만을 긍정적인 방법으로 관리할 수 있도록 금융기관과 협력하고 있다. 이 회사는 다른 곳보다 불만에 더 느리게 대응하는 회사를 알아낸 후 이것을 고객서비스 향상의 기회로 제시했다. 예를 들어, 이 회사는 디스커버(Discover) 카드사의 청구관련 이슈와 씨티뱅크의 연이율에 관한 우려처럼, 일부 사례에서 소비자 금융보호국에 이런 불평을 하기 한 달 전에 소셜미디어에 부정적인 의견이 증가했다는 것을 알아냈다. 이것은 공식적인 소비자 불만을 막기 위해서는 정량적으로 소셜미디어를 분석하는 것이 점점 더 중요한 전략이라는 것을 보여주고 있다.

고객 불만을 소셜 고객 서비스로 바꾸기

비욘드 더 아크가 소비자의 불만을 예측하고 그것을 처리하는 일을 하는 반면에 퍼블릭디맨드라는 신생기업은 소비자가 더 큰소리로 불평할 수 있도록 돕고 있다. 퍼블릭디맨드는 소비자에게 초점을 맞추고 있지만 소비자를 응대하는 기업에게 조언을 해주기도 한다. 이 회사 설립자는 소셜미디어를 사용하여 자신의 고객을 지원하고 그 과정에서 자신의 명성을 구축하는 "소셜 고객 서비스"라고 부르는 정책을 시행함으로써 불만을 기회로 바꾸도록 회사를 설득하고 있다.

퍼블릭디맨드의 공동설립자이자 CEO인 코트니 파웰(Courtney Powell)

은 이 회사가 그녀의 세 번째 스타트업이라고 보기 어려울 정도로 매우 젊다. 파월이 판촉용품업계에 기술을 적용하여 "바운드리스 네트워크(Boundless Network)"라는 스타트업에서 일하기 시작했을 때 그녀의 나이는 20세였고 오스틴에 있는 텍사스 주립대학의 학생이었다. 그녀는 그 스타트업의 첫 번째 직원이었고 5년 후 직원은 300명이 되었다. 파월은 포춘 500대 기업을 위한 마케팅 시스템을 자동화시킨 LeedSeed라고 불리는 자신만의 벤처를 시작하기 위해 첫 번째 회사를 떠났다. 3년 후, 파월은 파트너에게 회사의 일부를 팔았고 그 다음에 무슨 일을 해야 할지 고민하던 차에 운명적인 사건 두 개가 연달아 일어났다. 대기업 두 군데가 이제까지 어떠한 기업에서도 하지 않았던 정말 화나는 일을 파월에게 저질렀다. 다음은 그 사건에 대한 인터뷰에서 내게 얘기해 준 말이다.

> *그때 저는 사무실을 이전하던 중이었고 새로 이사하는 사무실에 인터넷설치를 하기 위해 타임워너 케이블(Timo Warner Cable)에 연락했습니다. 그런데 그 회사에서 제가 들은 말은 제가 연체한 케이블 모뎀을 가지고 있다는 것이었습니다. 저는 그 모뎀을 갖고 있지 않았습니다. 결코 한 번도 그 모뎀을 갖고 있었던 적이 없습니다. 그 회사는 제게 900달러를 제 계좌에서 자동인출 하도록 청구할 것이라고 말했습니다. 그 후 그 돈을 돌려 받는데 약 3개월이 걸렸습니다. 그 사건은 너무나 실망스러웠지만 동시에 "아하!"하게 만드는 순간이었습니다.*
>
> *그리고 나서 저는 시카고에 있는 친구에게 가려고 비행기를 탔습니다. 항공사는 유나이티드 항공(United Airlines)이었습니다. 고객서비스는 매우 충격적이었습니다. 승무원들은 굉장히 무례했습니다. 그때 그 비행기 안에서 저는 퍼블릭디맨드에 대한 아이디어를 스케치하기 시작했습니다.*

파월은 그 신생 스타트업의 기술분야에서 리더가 된 친구 파우티(A. T. Fouty)와 팀을 구성하여 일했는데 2012년 초 사업을 시작하고 얼마 지나지 않았을 때 파월은 다음과 같은 이야기를 들려주었다. "우리는 에이티앤티(AT&T)에 대한 불만을 토로하기 위해 웹사이트를 만든 사람을 한 명 알게 되었습니다. 그는 AT&T가 무제한 데이터를 통제하는 것에 불만을 가졌는데, 에이티앤티는 무제한 데이터 요금제를 선택한 고객 중 일부에게 데이터를 다량으로 사용할 때 데이터 전송속도를 늦추는 정책을 쓰고 있었습니다. 이로 인해 에이티앤티는 그 사람에게 고소를 당했고 결국 패소했으나 그에게 데이터 추가사용으로 청구했던 돈을 돌려주진 않았습니다. 그때가 바로 그가 사람들의 관심을 끌기 위해 웹사이트를 사용했던 때이고 이 웹사이트를 통해 에이티앤티에 대한 불만은 엄청난 주목을 받았습니다. 그의 의도가 적중한 것입니다. 수 천명이 이 웹사이트에서 그 사람을 지지했고 모든 주요 일간지와 블로그, 어디서든 이것에 대해 보도했습니다. 결국 에이티앤티에 대한 불만은 몇 시간 내에 해결되었습니다."

퍼블릭디맨드 설립자들은 기업에게 어려움을 주려고 회사를 차린 게 아니라 오히려 기업이 더 잘할 수 있도록 돕기 위해서라고 했다. 소셜 고객서비스 시행은 고객의 불만을 기업에게 긍정적인 역할을 하게 만들 수 있다. 파월은 점점 너 많은 기업들이 페이스북, 트위터 능의 소셜 미디어소스에 올린 불만 고충을 처리할 담당 부서를 신설하고 있다고 했다. "소셜미디어를 통해 번진 불만의 부정적인 영향은 엄청나서 우리는 불만 고충처리 담당부서가 할 수 있는 일이 무엇인지 함께 찾았고 가능한 한 빨리 불만에 대응할 수 있도록 함께 힘을 보탰습니다."

"이러한 기업들과 처음 얘기를 하다 보면 대다수는 대화가 시작되자마자 제게 질문을 던집니다. 이런 사이트를 피하기 위해 그들이 해야 할 일이 무엇인지 말입니다. 돈이 들더라도 기꺼이 그 돈을 지불하겠다고까지 말했습니다. 그런 질문을 받으면 저는 애초에 똑똑히 밝힙니다. 그런 건 우리 회사가 하는 일이 아니라고 말이죠. 모두 문제를 해결할 수 있는 기회가 같을때 당신이 그것을 해결한다면 사람들은 당신을 좋게 볼 것입니다." 파월이 한 말처럼 이런 정책은 그저 단순히 훌륭한 기업윤리인 것만이 아니라 퍼블릭디맨드의 신뢰도를 높이는 필수 조건인 것이다. 그 밖에도 불만을 공개하는 사이트인 Ripoff Report(갈취 보고서)는 불만 공개로 인해 떨어진 해당 기업의 평판을 회복시켜주기 위해 "기업 옹호 프로그램"이란 것을 기업에게 제시했는데 그것이 유료였기 때문에 상습적으로 기업을 갈취했다는 이유로 소송을 당한 적이 있다(결국 소송은 취하 되었지만 말이다.) 향후 퍼블릭디맨드는 기업들에게 일부 유료서비스를 제공할 예정이지만 현재는 무료로 조언을 해주고 있다.

소비자의 불만이 더 많이 쌓이는 산업이나 기업이 있을 수 있다. 예를 들어, 퍼블릭디맨드에 대한 불만의 80%는 모두 통신회사와 관련이 있는데 대부분은 무선서비스에 대한 불만이라 그다지 대수로울 것은 아니고 나머지의 불만은 모두 케이블과 인터넷에 관한 것이다. 통신회사 다음으로 많이 선점하고 있는 산업계로는 항공과 금융계 순을 들 수 있다. 통신회사 중에서 버라이즌 와이어리스(Verizon Wireless)가 일반 통신회사에 비해 매우 이례적으로 우수한 소셜 고객 서비스를 하고 있다고 파월은 전하며 이렇게 덧붙였다. "그러한 서비스는 버라이즌 와이어리스에게 앞으로 더 큰 성공을 가져다 줄 것입니다." 소셜미디어를 통해 고객을 돕는 것은 콜 센터를 통하는 것보다 저렴하기 때문에 기업도 비용을 줄일 수 있다. 아메리칸 익스프레스(American Express)와 제트블루(JetBlue)는 고객 불만에 대한 대처 능력이 빠르다. 반면 다른 회사에 비해 유독 퍼블릭디맨드에 의해 고객불만이 더 공개된 회사에 대해서는 이렇게 덧붙였다. "에이티앤티 와이어리스(AT&T Wireless)는 우리와 의견이 잘 맞지 않습니다. 애플은 아예 대꾸 조차 안 하는 걸로 악명이 높습니다." 라고 말이다.

"고객 서비스센터를 마치 코스트센터인냥 바라보는 많은 회사들로 인해 서비스센터에 드는 비용을 최소화하려고 합니다. 하지만 기업들은 소셜 미디어를 회사 내 관리 부서로서두고 그것을 실제로 고객 서비스와 연결시킬 기회를 얻습니다. 이것이 존재하는 기업과 아닌 기업 사이에는 분명한 차이가 있다는 것을 보게 될 것입니다."

사용자 리뷰 : 이 사람들은 누구인가?

소비자의 불만이 마치 바이러스처럼 퍼져 언론의 관심을 끌게 된다면 이는 어떤 기업이건 간에 상상 그 이상으로 아주 최악의 상황이라고 볼 수 있을 것이다. 이런 최악의 상황보다는 덜하지만 그래도 강력한 것은 옐프, 저갯(Zagat), 트립어드바이저(TripAdvisor), 호텔스닷컴, 아마존(Amazon), 베스트 바이(Best Buy)등의 웹사이트를 가득 채운 소비자 리뷰에 담긴 오픈 데이터이다.

연구에 따르면 이 사이트들은 사람들이 뭔가를 먹거나 살 때 그것을 결정하도록 하는 것에 어떤 영향을 미친다는 것을 보여준다. 하버드 대학교 경영대학원 교수 마이클 루카(Michael Luca)와 그의 동료들은 서평과 U.S. News의 대학 랭킹 같은 수많은 평가 시스템에 대한 연구를 시행했고 옐프의 영향력 또한 정량화해 오고 있다. 그들의 연구에 따르면 옐프에 별이 하나 추가되면 매출은 5~9% 증가한다고 하며 UC 버클리의 다른 연구에 따르면 별이 반 개만 추가되어도 레스토랑은 피크타임에 매진될 확률이 높아, 결국 순이익을 끌어올린다는 것이다

누구나 익명으로 자신의 고용주를 평가할 수 있는 글래스도어(Glassdoor)

의 잠재적인 영향력을 생각해 보라. 이 회사의 시작은 공동설립자 중 한 명이 다른 공동창립자에게 다음의 질문을 던졌던 2007년, 바로 그 날이었다. "만약 누군가가 편집되지 않은 직원 설문조사를 회사 전체에 프린트하고 웹에 게시하면 어떻게 될까?" 그것은 고용주로서는 상상도 하기 싫겠지만 글래스도어의 설립자는 그것을 사업의 기회로 본 것이다. 이 사이트에는 연봉에 관한 정보 외에도 "(거의 90,000개의 기업)내부에서 일어나는 일에 대해 말해보는 리뷰"가 있다.

소비자 리뷰와 평가 사이트는 아주 거대한 힘을 지녔지만 책임을 지는 일이 거의 없고 그렇다고 항상 신뢰할 수 있는 것도 아니다. 그것은 결국 익명의 힘을 빌려 당신의 레스토랑에 별 다섯 개짜리 리뷰를 제공하는 동시에 길 건너편에 있는 별 한 개짜리 레스토랑을 문닫게 할 수도 있는 것이 아닐까? 옐프와 나의 경험상 작은 레스토랑은 몇 개 안 되는 리뷰에도 큰 영향을 받을 수 있고, 리뷰에 따라 변동의 폭이 가장 큰 경향이 있었다. 누가 쓴 리뷰를 읽느냐에 따라 새로 생긴 레스토랑이 마치 투스카니 지역의 가장 최고로 꼽히는 이탈리아 레스토랑이 되기도 하고, 어떻게든 피해가고 싶은 바퀴벌레가 득실거리는 구덩이가 되기도 하는가에 대한 연구는 여전히 진행 중이다.

최근 노스웨스턴 대학교와 엠아이티(MIT)에서 함께 발표한 한 연구에 따르면 부정적인 리뷰가 반드시 기업의 경쟁력을 끌어올리지는 않을 수도 있다고 한다. 바로 해당 물건을 구매하지 않았음에도 불구하고 그 제품을 싫어하는 자칭 "브랜드 매니저"가 남긴 부정적인 리뷰 때문이다. 이 연구에서 예를 든 것은 할리 데이비슨인데, 할리 데이비슨이 향수를 새로 시장에 내놓으면 할리 데이비슨에게 충성도가 높은 고객들 중 많은 사람들이 아주 기분 나빠 한다는 것이다. 이유는 할리 데이비슨이 향수를 판다는 것이 그냥 좋게 보이지 않기 때문이라고 한다. "만약 1,000명이 물건을 구매한다고 하면 그 중 리뷰를 남기는 사람은 15명 정도 밖에 안 되는데, 그 중 1명은 자기가 사지도 않은 물건에 대해 안 좋은 리뷰를 남기고 있습니다." 라고 예를 들었다.

때로는 너무 노골적이다 싶을 정도로 거짓으로 작성된 리뷰는 뉴스거리가 되기도 한다. 대부분의 저자가 아마존에 게시된 자기가 쓴 책에 대해 좋은 리뷰를 남기는 것은 흔히 있는 일이다. 그렇지만 마이클 잭슨의 팬들은 어떠한가? 그들은 마이클 잭슨에 관한 전기 작가에 반대하는 캠페인을 만들었다. 사실인 줄 알았던 모든 포스팅 리뷰가 결국 그 책을 공격하기 위해 계획적으로 짜여진 일이었던 것이다. 별 다섯 개짜리 리뷰를 은근히 바라면서 그에 반해 터무니 없는 대가로서 할인혜택을 제공하는 킨들(Kindle)은 어떤가?

조작된 리뷰는 결국 웹사이트에 나쁜 영향을 미친다. 조작된 리뷰는 시간이 지남에 따라 해당 사이트의 신뢰성을 떨어뜨릴 수 있다. 리뷰 사이트는 언어분석을 사용하여 리뷰와 판매 사이에 맞지 않는 공백을 찾아 리뷰를 올린 장소와 시간을 분석함으로써 가짜와 싸우고 있다. 만약 뉴욕의 호텔에 대한 리뷰가 인도 방갈로르(Bangalore)의 점심시간과 일치하는 오전 3시에 많이 게시된다면 그것은 그 호텔이 리뷰를 마구 찍어내는 인도의 한 리뷰공장에 아웃소싱 했다는 것을 의미할 수도 있다.

2012년 가을, 옐프는 이런 종류의 리뷰를 조사하기 위해 함정수사를 실시했다. 옐프는 크레이그 리스트(Craig's List)에 광고를 뿌려 좋은 리뷰를 남기는 사람에게 돈을 제시하면서 자세한 방법까지 알려주는 회사가 있다는 것을 알아냈다. 그래서 옐프 직원들이 이 중 몇 개의 광고를 클릭한 후 이런 광고를 운영하는 회사가 어떤 곳인지 찾아냈고 곧바로 퇴출시켰다.

이 후 옐프는 좋은 리뷰를 해주면 돈을 주려한 회사에게 "소비자 경고" 아이콘을 넣겠다고 발표했다.

리뷰 중에 가짜는 과연 얼마나 될까? 이 분야의 한 전문가는 우리가 추정하는 가짜 리뷰의 평균은 조금씩 차이가 있는데, 그것은 약 5% 정도라고 말했다. 가트너(Gartner)는 가짜 리뷰가 10~15%에 달하며, 시카고에 있는 일리노이 주립대학교 컴퓨터과학 교수인 빙리우(Bing Liu)는 전체 리뷰 중 3분의 1은 가짜일 것으로 추정하고 있다. 다시 말해 아무도 알지 못한다는 것이다.

다양한 리뷰사이트는 가짜 리뷰와는 별도로 전 세계의 다양한 시각을 반영하는 것 같다. 워싱턴 DC에 있는 시장분석회사 뉴브랜드어낼리틱스(newBbrandAnalytics)의 CEO인 크리스틴 뮬러(Kristin Muhlner)는 다음과 같이 상세하게 설명해주었다. "일반적으로 사람들은 다른 사이트들보다 페이스북에서 더 긍정적인 것을 알 수 있습니다. 옐프의 사용자들은 가격과 가치 같은 카테고리들보다 서비스에 대한 이야기를 더 많이 합니다. 옐프와 트립어드바이저의 별점 평가가 종종 서로 맞지 않지만, 이는 아마도 특정 인구통계학적의 이유 때문일 것입니다. 일반적으로 여성이 남성보다 조금 더 긍정적이고, 종종 더 통찰력이 강한 피드백을 주고 받는 경향이 있습니다." 뮬러는 전반적으로 산업분야 전체를 생각해보면, 리뷰 중 3분의 2는 긍정적이고 3분의 1은 부정적이라고 말했다.

나는 뮬러를 만났을 때, 왜 분석가들이 리뷰의 별 등급만 보는 것이 아니라 실제로 남겨진 텍스트를 분석하면서 거기서 어떤 의미를 두려고 하는지를 알게 되었고 그것은 아주 흥미로운 일이었다. 뮬러와 인터뷰를 할 당시 나는 뮬러의 회사인 뉴브랜드 어낼리틱스에서 도보로 몇 분 거리에 있는 조지타운(Georgetown) 호텔에 머물렀다. 좋은 위치, 좋은 직원, 아름다운방, 맛있는 뷔페식 아침식사 그리고 지난 수 년간 내가 머물렀던 호텔 중 최악의 와이파이를 거기서 발견했다. 나는 과연 이 곳을 어떻게 평가해야 할까? 이러한 여러 요소들을 평균으로 낸 후 3~4개의 별을 줘야 할까? 아니면 다른 비즈니스 여행객을 위해 좋았던 것들은 빼고, 말도 안 되게 나빴던 인터넷 서비스 때문에 1개의 별을 줘야 할까? 그런데 만약 내가 별을 1개 준다면 광대역이 필요하지 않은 가족이 휴가를 가게 될 경우엔 오해를 하게 될 게 뻔하다. 별 1개를 주는 것이 실질적으로는 아이들이 온라인에 빠지는 것보다 강제적으로라도 가족들과 함께 시간을 보낼 수 있으니 더 행복한 휴가가 될 수도 있지 않은가.

결국, 호텔을 평가할 때 내가 할 수 있는 유일한 방법은 위치, 직원, 방, 아침식사에는 각각 별 5개를, 와이파이에는 별 1개를 주면서 각각의 요소에 대해 개별적인 의견을 주는 것이다. 이런 평가는 서술식 리뷰를 남기게 될 경우, 그것은 내가 전달하고 싶은 정보의 기본 핵심이 될 것이다. 뮬러는 이런 방식이 바로 대부분의 사람들이 리뷰를 쓰는 방식이라고 말했고, 리뷰사이트에 리뷰를 남기는 대부분의 사람들은 별로 등급을 매기는 것 보다는 글로 서술하는 데에 더 신경을 쓴다고 했다. 글로 서술된 리뷰 사이트에서는 수많은 정보를 찾을 수 있다. 여기서는 한 개의 리뷰 안에 5개의 요소가 다 들어가있으니 말이다.

"우리가 지금까지 진행했던 연구 중 하나는 별점 등급이 리뷰 자체의 실제 내용과 어떤 상관관계가 있는지에 관한 것이었다. 우리는 별 5개를 받은 리뷰의 25%에는 부정적인 내용이 포함되었고, 별 1개를 받은 리뷰의 75%에는 긍정적인 내용이 포함되어 있었다는 것을 알아냈다." 라고 뮬러는 말했다. 뮬러의 이 말은 수치적인 평가가 의미가 없거나 관련성이 없다는 것이 아니다. 오히려 수치적인 평가는 회사 순익에 영향을 끼친다는 충분히 많은 증거가 있다. 사업이 잘 되지 않을 때, 문제는 별 1개인 곳에만 있는 것은 아니다. 소비자가 남긴 리뷰는 사업의 문제를 아주 작게 집약하여 서술한 것으로 사람들의 의사결정에 강력한 영향을 끼치는 것이다.

따라서 소셜미디어 전문가들은 분량이 적은 소비자 리뷰라 할지라도 소비자가 전달하고자 하는 완전한 정보를 찾아내야 하는 것이다. 1개 또는 2개의 리뷰 사이트만 돌아다닐 순 없다. 전반적인 것을 알기 위해서는 웹사이트에서 데이터를 긁어오거나 데이터피드를 위해 데이터 제공 웹사이트를 참고하는 등, 다양한 소스들의 정보를 수집하면서 영감을 얻어야 한다.

혹시 소비자 리뷰 대신 트위터를 보면 이 모든 문제들을 찾아낼 수 있다고 생각하는가? 사실 트위터는 대규모의 데이터소스가 맞다. 3일 마다 10억 개의 트윗이 전송되니 말이다. 트위터에는 인구통계학적 그룹이 많이 포함되어 있기 때문에 이 시스템으로 작업하기에는 다소 어려움이 있다. 트위터 분석은 현재 계속적으로 성장하는 사업이다. 트위터 데이터는 수년 동안 엔터테인먼트 산업에서 사용되어 왔으며 지금은 신속한 여론 파악을 원하는 다양한 회사에서도 사용되고 있다.

트윗의 대부분은 전체 공개가 되기 때문에 적어도 이론적으로는 모두 오픈 데이터라고 할 수 있다. 실제로 트위터는 분석하고자 하는 사용자를 위해 트위터가 제공하는 응용프로그래밍 인터페이스와 데이터피드를 제공해 준다. 하지만 더 광범위하거나 더 정교한 트위터 분석을 원한다면 그 밖의 추가적인 도움이 필요할 수 있다.

데이터 제공 웹사이트로서의 기능을 하고 있는 선도기업으로서의 그닙(Gnip)과 데이터시프트(Datasift)는 관리가 가능한 형태로써 모든 트위터의 데이터를 입력하고 이것을 원하는 회사에 판매한다. 이 회사들은 트위터와 다른 소셜미디어 소스를 모두 한 곳에서 분석하는데, 그닙은 "소셜

웹의 중앙역(驛)" 으로 이름을 날리고 있다. 그닙은 온라인에 가격을 게시하지 않지만 반대로 데이터시프트는 한 달에 3,000달러에서 15,000달러에 이르는 유료 광고서비스를 하고 있다.

하지만 트위터 데이터가 "소방 호스" 로서의 가치가 얼마나 되는지는 그렇게 명확하지 않다. 서든 캘리포니아 대학(University of Southern California)의 애넌버그(Annenberg) 혁신 연구소 디렉터인 조나단 태플린(Jonathan Taplin)과 그의 동료들은 2012년 대통령 선거 때 있었던 엄청나게 많은 수의 트윗을 연구한 후 뉴욕에서 열린 회의에서 이런 결론을 내렸다. "트위터는 여론과 아무런 상관이 없습니다. 트위터는 사람이 어느 정도까지 신랄해질 수 있는지를 잘 보여주는 플랫폼일 뿐입니다! 데이터에 대해 말하고 싶다면 사람들이 말하는 것에 관한 데이터와 실제로 하는 것에 대한 데이터를 구분해야 할 것입니다."

정치적인 트윗이 특히 지저분할 수 있겠지만 트위터에 대한 높은 의존도는 문제가 된다고 지적하는 연구자도 있다. 많은 연구자들이 앞다퉈 트위터 연구에 매달리고 있는데, 그 이유는 엄청나게 많은 수의 트윗이 모두 분석 가능하기 때문이다. 그렇지만 일부 연구자들은 생각이 다르다. 옥스포드 대학의 옥스포드 인터넷 연구소장이자 정치과학자인 헬렌 마겟(Helen Margetts)은 시민들의 참여 패턴을 연구하기 위해 웹과 소셜미디어 활동을 분석하는데, 이것은 "컴퓨터를 이용한 사회과학"이라고 불리고 있는 새로운 데이터중심 학문의 일부이다. 마겟은 우려 섞인 목소리로 내게 말했다. "나는 최근 열린 한 회의에서 트위터에 대한 분석이 엄청나게 많은 것을 봤습니다. 그 이유는 다른 어떤 데이터보다 트위터 데이터를 얻는 것이 쉽기 때문이었습니다. 이 점이 제가 다소 염려하는 바 입니다."

평판 개선 사업

이것은 어느 회사나 풀기 어려운 수수께끼이다. 제품과 서비스에 관한 리뷰는 마치 어떤 큰 영향력을 발휘하는 것 같기도 하고, 끈질긴 것 같기도 하고, 또 뭔가를 의미하는 것 같다. 그러나 리뷰는 대체로 제어 불가능하고, 분석도 어렵고, 다소 미심쩍은 것이 사실이다. 당신은 관리하기 힘든 것을 어떻게 관리해나갈 것이고, 당신의 온라인 평가를 어떤 식으로만들어 갈 수 있을까?

그 한가지 방법으로 들 수 있는 것은 바로 협상이다. 예를 들어 어떤 호텔은 트립어드바이저 같은 사이트를 모니터 하며 불만을 표하는 고객의 포스팅을 찾아낸다. 그 다음에는 이러한 문제를 해결하기 위해 고객에게 보너스나 좋은 딜을 제안하기 위해 연락을 취한다는 말을 들은 적이 있다. 해당 고객이 협상에 만족하면 그 대가로 자신의 게시글을 내린다는 것이다. 이러한 전략은 어느 정도 효과가 있을 수도 있지만 일부 신생기업들의 주장에 따르면 기업의 온라인 평판을 관리하기 위해 좀 더 체계적이고 좀 더 효과적인 방법을 개발하고 있다고 한다.

이러한 노력 중 마이클 퍼틱(Michael Fertik)이 설립하고 CEO로 주도하고 있는 레퓨테이션닷컴이라는 캘리포니아의 스타트업이 가장 눈에 띈다. 내가 그를 2013년 4월 캘리포니아 레드우드시티에 있던 그의 사무실에서 만났을 때 그가 나에게 한 말이다. "당신은 당신의 평판에 신경 써야 합니다. 앞으로 평판이라는 것은 점점 더 수량화해 갈 것이며 측정 역시 가능해질 것입니다. 그리고 그것은 우리의 모든 삶에서 영향을 끼칠 것입니다."

레퓨테이션닷컴은 내가 이 책의 후반부에서 설명할 일부 서비스의 포트폴리오를 구축하고 있지만 그 이름이 모든 걸 말해주듯(레퓨테이션 : 명성,

평판) 이 웹사이트는 주로 평판관리를 다루고 있다. “많은 기업들이 우리에게 요청합니다. 본인들에 관한 구글 검색 결과가 꽤 그럴 싸하게 보이도록 말이죠. 10년 전 아주 형편없는 점수를 받았던 과거를 딛고 꾸준히 발전하고 있는 모습으로 헤드라인이 쓰여지길 바라는 겁니다. 우리 고객들도 점점 더 평판 생태계에 대해 신경 쓰고 있다는 것을 알 수 있습니다.”

레퓨테이션닷컴은 기업이 좋은 리뷰를 많이 찾아 부정적인 리뷰를 줄여나감으로써 온라인 이미지를 개선하도록 돕는다. 퍼틱(Fertik)은 레퓨테이션닷컴에 대해 말하기를 그 어떤 조작도 하지 않을 거라고 입장을 명확히 했다. “우리는 절대로 가짜 리뷰를 만들어 내지 않을 것입니다. 우리는 절대로 우리 고객의 고객으로 가장하지 않고 진짜 고객들을 초대할 것입니다. 긍정이든 부정이든 진짜 피드백을 제시해주기 위해 우리는 우리가 진짜 고객이라고 믿는 사람을 초대할 것입니다. 검색결과에 대해 말씀 드리자면 우리는 내용을 쓸 것이지만 ‘위키피디아에서 승인 할 만한’ 것이 아닌 것에 대해선 말하지 않을 것입니다. 당신이 우리에게 당신의 이력서를 보낸다면 우리는 그 이력서를 토대로 짧은 소개서를 작성할 것입니다. 하지만 당신이 우리에게 당신의 링크드인(LinkedIn) 프로필을 보낸다면 우리는 그것을 간단한 파일로 바꾸기 위해 재 작업할 것입니다.”

이렇게 하는 것이 비윤리적이지는 않지만 시스템으로 게임을 하는 것이라고 주장할 수도 있다. 그러나 반론하자면 이 게임이 처음부터 조작되었다는 것이다. 누구나 온라인에서 당신 혹은 당신이 다니는 회사에 대해 아무 말이나 할 수 있다. 그리고 그들이 일단 한마디 내뱉으면 그것은 절대 사라지지 않는다. 당신이 우연히 만나는 모든 사람들 혹은 앞으로 만날 당신의 새 직장 상사나 사업 파트너도 구글을 통해 당신에 대해 검색할 수 있다. 사람의 심리가 그러하듯 당신에 대한 좋지 않은 글이 있다면 그것을 읽은 사람들은 아마 그것을 있는 그대로 믿어버릴 수도 있다. 퍼틱은, 자신의 회사는 웹 상에 부정적인 내용을 올린 사람들에게 그것의 삭제를 요청하지 않을 것이라고 말했다. 이유는 분명하다. 결코 좋은 전략이라고 할 수 없으며 효과 또한 없기 때문이다. 대신에 그들은 당신에 대한 대용량 온라인 콘텐츠를 개발했고 그 내용의 대부분이 매우 긍정적이라는 것을 확인할 뿐이다.

끝으로 그는 이렇게 말했다. 가공되지 않은 상태의 인터넷과 우리 각자에 대한 말들은 전혀 성스러운것도 아니고 반드시 좋은 것이라고도 할 수 없다고 말이다. "어떤 사람들은 인터넷이 마치 진리의 원천인냥 말하곤 하는데 이것은 매우 경솔한 생각이 아닐 수 없습니다. 결코 진리의 원천이라고 할 수 없으며 거짓의 근원 역시 아닙니다. 단지, 불완전한 진실 즉 절반의 진실을 알려주는 소스일 뿐입니다. 우리는 그저 당신에게 당신이 누구인지 설명하기 위해 맞설 기회를 제공할 뿐입니다."

지금 레퓨테이션닷컴은 신제품인 "평판점수(Reputation Score)"를 개발하고 있다. 평판점수는 평판정보를 명확하게 나타내고 정량화할 수 있는 방법으로 합한다. 퍼틱은 추가 인터뷰에서 내게 이렇게 말했다. "우리가 기대하는 평판점수는 바로 당신에게 달려있습니다. 당신이 개인 전문가이든 대기업이든 상관없이 말이죠. 점수를 매긴다는 것의 기본 아이디어는 당신이 당신에 대한 객관적인 평판척도와 당신의 경쟁에 대한 상대적인 평판척도에서 어디쯤에 와 있는지를 살펴본다는 것입니다. 예를 들어, 어떤 변호사는 자신과 다른 변호사를 놓고 볼 때 자신이 과연 어느 정도 수준인지를 알 수 있습니다. 심지어 급여수준과 경력, 학력에 비추어 추측 가능한 자신의 미래 경력에 대한 방향까지도 말이죠. 만약 나중에 다른 로펌에서 면접을 본다면 더 높은 연봉책정과 취업에 유리하도록 자신의 '평판점수'를 추가적인 증거로 제시할 수도 있을 것입니다. 또한 자동차 서비스회사는 자기 회사에 관한 리뷰의 수, 어느 정도 최신 내용인지 등에 기초해 지금 현재 자기회사가 어느 정도 수준인지를 가늠할 수 있습니다."

사업 성공가능성 포착하기

이제 브랜드 가치의 핵심은 바로 온라인 평가이다. 어떤 기업이라도 자사 제품 및 서비스에 대한 평가뿐 아니라 회사에 대한 인식이 어떤지 그 정보를 얻기 위해 소셜미디어 전략이 필요해졌다. 당신이 당신 회사에 대한 타인의 의견을 종합하고 분석할 때 리뷰 사이트, 블로그, 트위터는 모두 오픈 데이터가 되는 아주 유용한 정보의 소스이다. 하나의 사건이 당신의 사업을 모두 중단시키거나 크게 좌지우지하는 일은 없겠지만(현명한 기업은 회복이 빠르다) 시간이 지남에 따라 축적된 명성은 중요한 자산이나 책임이 될 수 있다. 불만이 많은 고객, 형편없는 고객 서비스, 실망스러운 품질에 관해 남겨진 온라인 기록은 돈을 주고 광고를 한다고 해서 보상을 받을 수 있는 것이 아니다. 웹상에 나타난 기업의 모습이 어떠한지 그것을 아주 까다롭게 따지는 소비자들처럼 기업 역시 주도 면밀하게 연구해야 한다. 더불어 신속하고 현명하게 그리고 지속적인 대응을 해 나가야 할 것이다.

소셜미디어를 찾아내는 방법을 배워라.

당신의 사업규모와 거기에 필요한 정보의 크기에 따라 당신은 회사 내부에서 소셜미디어를 분석하거나 외부로부터 전문가의 도움을 받아야 할 수도 있다. 트위터의 경우, 당신의 회사에 대한 트위터 흐름 분석에 도움을 주기 위해 API 사용을 가능하게 한다. 일부 기업은 옐프나 트립어드바이저와 같은 사이트에서 그들의 리뷰를 추적해 가장 중요한 인풋을 찾아내고 필요에 따라 그 소문에 대응한다. 그닙이나 데이터시프트 같은 기업은 이보다 더 광범위한 데이터를 수집하기 위한 서비스를 제공하고 있다.

평판 개선 서비스 이용을 고려하라.

레퓨테이션닷컴은 이 시장에서 명실상부한 선두주자이다. 기업이 레퓨테이션닷컴을 사용해야 하는 이유에 대해이 회사 CEO인 마이클 퍼틱(Michael Fertik)에게 물었을 때, 그는 모든 종류의 평판 개선 서비스에 적용할 수 있는 대답을 내게 보내주었다.

> *사람들은 입소문으로 알게 된 것만큼 온라인에서 찾아 낸 것에 대해서도 신뢰를 합니다. 그게 바로 기업이 온라인 평판에 대해서 적극적이어야 하는 이유입니다. 온라인 평판에 관한 문제는 커다란 문제가 될 수 있으며 기술분야에서 발생한 문제는 다시 기술을 통해 좀 더 효과적으로 해결할 수 있습니다. 레퓨테이션닷컴과 같은 서비스는 잠재고객이 기업의 오프라인 현실을 반영한 온라인 결과를 찾을 수 있게 만듭니다. 우리는 또한 실시간으로 기업 고객과 소규모 사업체 고객들이 그들의 온라인 리뷰에 대해 모니터, 관리, 분석하도록 돕습니다. 고객에게 인센티브를 대가로서 제공하지 않고 솔직한 피드백을 요청하는 맞춤식 캠페인을 리뷰 사이트에 만드는 것도 이런 서비스에 포함됩니다. 리뷰를 쓸 일 없이 그저 그것에 만족하는 대부분의 고객에게는 조용히 접근하는 것이 중요합니다. 왜냐하면 그들은 다른 사람들이 믿을 수 있는 리뷰의 기초공사를 돕기 때문이죠.*

불만을 마케팅 기회로 바꾸라.

회사의 제품이나 서비스에 대한 대중의 불만은 악몽까지는 아니더라도 큰 골칫거리 정도로 여겨진다. 그러나 불만을 제대로 처리하면 불만의 특성 중 하나인 공개성 덕분에 오히려 회사의 자산이 될 수 있다. 요즘 종종 행해지는 개인 고객과의 개별 접촉을 통한 해결 방법보다는 고객의 불만에 공개적으로 성실히 답하는 것이 훨씬 좋은 전략일 수 있다. 회사가 부정적인 코멘트를 무시하지 않고 오히려 세심하고 공정하게 처리하려는 모습을 보여주는 방식으로 말이다.

고객 서비스와 소셜 미디어를 결합한 개념인 소셜 고객 서비스는 점점 더 설득력을 얻고 있다. 소셜 고객 서비스는 온라인이나 소셜 웹사이트 등 고객이 있는 곳에서 즉시 고객에게 응답하는 방법이며 전통적인 콜센터보다 비용측면에서도 더 효율적이다. 이 방법은 우수한 고객서비스를 일반 고객과 잠재적인 미래의 고객 둘 다에게 보여주는 방법이다.

내가 불만 웹사이트 퍼블릭디맨드의 창시자인 코트니 파월을 인터뷰 했을 때, 나는 그녀에게 이런 질문을 했다. 포춘이 선정한 500대 상위기업의 임원에게 말할 기회가 생긴다면 어떤 조언을 할 것이냐고 말이다. 그녀는 내게 이렇게 답했다. “내가 만약 그러한 기업의 CEO라면 우선 소셜 고객 서비스를 제대로 활용할 것입니다. 또한 소셜 고객 서비스 팀에 그에 맞는 권한을 부여할 것입니다. 소셜 고객 서비스란, 고객 서비스와 소셜미디어가 하나의 개념으로 녹아 든 것을 말하는데 이는 고객 서비스로서의 기능뿐 아니라 마케팅 기능도 포함하는 것을 의미합니다. 사람들이 당신의 트위터에서 이리저리 반응을 살펴보는 것은 당신이 대중의 시선을 받고 있다는 것을 의미하며, 당신이 트위터에서 어떻게 대응하느냐에 따라 당신의 평판이 결정날 것입니다.”

08. 감정분석을 활용한 마케팅 기법

8장 감정분석을 활용한 마케팅 기법

당신이 온라인 평판을 주시해야 하는 것은 두 가지 이유에서 비롯된다. 첫째는 온라인 평판이 정말 맞는지 증명해야 하기 때문이고 둘째는 온라인 평판을 통해 반드시 알아야 할 것이 있기 때문이다. 나쁜 생각이긴 하지만 노골적으로 리뷰를 사는 방법도 있고, 긍정적인 리뷰가 당신 회사의 온라인 평판을 좋게 하도록 확실하게 고무시킬 수도 있는데 이건 훨씬 더 나은 방법이다. 물론 이것을 통해 실질적으로 고객의 만족 수준을 변화시키거나 회사 운영이 더 잘 되게 할 수는 없다. 기업의 전략과 운영을 스마트하게 변화시키기 위해서 당신은 당신의 고객들이 트위터, 블로그, 리뷰들을 통해 당신에게 말하고자 하는 것들을 잘 이해해야 할 필요가 있다.

최근들어 다수의 시장 분석가들은 소셜미디어를 통해 고객의 통찰력을 얻기 위해 감정분석이라고 부르는 것을 사용하고 있다. 감정분석은 트위터, 블로그, 여러 리뷰 사이트의 오픈 데이터를 종합적으로 분석함으로써 혹시 있을 지 모르는 편향성이나 선입견에 대해 다룬다. 이렇게 혼합된 데이터가 좀 더 대표성을 띠고 좀 더 정확하길 바라면서 말이다. 감정분석은 리뷰의 텍스트를 자세하게 분석한다는 점에서 별점으로 평가하는 것과는 거리가 멀다.

나는 감정분석에 대해 더 배우기 위해 알타 플라나 코퍼레이션(Alta Plana Corporation)이라는 컨설팅 회사의 설립자이며 업계의 거물로 알려진 세스 그라임스를 만나기 위해 메릴랜드 주 타코마(Takoma) 공원으로 갔다. 나는 마크스 키친(Mark's kitchen)이란 식당 의 앞 공간과 미들 이스트 쿠이진(Middle East Cuisine)이란 식당 사이에 길게 이어진 계단 위쪽에서 결코 화려하지 않지만 기능에 충실한 사무실을 볼 수 있었다. 사무실

분위기는 그다지 보잘 것이 없었지만 우리가 그날 나눴던 기술만큼은 가히 최첨단이었다.

그라임스는 이 웹사이트 초창기부터 일했고, 정부와 민간단체나 컨설턴트와 계약자로서 정부관련 단체에서도 일했다. 그는 1990년대 중반, 경제협력개발기구에서 일했고 2000년 미국정부의 인구 센서스를 도왔으며 기타 미국이나 영국의 정부 프로젝트도 참여했다. 2002년쯤, 그는 당시 10년 정도 연구되어 새로운 잠재력을 막 보여주기 시작한 텍스트 분석이란 분야에 흥미를 가지게 되었다. 그는 텍스트 분석 기술의 잠재력을 보고 새로운 커리어로 방향을 바꾸었다. 그리고 현재 그것은 그의 직업이 되었다.

텍스트 분석을 위한 기술은 학계와 IBM같은 연구센터에서 개발하던 1950년도까지 거슬러 올라간다. 사업 거래를 종이서류에 작성하고 서류에 있는 텍스트를 전자적으로 분석하는 것이 매우 가치있게 여겨지던 시대에 텍스트 분석은 매우 중요했다. 하지만 IBM의 중앙처리장치와 다른 기계들이 전산화되던 1960년대에 종이서류의 중요도가 점점 떨어지게 되자 텍스트 분석 역시 주목을 덜 받게 되었다. 일부 선구자들이 텍스트 분석의 상업적 잠재력을 보기 시작하고 초기연구에 대해 새로운 관점을 갖게 되기까지는 30~40년이 더 걸렸다.

그라임스를 비롯한 여러 사람들은 이 기술에 재접근하면서 텍스트 분석을 현대적 관점으로 보기 시작했다. "1950년대 텍스트 분석 시, 서류를 전자적 형태로 변환시키기 위해서는 스캔과 광학적 문자인식이 필요했습니다. 1990년대 후반에 나온 이메일과 웹 그리고 5~6년 전의 소셜웹과 마찬가지로 현재의 정보는 태생적으로 전자적 형태를 갖습니다. 전자적 형태로 만들어지고 있는 이 거대한 용량의 정보는 사업적 가치를 갖고 있으며 따라서 문득 머리에 떠오른 아이디어가 바로 사람들이 하는 일, 즉 어떤 상황에서 텍스트를 읽고 그 의미를 알아내는 일을 컴퓨터 소프트웨어를 사용해서 하자는 것이었습니다."라고 그라임스는 회고했다.

오늘날의 텍스트 분석은 간단한 것에서 심오한 것까지 광범위한 앱에서 사용되고 있다. 텍스트 분석은 17살의 소년이었던 닉 달로시오(Nick D'Aloisio)가 신문기사를 요약하기 위해 개발하였고, 야후가 3,000만 달러에 인수했던 썸리(Summly)라는 앱의 기초가 된다. 텍스트 분석이 사용된 또 다른 예는 페더럴 리저브(Federal Reserve)인데 경제관련 여론을 모니터하고 경제전망에 대한 소비자 신뢰에 영향을 미치는 것을 파악하기 위해 사용되고 있다.

텍스트 분석은 사업에 적용할 수 있는 수익성이 높은 기술이다. 예를 들어, 제약회사에서는 신약 개발 과정 속도를 높이기 위해 텍스트 분석을 사용하고 있다. "매년 실험실에서 쏟아지는 수천 개의 기사와 수백만 개의 연구관련 기사가 담긴 정보저장소가 있습니다. 만약 당신이 신약을 출시하고 싶다면 당신은 그와 관련된 사전연구가 있는지 검색하고 싶을 것입니다. 특정 키워드로 검색할 뿐만 아니라 언제 문서가 작성되었는지도 모두 알아야 할 것입니다. 예를 들어, 두 가지 종류의 단백질이나 어떤 종류의 화학물질의 상호작용 연구문서가 언제 작성되었는지 알고 싶다면 말이죠." 의학을 잘 아는 한 연구자가 나를 위해 텍스트 분석의 주요 사용처로 이러한 예를 들어주었다. 그녀는 광고로 인해 운영되는 쿼틀(Quertle)이 요즘 국립의학도서관으로부터 몇몇 데이터베이스의 텍스트 분석을 하고 있으며, 컴펜디아 바이오사이언스(Compendia Bioscience)와 H3 바이오메디슨(biomedicine)은 새로운 암 치료를 위해 국립 암 연구소로부터 게놈데이터를 얻기 위해 협업하고 있다고 언급했다.

"만약 당신이 하는 일이 마케팅이라면 당신은 다음과 같은 질문들을 하고 싶을 것입니다. 사람들이 우리 회사 제품에 대해 뭐라고 말할 것인가? 제품에 결함이 있다면 구체적으로 어떤 결함인가? 사람들이 정말 좋아하는 것은 무엇인가? 우리 제품뿐 아니라 경쟁사 제품의 가격과 고객 서비스를 어떻게 생각하는가?" 웹에서 추출되고 분석될 수 있는 텍스트에는 수 많은 정보들이 존재한다. 이것을 분석하는 것, 그것도 잘 하는 것이 감정분석의 핵심이다.

IBM, 제인 오스틴(Jane Austen)[14]을 만나다.

감정분석의 미래는 밝지만 "어쨌든 이 기술은 아직 완벽하지는 않습니다. 따라서 감정분석을 슬쩍 들여다 본 몇몇 회사들은 단순 앱에 실망했을지도 모릅니다." 라고 그라임스가 말했다. 많은 사람들에게는 감정분석이 그저 트립어드바이저의 트윗이나 리뷰 아니면 신문에 나온 기사가 긍정적인지 부정적인지에 관한 것을 의미하겠지만 이는 틀에 얽매인 관점이다. 감정이란 단어를 떠올리면 제인 오스틴이 생각날 수도 있다. 어떤 사람에게는 감정이란 단어가 그렇게 매우 광범위하다. 감정은 감성, 분위기, 사고방식, 견해를 포함하고 있다.

분석 툴이 중요한 문맥을 보지 못하고 긍정적이거나 부정적인 단어를 찾기만 한다면 완전히 잘못된 결과로 이어질 수도 있다. 그라임스는 말한다. "당신에게 긍정적인 것이 나에게는 부정적인 것일 수 있습니다. 만약 당신의 차가 토요타와 제너럴 모터스인데 이 자동차 회사들이 전세계적인 리콜을 시행한다면, 사실 당신에게는 희소식일 것입니다. 또 저명인사가 죽었을 때, 휘트니 휴스턴이 아주 좋은 예가 되겠습니다만 트위터에는 '오, 그녀가 죽었다니 난 너무 슬퍼' 라는 포스팅이 온통 가득한 것을 볼 수 있을

14. Jane Austen : 영국의 여류 소설가. 풍부하고 섬세한 감정 표현의 소설로 유명(오만과 편견 등)

것입니다. 분석 툴은 '슬프다'라는 키워드를 부정적인 의미로 받아들이지만, 사실 그것은 휘트니 휴스턴에 대한 긍정적인 트위터입니다. 글쓴이는 그녀를 긍정적으로 생각하고 있다는 것이죠."

"좀 더 정교한 분석은" 그는 말을 이어 갔다. "메시지나 문서를 구체적인 특정 요소들로 분해하는데, 그런 요소들이 될 수 있는 것은 사람의 이름이나 장소, 회사, 제품, 컨셉, 주제 등입니다. 더 좋은 툴은 그런 제품, 컨셉, 주제와 같은 요소들을 추출할 것이고 각각의 요소에 연결되어 있는 감정을 분석할 것입니다."

그라임스는 1년에 두 번씩 감성분석에 대한 컨퍼런스를 개최하고 있는데, 나는 2013년 5월 뉴욕에서 하루종일 진행된 행사에 갈 기회가 있었다. 그날 있었던 발표에서는 감정분석의 영역이 얼마나 광범위한지를 보여주었다. 무엇보다도 앞서 발표자는 다음과 같이 감정분석을 이용하는 것에 대해 얘기했다.

- 파키스탄 카슈미르 지역의 정치적 불안과 파키스탄의 국내 선거 결과를 예측하라
- 공포심을 유발하는 금연 광고가 얼마나 효과적인지 판단하라
- 온라인 결제 시스템의 문제점을 찾고 그것을 해결하라
- 중국어 관용어구의 텍스트 분석을 하라
- 고객에게 감정적으로 어필할 수 있는 캠페인을 위해 데이터기반 준비작업을 해라

감정분석에 관한 대부분의 앱은 기계와 인간의 작업을 함께 이용하고 있다. (우연히도 내 고등학교 동창이란 걸 알게 된) 커뮤니스페이스(Communispace) 디자인 혁신 부사장인 쥴리위터스(Julie Witters)는 기계

분석을 "금속탐지기" 같은 것이라고 설명했다. 금속탐지기처럼 자기 회사를 찾는 소비자 중심 고객들의 관심사를 찾아주기 때문이다. 기계가 분석을 하고 나면 분석가들은 단서를 이용해 특정 소셜미디어 메시지를 더 깊이 있게 분석할 수 있고 그들이 찾은 것을 컴퓨터로 다시 넘겨주어 알고리즘을 증명하는데 도움을 준다.

감정분석이 정교해지면 시장조사를 위한 아주 강력한 툴이 될 것이다. 아직 완전하게 감정분석의 잠재성이 드러나지 않고 있다는 것은 인정하지만 지난 몇 년간 수많은 기사와 블로그 포스트에서는 감정분석의 잠재성에 대해 말하고 있다.

전체적인 웹을 검색하는데 있어 감정분석을 쓰지 않고 회사 제품에 관한 특별 웹사이트를 만든 후 소비자의 의견을 분석하는 회사들도 있다. 유니레버가 그런 경우이다. 커뮤니스페이스는 기업 의뢰인을 위해 온라인 커뮤니티를 만들고 결과의 해석을 돕고 있다.

지금까지 감정분석을 가장 활발하게 적용해 온 분야는 엔터테인먼트 업계이다. 메사추세츠 주 캠브리지 시에 있는 블루핀 랩(Blue-fin Labs)에서는 2,500만 명을 대상으로 사람들이 텔레비전에 관해 트위터, 페이스북, 그 외 소셜미디어에 과연 어떤 의견이 남겨지는지 모니터링 했다. 이 연구소의 공동설립자이자 회장인 뎁 로이(Deb Roy)에 따르면 "텔레비전 게놈이라고 부르는 것을 만들기 위해 TV에 관해 분석가능한 모든 코멘트들을 찾아 전체적인 그림을 결합합니다. 텔레비전 게놈은 본질적으로 TV에 관한 모든 소셜미디어 대화를 정량화하고 정리하는 거대한 데이터셋이라고 할 수 있습니다."라고 했다. 이 시스템 덕분에 이 연구소는 광고나 텔레비전 쇼에 대한 반응을 실시간으로 모니터 할 수 있게 되었다.

감정분석은 또한 경쟁적인 정보나 전략을 위해서도 사용될 수 있다.

예를 들어, 어떤 유럽 컨설팅회사는 통신사를 위해 감정분석을 실시해 성공을 거둔 적이 있다. 소셜미디어에서 이 통신사의 경쟁사 서비스에 대한 부정적인 코멘트가 급증할 때가 바로 이 통신사의 네트워크 신뢰성을 내세우는 광고가 뿌려질 아주 이상적인 시점이 될 수 있다.

미래에는 새로운 툴을 이용해 감정분석을 더 정확하게 만들 수 있을 지도 모른다. 최근 몇몇 회사들은 단어뿐 아니라 말하는 속도가 빨라지거나 목소리가 격앙되거나 중간에 다른 사람의 말을 가로채는 것 같은 감정적인 부분도 찾아내기 위한 오디오 녹음 분석법을 개발하고자 애쓰고 있다. 고객서비스 통화내역이나 의사와 환자의 대화처럼 다양한 커뮤니케이션 유형을 통한 보다 풍부한 통찰력을 얻고 있다. 한편 몇몇 스타트업들은 비디오 피드로부터 감정을 해독하기 위한 표정 분석기술을 개발 중이다.

위에서 살펴본 것처럼 감정분석은 여기 저기를 거쳐 다시 원점으로 돌아오기 시작한다. 처음엔 인간 커뮤니케이션에서의 핵심 의미를 알아내기 위해 쓰여진 서류를 분석한 것에서 시작되었던 감정분석이 미래에는 인간의 진정한 커뮤니케이션으로써 신호와 단서가 더해지며 발전할 수도 있다.

시 정부에 관한 당신의 감정은 어떻습니까?

그라임스의 사무실에서 남서쪽으로 10마일이 조금 덜 되는 곳에 위치한 뉴브랜드어낼리틱스(newBbrandAnalytics)는 창의적인 방법을 통해 감정분석을 사용하고 있다. 이 회사는 미국 전역에 체인점을 두고 있는 기업의 서비스와 고객만족 개선을 돕기 위해 감정분석을 사용한다. 그리고 이 회사가 감정분석을 독특하게 적용하는 부분은 워싱턴 DC 시민들의 만족도를 연구하고 있다는 점이다.

뉴브랜드어낼리틱스의 CEO인 크리스틴 뮬너(Kristin Muhlner)는 기업 소프트웨어 분야에서 일했던 경력을 인정받아 영입되었다. 2013년 우리가 만났을 때 그녀는 3년이나 일찍 이 회사를 설립하게 되었던 연달아 발생한 예사롭지 않은 사건들을 얘기해 주었다. "그 회사는 새로운 기술 기업을 연달아 세우는 두 기업가의 머릿속에서 탄생했는데 두 사람이 마지막으로 벌였던 사업은 바로 최고급 미용실이었습니다. 이들은 자신들의 사업에 가장 큰 영향력을 갖는 것이 온라인에서 고객들이 하는 말이라는 것을 알게 되었습니다. 그래서 도움을 받을 수 있는 툴을 찾으려고 노력했지만 아무것도 발견할 수 없었습니다. 그래서 직접 그 툴을 개발했는데 그것이 바로 뉴브랜드어낼리틱스이었던 것입니다."

온라인 리뷰와 소셜미디어에 대한 텍스트 분석은 고객이 갖고 있는 기업에 대한 이미지를 말해주는 것 그 이상으로 많은 것을 보여준다. 기업을 괴롭히는 것이 무엇인지 그것을 고칠 수 있는 방법이 무엇인지도 알려준다. 뉴브랜드어낼리틱스의 고객 중에서 가장 많은 고객을 차지하는것은 하야트(Hyatt)와 루비 튜즈데이(Ruby Tuesday, 번역자주 : 체인점 레스토랑) 같은 고객응대 계열의 기업들이다. 뉴브랜드어낼리틱스는 호텔체인 의뢰인에게 아틀란타 주의 그랜드 하야트(Grand Hyatt)처럼 고객들이 체인점 중 구체적으로 어느 지역, 어떤 호텔, 어떤 편의시설에 대해 불만을 느끼는 것인지 알 수 있도록 해준다. 가장 많이 발생하는 문제를 상세히 알려주면서 의뢰인에게 주의를 당부할 것이다. 마찬가지로 경쟁사 고객들이 경쟁사에 대해 도대체 무슨 말을 하는지도 쉽게 분석할 수 있다. 현재 이 회사는 전 세계 6,000여 개 기업들을 모니터하고 있는데, 그들의 경쟁사도 거의 동일한 수로 같이 모니터하고 있다.

뉴브랜드어낼리틱스에서 가장 특이하다고 할 수 있는 점은 어느 독특한

한 명의 의뢰인이다. 뉴브랜드어낼리틱스는 호텔과 레스토랑을 대상으로 하면서도 워싱턴 DC라는 도시에 대한 고객만족도를 모니터 한다. 이것은 전형적인 시장조사 방식이 아니었지만 감정분석이 얼마나 폭넓게 적용될 수 있는지, 정부가 시장조사를 어떻게 긍정적인 방향으로 사용할 수 있는지를 보여주는 단적인 예이다. 뮬너는 그 프로젝트가 어떻게 만들어지게 되었는지 말해주었다.

빈센트 그레이(Vincent Gray)는 2010년에 워싱턴 DC의 시장으로 선출되었고 시 행정에 대해 몇 가지 새로운 아이디어를 가지고 뉴브랜드어낼러틱스를 찾았다. "시장님은 저의 사무실에 방문하셔서 아주 높은 수준의 투명도를 원하셨습니다. 그때 우리가 하는 것을 지켜보시며 감성분석을 정부 분야에 적용하면 무척 흥미로울 것 같다고 하셨습니다. 우리는 지금까지 한 번도 그렇게 해 본적은 없었지만 계속해서 의견을 나눴습니다. 그 결과, 애플(Apple) 판매점이나 오바마 대통령이 즐겨 찾는 파이브 가이즈(Five Guys) 햄버거 체인 안으로 걸어 들어갈 때와 완전히 같은 방식으로 정부 분야에도 감성분석을 적용할 수 있다는 것을 알게 되었습니다. 당신이 햄버거 가게 고객이든 차량국에서 서비스를 기다리는 고객 이든 간에 어떤 일이 생길 때 당신은 그것을 당신의 경험으로 평가하고 있고 온라인 상에 당신의 경험을 리뷰로 작성할 수도 있습니다."

워싱턴 DC는 예비조사에서 "차량국(DMV), 미국운수부(DoT), 여가활동국(DPR), 공공사업부(PWD), 소비자및규제부(DCRA)"의 5개 조직을 대상으로 트위터, 페이스북, 블로그 그리고 도시 기구 서비스를 이용하는 사람들에게 사용 가능하도록 만든 온라인 형태를 분석했다.

"우리는 데이터를 수집하는 것부터 시작했습니다. 수집 작업은 60일 정도 계속되었고, 이후에는 매우 부정적인 것에서부터 매우 긍정적인 것까지

5점 척도를 사용하여 그것을 ABCDE로 등급으로 나눴고 코드화했습니다. 적어도 미국에서는 ABCDE처럼 글자로 등급을 표시하는 것에 감정적인 의미가 많이 담겨 있습니다." 처음으로 등급을 표시하기 시작했을 때 "공공사업" 조직은 위치 상 C+ 등급의 맨 앞에 있었는데 5개 조직 중 4개는 C-가 포함된 등급을 받았다. 이 4개 조직의 국장들은 예상대로 다소 감정적으로 반응했다.

"우리는 시장과 5개 조직 담당자들이 함께한 월별 미팅에서 이 등급을 공개했는데 엄청난 소란이 일어났습니다. 그 자리에 모인 사람들은 이 등급은 자신들이 시민들에게 제공해온 지역 서비스를 절대 대표할 수 없다고 강하게 느꼈고 그 등급이 암시하는 것에 대해 매우 염려했습니다. 이후 토론은 몇주간 계속되었습니다. 그러던 어느 날 시장 사무실에서는 '여러분이 원하든 원하지 않든 이 등급은 사람들이 공개적으로 우리에 대해 말하고 있는 것을 나타내는 것입니다. 그러므로 우리는 이 등급이 왜 잘못되었는지에 대해 말할 필요가 없고 앞으로 우리가 어떻게 해야 할 것인지에 대해 이야기를 나눠야만 합니다.'라고 말했습니다." 그라임스는 말했다. 이런 변화는 아주 놀라웠다. 그 자리에서 그의 말을 들은 사람들의 반응 역시 놀라웠다. 그 말을 듣자마자 사람들은 적극 동의했고 "그렇게 합시다!"라고 말했다. 이 등급은 2012년 중반에 Grade.DC.gov라고 부르는 웹사이트에 공개되었다.

이런 일들이 있은 후, 위 조직들은 더 열심히 일했고 6개월이 지난 후 그들은 향상된 등급을 받을 수 있었다. Grade.DC.gov 1주년을 기념하는 이벤트에서 시장은 이 프로그램과 이 프로그램이 조직에 끼친 영향력에 대해 "우리는 경쟁력이 생겼습니다. 아주 좋은 현상입니다"라고 워싱턴 포스트와의 인터뷰에서 말했다. "모든 사람이 A를 받고 싶어하니까요. 그렇죠?"

라고 극찬했다.

이 프로그램에 대한 평가는 여러 가지다. 워싱턴 포스트에서는 최초로 이 등급결과가 워싱턴 DC 조직에 관한 다른 성과평가와 맞지 않는다고 비난했다. 예를 들어 월스트리트 저널에서는 소방 부서를 워싱턴 DC의 혁신이라고 칭찬했다. 요약하자면 가장 주목할 만한 혁신은 시민의 목소리를 경청하겠다는 워싱턴 DC의 약속이라고 볼 수 있다는 것이고 이를 통해 다른 도시의 본보기로서 한 발자국 앞으로 나아가게 된 것이다.

그 어떤 도시도 아직 워싱턴 DC 처럼 시행한 곳은 없는 것 같다. 뮬너의 팀은 공공평가를 선택할 것인지 아닌지를 지방자치단체가 선택할 수 있다는 것을 상기시켜 주었다. 아직 여기에 응하는 도시는 없었지만 그녀는 "이것은 지방자치단체로서는 매우 새로운 개념입니다."라고 희망적으로 말했다.

사업 성공가능성 포착하기

감정분석은 서서히 발전하고 있는 분야이다. 그것은 관심을 불러 일으킬 만큼 흥미롭고 유용하지만 아직 불완전하다. 감정분석이 발전하고 있는 모습을 보고 있자니 지난 15년간 변화한 음성인식기술이 떠올랐다. 나는 얼리어답터인 친구에게 드래곤 내츄럴리 스피킹(Dragon Naturally Speaking) 을 소개 받게 되었는데 그로부터 얼마 지나지 않은 1997년에 시장에 그것이 출시되었다. 그래서 나는 당연히 구매했다. 하지만 그 시스템이 내 목소리를 이해하도록 하기 위해 얼마나 오랜 시간이 걸리는지 알게 되었고 약간 시도해보다가 도중에 그만 두었다. 요즘에는 모든 스마트폰에 시리(Siri) 아니면 그와 비슷한 구글이 장착되어 있다. 이 시스템들은 종종 말도 안되게 웃기는 결과를 보여주지만 이전과 비교하면 사용하기에 훨씬 더 간단하고 정확해졌다.

내가 이 시점에서 말할 수 있는 감정분석이란 소셜미디어로부터 의미를 추출하는 능력 측면에서 볼 때 드래곤 시스템의 초기와 시리의 최신버전 그 사이에 있다는 것이다. 감정분석을 잘하기 위해서는 여전히 인간과 기계의 협업이 필요하다. 사람과 컴퓨터 둘 다 문자를 정확히 해독할 수 없다. 특히 트윗이 말하는 그대로의 의미인지 아니면 비꼬는 것인지를 알아내려고 하는 것은 정말 짜증나는 일이다("그거 참 놀라운 일이군!"이라는 말도 정말 놀랍다는 의미인지 어처구니가 없다는 이야기인지 혼동스럽다). 더군다나 감정분석을 위한 정확한 측정기준이 없다. 그라임스의 말을 빌리자면 정확한 측정기준이 없다는 것은 이 분야의 회사들로 하여금 "불가능하지만 정확한 숫자를 주장하는 것"을 가능하게 해 주는 것과 같은 차이인 것이다.

하지만 감정분석은 중요한 마케팅 통찰을 위해 분석될 수 있는 소셜미디어를 유용한 오픈 데이터로 전환시킬 잠재력을 가지고 있다. 감정분석은 여전히 서서히 발전하고 있는 학문이긴 하나 이미 언어학, 금융분석, 인공지능처럼 다양한 분야의 관심을 끌고 있다. 이 연구에서 한 가지 추진동력을 말하자면 현재 정부기관과 학계가 국가안보와 잠재적인 테러리스트 행위를 발견하기 위해 감정분석을 이용하려하고 있다는 사실이다. 우리는 앞으로 몇 년 동안 이 기술이 빠른 속도로 발전할 것이라는 것을 예상할 수 있다. 그러므로 이것을 알고 지금 당장 이용해보고자 고려한다는 것은 매우 가치 있는 일이다.

가장 최고로 좋은 결과는 분명 기계와 사람의 협력에서 나올 것이다. 감정분석은 그저 시동을 켜고 달리게 하는 그런 방법론이 아니라 지식과 관심을 가지고 사용한다면 고객, 사업환경, 당신의 장점과 약점을 이해하도록 도와줄 강력한 도구가 될 수 있다. 감정분석은 현재 잘 운영되고 있거나 개선이 필요한 곳 모두에게 간략하고 전반적인 코멘트가 담긴 카드보다 훨씬 더 강력한 통찰력을 제시할 수 있다.

감성분석을 연구할 준비가 된 회사들을 위해서 문자 분석, 유용한 정보, 제시하는 관점에 있어 점점 더 많은 전문지식을 갖춘 컨설팅 회사가 이미 존재하고 있다. 그라임스가 1년에 두 번 감정분석에 관한 주제로 개최하는 컨퍼런스는 다양한 관점을 가진 영역의 리더들이 참가한다. 이 컨퍼런스와 관련된 정보는 sentimentsymposium.com 에서 얻을 수 있다. 커뮤니스페이스라는 회사는 blog.communispace.com에서 버바팀(Verbatim)블로그를 통해 관련 영역을 만들어줌으로써 고객 맞춤형 온라인 커뮤니티를 만들어준다.

하지만 가장 중요한 것은 감정분석이 당신에게 필요한지를 먼저 고려하는 것이다. 만약 필요하다면 어떻게 사용할 것인지를 생각해야만 한다. 한 소셜 미디어 마케팅 소식지에서 말하듯 "감정분석은 주로 당신의 브랜드를 생각했을때 제일 먼저 떠오르는 공공연한 의견을 추적합니다. 감정분석은 더 큰 브랜드, 특히 소비자 브랜드에 가장 효과적입니다. 소규모 브랜드의 경우, 감정분석을 통해 통찰력을 얻기에는 브랜드에 관한 언급이 부족합니다. 오히려 옐프 같은 특정 웹사이트를 샅샅이 뒤지는 것이 당신의 브랜드에 대해 이미 알려져 있는 공공연한 의견과 관련하여 더 많은 통찰력을 제공할 것입니다."

나는 그라임스에게 이메일로 감정분석에 관심 있는 기업에게 어떤 조언을 하고 싶은지 물어보았다. 그는 이렇게 답했다. "저는 감정분석을 사용할 잠재고객에게 좋은 상황을 보여주는 데이터를 수집하고 분석하는 것을 통해 사업목표를 결정하는 것이 제일 우선적으로 해야 할 일이라고 조언하고 싶습니다. 어떤 데이터가 가장 유망한지 그 데이터를 수집, 정제, 변환, 분석하고 의사결정에 도움이 되게끔 도움을 줄 프레젠테이션 인터페이스를 결정하십시오. 당신이 따라갈 이 분야의 리더는 기술과 데이터에 대해 인지하고 있으면서도 당신의 사업 도메인 측면(예를 들면 고객응대, 소비자 전자, 공공정책)이나 사업 기능 측면(예를 들면 시장조사, 경쟁정보, 고객 서비스, 고객경험 관리)에서 전문지식이나 경험 모두를 갖고 있는 리더입니다." 즉, 직접 뛰어들기 전에 미리 감정분석을 사용하는 이유와 사용 방법을 알아야 하는 것이다.

09. 집단을 활용한 신속한 혁신

9장 집단을 활용한 신속한 혁신

크라우드소싱이라는 용어는 많은 집단의 지식과 기술을 활용하는 모든 종류의 방법을 기술하는 데 사용되고 있다. 그러나 다른 "크라우드"는 이와는 다르게 기능하고 있는데 크라우드소싱이라는 용어는 이미 그 가치를 상실해 버리고 있는 중일지도 모른다. (최근의 한 논문에서는 40가지의 서로 다른 크라우드소싱의 정의를 내렸다.) 대신 이런 종류의 작동을 "집단지성"(온라인으로 연결된 많은 집단으로부터 데이터, 지식, 통찰력을 도출하는 것)이라고 부르는 것이 흔해지고 있다. 많은 종류의 다양한 집단지성이 있지만 나는 오픈 데이터를 여러 다른 방식으로 사용하는 세 가지 다른 접근법을 아우르는 것으로 간주한다.

협업를 통한 오픈 이노베이션.

이것은 아마도 과학과 의학연구에 가장 유용할 지도 모르는 모델이다. 오픈 이노베이션 프로젝트는 세계 최대의 연구 세미나와 같다. 이 프로젝트는 중요한 문제들을 풀려 할 때 서로의 데이터와 통찰력을 공유하기 위해서 어떤 한 분야의 수 십 혹은 수 백 명의 전문가들이 참여한다. 대표적인 예로 웹이 이제 막 순조롭게 시작되려 하던 때에 데이터 공유에 대한 의지를 견고히 했던 인간게놈 프로젝트를 들 수 있다. 이 모델에서 연구 데이터는 아주 강력히 실시간 협업을 장려하는 방식으로 오픈 데이터가 된다. 이 방식에 대해서는 다음 장에서 자세히 살펴볼 것이다.

연구를 위한 Match.com.

이 방법은 어려운 어떤 특정 과제를 해결하는 독특한 능력을 가진 소수의 전문가를 찾는다. 이 경우, 풀어야 할 문제가 있거나 분석해야 할 데이터가 있는 사람은 여기에 맞는 적절한 경험, 기술, 돕고자 하는 관심이 있는 소수의 사람들을 찾기 위해 가능한 많은 집단에게 알리려고 할 것이다. 연방 오픈 데이터를 위한 앱을 장려하거나 아래 기술된 미 특허청 데이터를 공개한 획기적인 열린 심사 프로젝트(Peer-to-Patent Project)[15]를 장려했던 정부의 Challenge.gov 사이트에 올라와 있는 대회 등이 포함된다.

데이터 벌집 (Data Hive).

전문작업에 소수의 전문가가 관여하는 매치닷컴 모델과 반대되는 것으로 수많은 사람들이 오픈 데이터를 분석하고 개선하기 위한 작업을 계속할 수 있도록 도움을 준다. 수만 마리의 일벌이 꿀을 생산하는 벌집을 만드는 것처럼 많은 크라우드소싱 프로젝트에는 데이터 기부나 데이터셋 정비 또는 두 가지 모두 가능한 수천 명의 평범한 사람들이 참여한다. 개개인들은 문제 해결에 도움이 될 만한 일부분의 업무를 하며 모든 사람들이 그것들을 하나로 합쳐 대규모 데이터셋들에 더 많은 가치를 부여한다. 이번 장의 후반부에서 설명할 주니버스(Zooniverse)의 "시민과학 프로젝트"가 바로 이 모델에 적합하다.

Match.com 모델 : 전문가와 프로젝트 맺어주기

약 10 년 전 일부 연구센터들은 외부 전문가에게 인센티브를 제공함으로써 비용대비 보다 효율적으로 어려운 문제를 해결할 수 있다는 것을 인식하기 시작했다. 2001년 설립된 "오픈 이노베이션, 크라우드소싱, 공모전의 선구자"로 묘사되고 있는 이노센티브는 일라이 릴리(Eli Lilly)에서 나사에

15. Peer-to-Patent Project : 대중의 의견을 수집하여 특허 품질을 개선하기 위한 노력의 일환으로 특허 사무소를 지원하기 위한 이니셔티브

이르는 기업이나 단체들과 함께 협력해왔다. 이노센티브는 500달러에서 100만 달러까지 상금을 수여함으로써 전문지식의 도움을 받고 있다.

헬스 데이터팔루자(2장 참조)를 이끌었던 헬스 데이터 컨소시엄의 책임자 드웨인 스프래들린(Dwayne Spradlin)은 5년 간 이노센티브의 회장과 CEO를 역임했다. 이 회사는 과학적이고 기술적인 문제에 주로 집중해왔지만 비즈니스, 마케팅, 사회과학과 관련된 의문점에 대해서도 공모전을 개최하고 있다. "이노센티브는 혁신(Innovation)과 인센티브(Incentive)라는 단어를 연결한 것입니다. 만약 당신이 문제가 무엇인지 정확하게 파악하고 있고 구조화할 수 있으며 실제로 필요한 것이 무엇이고 그 이유에 대해서도 잘 알뿐만 아니라 시스템 부문으로 적절한 장려책을 줄 수 있다면 전 세계의 혁신가들은 제대로 일할 수 있다는 것과 전체적으로 완전히 새로운 시각을 이끌어 낼 수 있게 된다는 것을 우리는 알게 되었습니다."라고 스프래들린이 내게 말했다.

이노센티브가 풀어야 할 과제들은 데이터 분석, 특히 예측 분석과 관련이 있는데 "빅 데이터의 세계에서 미래를 예측하기 위해 과거를 사용하는 것은 점점 더 중요해지고 있습니다. 이런 종류의 문제들은 경쟁과 크라우드소싱에 놀라울 정도로 매우 적합합니다."라고 말했다.

해결사들은 이런 공모전에서 발병, 약물요법 준수, 태양표면의 폭발, 심장질환 환자의 임상경과와 같은 현상을 미리 예측하여 최선의 알고리즘을 찾아내기 위해 노력해오고 있다. 예를 들면 이 알고리즘의 파워를 시험하기 위해 이노센티브는 해결사들에게 2010년도의 데이터셋을 준다. 그런 다음 실제로 2011년 데이터를 얼마나 잘 예측할 수 있는지 확인한다. 흥미로운 것은 "종종 획기적인 해결책은 생각지 못한 곳에서 나옵니다."라고 그는 말했다. "새로운 패턴이나 상관 관계를 알아내는 것은 새로운 관점에서 바라보며 무심코 떠오른 아이디어입니다. 같은 업계에서만 생각이 머물러 있는 것은 때로는 문제해결에 방해가 됩니다." 이노센티브는 과학적 연구 과제를 해결하는데 주력하고 있지만 동일한 접근방식이 온라인 광고나 마케팅 캠페인 결과 예측에 사용될 수도 있다.

어떤 회사들은 복잡한 데이터 문제를 해결할 수 있는 전문가를 모집하기 위해 자신들만의 전문 사이트를 만든다. 캐글은 데이터 과학자들에게 예측 모델링에 초점을 맞추는 어려운 과제를 제시한다. 아마존이 후원했던 한 공모전에서는 여러 다양한 직원들에게 그들의 업무 수준에 맞는 IT 접근을 예측하는 것을 도와달라고 요청했다. 이와는 다른 공모전에서는 대회 참가자들에게 어떤 사업의 미래에 대한 평가를 옐프에서 예측해 달라는 과제를 제시했다. 데이터 문제에 있어 이와 비슷한 "경쟁 커뮤니티"인 탑코더(TopCoder)는 최근 풀기 어려운 유전자 배열문제에 집단지성을 적용하기 위해 하버드 대학교 의과대학과 함께 연구를 진행했다. 그 결과로 이전에 설계된 어떤 것보다 1,000배 빠른 솔루션에 도달할 수 있었다.

사업가뿐만 아니라 과학자들도 온라인 커뮤니티 활용의 이점에 대해 주목하기 시작했다. 2011년, 워싱턴 대학(University of Washington)의 연구원들은 에이즈 연구에서 큰 난관에 빠지게 되었다. 그것은 바로 HIV(인간면역결핍 바이러스)의 구조를 이해할 수 없었던 것이다. 이들은 HIV와 비슷한 구조를 가진 원숭이 바이러스의 구조를 알아내기 위해 엑스레이 연구에서만 수 년 분의 가치가 있는 데이터를 끌어 모았지만 여전히 HIV의 구조에 대해 제대로 이해할 수가 없었다. 그래서 좀 더 혁신적인 뭔가를 시도해 보기로 결심했다. 이 데이터를 퍼즐 사이트인 Foldit.com에 오픈 데이터로 공개한 후 그들이 해결하기 힘들어하는 문제를 하나의 게임으로 만들었고 게임을 통해 이 바이러스의 단백질 구조를 풀어줄 사용자를 불러

모았다. 이것은 곧바로 적중했다. 이 게임에 참가했던 한 팀이 10년 동안 과학자들을 쩔쩔매게 했던 그 단백질 구조를 단 3주만에 찾아낸 것이다. 과학자들이 그 결과를 Nature에 발표했을 때 다음과 같이 표현했다. "이것은 우리들의 오랜 숙원이었던 과학문제를 온라인 게임참가자들이 풀었다라는 것을 알게 된 첫 번째 사례입니다."

경쟁에서 전문가 네트워크로

이러한 공모전을 통해 보여준 것은 바로 집단지성이 따로 분리된 독립형 문제에 대해 보다 신속하고 효과적인 솔루션을 만들어 낼 수 있다는 것이다. 하지만 이보다 좀 더 오래 지속되는 "전문가 네트워크"를 개발하려고 노력 중인 사람들도 있다. 전문가 네트워크란, 전문가집단이 굉장히 중요한 데이터셋에 참여하게끔 하는 지속적으로 진행중인 시스템을 말한다. 이것은 정부를 위해 구축되었고, 이 분야에서 개발자들에게 모델이 된 최초의 전문가 네트워크는 베스 노벡(Beth Noveck)이 개발한 열린 심사(Peer-to-Patent) 시스템이다.

노벡은 오랫동안 시민 참여와 오픈 데이터를 함께 홍보하던 열린정부의 선구자였다. 다른 많은 오픈 데이터 혁신가들과 마찬가지로 노벡 또한 지적 에너지와 호기심이 충만한 아주 눈에 띄는 인물이라고 할 수 있다. 그녀는 하버드 대학교에서 사회학을 전공하며 학부시절을 보냈고 이후 비교문학으로 석사학위를 받았다. 또한 인스부르크 대학(University of Innsbruck)에서 정치학 박사 학위를 받았는데, 해당 박사학위의 논문주제는 작가 휴고 베타우어(Hugo Bettauer)와 1920년대 오스트리아의 정치학에 관한 것이었다. 그녀는 거기서 멈추지 않고 이후 예일대학교 법학대학에서 법학박사를 취득하여 지적 재산 전문가가 되었다.

노벡은 기술과 혁신에 관한 몇몇 프로젝트를 시작한 이후 행정부의 열린 정부 계획을 선도하는 오바마 행정부에 의해 첫 번째 미국정부 기술담당부서의 최고책임자로 발탁되었다. 노벡은 "투명성, 국민참여, 개입"에 대한 증진 정책을 개발했을 뿐 아니라 Challenge.gov와 Data.gov 같은 모든 종류의 정부 데이터에 대해 연방정부의 중앙집중적 자원을 개발함에 있어 매우 중요한 역할을 했다. 현재 노벡은 뉴욕에서 재단이 지원하는 거버넌스 랩(Governance Lab), 즉 GovLab을 이끌고 있다. GovLab은 거버넌스의 신기술이 적용가능한 모델을 연구하며 이런 접근법으로 학생을 훈련시켜 가며 열린정부의 원리들이 실제로 적용될 수 있도록 돕는다. (미리 말하자면 나는 현재 거버넌스 연구소 전담 상임고문으로 일하고 있다.) GovLab은 "더 거대한 개입은 더 정당한 민주적 통치뿐 아니라 시민을 위해 더 나은 해결책을 이끌어낸다."라는 철학을 갖고 있다.

오바마 대통령의 관심을 끌게 한 것은 그녀가 뉴욕 로스쿨에서 개발한 특허 프로세스에 관한 획기적인 접근방식이었다. 노벡이 자신의 저서 'Wiki Government'에서 순서대로 기록한 열린 심사는 두 가지 면에서 획기적이었는데 첫째는 미 특허청에 특허 신청서에 대한 데이터 공개를 예전보다 더 적극적으로 요구한 것이었다. 둘째는 오픈 포럼에서 코멘트를 하고 이 앱의 심사를 돕기 위해 자율식별 전문가들의 애드혹 네트워크(ad hoc network)에 의존했다는 것이다. 정보개발에 대한 이러한 접근방식은 이미 기술 커뮤니티 프로젝트를 위해서는 아주 일반적이었지만 정부 프로세스를 알리기 위해 사용한다는 것은 상당히 급진적인 생각이었다.

특허출원을 재검토한다는 것은 한 가지의 독특한 데이터 문제를 발생시킨다. 각각의 신청서는 "선행기술"에 대한 검색에 의존한다. 선행기술이란 비슷한 발명을 생성해냈을 가능성이 있는 모든 사전작업을 특허 심사관이 재검토해야 하며 그에 따라 특허청구를 무효 시키는 것을 말한다. 그러나 방대한 양의 쌓여있는 신청서와 너무나도 부족한 검토시간으로 인해 특허 심사관들은 중요한 판례를 놓치기 쉽다. 열린 심사는 특허출원 시스템을 공개하고 일반인이 알고 있는 선행기술에 대한 예시를 제출하기 위해 일반인을 초청해 그 문제를 해결한다. 또한 특허청의 출원 데이터베이스를 공개 데이터로 취급하며 새롭고 가치 있는 데이터를 효과적으로 추가하기 위하여 자원 봉사 검토자들의 작업을 활용하고 있다.

현재 영국, 일본, 한국, 호주에서도 열린 심사와 비슷한 시스템을 시험하고 있다. 스티븐 존슨(Steven Johnson)은 그의 저서 "Future Perfect"에서 이 프로젝트의 영향력을 다음과 같이 요약했다. "킥스타터(Kickstarter)가 창의적인 작업을 위해 잠재적 자금 제공자들의 네트워크를 넓히는 것처럼 열린 심사는 발견과 해석의 네트워크를 넓힙니다. 전임 심사자가 되기 위해 반드시 시간과 재능을 소유할 필요는 없겠지만 자신의 시간과 재능을 일부 특허 소송에 도움이 되도록 하는 특정 형식의 전문지식을 가진 사람들을 불러모으면서 말입니다."

최근에 노벡과 얘기를 나눴을 때 노벡은 열린심사에서 얻은 교훈과 그것이 열린정부와 오픈 데이터 연구에 훗날 어떻게 적용되었는지에 대해 되돌아보았다. "매우 유익했던 것은 첫째, 온라인에서 사람들에게 유용한 정보를 제공하면서 동시에 도와달라고 부탁한다면 사람들은 기꺼이 도와줄 것입니다(기존의 예상에서 벗어났던 점이었다). 만약 당신이 해결하기 어려운 특정 문제를 풀어주길 부탁한다면 사람들은 당신에게 굉장히 유용하고 의미 있는 답변을 해줄 것입니다. 둘째, 사람들이 소프트웨어를 사용해서 당신에게 제공하는 정보는 그 정보를 관리 가능하도록 만드는 툴에 사용될 수 있습니다. 이 정도까지 온라인 참여를 유도할 수 있다면 당신은 10,000개의 반응을 느낄 수 있을 것입니다. 이것은 이제껏 우리가 일반적으로 경험해왔던 것이지만 의사 결정자의 입장에서는 사용할 수 없을 수도 있습니다. 우리는 온라인 참여를 구성하고 유용하게 하기 위해 유행하는 툴을 사용할 수도 있었습니다."

정부가 아닌 일반기업에서도 다양한 주제영역에 대해 이와 비슷한 전문가 네트워크를 구성했다. 스택 오버플로우(Stack Overflow)에서 발전한 기업인 스택 익스체인지(Stack Exchange)는 프로그래머를 위한 Q&A 사이트로 전문가들의 정보 교환이 가능한 수 백 가지 이상의 여러 Q&A 사이트들을 가지고 있다. 스택 익스체인지는 현재 애스크 페이턴트(Ask Patent)라고 하는 열린 심사를 주관한다. 스택 익스체인지의 사업모델은 명확하지 않지만 스택 익스체인지와 스택 오버플로우는 자유로운 전문가 참여를 기반으로 한다. 커뮤니티의 지명도를 올리기 위해 포인트를 부여함으로써 보수 없이 전문지식을 공유하도록 사람들에게 동기를 부여하고 있다.

스택 익스체인지는 "누구나 편집할 수 있는 기술회사, 사람, 투자자의 무료 데이터 베이스"인 크런치베이스(CrunchBase)를 위한 모델이다. 크런치베이스에 있는 거의 모든 정보는 대부분 일반인으로부터 나온다. 크런치베이스의 매트 카우프만(Matt Kaufman) 사장은 내게 그들의 데이터는 "투자자, 기업가, 언론인, 팬" 등에서 나온다고 말했다. 무엇이 이들에게 데이터에 기여하도록 동기부여를 했는지 물어봤을 때, 그는 이메일로 이렇게 답했다. "일반적으로 사람들은 (1) 돈 (2) 섹스 (3) 지명도 (4) 정체성 수립을 위한 도구 (5) 준비하거나/만들어 나가거나/둥지를 짓기 위한(역자주 : 큰 단위의 정보 속에 작은 단위의 정보를 끼워 넣기 위한) 도구가 바로 온라인 참여의 동기가 됩니다. 전문가들의 세계에서 볼 때(예 : 크런치베이스) 3번에서 5번이 중요합니다."

성공을 위해 전문가 네트워크를 자극할 필요가 있어 보인다. 최고의 사례로 위키피디아를 생각해 보라. 이 온라인 백과 사전은 무료로 자신의 능력을 제공하는 사람들에 의해 발전해 왔다. 연구에 의하면 위키피디아 기고자들은 자신들이 기고하는 그 행위 자체와 위키피디아라는 커뮤니티의 일원이라는 것에 만족을 느낀다고 한다. 그러나 이런 종류의 전문가 참여는 돈으로 쉽게 살 수 있는 것이 아니라는 것을 다른 프로젝트를 통해 알 수 있다.

집단지성이 실패한 가장 인상적인 사례는 인포아미(InfoArmy)의 경우일 것이다. 이 회사는 기고자들이 기업정보에 관한 보고서를 자발적으로 작성하면 그것을 다른 기업에게 판매한 후 그 이익금으로 기고자들에게 지불하려고 했다. 인포아미는 벤처자금으로 1,900만 달러 이상을 조달했고 2012년 6월에 발족되었다. 인포아미는 2013년 1월 말까지 각각의 보고서 판매를 통해 정확히 4,356 달러를 벌어들였고 기고자들이 일한 것에 대해 더 이상의 지불금은 없다고 발표했다. 인포아미는 기고자들의 결과물 수준에 실망했고 보고서는 기대했던 것만큼 판매 가능한 수준이 아니었다고 말했다. 인포아미는 현재 새로운 사업모델을 개발하고 있는데 성공여부는 두고 볼 일이다.

데이터벌집 : 과학을 위한 80만 개의 일벌

모든 프로젝트가 전문가의 참여를 필요로 하는 것은 아니다. 어떤 프로젝트는 단순히 자신의 데이터를 개선하거나 관리하는 것을 돕기 위해 무료로 기고하는 수 천명의 자원 봉사자를 찾아야 할 수도 있다. "데이터 벌집"

모델은 오픈 데이터의 품질을 개선하거나 오픈 데이터를 처리하기 위해 자원봉사자들과 관계를 맺는다. 이 모델은 현재 정부 데이터와 과학 데이터에 적용되고 있는데, 일부는 눈에 띄는 성과를 보여주고 있다.

나사는 방대한 양의 데이터 분석을 돕기 위해 자원봉사자를 끌어들임으로써 연방정부 기관 중에서 선구자적 역할을 하게 되었다. 우주망원경의 이미지에서 가능성 있는 행성계의 구분을 돕기 위해 사람들을 초대했던 것이다. 국립 문서기록관리청(NARA)은 일반인의 모든 기록을 온라인에 전부 올리는 것을 목표로 하고 있고, 온라인에서 사람들이 자신의 기록에 태그 하도록 하기 위해 시민 기록보관 담당자(Citizen Archivist) 프로그램을 운영하고 있다. 그리고 미국 국제개발기구는 자원봉사자 그룹을 통해 이 기구의 대출보조금 수령자 위치 데이터를 수정했다.

또 국립기록보존관(National Archives)은 미국의 인구조사국과 함께 혁신적인 일을 해 오고 있다. 각 인구조사 기록은 인구조사 완료 72년 후에 공개적으로 발표된다. 그러나 오래된 기록은 손이나 수동 타자기로 작성되었거나 마이크로 필름으로 발표되었기 때문에 그 가치는 매우 제한적이었다. 이러한 프로세스를 현대화하기 위해 국립기록보존관은 1940년의 인구조사를 온라인으로 발표하기로 결정했다.

2012년 초, 국립 문서기록관리청은 비영리 웹 사이트인 패밀리서치(FamilySearch)의 권유에 따라 1940년 인구조사 커뮤니티 인덱스 프로젝트에 참여했다. 이 프로젝트는 1940년 인구조사 인덱스를 집단지성으로 후원하기 위해 보관소, 족보관련 학회, 역사관련 학회, 계보 기업들도 참여시켰고 패밀리서치와 함께 소셜 미디어를 통한 프로젝트 홍보를 하기도 했다. 그리고 원래 수백만 달러의 비용이 소요될 수 있었던 인덱스는 5개월만에 완료되었다.

또 다른 연구원들은 (가끔은 정부기관과 협력하기도 하지만) 정부 외부에서 엄청난 양의 오픈 데이터 작업을 하고 있으며 연구결과가 암시하는 바가 무엇인지 알기 위해 "데이터 벌집"을 사용하고 있다. 데이터 벌집은 연구자가 자신의 데이터를 유용하게 만들기 위해 낯선 사람의 호의와 괴짜스러움에 의존하는 새로운 "시민과학 프로젝트"이다. 누구나 대규모 과학 퍼즐을 풀 수 있는 국제적인 중심지라고 일컬어지는 웹사이트 주니버스(Zooniverse)가 바로 그 전형적인 예이다.

나는 옥스포드 대학교에서 주니버스 프로젝트 팀의 일원인 로버트 심슨(Robert Simpson)을 만났다. 그는 별의 형성에 관한 연구로 박사학위를 받고 그와 관련된 프로젝트를 설계하기 위해 주니버스 팀에 합류했는데 그때 이후 모든 프로젝트에 참여하게 되었다. 그는 주니버스가 어떻게 시작되었고 어떻게 발전해 왔는지 그리고 데이터 벌집 프로젝트의 가능성에 대해 주니버스가 우리에게 말해주는 것이 무엇인지를 내게 들려주었다.

주니버스는 갤럭시 주(Galaxy Zoo)라는 이름으로 옥스퍼드 대학교에서 시작되었는데 갤럭시 주는 과학적 오픈 데이터 세계에서 가장 인상적인 소스 중 하나인 슬로안 디지털 스카이 서베이(Sloan Digital Sky Survey)에 바탕을 두고 구축되었다. 슬로안 디지털 스카이 서베이는 슬로안 재단이 투자한 것으로 밤 하늘 전체의 이미지를 완벽하게 보여주는 이미지 셋이다. 심슨은 슬로안 디지털 스카이 서베이가 어떻게 2007년 주니버스의 탄생으로 이어졌는지 상기했다.

케빈 샤빈스키(Kevin Schawinski)라는 한 천문학자는 그 당시 거의 백만 개 은하의 목록이었던 SDSS에 있는 수많은 은하들을 살펴보고 있었습니다... 당신이 SDSS를 본다고 해서 은하가 어떻게 생겼는지 알 수는 없습니다. 나선형 은하인지 타원형 은하인지 알 수 없습니다. 컴퓨터도 알 수 없지만, 사람도 마찬가지입니다.

케빈과 그의 앞에 있는 많은 박사 과정 학생들은 어떤 희귀한 종류의 한 은하를 찾으면서 이 은하들을 살펴봐야 했습니다. 첫 번째 주에 케빈은 50,000개의 이미지를 확인했습니다. 5일간 다른 일은 아무것도 하지 않고 하루 종일 이 일에만 몰두했습니다. 마지막 5일째가 되던 날 케빈은 점점 화가 나기 시작했습니다. 그래서 그와 크리스 린토트(Chris Lintott)는 웹 사이트를 만들어야겠다는 생각에 이르렀습니다. 이렇게 해서 갤럭시 주는 2007년 7월에 시작되었습니다. 갤럭시 주가 나타냈던 것은 하나의 이미지를 보는 것이었는데, 우리 앞에는 "이 이미지는 나선형입니까? 타원형입니까? 은하 가장자리 나선형입니까? 아니면 별 하나입니까? 인공적인 것입니까? 아니면 한 개 이상의 은하입니까?"라는 선택해야 할 버튼이 6개나 있었습니다.

사람들은 이 문제를 몹시도 풀고 싶어했습니다. 라디오에서도, 텔레비전에서도, BBC 뉴스 온라인에도 나온 이 이야기에 사람들은 빠져버렸습니다. 방송을 들은 지 며칠 되지 않아 우리는 10만 명 이상의 사람들이 이 은하계를 클릭한 것을 알게 되었습니다. 이틀 동안 진행했는데 한 시간에 50,000개의 은하를 확인했습니다. 데이터베이스에 있는 각각의 은하는 각 사람들에게 여러 번 보여질 수 있기 때문에 편견이 있을 수 없었습니다.

아마도 가장 놀라운 점은 갤럭시 주에 방문한 훈련 받지 않은 아마추어들이 훈련된 천문학자가 놓친 중요한 것을 발견했다는 점이다. "모든 천문학자들이 푸르스름하게 보이는 은하가 타원형이기 보다는 나선형일 가능성이 더 크다고 말할 것 같았습니다."라고 심슨이 말했다. "무엇이 진실인지에 대해 우리는 훈련되어 있기 때문입니다. 일반인들은 그런 편견을 가지고 있지 않지만 우리 같은 천문학자들에게는 그것이 은하가 갖고 있는 특성이라는 것을 알기 때문입니다. 당신이 만약 타원형 은하처럼 흔치 않은 것을 찾는다면 편견을 가지고 있지 않다는 점이 매우 유용하게 작용할 것입니다."

어떤 주니버스 프로젝트는 여전히 우주공간을 연구하면서 과거를 뒤돌아 볼 자원 봉사자를 초대했다. 올드 웨더(Old Weather) 같은 유명한 프로젝트에서는 자원 봉사자들이 1차 세계대전 무렵 영국해군의 기록에서 전 세계 기후 데이터를 캡쳐해 디지털 방식으로 바꾸는 일을 했다. 앤션트 라이브스(Ancient Lives)라는 프로젝트에서는 이집트의 고대 쓰레기 더미에서 약 100년 전에 발굴된 옥스포드 새클러 도서관(Oxford's Sackler Library)의 파피루스 조각들을 분류했다.

과학자들에게 새로운 과제를 제출하도록 부추기는 주니버스는 현재 세계 최초 생물의학 프로젝트를 게재한 상태다. 셀 슬라이더(Cell Slider)는 암세포 식별에 도움이 되는 온라인 자원 봉사자를 활용한다. "많은 의학 연구는 시각적 패턴인식에 관한 것이 전부입니다. 이 프로젝트가 도움이 될 수 있기를 기대합니다." 라고 심슨이 강조했다. 생물의학 분야로의 진출을 선언함으로써 주니버스는 보다 거대한 경제적, 사회적 잠재력이 있는 새로운 영역으로 들어갔다(여기에 대해서는 다음 장에서 더 자세히 논의한다).

주니버스에 현재 등록되어 있는 인원은 80만 명 이상이지만 등록하지 않고 이 사이트에 기여하는 사람들이 더 많다. 이 정도의 인원이라면 크라우드의 밑그림에 대한 잠재력은 엄청난 것이라 할 수 있다. 심슨은 자신의 책 인지과잉(Cognitive Surplus)에서 가장 영향력 있을 것 같은 집단지성의 지지자인 클레이 샤키(Clay Shirky)가 만든 계산을 그대로 사용했다. 샤키가 지적한 대로 위키피디아 전체는 약 1억 시간의 작업을 의미한다. 이는 미국에서 성인이 매년 TV를 보는 1 퍼센트의 시간에서 20분의 1이다. 우리 모두가 남는 시간을 다른 방향으로 돌려 사용함으로써 받아들일 수 있는 "인지과잉"은 많은 것을 달성 할 수 있을 것이다.

주니버스가 개척했던 종류의 접근법을 취하고 있는 새로운 조직들은 과학 환경사회 프로젝트 같은 분야에도 그 접근법을 적용하고 있다. Crowd

Crafting.org은 기초 과학, 언어학, 소셜 미디어 분석 같은 광범위한 영역에서 집단지성 과제를 제시한다. 스카이트루스(SkyTruth)는 위성 이미지에 있는 오픈 데이터 분석을 위해 기업 활동이 환경에 미치는 영향력을 집단이 감시하도록 하고 있다. 스카이 트루스 설립자이자 지질학자인 존 아모스(John Amos)는 2010년 BP사의 기름 유출로 인한 손실과 영향력이 공식 추산보다 훨씬 더 심각하다는 것을 보여주기 위해 이 이미지를 스스로 분석했다. 2013년 스카이 트루스는 셰일가스 시추기술이 사용되고 있던 펜실베니아 지역의 이미지 분석을 위해 많은 참가자들을 활용하여 몇 가지 프로젝트를 시작했다. 프랙파인더(FrackFinder)가 대표적인 프로젝트였는데, 스카이트루스가 이 프로젝트를 시작한 이유는 "당신이 그것을 볼 수 있다면 바꿀 수도 있습니다."라는 회사의 사명을 따르기 위한 것이었다.

위에서 살펴본 참여를 독려하는 힘을 가진 사이트들과는 대조적으로 사람들이 따분하고 일상적인 작업에 참여하도록 하고 돈을 지불하는 대규모 데이터벌집 프로젝트들의 성공은 이제까지 제한적이었다. 연구에 의하면 돈을 지불하는 아마존 서비스인 미케니컬 터크(Mechanical Turk)의 경우 이러한 "인간의 지적인 작업"을 하는 사람들에게 돈을 더 많이 지불하면 더 많은 참여자를 끌어들일 수 있다는 것을 보여주고 있다. 그러나 중요한 것은 돈을 더 많이 지불하는 것이 정확도를 높이는데는 도움이 되는 건 아니라는 것이다. 업무와 업무에 종사하는 커뮤니티의 본질이 업무에 대한 헌신과 업무성과를 결정하는 것으로 보인다.

사업 성공가능성 포착하기

클레이는 크라우드소싱에 관한 자신의 첫 번째 저서인 "끌리고 쏠리고 들끓다(Here Comes Everybody)"에서 집단지성의 힘을 이렇게 요약했다. "우리는 사소한 일은 사랑 때문에 생기고 큰 일은 돈 때문에 생기는 세계에 익숙합니다. 사랑은 사람들이 케이크를 굽도록 하고 돈으로는 백과사전을 만들도록 동기를 부여합니다. 하지만 우리는 지금 사랑 때문에 큰 일을 할 수 있습니다."

이것은 사업을 만들기 위해 집단지성을 사용하는 어떤 사람에게나 난제를 제기한다. 사람들이 당신의 프로젝트에 최선을 다하도록 하기 위해 사람들이 당신의 프로젝트를 사랑하도록 만들어야만 하는가? 만약 그렇게 하면 사람들은 돈을 받지 않고 일할 것인가? 이 방법은 비영리 단체인 주니버스와 크라우드크래프팅 그리고 일반기업인 스택 익스체인지와 크런치베이스에서 효과가 있었다. 하지만 최상의 결과를 얻기 위해 사랑하는 것과 돈을 결합해야만 하는 어떤 상황이 있기도 한가?

분명히 그런 다른 상황은 있다. 그리고 연방정부는 이런 상황을 위한 모델을 개발하도록 도움을 주고 있다. 오바마 행정부는 "일반인들과 정부가 함께 문제를 해결할 수 있는" 웹사이트인 Challenge.gov를 발족했다. Challenge.gov는 정부를 돕고 지명도를 얻을 기회와 광범위한 정부기관의 질문에 가장 우수한 해결책을 제시할 경우 그에 대한 금전적인 포상을 안겨준다. 정부기관들이 던지는 문제들은 미 조폐국의 야구 기념주화 디자인에서부터 대학생들의 폭음을 방지하는 모바일기술 접근법 개발 돕기까지 아주 다양하다. 일부 과제는 새로운 앱을 만들거나 기업이나 소비자에게 이익이 되는 방법을 강구하기 위해 정부의 오픈 데이터를 이용하는 것에 주력하고 있다. Challenge.gov는 정부데이터를 기본으로 하는 새로운 벤처를 시작하면서 때때로 비즈니스 인큐베이터로서의 역할을 해오고 있다.

이노센티브와 캐글, 탑코더 같은 데이터 중심 기업들은 비즈니스에서 필요로 하고 활용될 수 있는 엄청난 지식과 재능이 있다는 것을 보여주고 있다. 이를 위해서는 자극을 주는 것과 돈을 지불하는 것이 적절하게 결합되어야 한다. 어려운 연구문제를 풀기 위해 과제를 게시하는 것은 양쪽 모두에게 도움이 된다. 회사는 과제를 게시함으로써 필요에 따라 회사를 도와줄 능력 있는 인재를 정확하게 찾을 수 있고 혁신가는 자신의 지명도를 높이고 상금도 탈 수 있다.

드웨인 스프래들린은 이노센티브가 새롭고 혁신적인 솔루션을 효과적으로 찾아내는 이유에 대해 설명했다. 이노센티브는 똑똑하고 창의적이며 격이 다른 문제 해결사를 끌어 모은다. "우리가 게시하는 데이터 관련 과제는 기술에 정통한 수 천만 명의 해결사들을 불러 모읍니다. 이들은 종종 수학과 통계 분야의 전공자들이며 때로는 팀으로 일하는 사람들입니다."라고 스프래들린이 말했다. 이노센티브에서 주최하는 많은 대회들에서는 최고 선수들의 명단과 점수를 보여주는 리더 보드가 있다. 그를 통해 각 팀의 현재 점수와 순위를 알려주고 어느 팀의 솔루션이 실시간으로 가장 좋은 결과를 내고 있는지를 보여준다. 이런 접근방법은 종종 획기적인 성과를 창출하는 강력한 "경쟁 역학"을 만든다고 스프래들린은 말했다. "이 리더보드는 아드레날린, IQ 그리고 자존심입니다. 좋은 성과를 내는 문제 해결사들은 리더 보드에서 가장 높은 곳에 있기를 원합니다."

이노센티브가 성공한 이유를 알고 싶어하는 연구자들이 이 회사를 철저하게 연구해 왔는데, 세 가지 요인에 의해 동기가 부여되는 것을 발견했다고 말했다. 첫째, 성공적인 해결사들은 영향력 있는 프로젝트에 착수하길 원한다. 둘째, 엘리트 해결사 집단의 일부가 되고 싶어한다. 셋째, 돈과 명성 같은 외적 보상이나 해결책이 실제로 사용되는 것을 보며 느끼는 내적 보상 같은 어떤 유인책이 제시되기를 원한다.

스프래들린은 이노센티브가 네 종류의 문제 해결사를 찾았다고 내게 말했다. 첫째 학생과 학자, 둘째 능동적인 연구자, 셋째 관련 분야의 퇴직자, 넷째 전문적 문제의 해결사로서 어떻게든 문제를 해결하는 사람이 그 네 종류에 속한다. 그에 따르면 세 번째와 네 번째 집단이 가장 성공적이며 이들은 자신이 한 일에 대한 보상에 매우 감사해 하고 있다고 한다(어떻게든 문제를 해결하는 사람에게 보수 지불은 필수이다). 첫 번째와 두 번째 집단은 세 번째와 네 번째 집단에 비해 문제해결 성공률이 낮을 뿐 아니라 돈에 대한 동기부여도 낮은 편이지만 참여율은 매우 높다. 마찬가지로 첫 번째와 두 번째 집단은 사회를 개선하는 프로젝트와 공공이익에 기여하는 거대한 아이디어를 가진 과제에 가장 매료되는 것에 비해 세 번째와 네 번째 집단은 구체적이고 실용적인 해결책을 만들어내는 것에 최고라고 할 수 있다.

이노센티브에 관한 연구결과, 일반적으로 다른 사람에게 어떠한 영향을 끼치고자 하는 바람은 모든 사람에게 가장 핵심이 되는 동기였다고 스프래들린이 말했다. 프로젝트는 많은 사람들의 참여 유도를 통해 영감을 얻는다. 그러나 금전적 보상은 여러 프로젝트 중 해결자의 마음에 더 끌리는 프로젝트를 해결자가 선택하도록 도와줄 것이다. 그리고 사람들은 제약회사 후원으로 진행되는 과제보다는 국제 구호활동과 같이 금전적 보상이 거의 없거나 아예 없는 일을 훨씬 더 기꺼이 하는 편이다. 스프래들린은 만약 당신이 회사의 수익개선에 도움이 되었으면 하는 마음으로 과제를 게재한다면 그 과제에 돈을 걸지 않고서 과제를 제시할 생각은 "아예 꿈도 꾸지 말라"고 말했다.

01장. 웹만큼 거대한 기회

02장. 주목받는 스타트업 : 정부 데이터를 돈으로 만들기

03장. 소비자 웹사이트 : 스마트 공시를 위한 선택엔진

04장. 대규모 데이터를 관리하기 위한 신생 기업들

05장. 데이터중심 투자 : 사업분석에 필요한 새로운 툴

06장. 그린투자 : 지속가능 데이터에 베팅하기

07장. 새비 마케팅 : 평판 데이터가 당신의 브랜드를 정의하는 방법

08장. 감정분석을 활용한 마케팅 기법

09장. 집단을 활용한 신속한 혁신

10. 열린 연구실 : 열린 협업을 통한 혁신

10장 열린 연구실 : 열린 협업을 통한 혁신

의학박사 제이 브래드너(Jay Brandner)는 보스턴에 있는 다나파버 암 연구소(Dana-Farber Cancer Institite)의 연구원으로서 2010년에 그와 그의 팀은 다음과 같은 중요한 공식을 발견했다.

ClC1 = CC = C(C2 = N[C@@H](CC(OC(C)(C)C) = O)C3 = NN = C(C)N3C4 = C2C(C) = C(C)S4C = C1

그리고 이것을 사람들에게 무료로 배포하기로 결정했다.

그는 2011년 6월 보스턴에서 있었던 TEDx talk에서 일련의 실험에서 그가 사회적 실험이라고 부르는 것을 하게 된 이례적인 여정, 즉 자신의 암 연구결과를 전 세계가 보도록 사전 공개하는 것에 대해 얘기했다. 그는 전 세계에서 가장 권위 있는 암 연구 센터 중 한 연구실에서 실험실 하나를 총괄하고 있는 연구원으로 의약계라는 사회의 기득권층 안에 있는 사람이지만 TEDx 에서 자기가 하고 있는 일에 대해 말할 때는 누구보다도 생명을 구하는 치료법의 빠른 발전을 원하는 아직은 젊은 이상주의적인 과학자였다.

의학분야의 많은 사람들이 그러하듯 그도 역시 개인적인 경험 때문에 의학을 시작하게 되었다. 그의 아버지는 췌장암 진담을 받았는데, 그 암은 특히 본질적으로 치료가 불가능했던 치명적인 형태였다. 그는 자기 가족에게 일어난 비극에 대해 곰곰이 생각하던 중 인간게놈과 암에 관한 데이터는 엄청나게 많아도 비소와 탈리도마이드 같은 원시적 항암제에 의존하고 있는 제약계의 부족한 현실 사이에 엄청난 간극이 있다는 것을 알게 되었다. 이미 의사로서 일을 하고 있던 그였지만 분자 수준에서 암 세포 성장을 억제시킬 약을 개발하기 위해 다시 학교로 돌아가 화학을 공부했다.

브래드너는 처음부터 오픈 데이터를 통해 연구 공유함으로써 동료들의 지혜를 모으면 더 많은 도움을 받을 수 있다는 가능성을 보았다. 그는 실험실로 돌아가 정중선 암이라고 불리는 희귀한 종류의 암에서 악성 세포를 방해할 수 있는 화합물에 대한 연구를 시작했다. 그리고 다른 연구실과 연구 데이터를 공유했는데 특히 옥스포드에서 연구에 관한 유용한 통찰력을 얻을 수 있었다. 그것은 곧 JQ1라고 부르는 화합물이 쥐에서 미드라인 카시노마(midline carcinoma)의 성장을 정지시키고 생명을 구할 수 있다는 것을 알게 해주었다.

TEDx에서 그는 다음과 말했다. "이 시점에서 과연 제약회사는 무엇을 할 것인가? 에 대해 우리는 궁금해지기 시작했습니다. 아마도 제약회사는 프로토 타입 약물을 활성 의약 물질로 바꿀 때까지 이것을 비밀로 해 둘 것입니다. 그래서 우리는 제약회사와 완전히 반대로 하기로 했습니다. 우리는 가장 초기의 프로토 타입 단계에서 이 결과를 설명하는 논문을 발표했습니다."(이 논문은 2010년 9월 네이쳐지에 발표되었다) "우리 학문분야에서는 일반적으로 비밀에 부치는 이 분자의 화학적 정체성을 공표했던 것입니다." 앞에서 보여준 문자, 기호, 괄호가 그려진 공식이 바로 그것이다. "우리는 사람들에게 그것을 만드는 방법에 대해 정확히 말했습니다. 사람들에게 우리 이메일 주소를 주고 만약 이메일을 보낸다면 우리가 무료로 분자구조식을 보내겠다고 제안했습니다."

브래드너의 실험은 이상주의에서 시작되었지만 비즈니스 관점에서 볼 때도 역시 스마트한 결과를 가져올 수도 있다. 그의 발표를 통해 공유된 내용은 특허를 받을 만한 약이 되기까지 많은 단계를 거쳐야 할 연구였다. 그가 약간의 지분을 가지고 있는 텐샤 치료법(Tensha Therapeutics)이라는 신설기업은 현재 이 화합물을 개발하기 위해 브래드너의 연구실과 함께 연구하고 있다. 제약 기업뿐만 아니라 학술 연구소도 그의 발견에 큰 관심을 보이고 있다. 이런 연구 결과는 자신만의 연구실에서 혼자 구상하던 것을 넘어 생명을 구하고 상업적으로도 실현 가능한 수많은 약이 탄생될지도 모른다.

짧은 기간 동안 브래드너 연구소가 사회과학 분야에서 대담한 실험을 한 이후, 연구에 대한 오픈 데이터 접근법은 탄력이 붙게 되었다. 과학과 연구는 더 이상 실험실의 닫힌 문 뒤에서 일어나지 않는다. 연구소, 재단, 정부기관은 종종 오픈 이노베이션이라고 불리는 새로운 연구모델에서 자신들의 연구결과를 신속하게 오픈 데이터로써 공유하고 있다. 같은 분야의 다재 다능한 사람들은 가장 풀기 어려운 문제를 풀기 위해 온라인에서 협업한다. 이러한 전환은 과학의 연구 방식에 있어 본질적인 변화를 가져올 수도 있다. 앞으로 공개된 연구를 통해 새로운 사업모델이 진행되면 제약회사, 엔지니어링 회사 등은 큰 도전을 받게 될 것이다.

의료계에서 사용된 오픈 데이터가 설득력 있는 과학적인 사례였던 경우가 있었다. 특히 여러 국가들 간의 협업은 중대한 질병의 원인과 치료법을 찾기 위한 가장 빠른 방법일 수 있다. 군중의 지혜(The Wisdom of Crowds)라는 책에 기술된 아주 전형적인 예로는 2002~2003년의 SARS 발병으로 모두가 함께 공동으로 대처하던 노력들을 들 수 있다. 최초의 SARS 발병사례가 보고된 지 몇 달 후, 세계보건기구는 10개국 11개 연구소에 모두 연락을 취했고 원인 규명을 위한 협업을 요청했다. 동일한 샘플들로 동시에 작업했기 때문에 과학자들은 약 1주 이내에 바이러스를 찾아낼 수 있었고 1달 후 최종 ID를 확보할 수 있었다.

토론토의 물리학자이자 작가인 마이클 닐슨(Michael Nielsen)은 그의 책 "발견을 다른 모습으로 보여주기 : 네트워크 과학의 새로운 시대(Reinventing Discovery: the New Era of Networked Science)"에서 위와 같은 오픈 이노베이션과 또 다른 종류의 오픈 이노베이션에 대해 설명한다. 닐슨은 오픈 데이터를 이용한 연구 공개를 찬성하는 전도사격 인물이다. "누군가가 발견한 무엇인가를 색다른 모습으로 보여주는 것이 우리 시대가 갖는 가장 거대한 변화 중 하나라고 생각합니다"라고 그의 책은 시작한다. "역사가들이 지금으로부터 약 백 년 전을 되돌아보면 과학에는 두 가지 시대가 있을 것입니다. 그것은 네트워크 이전의 과학과 네트워크 과학의 시대입니다. 하지만 이 두 시대 사이의 전환은 그리 평탄치 않을 것입니다."

데이터가 공표되거나 폐기되는 학계에서 데이터라고 하는 것은 성공적인 커리어의 열쇠가 될 수도 있고, 동료들이 공식적으로 데이터를 리뷰하고 공표하기 이전에 공유하는 것은 뭔가 어긋나 보일 수 있다. 신약 개발에 수백만 달러를 지출하는 제약회사에게는 오픈 데이터를 공개하는 것이 상업적으로 위험해 보일지도 모른다. 그러나 다른 측면에서 보면 데이터 공유는 연구 속도를 보다 효과적으로 가속화시키기 때문에 데이터를 공개하지 않고 혼자만 가지고 있는 것은 정당성을 갖기가 어렵다. 그리고 질병 중심 재단에서 연방 정부에 이르기까지 연구 자금을 제공하는 기관은 혁신의 가속화, 빠른 해답을 찾아내는 새로운 연구프로세스를 요구하고 있다.

오픈 이노베이션을 위한 오픈 데이터

과학자들이 가상의 팀으로 문제를 해결하기 위해서는 두 가지 필요한 것이 있다. 하나는 데이터에 대한 접근이고 다른 하나는 협업을 위한 네트워크이다. 과학에서 오픈 데이터를 사용하는 것이 새로운 일 같지만 오픈 데이터는 사실 이십 여 년 전부터 사용되고 있었던 접근법이다. 닐슨은 1996년에 열린 회의에서 체결한 유전자 연구에 관한 역사적인 버뮤다 협정을 다음과 같이 기술했다. "이 협정에는 정부가 후원하는 인간게놈 프로젝트의 몇몇 지도자들과 세계 유수의 생물학자들이 많이 참석했습니다."

비록 이 협정에 참가했던 많은 참석자들이 연구결과 공표 이전에 모든 유전자 데이터를 공유하기 위해 발벗고 나선 것은 아니지만 데이터를 공유하는 것이 일상적인 관례가 된다면 과학 전반에 큰 도움이 될 것이라는 생각은 누구나 할 수 있었다.

> *그래서 그들은 며칠 간 논의한 후 버뮤다 협정으로 알려진 공동협약을 맺게 되었습니다. 버뮤다 협정의 핵심은 모든 인간의 유전자 데이터는 즉시 온라인으로 공유되어야 한다는 것입니다. 그 협정은 단순히 공허하기만 한 미사여구가 아닙니다. 그 회의실 안에 있던 생물학자들은 즉각적인 데이터 공유를 인간게놈 연구의 필수요건으로 만들도록 하였으며 몇몇 주요 과학 연구지원금 기관을 설득할 영향력이 있었습니다. 데이터 공유를 거부하는 과학자는 연구를 위한 보조금을 받을 수 없을 것입니다. 이것은 게임의 룰을 바꿨습니다.*

오픈 지식 재단의 공동설립자이자 디렉터인 루퍼스 폴록(Rufus Pollock)에 따르면 인간게놈 프로젝트는 넓은 개념으로 볼 때 "오픈 데이터가 있기 전의 오픈 데이터였습니다"라고 했다. 프로젝트는 공개적으로 데이터를 공유하기 위해 심사 숙고된 프로토콜을 개발했지만 더 많은 데이터를 공개하지 않고 보유하려는 기업들과 경쟁해야만 했다. 폴록은 데이터를 공개하는 기업의 손을 들어주는 최근의 MIT 연구를 인용했다. "그 경쟁은 셀레라(Celera)와 오픈 게놈 프로젝트 사이에 있던 것인데, 셀레라는 그들이 최초로 유전자 배열을 밝혔던 일부 분야에서 특허를 얻었습니다. MIT 연구에서 비교를 통해 셀레라가 특허를 소유함으로써 후속 혁신을 감소시켰거나 30%까지 그 영역의 사용을 줄였다는 증거를 얻었습니다." 게놈 연구를 위한 일반적인 기준으로서 개방성을 확립하는 것은 "거대하고 대단한 승리"였다고 그는 말했다.

인간게놈 프로젝트의 이러한 성공에도 불구하고 이 프로젝트는 과학연구를 위해 심지어는 대규모 공동 협업 프로젝트들에 대해서도 규칙을 다시 작성하지는 않았다. 오바마 대통령이 2013년 1억 달러 규모의 뇌 연구 계획을 발표했을 때, 오픈 지식 재단이 이 계획을 오픈 데이터 프로그램으로 만들도록 추진했지만 이 계획이 발전되던 때 데이터공유를 위한 노력은 없었다. 그러나 지난 수 년간 과학분야에서의 오픈 데이터 운동은 증가해왔기 때문에 이미 티핑포인트에 도달했을 수도 있다.

최근 국경을 초월하여 정부의 지원으로 데이터에 접근하고 사용할 수 있도록 국제공조가 시작되었다. "연구 데이터의 공유와 교환을 촉진하고 용이하게 하기 위해" 유럽연합 집행기관과 호주 정부, 미국의 국립 과학재단에 의해 연구데이터연합(Research Data Alliance)이 시작되었다. 그 연합은 농업, 천문학, 해양 및 유전체학을 포함한 분야에서 약 20개의 특별 이익 작업 단체를 통해 일하고 있다. 과학적 데이터 공유에 초점을 맞춘 다른 조직들로는 과학기술 데이터위원회(CODATA)와 예일 대학교의 대학 오픈 데이터 액세스 프로젝트(YODA)를 들 수 있다. 앞으로 큰 역할이 기대된다.

일부 재단은 지원금 신청 조건으로 오픈 데이터 공유를 요구하기 시작했다. 의학 연구재단은 치료와 치유를 촉진하는 방법으로 오픈 데이터를 간주하며 데이터 공유가 빠른 속도로 발전하는데 어떠한 것도 방해가 되길 원하지 않는다. 예를 들어 마이클 J 폭스 재단(Michael J. Fox Foundation)은 파킨슨 병을 찾기 위한 생물학적 표식을 찾기 위해 파킨슨 진행 표지 계획(Parkinson's Progression Markers Initiative: PPMI)이라는 이름의 프로젝트를 오픈 데이터 사업으로 실시해 오고 있다. (이 사업은 알츠하이머 병을 위한 뇌 이미지에 관한 초기 프로젝트를 본뜬 것이다.)

PPMI를 통해 24개 임상 현장의 과학자들은 다른 과학자를 위한 "완전한 접근, 공개된 접근"으로 이 질환에 대한 혈액 표지 연구결과를 공표한다. 폭스 재단은 이것을 다음과 같이 설명한다. "모든 PPMI 임상 데이터와 특성화된 바이오 샘플은 실시간으로 사용 가능합니다. 따라서 바이오마커 연구가 더 빨리 진행되고 이질적인 바이오마커를 통일시키는데 도움을 줍니다. 현재까지 460명의 학계와 산업계의 과학자들이 전 세계 30개국에서 PPMI 데이터를 50,000 회 이상 다운로드 했으며 21개 앱이 바이오마커 연구에서 PPMI 바이오 시료를 사용하기 위해 만들어졌습니다."

공개적으로 데이터를 공표해야 한다는 압력은 투자자뿐만 아니라 환자들도 하고 있다. 환자가 재단의 대표로 변신한 특별한 경우가 있는데 바로 캐시 쥬스티(Kathy Giusti)의 경우이다. 쥬스티는 머크(Merck)와 지디셜(G.D. Searle) 두 회사의 MBA출신의 경영진이었는데 37세인 1998년에 다발성 골수종으로 진단받았다. 하지만 그 치료제에 대해 진행되고 있는 연구가 없다는 것을 알게 된 캐시는 경악했다. 그래서 그녀는 다발성 골수종 연구재단(Multiple Myelona Research Foundation)을 발족시켰고 이 재단이 지원하는 연구의 오픈 데이터를 공개할 것을 약속했다. 재단의 많은 노력 덕분에 지난 10년 동안 다발성 골수종 환자의 생존율은 두 배가 되었다.

현재 쥬스티는 암을 이겨내고 있으며 과학의 새로운 방식을 강력하게 지지하고 있다. "가장 큰 문제는 데이터가 학술센터와 기업의 벽 안에 보관되어 있는 것입니다"라고 그녀는 최근 패스트 컴퍼니(Fast Company)와의 인터뷰에서 말했다. "환자들이 이런 사실을 안다면 아마 미칠 것입니다. 이 시스템과 인센티브는 실제로 붕괴되었습니다."

일부 환자들은 페이션츠라이크미(PatinetsLikeMe)라는 영향력 있는 웹사이트를 통해 스스로 연구를 돕고 있다. 사람들은 페이션츠라이크미에서 자신의 질병, 복용하고 있는 약, 부작용 및 치료에 대한 추가 정보의 자세한 내용을 공유하고 있다. 이 회사는 "자발적으로 돕는 사람들은 프라이버시란 이유로 접근할 수 없는 데이터를 공유한다" 라는 이타적 사명을 가진 영리 벤처이다. 웹사이트에서 말하는 것처럼 "우리는 당신의 헬스케어 경험과 성과를 공유하는 것이 좋다고 생각합니다. 왜냐고요? 환자가 실시간 데이터를 공유하면 전 세계적인 수준에서 협업이 가능해지기 때문입니다. 그리고 새로운 치료법이 만들어집니다. 가장 중요한 것은 변화가 가능해진다는 것입니다. 페이션츠라이크미에서 우리는 사람들을 더 큰 목적, 즉 연구속도를 가속화시키고 붕괴된 의료시스템을 바로 잡도록 하는 목적을 달성하기 위해 애쓰고 있습니다."

과학적 데이터 공개가 가장 어려운 분야는 학술 재단의 자금지원으로 이루어지는 연구가 아니라 제약회사에 의해 수행된 상업적 연구일지도 모른다. 제약분야의 연구를 극비라고 표현한다면 이건 오히려 절제된 표현일 것이다. 제약회사들은 연구가 진행되고 있는 동안 연구 데이터를 안전하게 보호할 뿐 아니라 연구가 완료된 후에도 어떤 연구를 공표할 것인지를 신중하게 제어한다. 부작용이 거의 없는 긍정적인 임상결과가 나온 연구는 햇빛을 볼 가능성이 높겠지만 그 반대의 결과를 보여준 연구는 일반적으로 그렇지 못하다. 신약이 시장에 나온 이후 부작용이 분명해 질 때까지 신약은 수익성이 나오는 경향이 있다는 것을 과학연구에서 보여주고 있다.

얼츄라이얼즈(AllTrials)라는 영국을 기반으로 하는 옹호자 단체는 시스템을 고치기 위해 자금 제공자, 의료기관, 활동가들의 연합에 의해 형성되었다. 그들은 그저 "모든 시도는 등록되고 모든 결과는 보고되길" 원할 따름이다. 그래서 신약의 장점과 단점이 모두에게 분명해지길 바란다. 얼츄라이얼즈는 2013년 초대형 제약회사인 글락소스미스클라인이 모든 임상시험을 일반인에게 공개하기로 합의했을 때 큰 승리를 맛봤다.

GSK는 이 결정 이전에 홍보에 문제가 있었다. 항우울제인 팩실(Paxil)과 웰부트린(Wellbutrin)의 마케팅이 부적절했다는 이유로 30억 달러의 벌금을 지불했다. FDA의 승인 없이 어린이들에게 팩실이 사용되도록 광고했고, 웰부트린을 성기능 장애 치료제와 더불어 어떤 사람들에겐 "행복하고 성적으로 매력적인 마른 알약"이라고 불리도록 하면서 체중감소 보조제로 광고했다. 임상시험을 공개하는데 동의하는 것은 회사에게 좋은 평판이 가장 필요로 할 때, 그것을 얻기 위한 전략이었는지도 모른다.

GSK의 동기가 무엇이었든지 간에 임상시험 데이터 공개는 트렌드에 맞춰갈 수 있도록 도왔다. GSK의 발표 이후, 임상시험을 공개하지 않겠다고 강하게 주장하는 제약업계의 계획에 대한 보고가 있었고 이와 관련된 공지사항도 유출되었다. 그러나 얼츄라이얼즈 캠페인은 과학적으로도 받아들일 수 있고 또한 성공할 오픈 데이터 캠페인이라고 느낄 수 있는 중대한 공공이익을 가져올 수도 있을 것이다.

오픈 액세스 : 과학적 연구결과 공표를 변환시키기

온라인 오픈 데이터의 성장과 기술에 정통한 사람들의 증가는 전례 없는 눈부신 과학적 연구와 개발의 기회를 활짝 열어주었다. 그러나 아직도 가장 근본적인 과학 기술적 정보 공유는 학술지 등에 발표된 논문을 통해 이루어지고 있다. 현재 공개적으로 발표된 연구데이터를 모두에게 무료로 제공하자는 움직임이 늘고 있다. 연구분야는 다르지만 연구자들이 함께 연구결과를 분석하기 위해 온라인에서 관련기사를 검색하거나 접근이 가능하도록 허용해 주려는 것이다.

연구 커뮤니티에서 오픈 데이터로 가자는 독려는 모든 종류의 연구로부터 나온 데이터를 자유롭게 공유하자는 움직임인 오픈 액세스(Open Access)로 알려졌다. 오픈 액세스 운동은 수 년에 걸쳐 구축 되었지만 여러 가지 다른 노력들과 융합된 지 몇 년 되지 않았다. 결과적으로 우리는 연구의 산출물 뿐만 아니라 그 뒤에 있는 데이터까지도 이전보다 더 빨리 이용할 수 있게 될지도 모를 일이다. 그래서 오픈 이노베이션과 가속화된 R&D, 새로운 공표의 기회, 더 투명한 과학적 프로세스를 위한 새로운 기회를 그 결과로 맞이하게 될 것이다.

이 운동의 비극적인 영웅은 아론 슈워츠(Aaron Swartz)였다. 2013년 1월의 1~2주일 간은 이메일과 쇼핑을 위해서만 웹을 사용하는 사람이었다 할 지라도 이 젊은 인터넷 선구자의 이야기로 소란스러웠던 때라는 것을 알고 있을 것이다. 2011년부터 법무부는 컴퓨터 사기 및 관련 혐의에 대해 슈워츠를 상대로 소송을 진행하고 있었다. 2013년 1월 11일 슈워츠는 기소와 투옥이라는 위험에 직면하는 대신 목을 매달았다. 이 사건으로 인해 사람들은 법무부에 대해 격노하기 시작했고 데이터 접근에 대한 새로운 법을 요구했다.

슈워츠에 관한 이야기는 정부가 도를 넘었다는 것을 상징할 뿐 아니라 우리가 이제까지 공개데이터를 정의하고 규제하는 방법을 결정해왔던 모순되고 혼란스러운 규칙들을 상징하게 되었다. 슈워츠가 정부 법률문서를 무료로 사용 가능한 방법을 고민했을 때 그의 아이디어는 법적으로 정당한 것이었고 대학을 기반으로 계속되는 프로젝트로 바뀌었다. 하지만 그가 과학적 연구 결과에 대해 똑같은 일을 하려고 하자 법무부에 의해 기소되었다.

이야기는 2008년으로 다시 돌아간다. 그 당시 이미 웹 기업가와 오픈데이터 활동가로서 국가적 명성이 있었던 슈워츠는 페이서(PACER)로부터 데이터를 공개하기로 결정했다. 페이서는 법원 전자기록에 대한 공개적인 접근을 제공하는 미국 법원 행정실이 운영하는 데이터베이스이다. 슈워츠는 19,856,160페이지의 문서를 다운로드 할 수 있는 무료 평가판을 이용했다. 이 무료 평가판을 돈을 주고 지불할 경우 150만 달러를 지불해야 될 것이라고 했다. 그는 다운로드 한 문서들을 RECAP(페이서를 거꾸로 적은 것)이라고 부르는 웹사이트에 다시 게시했다. 그러자 예상했던 대로 페이서는 즉시 그 무료 평가판 정책을 중지했다. 그러나 RECAP은 프린스톤을 통해 사용하기 편한 웹사이트인 www.recapthelaw.org에 설치되었다.

변호사들은 페이서를 통해 이미 구매했던 문서들을 공개적으로 이용할 수 있도록 RECAP을 사용할 수 있다. 이것은 합법적이다. 모든 미국 정부의 문서처럼 페이서 기록도 저작권의 제약으로부터 자유롭기 때문이다. (이와는 대조적으로 영국과 다른 국가의 정부 문서는 저작권이 보호되어 있다.) 페이서는 사용자에게 기록 사용이 가능하도록 만드는 행정비용을 청구했다. 하지만 만약 그것을 사용한 사람들이 온라인으로 그 자료를 게재할 경우, 정부에 지불해야 할 추가 비용은 없다.

슈워츠가 곤경에 빠진 이유는 페이서로부터 데이터를 공개시킨 것 때문이 아니라 그 다음에 그가 시작했던 거대한 프로젝트, 즉 저작권이 있는 학술잡지의 논문을 공개하기 위해 취한 조치 때문이었다. 2010년 말 슈워츠는 대략 1,700개의 간행물을 다루는 디지털 시스템인 제이스토어(JSTOR)에서 많은 양의 논문을 다운로드 받기 위해 MIT의 컴퓨터 시스템을 이용했다. 논문 무료 재배포가 그의 의도였지만 이는 저작권 침해에 해당될 수 있었다. 그는 무엇이 잘못 되었는지 명확히 알지 못했다. 슈워츠는 하버드 대학교의 연구원 자격으로 제이스토어에 접속할 수 있었다. 체포된 후 다운로드 받은 기사를 배포하지 않는다는 것에 합의하였고 제이스토어는 그를 고발하지 않았다. 그럼에도 불구하고 미국 법무부는 5건의 컴퓨터 사기 관련 혐의와 "보호된 컴퓨터에서 불법으로 정보를 취득했다"는 1건의 혐의를 포함한 총 13개의 중죄로 슈워츠를 기소했다.

만약 슈워츠가 법무부의 지나칠 정도의 열성적인 기소로 인한 희생자였다면 제이스토어는 행동의 가능성에 목표를 두었다는 것은 틀림이 없었다. 제이스토어는 운영비용 충당을 위해 도서관에 비용을 청구하는 비영리 단체이다. 그때까지 오픈 액세스 운동에서는 정보에 대한 대가로 높은 가격을 책정함으로써 거대한 이득을 챙기는 과학저널 출판사의 영리추구에 대해 우려를 표시하고 있던 참이었다. 그 중 최대규모의 과학 출판사인 엘제비어(Elsevier)는 최근 11억 달러 이상의 연간 수익이 보고 되었는데 이것은 대략 약 35%의 수익 마진이다. 이 금액은 출판사가 논문 저자나 논문 심사자에게 비용을 지불하지 않는다는 것을 고려했을 때 매우 주목할 만한 금액인 것이다. 특히 과학자들과 운동가들을 분통 터지게 한 것은 이들 중 많은 연구들이 공적 자금을 통해 지원 받은 연구라는 점이다. (제이스토어가 자신의 웹 사이트에서 밝히길, 제이스토어에 발표되는 논문들은 생명 과학 분야의 연구보다는 정부 지원금을 덜 받는 인문, 사회 과학분야의 연구에 주력한다고 했다.)

학술계의 활력

아론 슈워츠 사건으로 경각심이 고조되던 때에 학자와 서사들이 함께 오픈 액세스를 장려하고 나섰다. 오픈 액세스 운동은 학문적 활력이라고 불리던 2012년에 정점에 도달했다. 그 해 1월, 캠브리지 대학교의 티모시 가와즈(Timothy Gowers)라는 수학자는 엘제비어에 대한 보이콧을 촉구했다. 엘제비어가 연방정부 자금으로 집행되는 연구의 저작권을 이전보다 더 엄격하게 제한하려는 의회법안을 지지하였기 때문이었다. 그 해 중반까지 12,000명 이상의 학자들이 이 보이콧에 서명했다.

활동적인 연구 사서들의 연합이 지지하는 액세스투리서치(Access2 Research)라는 새로운 그룹이 이 이슈를 지지하기 위해 2012년 5월 형성되었다. 이 그룹은 오픈 액세스 촉진을 위해 열린정부라는 수단을 사용하기로 결정했다. 즉, "납세자로부터 받은 세금으로 조성된 연구 결과를 통해 얻은 과학논문은 인터넷을 통해 자유롭게 접근할 수 있도록 해야 한다"는 것을 정부에 요청하면서 우리는 국민(We the People)이라는 시민청원을 위한 연방정부의 새 웹사이트에서 캠페인을 시작했다. 당시의 청원 웹사이트의 규정에 따라 행정부가 응답할 가치가 있도록 하기 위해서는 30일 이내에 25,000명의 서명인을 모아야 했다. 이 청원을 시작한 지 2주 만에 25,000명이 서명했고 총 65,000명의 서명을 얻을 수 있었다.

2013년 2월 백악관 과학기술정책(OSTP)의 수장인 존 홀드런(John Holdren)은 긍정적인 방향으로 이 청원서에 답했다. 이 이슈에 대해 OSTP가 시간을 내서 논의했다고 말하면서 그는 청원 웹사이트에 다음과 같은 답변을 남겼다. "오바마 행정부는 시민들의 세금으로 진행된 연구성과에 대해 시민이 쉽게 접근할 자격이 있다는 데에 동의합니다... 공개적인 접근을 개선해야 한다는 논리는 당연한 것 입니다. 연방정부의 지원금으로 이루어진 과학연구의 결과는 일반인, 산업계, 과학계를 위해 사용 가능하고 유용하도록 오바마 정부는 최선을 다하고 있습니다.. 미국인들이 도와준 연구결과에 미국인들은 쉽게 접근할 수 있어야 합니다."

그는 홀드런이 위 답변을 쓴 날 R&D에서 100만 달러 이상을 조성하는 연방정부기관이 출판한지 1년 이내에 무료로 공표된 연구결과를 사용할 수 있도록 방안을 강구하라는 지시를 모든 연방정부기관에 공지사항으로 공표했다. 그가 지적한 것처럼 이 새로운 정책은 국립 보건원이 2008년에 성공적으로 실시했던 정책을 반영한 것이었다.

또한 정부기관들에게 공지사항을 통해 연방정부 자금으로 진행된 연구를 이용할 수 있게 하는 계획을 수립하도록 지시했다. 열린 사고의 향상을 돕기 위해 백악관은 "변화의 챔피언" 대회를 열어 과학정보를 더 쉽게 접근할 수 있도록 도운 사람들을 수상하고 격려했다. 2013년 6월 수상자들은 "과학연구에서 생성된 데이터 또는 출판물에 대한 무료 액세스를 제공하거나 과학 데이터를 공개적으로 유효하게 사용되도록 하는 연구를 주도함으로써" 영향을 주었던 사람들이었다. 오바마 행정부의 관점에서 볼 때 과학적인 공표와 오픈 데이터는 분명히 연결되어 있다.

정부의 새 정책은 대체적으로 환영을 받았지만 아직 충분하지 않을 수 있다. 무료접근을 위해 1년간 기다리는 것은 연구의 세계에서는 제법 긴 시간이다. 홀드런의 발표 1주일 전에 FASTR(과학기술에 대한 공정한 접근연구법)라고 알려진 법안이 하원과 상원에 도입되었다. 이 법에 의하면 연구 논문은 발표된 지 12개월이 아니라 6개월 내에 사용 가능한 형태로 온라인에서 접근 가능할 것이라고 했다.

일부 최고 연구자들은 이 새로운 정책의 효력이 발생될 때까지 기다리지 않는다. 그들은 무료 또는 저렴한 가격에 정보를 이용할 수 있는 새로운 출판 모델을 개발하고 있는 중이다. 2000년에 3명의 저명한 생물학자들은 동료 연구자가 리뷰한 연구를 몇몇 온라인 저널을 통해 자유롭게 사용하고 또한 재사용을 위해 데이터를 공개하는 비영리 단체인 과학 공공도서관(PLoS)을 설립했다. 이 도서관의 설립자는 스탠포드 의대와 하워드 휴즈의학연구소의 패트릭 브라운(Patrick Brown), 캘리포니아 주립대학교 버클리

캠퍼스의 유전 학자인 마이클 아이젠(Michael Eisen), 국립보건원의 수장이었다가 이후 국립 암 연구소의 책임자가 된 노벨상 수상자 해럴드 바머스(Harold Varmus)였다.

오픈 액세스 운동은 과학의 번영을 기대하는 전문가들의 열망과 기존의 시스템에 몹시 화가 난 개인적인 감정이 더해져 탄력을 받고 있었다. PLoS의 공동 설립자이자 과학생물학 공공도서관(PLoS Biology) 학술 편집장인 마이클 아이젠의 동생인 조나단 아이젠(Jonathan Eisen)은 오픈 액세스에 관한 뛰어난 애니메이션 비디오를 통해 자신이 깨달은 것을 설명했다.

저는 형이 Public Library of Science(PLoS)를 시작했지만 그것이 효과가 있을지에 대해서는 확신하지 못했습니다. 저는 이것이 왜 대단한 일이었는지 이해하지 못했습니다. 그러던 중 제 아내가 갑자기 아파서 병원에 입원하게 되었고 저는 새벽 3시까지 아내 옆에서 잘 되지도 않는 형편없는 병원 무선인터넷으로 웹 사이트를 뒤지게 되었습니다. 제가 검색했던 것은 어떤 특정 의학적 치료에 대한 정보였는데, 빌어먹을... 저는 논문에 접근할 수 없었습니다. 제 아내의 담당 의사는 제가 궁금해 하는 그 질병에 대한 질문에 답을 해 주지 못했기 때문에 어떤 치료를 해야 할 지는 우리가 결정해야만 했습니다. 이런 종류의 논문을 엄청나게 많이 읽고, 해석하고, 이해할 수 있는 능력을 갖도록 훈련을 받은 과학자였던 저이지만 원하는 것을 얻을 수는 없었습니다.

그 순간, 저의 뇌리를 스쳐 지나간 것이 있었습니다. "말도 안 돼. 이럴 순 없어..."

병실에서 지내면서 저는 수십 개의 논문을 구매했습니다. 문제는 당신이 논문값을 지불하기 전까지는 제가 궁금해하는 그 질병과 구매한 논문이 관련 있는지를 알 수는 없다는 것입니다... 그 논문들이 혹시라도 관련이 있는지 알아내기 위해서만 1,200 달러를 지불할 건가요? 논문발행이 무료라고 말하는 사람은 아무도 없습니다. 사람들이 말하는 것은 우리는 모델이 될만한 것들을 만들기 위한 노력이 필요하다는 것입니다... 납세자와 정부는 이를 위해 돈을 지불하고 있습니다. 그렇다면 왜 우리는 지식을 제한하는 것이 아니라 지식을 광범위하게 분배되는 방식을 선택할 수 없습니까?

과학적인 출판은 관련 과학자들에게 도움을 주면서 이미 오픈 액세스 쪽으로 움직이는 징후를 볼 수 있다. 유럽 연합이 실시한 최근 연구에 따르면 2011년에 출판된 모든 과학 논문의 약 절반 가량이 온라인에서 무료로 이용 가능하다고 한다. 또 다른 연구에서는 오픈 데이터로 조사 결과를 발표한 유전학의 논문은 그렇게 하지 않은 것들보다 더 자주 인용되었는데, 적어도 5년간 이런 현상이 지속되었다고 한다. (이 논문은 오픈 액세스 저널 자체에 게재되었다.)

인터넷에서 성장한 다음 세대의 과학자들에게 현재의 출판 시스템은 그저 허용할 수 없을 정도로 낡은 것일지도 모른다. 해럴드 바머스의 손자라고 해도 믿을 만큼 젊은 십대인 잭 안드라카(Jack Andraka)는 2012년 인텔 과학기술 경진대회에서 최우수상을 수상한 메릴랜드 출신의 신동이다. 그를 어린 시절의 토마스 에디슨과 비교할 만한 이유가 있다. 한 과학 작가가 설명했듯 그의 업적은 "5분 이내에 그리고 3센트 보다 적은 비용으로 췌장암, 난소암, 폐암을 감지하는 새로운 종이 센서를 개발한 것입니다. 신속한 진단 테스트는 현재보다 168배 빠르고 26,000배나 저렴하며 기존보다 400배나 민감합니다." 그의 시스템은 현재 초기 테스트 단계에 있으며 아직 임상 사용과 거리가 멀지만 십대 중반의 청소년 과학자로서 나쁜 시작은 아니다.

이 잠재적인 돌파구를 개발하기 위하여 안드라카는 과학출판 시스템을 사용하여 일해야 했다. 과학출판 시스템을 찾을 때 그는 오픈 액세스 소스를 사용했다. 그는 구글과 위키피디아를 사용하여 많은 검색을 했다. 그리고 우연히도 저널을 구독했던 자신의 멘토로부터 더 비싼 저널들의 일부를 빌렸다. 이런 그가 지금 무슨 말을 하고 싶어하는가? "계속해서 새로운 생물의학 프로젝트를 연구하고 오픈 액세스의 중요성에 대해 공개연설을 하라."

오픈 액세스라는 것이 설득력 있게 들리긴 하지만 과학저널 구독료를 내는 학술기관에게는 그저 당연한 것만은 아니다. 새로운 모델이 학술기관의 발표를 공표하기 위해 돈을 지불할 것을 요구한다면 지금 구독하고 있는 비싼 저널보다도 더 많은 돈을 지불할 수도 있다.

미국 생리학협회의 이사는 New England Journal of Medicine지 기고에서 다음과 같이 추정했다. "하버드 대학교 의과대학은 2010년에 이 학교 교수진들이 집필한 10,000개의 논문을 발행하기 위해 그 해 연재물 구입 예산으로 잡은 375만달러 보다 많은 1억 3,500만달러(1개 논문 당 1,350달러)을 지불해야 했을 것입니다. 그러므로 제약회사를 포함한 연구집약이 조금 낮은 기관을 위해 액세스에 보조금을 제공하면서, 연구집약 기관은 연구문헌에 무료로 액세스하도록 자금을 제공해야 할 부담을 갖게 됩니다." 오픈 액세스에 대한 논의는 잘 진행되고 있다.

사업 성공가능성 포착하기

오픈 이노베이션의 과제는 어떻게 균형을 맞출 것인가에 있다. 즉, 과학지식을 오픈 데이터로 만듦으로써(그런데 이렇게 하는 것은 연구분야와 사회전반에 도움이 된다) 생기는 이점과 오픈 데이터 생성연구에 드는 원가를 충당해야 할 필요 사이에서 균형을 맞추는 것이다. 캠브리지 대학교에서 경제학 박사학위를 받은 루퍼스 폴록은 많은 종류의 정보들이 사용되도록 하기 위해서 오픈 지식 재단을 2004년 공동 창립했다. 폴록과 그의 동료들의 연구목적은 공동연구에 대한 정보와 데이터를 사람들과 공유하는 것이었다.

폴록은 협업을 통한 경제가 실제 세계의 상품에서보다 정보와 지식에서 이루어질 때 왜 더 좋은지를 설명해 주었다. "어떤 큰 땅이 있다고 가정해 봅시다. 모든 사람이 그 땅의 일부를 조금씩 소유하고 있다고 해서 모아진 그 작은 땅이 커다란 땅이 가질 수 있는 최대 이점을 주지는 않습니다. 이와 대조적으로 지식의 경우에는 일부의 작은 지식이 모여 커다란 지식을 만든다면 작은 지식을 소유하고 있는 사람은 커다란 지식을 공유함으로써 최대이점을 얻을 수 있는 것입니다. 제퍼슨(Jefferson)이 다음과 같이 말한 것을 기억할 필요가 있습니다. '내게서 아이디어를 얻는 사람이란, 내 촛불에서 빛을 가져다 자신의 촛불을 켜는 사람입니다. 이 사람은 내 촛불을 어둡게 하지 않고도 자신의 빛을 얻습니다.'라고 말입니다."

그러나 문제는 가장 먼저 지식을 만들어 내는 것에 대한 보상은 어떻게 할 것인가 이다. 고전적인 접근법은 특허법에서 하는 것처럼 일정기간 지적재산을 보호하는 것이다. 그렇지만 이렇게 하면 과학 데이터의 공개가 늦어질 수 있다. 폴록은 "그것만이 유일한 선택은 아닙니다. 예를 들어 정부, 자선기관 혹은 '크라우드펀딩'으로부터 선불로 자금지원을 받을 수 있습니다. 자발적으로 만들어낼 수도 있고 선물로 받을 수도 있고(콘서트에 가려면 입장료를 내야 하지만 CD는 무료입니다) 기타 등등 옵션은 많습니다."

"핵심은 우리가 지식과 데이터에 접근성을 제한할 때마다 뭔가를 잃어버리고 있다는 것입니다. 과학적 연구를 예로 들어보겠습니다. 과학적 연구의 엄청나게 많은 부분에 공적 자금을 지원 받고 있지만 우리는 아직도 대다수를 공개하지 않음으로써 막대한 가치를 잃어버리고 있습니다. 이는 돈을 잘못 사용하거나 덜 효율적인 연구에 사용하게 됨으로써 생명을 구하는 치료법을 얻지 못한다는 것을 의미합니다. 지식에 대한 접근을 제한하거나 데이터를 아무나 접근할 수 없는 독점적인 데이터베이스 혹은 저널에 가둬두는 대신 공개를 해야 합니다."

알프레드 P 슬로안(Alfred P. Sloan) 재단은 열린지식재단의 경제학 프로젝트에서 위키피디아에 이르기까지, 대규모 데이터 공유 프로젝트 시작을 지원해 오고 있다. 이 재단의 부사장이자 프로그램 디렉터인 다니엘 고로프(Daniel Goroff)는 "공공재(공동으로 사용하는 물건)"의 개념을 사용하여 오픈 데이터의 경제학을 분석한다. 전문용어로 말하자면, 공공재는 "비경합적(라이벌이 없는)"이고 "비독점적"인 재화의 한 형태이다. 공공재를 어떤 사람이 사용한다고 해서 다른 누군가가 그것을 사용하는 것이 더 어려워지지 않는다는 점에서 "비경합적"이고 일반적으로 누구나 그것을 사용할 수 있기 때문에 "비독점적"이다.

공공재의 고전적 예에는 오픈 데이터뿐만 아니라 등대, 공원, 아이디어, 국방까지도 포함된다. 그러나 공공재는 금융에 있어서는 분명히 어려운 부분이다. 고로프의 의견처럼 단순히 공개를 주장하고 계속 공개하도록 두는 것보다 공익에 보탬이 될 수 있는 수수료, 비즈니스 모델 또는 교차 보조금 제도 등 여러 가지 방법들이 있을지도 모른다. 예를 들면, 기초데이터를 추세에 맞도록 정확하고 포괄적이며 유용하도록 하기 위해서는 때로는 부가서비스 혹은 특별전시에 요금을 부과하는 것이 이치에 맞을 수 있다.

광범위한 영역의 오픈 이노베이션에서 이런 이론적인 것들을 당장 실행으로 옮길 수 있는 몇 가지 기회가 있다. 모든 제약회사들이 고려해야만 하는 오픈 데이터를 위한 노력에는 한 가지 중요한 약속이 있다. 그것은 얼츄라이얼즈 캠페인에 참여하는 것이다. 얼츄라이얼즈 캠페인은 임상시험자료를 공개하라는 강력한 논리적 근거가 되어 이러한 움직임은 앞으로 탄력을 얻을지도 모른다. 부작용이 있거나, 위험하거나 혹은 부작용과 위험이 모두 있다는 것으로 판명된 약과 관련한 뉴스가 계속 나오고 있는 상황에서 일반인과 의학과학자에게 제약회사가 보길 원하는 연구결과들을 보여주기만 하는 어떤 시스템을 막아낸다는 것은 어렵다. 임상시험 공개라는 개념을 수용하는 제약업체는 제약업계의 선구자가 될 기회를 맞이하게 될 것이다.

또 다른 기회가 있다. 연구논문 공표를 위한 새로운 사업 모델을 만들어라. 모든 것이 무료인 저널과 연간 수천 달러을 청구하는 출판저널 사이의 중간 어디쯤에는 오픈 액세스 운동을 통해 충분히 합리적으로 생각할 수 있는 출판사의 어떤 역할이 있다는 접근이 가능하다. 한 예로, 우수한 기술을 보유한 출판가인 팀 오릴리(Tim O"Reilly)가 공동 설립한 피어제이(PeerJ)라는 새 출판사는 연구자들이 출판을 위해 스스로 과하지 않은 금액을 지불하는 모델을 사용해 동료 연구자들의 다양한 수준의 리뷰가 있는 논문을 발표하고 있다. 또 웰컴 트러스트(Wellcome Trust)와 같은 몇몇 연구 자금 제공자들은 출판비용을 자신들이 지불함으로써 연구결과에 대한 사용이 좀 더 자유로워진다면 기꺼이 출판비용을 지불할 것이라는 의사를 표했다. 과학연구의 결과물을 공표하는 것은 중요한 산업분야이고 현재 혁신이 이루어질 수 있도록 열려있는 광범위한 분야 중 하나이다.

가장 큰 의문은 오픈 데이터와 오픈 이노베이션이 긍정적인 방법으로 생명공학과 제약산업을 전환시킬 수 있는가 이다. 제이 브래드너(Jay Bradner)가 잠재적인 암 치료제에 대한 공식을 공유한 것은 그 당시 대부분의 제약회사들은 상상도 할 수 없는 것이었다. 그러나 초기 원형의 약(프로토 약)은 시장에 판매할 준비를 마친 의약품과 동일하지 않아서 이 부분을 발전시키고 브래드너의 실험실에서 또 다른 잠재적인 치료법을 개발할 사업 기회는 아직 남아있다.

사실 언뜻 첫 눈에 보는 것보다는 과학적인 오픈 데이터를 위한 더 강력한 비즈니스 사례가 있을지도 모른다. 돈 탭스콧(Dan Tapscott)과 앤서니 윌리엄스(Anthony Williams)가 저술한 책 위키나믹스(Wikinomics)에서 언급한 가장 이상적인 오픈 이노베이션 사례 중 하나인 인간게놈 프로젝트를 다시 살펴보자.

"많은 제약회사들이 전매 등록상표가 되어 있어 대중적으로는 사용할 수 없는 인간게놈 프로젝트를 포기하고 오픈 협업으로 되돌아갔던 중요한 분기점을 인간게놈 프로젝트는 보여줍니다. 그렇다면 이런 기업들은 정확히 어떤 일을 했습니까? '상업제품의 개발초기 단계에 경쟁기업들이 협력하는 상태에 있는 지식공유제' 라고 우리가 부르는 것을 만들었습니다. 즉 생각이 비슷한 기업들이(때로는 라이벌들이) 새로운 공동의 연구개발로 접근하여 산업계의 지식을 공유하는 공동시설을 만들고 새로운 혁명과 산업이 형성될 프로세스를 만듭니다."

이 두 저자의 의견에 따르면 제약회사들은 상업적으로 적용될 준비가 되지 않은, 즉 아직 기본적인 연구 데이터인 시점에서 "경쟁기업들이 협력하는" 상황에서의 지식을 공유하여 이득을 봤다. 이런 현상은 큰 규모의 제약회사가 작은 규모의 생명공학회사의 연구결과가 가진 특허권을 사용하려면 높은 가격을 지불해야 할 것이라는 전망이 서서히 불거지고 있었던 1990년대 중반에 특히 그랬다.

"어떤 회사는 규칙을 완전히 다시 쓸 수 있는 또 다른 옵션이 있다는 것을 알았습니다." 머크제약(Merck Pharmaceuticals)과 워싱턴 대학교(Washington University) 의과대학은 유전자 배열의 공개 데이터베이스인 Merck Gene Index를 출시했다. 그들은 1998년까지 80만개 이상의 유전자 배열을 공표했다. "그러나 머크가 수백만 달러의 비용이 드는 이런 투자를 하는 이유가 무엇입니까? 많은 제약회사들과 마찬가지로 머크는 유전자 배열을 최종제품이 아닌 인풋으로 봅니다. 머크가 하는 일은 유전자 데이터와 연구 툴을 팔러 다니는 것이 아니라 약을 개발하고 마케팅 하는 것입니다. 유전자 배열을 공공의 영역에 둠으로써 머크는 생명공학 회사로서의 능력을 선점했습니다. 생명공학 회사의 주요 인풋에 지장을 주는 라이선스 비용과 거래비용으로 인해 지장을 받지 않도록 말입니다. 머크의 입장에서는 운이 좋게도 다른 제약회사도 업스트림 유전자 정보에 관한 특허에 대해 우려를 공유했습니다.

제이 브래드너(Jay Bradner)가 오픈 데이터로 공개한 연구는 (그리고 이와 비슷한 실험실에서 나올 법한 연구는) 오픈 유전자 배열로서 동일한 역할을 할 수 있었다. 경쟁력 있는 약을 만드는 능력을 방해하지 않으면서 제약회사들이 개발할 수 있는 툴을 제공했던 것이다. 내가 브래드너와 얘기를 나눴던 2013년 8월, 그는 이것이 진짜였다는 증거를 보고 있었다.

"이것은 사업상의 실험이 아니라 공중보건에서의 실험입니다."라고 명확히 밝히면서 브래드너는 그의 연구가 미치는 영향과 사업 가능성을 보고 기뻐했다. 그가 그의 공식을 공개했던 때부터 그는 이렇게 말했다. "데이터의 규모, 속도, 품질, 재현성은 충격적이었습니다. 이것이 혁신을 가속화시킬 것이라는 것은 의심의 여지가 없습니다." 그는 또한 여러 생명공학회사와 제약회사들이 "기뻐 날뛰는 것"을 지켜봤다. "이 회사들은 자신들이 무료로 사용할 수 있는 이런 품질의 데이터가 진정한 기회라고 인지하고 있습니다."

브래드너에 따르면 실제 테스트는 오픈 이노베이션에 관한 그의 실험이 그 자신과 그의 연구실이 상상할 수 있었던 적용을 뛰어 넘는 새로운 종류의 적용을 촉발시킬 것인가에 달려있다. 이 질문에 대한 대답은 "예, 그렇습니다"인 것 같다. 브래드너는 자신의 데이터를 전송했던 실험실을 대상으로 설문조사를 실시했는데, 100여 곳 이상으로부터 답변을 받았고 초기 분석에 따르면 대부분의 실험실에서는 이런 종류의 화합물을 전에 다룬 적이 없다는 결과가 나왔다. 연구원들은 지금 브래드너가 발견한 공식의 새로운 용도를 찾아내고 있다. 브래드너는 자신의 연구가 "인유두종 바이러스, HIV, 심부전에 적용가능 한 것으로 판명되고 있으며 이러한 기회는 우리가 시작했던 범위를 훨씬 넘어섭니다."라고 말했다.

브래드너는 생물학적 연구 데이터를 공공의 영역에 두는데 성공했다(유전자 데이터가 아주 좋은 사례이다)는 것에 주목했고 그의 "실험"이 화학연구에도 동일하게 시작될 수 있기를 바란다고 말했다. 그는 나와 얘기하기 이틀 전에 저명한 고든 연구학회(Gordon Research Conferences)에서 발표하는 시간을 가졌다. 그날 학회발표장에 모인 청중들은 "통틀어 1,000건 이상의 특허를 갖고 있는 것이 분명한 의학분야의 화학자, 특히 수석 드러그 헌터들이 었습니다. 그들은 화학분야에서의 자신의 업적이 생물학적으로도 응용될 가능성이 있다는 점 때문에 무척 들떠 있습니다."라고 브래드너는 말했다. 저녁식사 시간 내내 브래드너의 접근방식이 효과가 있는 일반 협약에 대해 계속 논의했다.

몇몇 주요 제약회사는 오픈 이노베이션을 실험해 왔다. 일라이 릴리는 "신약이 될 지 모르는 화합물을 찾기 위해 외부 연구자들을 릴리(Lilly) 과학에 연결"하도록 설계된 오픈 이노베이션 신약발견(Open Innovation Drug Discovery) 프로그램을 운영한다. GSK, 노바티스 등등의 회사들은 말라리아, 결핵, 개발도상국의 질병을 위한 약과 관련된 오픈데이터를 공개했다. 위키나믹스의 저자들이 지적한 대로 "이 회사들은 수익을 올리지 못할지도 모릅니다. 하지만 적어도 선진국 시장에서 확실히 자리를 잡기 위해 저위험, 저비용 경로를 활용하면서 자신들의 기업 이미지를 개선시킬 수 있습니다."

그러나 지금까지 주요 제약회사들은 더 수익이 날 수 있는 종류의 제약과 연관된 기초연구로는 이와 동일한 오픈 데이터를 수용하지 않고 있다. 신약연구를 위한 "사전경쟁 지식공유제"가 수익은 보존하는 한편 혁신을 가속화할 수 있는지의 여부를 눈여겨볼 때이다.

02

비즈니스 환경 :
오픈 데이터의 새로운 트렌드

11. 프라이버시, 보안, 개인정보의 가치

11장 프라이버시, 보안, 개인정보의 가치

1999년 썬 마이크로시스템즈(Sun Microsystems) CEO인 스캇 맥넬리(Scott McNealy)는 기술에 정통한 청중에게 다음과 같은 유명한 말을 남겼다. "당신은 이제 어디에서도 프라이버시를 가질 수 없을 겁니다. 그런 건 잊어버리십시오." 그러나 마크 트웨인(Mark Twain)이라면 프라이버시가 죽었다는 것은 과장된 표현이라고 말했을 수도 있다. 우리가 얼마나 많은 프라이버시를 갖고 있든 없든 누구도 이 이슈를 빠른 시일 내에 "잊지"는 않을 것이다.

이 글을 쓰는 때에도 미국은 프라이버시와 개인정보에 대한 논란에 휩싸인 상태였다. 미국인들은 미국 국가안전국이 우리의 온라인과 전화 기록에 대해 무엇을 알고 있는지 어떻게 그것을 얻었는지 우리가 얼마나 걱정해야 하는지에 대해 명확히 알고 싶어한다. 이 책을 출간할 시점에는 프라이버시와 개인정보와 관련된 기사, 블로그 포스트, 해설이 넘쳐나는 것은 말할 것도 없고 아마도 관련 주제에 대한 여러 책들이 출간되어 있을 것이다.

미국 국가안전국의 사건은 이 기관이 전혀 데이터를 공개할 의도도 업무 성격상 공개할 수도 없었기 때문에 실제로 오픈 데이터와 관련된 것이 아니었다. 에드워드 스노든의 폭로도 역시 오픈 데이터로 간주되지 않는다. 진정으로 오픈 되기 위해서는 그렇게 할 권한을 가진 사람이 의도적으로 명확한 공공의 목적을 위해 데이터를 배포해야 하기 때문이다. 그러나 미국 국가안전국으로부터 시작된 파장은 우리에게 개인정보를 일반적으로 처리하는 방식과 법이 프라이버시를 어떻게 보호해야 하는지에 대한 티핑 포인트를 가져왔다고 할 수 있다. 이 사건이 일어난 이후에 실제로 새롭고 더 나은 규칙에 따라 기업과 개인 모두에게 새로운 오픈 데이터 기회를 제공하는 민간 부문 솔루션을 포함하게 되었다.

미국 국가안전국의 프리즘(PRISM) 프로그램은 개인정보와 개인정보가 공개되어야 하는 방법에 관한 연이은 논쟁 중에서도 최근에 떠오른 충격적인 화제로 볼 수 있다. 의회와 연방통상위원회는 데이터 브로커를 주시하고 있다. 데이터 브로커란 수 많은 소스에서 데이터를 수집하여 제품 시장화를 위해 그 데이터를 사용하는 회사로 다시 판매하는 기업을 말한다. 학부모들은 그 목적이 아이들이 학교에서 더 좋은 성적을 받도록 하는 것일지라도 아이의 학교성적을 수집하는 회사들에 대해서는 주의하고 있다. 총기 소유자들은 총기를 가진 사람과 그들의 주소를 보여주는 공공 데이터베이스 때문에 걱정하고 있고 총기 소유에 대한 비밀을 유지할 권리는 이제 미국 헌법수정 제2조 영역과 함께 논의되고 있다. 그리고 매일 무수히 많은 사람들이 페이스북의 프라이버시 정책을 알고자 하며 역으로 페이스북이 자신들에 대해 어떤 것을 알고 있는지 궁금해하고 있다. 개인정보에 대해 대부분의 사람들이 관심 있어 하는 것은 딱 하나다. 가능한 한 많은 개인정보를 비공개로 유지하자는 것이다.

기술기업경영에서부터 세계경제포럼(WEF: 다보스포럼) 연구자에 이르기까지 수많은 혁신가들은 지금 우리가 패러다임 변화에 대비가 되었다고 믿고 있다. 데이터 분석가, 기업가, 정책입안자들이 개인정보 가치를 실현함에 따라 새로운 해결책들이 등장하고 있다. 이 모든 데이터를 비밀로 유지하려고 하는 대신 모두 공개하고 개인이 원할 때만 그들이 승인하는 방식으로 하자는 새로운 아이디어가 진행되고 있다.

그들이 구상하고 있는 새로운 세계에서 소비자들은 그들의 생활, 구매 습관, 선호하는 보안에 대한 사실들을 보관하는 "개인정보금고"를 통해 제어할 것이다. 개인은 더 나은 거래, 일자리, 또 다른 혜택들을 얻기 위해 자신에 관한 데이터를 오픈 데이터의 형태로 배포할 것인지에 대한 선택권을 갖게 될 것이다. 역설적으로 사람들이 자신의 데이터를 제어하도록 돕는 것은 개인에 관한 더 많은 오픈 데이터가 있는 세계로 인도하는 것이다. 그리고 그러한 오픈 데이터들은 공중보건/복지를 향상시키고 소비 시장의 모습을 변화시킬 수 있다.

이런 선구자적 생각은 전 세계 최고 컴퓨터 과학자에 의해 시작되어 세계경제포럼에서 개발되고 있으며 현재는 몇몇 유명 스타트업을 지원하고 있다. 유망하지만 실현되기까지는 오랜 시간이 걸릴 것이다. 가장 크게 프라이버시 문제를 제기하는 회사들은 이런 솔루션을 지원하는데 뛰어들지 않았다. 예를 들어 구글과 페이스북은 그들의 프라이버시 정책 중 "개인정보금고" 부분을 만들고 있지 않다. 그러나 이 새로운 패러다임이 시사하는 바는 이미 분명하다.

- 현재 프라이버시 동의시 "수락/수락하지 않음"으로 제시되는 형식은 구식이고 변경 되어야 한다. 그것은 소비자가 어떤 것도 실제로 제어할 수 없고, 데이터가 어떻게 사용되고 전파되는지를 반영하지 못한 형식이다.
- 동시에 사람들은 새로운 종류의 툴을 이용해서 자신의 데이터가 어떻게 사용될지에 대해 제어할 수 있게 된다. 개인정보 "저장소" 또는 "잠금장치"로 불릴 수 있는 "개인정보 금고" 는 소비자의 손에 권한을 주는 동시에 새로운 비즈니스 기회를 준다. 이 아이디어는 몇 년 동안 있어 왔지만 클라우드에 데이터 저장이 가능해 지면서 마침내 달성하게 되었다. "개인 정보금고"는 프라이버시를 보호할 뿐만 아니라 소비자에게 그들이 소유한 데이터에 접근을 허용하여 이익을 얻을 수 있고 기술 기업에게 기회를 줄 수있으며 고객지향 기업에게 새로운 마케팅 전략을 제공할 수 있다.
- 개인정보가 포함된 데이터를 배포하는 조직은 극도로 조심해야 한다. 개인적으로 식별 가능한 정보, 즉 PII(Personally Identifiable Information)를 제거하는 단순한 방법은 효과가 없다. 그러나 새로운 기술적 솔루션은 개인에 관한 데이터를 공개하지 않고도 집단에 대한 데이터를 검색할 수 있도록 하고 있다.

- 프라이버시 보호를 데이터 관리의 기술요소에 내재 시키고있는 "디자인(계획)에 의한 프라이버시"란 개념은 솔루션의 중요한 부분이 될것이다.

소비자들은 지금 어떤 보호를 받고 있나

개인정보 보호법은 혼란스럽고 복잡하다. 유럽연합의 경우, 국제적으로 운영하는 미국기업들이 유럽연합 내에서 거래를 시작하려고 할 때 거쳐야 할 진화된 통합시스템을 갖추고 있다. 이와 대조적으로 미국의 경우는 프라이버시 보호시스템이 명확하지 않고 비효율적인 짜깁기식이다.

미국에는 어떤 특정한 종류의 개인정보를 보호하는 많은 규정들이 있다. 예를 들어 공정신용보고법에 따라 자신의 재무 데이터를 확인한 후 필요하다면 정정할 권리를 개인에게 부여한다. 또 다른 법에 의해 미국시민은 헬스 및 교육 데이터의 기밀을 유지할 권리와 정부가 그들에 대해 보유하고 있는 정보를 볼 수 있는 권리를 부여 받는다. 어떤 면에서는 정부보다 개인회사가, 예를 들면 메일링 리스트를 구매하고 판매하는 등 개인의 데이터를 더 많이 공유할 수 있고, 개인의 데이터를 온라인에서 어떻게 사용할 지에 대한 명확한 규정이 없는 것이기도 하다.

오바마 행정부는 현재 산업 전반에 걸쳐 미국을 유럽모델에 더 가깝게 할 수 있는 소비자 프라이버시 보호를 위한 청사진을 마련하고 있다. 2012년 2월, 백악관에서 "네트워크 세계에서 소비자 데이터 프라이버시"라는 제목의 보고서를 발표했고 "소비자 프라이버시 권리장전"을 통과시키기 위해 의회를 소집했다.

백악관 보고서는 "소비자가 입게 될 부정적 영향이나 데이터의 민감성을 감안하여 사용 가능한 형식으로 개인정보에 접근하고 정정할 권리를 갖습니다."라고 언급한다. 이 문장은 데이터 기록 상의 실수를 정정할 소비자의 권리뿐만 아니라 소비자가 3장에서 기술한 방법들로 개인데이터를 다운로드 할 수 있어야 한다는 것을 의미한다. 그러나 이 글을 쓰는 시점에도 이 법률 제안은 아직 의회에서 통과하지 않은 상태였다.

데이터 프라이버시에 대해 우리가 혼란스러운 이유는 법이 기술에 뒤처지는 것에 기인한다. 이것은 다른 이슈들보다 디지털 프라이버시에 대해 특히 더 중점을 두고 일하는 민주주의와 기술을 위한 센터(Center for Democracy & Technology) 공공정책 부사장인 짐 뎀시(Jim Dempsey)의 관점이다. 우리는 미국 국가안전국 이야기가 밝혀지기 몇 달 전부터 이렇게 말해왔다. "우리의 주요 프로젝트 중 하나는 체포/압수에 관한 보호인 네 번째 개정헌법을 온라인 데이터로 확장하는 것입니다."

뎀시가 아래에서 설명한 것처럼, 이 네 번째 개정헌법은 역사적으로 볼 때 새로운 종류의 통신기술과 통신기술이 개발된 이후 몇 년까지를 포함한 것으로 해석된다.

1870년대, 정부가 범죄 수사과정에서 우편을 열수 있는 권리를 주장한 사례가 대법원에 올라 왔습니다. 정부의 주장은 피고가 우편물을 부쳤을 때는 이미 피고가 정부 기관에 넘겨진 상태이기 때문에 체포와 압수로부터 자신의 편지를 보호할 권리도 포기되었다는 것이었습니다. 이에 대법원은 우편물은 네 번째 개정헌법에 의해 보호되고 정부는 영장 없이 우편물을 열수 없다고 판결했습니다.

그로부터 50년이 지난 1928년, 정부의 전화 도청 사건이 대법원에 올라 왔습니다. 정부는 전화를 걸 때 자발적으로 권리를 포기한 것이라고 주장했습니다. 이번에는 대법원이 이 주장에 동의했습니다. 그 후 1967년이 되어서야 대법원은 네 번째 개정헌법을 전화에도 적용된다고 판결을 내렸습니다. 그 후 의회는 도청법을 통과 시켰고 전화 통화를 가로채기 위해서는 법원의 영장을 얻기 위한 절차를 거쳐야 했습니다.

자, 그렇다면 당신의 이메일은 어떻습니까? 모든 사람들은 오늘날 이메일이 인터넷을 통해 전송될 때 또는 복사본이 컴퓨터에 저장될 때, 그것이 프린

트되어 책상에 보관될 때 꽤 확실하게 보호될 것이라고 생각합니다. 그러나, 이메일은 전송된 후에도 제 3자에게 저장된 채 남아있고, 그 형태로 그대로 보호되어야 하는지에 대해서도 논쟁의 여지가 있습니다. 우리는 편지나 전화 통화에서처럼 제 3자를 통해 통신을 저장하는 것이 네 번째 개정 헌법에 적용된다는 입장입니다.

우리는 또한 어떤 문서나 데이터가 클라우드에 저장될 때도 동일한 논리가 적용된다고 믿습니다. 우리는 대법원이 모든 개인적인 통신, 문서, 초안, 개인 사진 등 클라우드 기반 서비스에 저장하는 모든 것에 대해서도 이전에 해왔던 대로 해야 하며 제 3자의 손에 있는 데이터는 여전히 보호되어야 한다고 주장합니다.

더 많은 오픈 데이터를 배포하는 정부의 노력과 이 책을 통해 주장하는 오픈 데이터의 이점 때문에 그렇지 않아도 이미 흔들리고 있는 시스템에 새로운 프라이버시에 대한 도전이 추가되고 있다. 2장에서 이미 언급했고, 13장에서도 전반적으로 기술할 새로운 연방 오픈 데이터 정책은 데이터 프라이버시에 대해 세심한 주의를 필요로 하고 있다.

기관들이 점점 더 많은 오픈 데이터를 배포함에 따라, 배포된 여러 데이터의 조각들이 각각은 무해하나 조각들을 모았을 때 해커들에게 어떤 사람이 무엇을 하고 그가 누구인지를 알 수 있도록 하는 자료가 될 수 있는 소위 모자이크 효과가 발생하지 않도록 주의해야 한다. 미국 최고기술책임자 부국장이자 정책팀 핵심관료인 닉 시나이(Nick Sinai)는 나에게 정책은 "개인정보 보호의 필요성을 명확히 하여.... 모자이크 효과에 대해서도 명시합니다.... 그래서 그런 종류의 데이터를 대중에게 제공할 때 지켜야 할 가이드라인과 조건들이 있습니다.... 마스킹 하거나 어떤 기록에 일부러 룰 오류사항을 넣는다든지, 사람들이 재 식별될 수 없도록 만드는 여러 통계적 기법 등 여러 가지 서로 다른 기술들이 있습니다."라고 말했다.

개인정보의 통합 이론

여기에 중요한 역설이 존재한다. 개인정보를 오픈 데이터로 배포하는 것은 사회에 이익이 되고, 개인에게도 도움을 준다. 반면 데이터가 주의 깊게 제어되지 않는다면, 이익보다 개인 프라이버시 침해로 인한 손실이 더 클 것이다. 개인 오픈 데이터의 새로운 통합 이론이 이러한 역설을 벗어날 수 있는 방법을 알려주고 있다.

주요 이론가 중 하나인 컴퓨터 과학자 알렉스 "샌디" 펜트랜드(Alex "Sandy" Pentland)는 MIT 인간 역학 연구소와 MIT 미디어랩 기업가 정신 프로그램을 주도하고 있고, 세계경제포럼 빅데이터 및 개인정보 이니셔티브를 공동으로 이끌고 있다. 그는 현대 사회의 "데이터 소진"을 분석하는 최첨단 작업을 수행하고 있는데, 적정 권한을 가지고 안전하게 수행된 전화 기록 분석을 통해 범죄율에서부터 개인이나 사회의 신체적 건강에 이르기까지 모든 것에 대한 단서를 제공해 주고 있다.

펜트랜드와 그의 동료들이 연구에서 사용한 대량 데이터셋은 개인적으로 얻은 것이다. 그러나 그는 우리 모두가 더 많은 개인정보를 공개적으로 이용 가능하게 만드는데 도움이 되는 사례를 만들었고 그 일을 안전하게 수행하기 위한 모델을 만드는데 도움을 주었다.

자, 그럼 제일 먼저 이런 질문을 던진다. 자신의 개인정보 공개를 원하는 사람의 이유는 무엇일까? 이타적인 이유일 수 있다. 펜트랜드는 허가된 휴대폰을 통해 개인의 행동과 움직임을 추적하게 되면 인구전체의 패턴을 통해 독감이 막 시작될 때를 예측하거나 에너지를 절약하는 방법으로 교통상황을 관리하며 지구 온난화에 대응할 수 있음을 보여주었다.

덜 고상하지만 더 즉각적인 앱이 이미 출시되었다. 세계경제포럼에서 개인정보 적용 사례로 인용된 트루카(TrueCar)라는 회사는 소비자에게 투명한 실제 차량 구매비용을 제공한다. 이 회사의 웹사이트에서는 그 과정을 이렇게 설명한다. "자동차 분야에서 잘 알려진 데이터 수집기(data aggregators)"라 불리는 곳으로부터 개별 차량 거래에 대한 데이터를 가져와서 소비자가 살고 있는 지역의 차량 가격에 대해 정확하고 전체적인 그림을 제공하기 위해, 그리고 차량 구매를 생각하는 쇼핑객들에게 그들이 지금 사고 싶어하는 차를 다른 사람들은 얼마에 샀는지를 알려주기 위해 데이터를 분석한다. 2005년에 설립된 이 회사는 소비자들이 회사 딜러 네트워크를 통해 제조사의 소비자 권장 가격보다 20억 달러 가까이 돈을 절약할 수 있었다고 주장한다.

개인정보가 가진 이점을 완전하게 실현시키기 위해서는 사람들이 그들의 데이터를 자발적으로, 안전하게, 선택적으로 기꺼이 오픈하도록 만들어야 한다. 이것이 펜트랜드가 "데이터 뉴딜"이라는 솔루션을 제안하는 이유이다. 몇 시간 동안 계속되었던 법적 논의를 거쳐 만들어진 이 표현은 현재 존재하지 않는 개인정보의 명확한 소유권 권한을 설정할지도 모른다. 2009년 세계경제포럼을 위해 작성한 그의 논문에서 그가 설명한대로 그 제안은 그 단순명료 하면서 우아했다. 제안내용의 전문은 아래와 같다.

> *오픈 정보를 향한 첫 번째 단계는 사람들에게 그들의 데이터에 대한 소유권을 주는 것입니다. "자신의 데이터를 소유"한다는 의미가 무엇인지를 정의하는 가장 간단한 접근법은 고대 영국 일반법에 따르는 것입니다. 이 법은 소유, 사용, 폐기에 대한 권리를 소유권의 세가지 기본원칙으로 보았습니다*
>
> *1. 당신은 당신의 데이터를 소유할 권리가 있습니다. 기업이 당신의 데이터에 대해 스위스 은행 계좌가 하는 것 같은 역할을 해야 합니다. 당신은 계좌를 개설하고(가능한 경우, 익명으로), 원할 때는 언제든지 당신의 데이터를 삭제할 수 있습니다.*

2. 데이터의 소유자인 당신은 당신의 데이터 사용을 완벽하게 통제할 수 있어야 합니다. 만약 기업이 당신의 데이터를 사용하는 방식이 마음에 들지 않으면 당신의 데이터를 제거할 수 있습니다. 그게 전부입니다. 모든 것에 다 동의해야 기업은 당신의 데이터를 사용할 수 있습니다. 쉬운 언어로 명확하게 설명되어야 할 뿐 아니라, 당신이 탈퇴할 선택권도 있다는 것을 기업이 정기적으로 상기시켜 주어야 합니다.

3. 당신은 데이터를 폐기 또는 배포할 권한을 갖고 있습니다. 만약 당신의 데이터를 파괴, 삭제, 다른 곳에 재 배포하기를 원한다면 그것은 모두 당신의 결정에 달려있습니다.

이 단순하지만 급진적인 제안은 현재 개인정보 활용을 위해 다년간의 프로젝트를 진행하는 미국정부, 유럽연합, 세계경제포럼의 데이터 프라이버시에 대한 아이디어에 영향을 주었다. 세계경제포럼은 최근 몇 가지 보고서를 작성하고 있는데, 그 중 가장 최근인 2013년 2월 "개인정보의 가치를 밝혀내다"라는 보고서를 공표했다. 그 보고서에서는 개인정보가 사회적 중요성과 상당한 경제적 가치 둘 다를 가지고 있다고 결론 내렸다. 그리고 이러한 가치를 실현할 수 있는 방법으로, 데이터 사용 관리를 위한 프레임워크를 제시했다.

세계경제포럼은 개인의 동의를 얻는 효과적인 방법으로 "동의함/동의하지 않음"과 같은 "2진법식" 사용자 협약을 제시하는 것은 유용하지 않다고 주장하기 시작했다. 선택의 여지가 없다는 것은 제쳐두고서라도 이러한 협약은 법률가들이 부합계약 이라 부르는 협약으로 전적으로 판매자의 조건에 따라 싫으면 그만 두라는 식의 양자택일을 할 수 밖에 없다. 그리고 심지어 이 협약들이 진짜라고 하는 가식조차도 없었다는 사실마저 도외시한다. (한가지 예를 들어, 일반 인터넷 사용자가 "동의"를 위해 모든 프라이버시에 관한 정책을 읽는다면 매년 30일이 걸릴 것으로 추정된다.) 현재의 프라이버시 협약이 의미가 있다 하더라도 판매자들이 개인정보를 안전하고 유용하게 만들려는 식의 컨트롤도 허락하지 않을 것이다.

세계경제포럼 보고서에서, “조직은 더 효율적이고 효과적으로 개인을 참여시키고 권한을 부여해야 합니다. 특히 데이터 사용이 그들에게 영향을 미칠 부분에 대해서는 수집 초기에 단지 예/아니오의 두 가지 동의를 제공하기 보다는 개인이 선택과 통제를 실행할 새로운 방법이 필요합니다. 100퍼센트 정보에 입각한 선택을 할 수 있도록 하기 위해서는 전반적으로 어떤 것이 가치가 높고 낮은지를 더 잘 알아야 합니다.”라고 했다.

그 논리는 “개인 정보 금고“라는 개념에 대해 더 자세하게 살펴볼 수 있게 한다. 아래 (보고서에서 가져온) 그림에서 보듯, 이 데이터금고는 개인이 자신의 데이터를 저장하고 소매자, 서비스제공자, 정부로부터 데이터를 얻어 데이터를 사용하기를 원하는 기업에 선택적으로 배포할 수 있게 해준다. 사람들은 자신들의 조건에 맞게 자신의 데이터를 오픈 데이터로 전환할 수 있다.

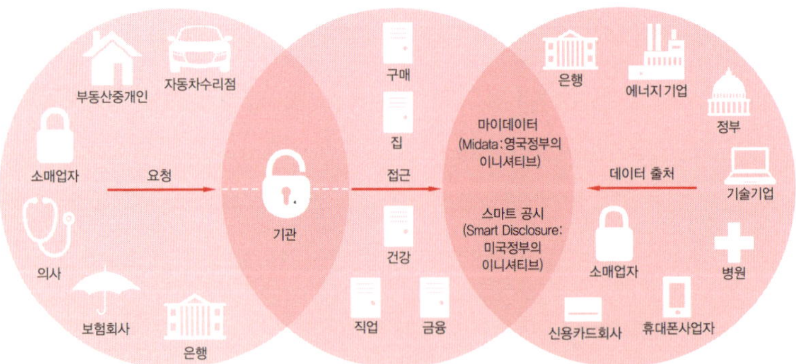

이것은 미래의 전망처럼 들리겠지만, 디지털 기술이 그렇듯 미래는 이미

여기에 와 있다. 세계경제포럼 보고서는 개인 정보 금고를 "개인이 웹과 모바일 앱을 통해 접근할 수 있는 안전하고 사적인 클라우드... 그것은 데이터를 가진 개인이 데이터를 집계, 저장, 안전하게 공유하고, 그들과 그들의 삶에서 데이터로부터 가치를 얻을 수 있도록 힘을 실어줍니다."라고 정의한다. 이러한 툴은 이미 존재하고, 기술자 소비자 기업들이 생각하는 모든 종류의 거래 방식을 변화시키기 시작했다.

즐거움과 이익을 위해 자신의 데이터를 제어하는 소비자

개인에게 데이터에 대한 책임을 두는 것은 전통적인 마케팅 전략을 뒤집는 대단한 아이디어이다. 인텐션 이코노미(The Intention Economy)의 저자인 독 셜즈(Doc Searls)는 자신의 책에서 고객관계관리(CRM)가 곧 벤더관계관리(VRM)와 결합될 것이라고 했다. 이 새로운 세계에서 소비자들은 자신들이 고객이 될 가능성이 있는지를 기업에게 알려주는 자신에 관한 데이터를 제어한다. 그러면 기업은 최고의 잠재고객에게 접근할 수 있고, 그들에게 마케팅상의 특혜를 제공할 수 있다. 이것은 소비자의 입장에서 보면 텔레마케터[16]에 대한 최대의 복수가 될 수 있고 기업의 입장에서 보면 소비자 친화적이고, 효과적이며, 개인 프라이버시를 보호하는 시장을 만들 수 있는 것이다.

셜즈는 개인 데이터금고가 이런 일을 가능하게 하는 핵심이라고 믿고 있는데 그는 책에서 소비자가 사용하는 데이터금고를 개발한 최초의 회사 중 하나인 워싱턴의 펄스널닷컴(Personal.com)에 대해 자주 언급하고 있다. 이 회사는 당신의 권한 내에서 접근할 수 있는 광범위한 개인정보를 저장하기 위해 개인의 안전한 데이터금고를 설정할 수 있도록 도와준다. 펄스

16. 미국의 텔레마케터는 불편하고 불친절한 것으로 정평이 나있다.

널닷컴 모바일 앱은 모든 다른 종류의 개인정보가 안전하게 관리되고 가족 혹은 가족보다 광범위하게 공유할 수 있도록 독창적으로 설계된 "보석(gems)"을 가지고 있다. 펄스널닷컴은 "디자인(계획)에 의한 프라이버시" 원칙을 지지했다. 이 원칙에 따라 데이터 처리 초기부터 프라이버시 보호를 구축한다. 또 펄스널닷컴은 이런 아이디어를 제안한 온타리오 정보 프라이버시 감독관인 앤 카부키안(Ann Cavoukian)이 "디자인(계획)에 의한 프라이버시의 대사(Privacy by Design Ambassador)"라고 이름 붙인 첫 번째 온라인 소비자 대면(consumer-facing) 회사이다.

펄스널닷컴 사장이자 CEO인 셰인 그린(Shane Green)은 The Economist와의 인터뷰에서 말하기를 고객이 이용하는 은행이나 보험회사 같은 소매업자와 고객이 자신의 데이터를 공유함으로써 소매업자는 원하는 고객에게 접근할 수 있게 되는데 대신에 고객은 연간 약 1,000달러 정도의 혜택과 절감을 받게 된다고 추정했다. 펄스널닷컴은 초기에는 이 서비스를 무료로 제공했지만 2013년 6월 매년 29.99달러를 청구하겠다고 발표했는데 고객에게 직접 요금을 청구한다기 보다는 고객이 이용하는 은행, 보험사, 학교 같은 소매업자에게 먼저 청구하고 고객은 나중에 이 소매업자들로부터 여러 혜택을 제공받게 되는 방식이다.

이런 라이프 관리 툴은 개인데이터 통제가 어떻게 기업을 돕고 사회를 개선하는지에 대한 더 큰 비전을 보여주는 시작에 불과하다. 펄스널닷컴은 사람들이 패스워드가 보호된 상태로 그들의 금고로부터 데이터 업로드를 통해 모든 종류의 양식을 자동으로 작성할 수 있는 'Fill It'이라는 앱을 개발했다. 이어 워싱턴DC의 차량국에서 사용되는 것 같은 정부 양식으로 'Fill It'의 테스트를 시작했고, 그 결과 양식을 작성하는 부담스럽고 지루한 처리과정을 쉽게 만들 수 있다는 것을 발견했다. 고객은 회사고객에게 데이터금고를 제공하기 위해 펄스널닷컴과 협약을 맺은 회사의 양식을 작성하기 위해 이와 동일한 앱 사용이 가능하다.

펄스널닷컴은 현재 연방정부대출을 받은 학생들이 그들의 금고에 지원서 데이터를 올릴 수 있도록 하기 위해 미국 교육부와 협력하고 있다. 이런 방식을 통해 학생들은 매년 연방 지원 양식을 재작성할 때 활용할 수 있고 다른 원하는 양식을 사용할 수도 있다. 이렇듯 2천만 명 이상의 학생들이 연방정부 학생지원 혜택을 받고 있는데 정부는 이렇게 길고 세부적인 지원서 양식 작성에 매년 3천만 시간 이상이 걸리는 것으로 추산하고 있다. 개인용 금고에 저장된 데이터를 사용하면 더 정확한 양식을 작성하는데 도움이 되고 더 효율적으로 대출을 받을 수 있다.

펄스널닷컴은 널리 사용되는 자동화된 양식작성 앱을 만들기 위해서 세계경제포럼의 글로벌 아젠다 위원회와 협력하고 있다. 2013년 2월 보고서에서 세계경제포럼은 다음과 같이 추정했다. "전 세계적으로 볼 때 [연간] 100억 시간을 절약하고 공공과 민간영역의 서비스를 향상시키고... 자동화된 양식작성으로 인해 훨씬 더 효율적인 온라인, 모바일 및 대면 교류가 [가능] 합니다. 공공과 민간조직 모두에서 새로운 허가기반, 데이터 중심 서비스를 허용하고... 개인과 기업 모두에게 많은 새로운 경제적 이익을 가져다 주고 정부 서비스의 전달체계를 개선할 것입니다. 보안 침해가 줄어들게 됨으로 인해 잠재적으로 수억(수십억까지는 안되어도) 달러를 절약할 것입니다." 여기서 잠재적으로 란 단어가 중요하다. 아무튼 전망은 여전히 거대하다.

인터넷 완전히 바꾸기

7장에서 설명했던 온라인 평판 업무를 하는 신생회사인 레퓨테이션닷컴은 사람들이 자신의 통제하에 자신에 관한 데이터를 얻을 수 있도록 돕고 있다. 레퓨테이션닷컴의 설립자이자 CEO인 마이클 퍼틱(Michael Fertik)과 만났을 때 우리는 데이터 프라이버시의 미래에 대해 얘기를 나누었다. 전형적인 하버드 로스쿨 졸업자처럼 보이진 않는 퍼틱은 긴 머리에 에너지가 넘치는 기업가로서 세간의 이목을 끄는 높은 목표 설정에 필요한 법률 교육과 사업능력을 모두 보유한 사람이었다. 그는 내게 "인터넷의 기본 사업모델을 완전히 바꾸어 놓고 싶습니다"라고 말했지만 그렇게 간단하게 말했다고 해서 야망이 부족한 사람은 아니었다.

"먼저 만약 인터넷 상에서 창출되는 부가 가치, 이를테면 이것이 수 조 달러(그냥 아무 숫자나 한 번 말해 본 것입니다)에 이른다고 합시다. 하드웨어 기업과 인터넷 서비스 제공사를 빼고 나면 남는 대다수는 광고회사입니다. 이것이 의미하는 것은 실리콘밸리가 당신이 무료로 사용하는 그 어떠한 것을 잘 만드는 기업가에게 자금 지원을 잘하고 있다는 것입니다. 그런데 문제는 무료로 사용하도록 한 그 기업가가 훗날 당신의 데이터를 수집하여 판매한다는 것입니다. 저는 이것이 나쁜 제안이라고 생각하지는 않습니다. 그러나 사용자인 당신은 제어할 수 있는 모든 감각과 당신 자신을 정의하는 모든 길과 당신의 데이터 흐름에 대한 제어를 포기하고 있습니다. 그리고 사용자들은 그것을 깨닫지 못합니다. 나는 하버드 로스쿨을 다녔지만 서비스의 거의 모든 조건들을 다 파악하기는 어렵습니다."

"우리 회사 운영에 있어 기본 사업모델이 되는 것은 당신의 데이터로 회사가 무엇을 하는지 확실하지 않다는 것에 기반하고 있습니다. 또한 근본적으로 기본법률과 경제학에 있어서 이런 사업모델을 가치제안의 핵심에 둘 수 없기 때문에 고객의 프라이버시에 대해 깊이 고려할 수 없습니다. 이 두 가지를 모두 할 수는 없기 때문에 저는 인터넷 한 가운데에 사용자를 집어넣자는 결정을 했습니다."

퍼틱은 그의 회사나 다른 회사가 제공하는 툴을 통해 개인데이터를 통제하고 사용하는 경제적 가치는 수조 달러에 이른다고 믿고 있다. 그가 이걸 계산한 방법은 다음과 같다. "먼저, 광고 사업을 완전히 중단한다고 상상해 보십시오. 광고를 대체하고 근본부터 뒤집어 봅니다. 그리고 당신을 모든 거래의 중심에 놓습니다. 그 다음, 데이터에 의존하고 있는 모든 커미션 사업에 대해 생각해보십시오. 만약 당신이 커미션 데이터를 1년에 2천 달러로 평가한다고 가정해 봅시다. 당신 같은 사람 1억 명을 곱하면 아마도 상당히 좋은 사업이 될 것입니다."

레퓨테이션닷컴은 당신의 데이터를 본인 이익을 위해 사용할 수 있는 방법 네 가지를 제시한다. "첫 번째는 오퍼입니다. 오퍼란 보통은 가격할인으로 볼 수 있지만 고용을 위한 오퍼가 될 수도 있습니다." 당신은 당신에 관한 검색데이터를 올려놓음으로써 잠재적인 고용주가 당신을 찾도록 할 수 있다.

"두 번째는 상태입니다." 항공사 마일리지처럼 비금전적 혜택은 사는 곳이 바뀐다 하더라도 계속 유지되어야만 한다. 하지만 그것은 가끔 어렵다. 당신의 개인데이터를 볼 수 있도록 하면 항공사나 다른 회사들이 당신을 찾아 맞춤식 혜택을 제공하고 당신의 현재 혜택을 유지하기 쉽도록 해준다.

"세 번째는 현금입니다." 자동차 딜러 샵에 어떤 차가 마음에 드는지 이것저것 차를 한 번 타보려고 누군가 왔다면 럭셔리한 자동차 회사 입장에서 볼 때 그건 액면가로 2,000달러의 가치가 있다. 그 2,000달러에는 두 가지속성이 있다. 첫째, 당신은 차를 구매할 여유가 있는 적격자이다. (적격자인지의 기준은 당신 스스로가 선택한 인구통계학적 요인이다). 둘째, 의도성이다. 만약 당신이 자동차 딜러샵 차량들이 줄지어 주차되어 있는 주차장에 당신의 몸을 이끌고 왔다면 차를 살 준비가 된 것이다. 퍼틱은 말했다. 우수한 가능성을 가지고 온다는 가치를 고려한다면 "당신은 무엇이든 말해주는 다수의 대학졸업자, 10년 내에 대학을 졸업한 사람, 특정 대학군에 간 사람, 대학원 졸업자 등등에게 100달러를 제시 할 수 있을 지도 모릅니다."

데이터 제어의 네 번째 장점은 가장 명백하다. "프라이버시입니다. 당신은 웹 서핑을 하건 물건을 구매하건 완전히 익명입니다. 그래서 아마존에서 뭔가를 구매해도 당신이란 사람이 존재한다는 것과 남겨진 어떤 주소 그리고 지불 능력이 있다는 것 외에는 당신에 대해 알아낼 수 있는 것은 거의 없습니다."

네 번째 장점은 다른 세 가지 장점의 기반이 되는 가장 기본적인 이점이다. 데이터는 소비자 제어 하에 있는 희소자원이 될 때 더 큰 가치를 띤다. 더 많은 사람들이 그들의 데이터를 보안 금고에 저장하는 세상에서 기업들은 의도적으로 자신을 찾을 수 있도록 데이터를 공유하는 이들에게 더 나은 거래, 특별한 소비자 서비스, 심지어 현금 인센티브도 제공할 수 있을 것이다.

이 사업모델이 흥미로운 건 사실이지만 아직 검증되지는 않았다. 2012년 말 기준 레퓨테이션닷컴은 벤처 자금으로 6,700만 달러를 받았지만 아직 이익을 내지는 못하고 있다. 그리고 그들과 싸우지 않고는 수조 달러 이상의 시장을 예상하는 온라인 광고 산업계는 절대 포기하지 않을 것이라는 것이 매우 확실하다.

많은 마케터들은 레퓨테이션닷컴 모델에 회의적이다. 마케팅 전문가이자 와튼 스쿨의 교수인 피터 페이더(Peter Fader)는 Technology Review에서 "회사들이 착각하고 있지만 인구통계나 개인에 대한 상세한 내용은 거의 유용하지 않습니다." 그는 마케터들이 이미 수집하고 있는 고객 행동에 대한 데이터가 더 중요하다고 강조했다. 게다가 페이더는 소비자들이 저항할 것이라고 생각했다. "데이터 관리에 필요한 노력은 그렇게 함으로써 발생하는 이익보다 더 클 것 같습니다."

커뮤니스페이스의 수석연구원인 카트리나 러먼(Katrina Lerman)은 최근 "오픈 데이터 시장에서의 모험"이라는 블로그 포스트에서 어떤 소비자의 데이터 관리 노력을 농담삼아 일화로 소개했다. 그녀는 실험에 대해 설명했다. "대학원생이자 전직 비즈니스 컨설턴트였던 페데리코 자니어(Federico Zannier)는 2013년 2월부터 HTML 페이지, 스크린샷, 웹캠 이미지, GPS 위치 그리고 앱 로그 등 그의 온라인 활동을 모두 꼼꼼하게 기록했습니다. 심지어 그의 마우스포인터 위치까지 매핑 했습니다. 그리고 자신의 데이터를 하루에 2달러로 시작하여 제공하는 "어 바잇 오브 미(A Bite of Me)"라는 킥스타터 프로젝트를 시작했습니다. 그는 그의 목표였던 500달러에 금방 도달했고 자신의 전체 데이터인 7GB에 200달러를 지불한 세 명의 후원자를 포함해서 한 달 안에 거의 3,000달러를 벌어들였습니다. 그렇다면 자니어는 최초의 새로운 종류의 전문 데이터 생성자가 될 수 있을까요?" 아마 아닐 것이다.

개인 데이터금고가 하루 아침에 혁신적인 마케팅 아이디어가 되지 않을지라도 개인적인 이유로는 대단히 강력해 질 것 같다. 인텐션 이코노미의 저자인 독 설즈 는 2012년 초 전반적인 블로그 게시물 처럼 이 이슈에 대해 자신의 책에서 다음과 같이 지적했다.

개인데이터 중개는 개인을 위한 사업모델 [또는] 커넥트미(Connect.me), 싱리(Singly), 마이덱스(MyDex), 아지고(Azigo), 아이치이(Qiy), 글롬(Glome), 카이네트(Kynetx), 로커 프로젝트(Locker Project), 또는 다른 벤더관계관리(VRM)회사들과 개발 프로젝트들이 하려는 것과는 거리가 멀다. 이들 중 대부분은 개인에게 그들의 삶에 대해 그리고 조직, 사람과 사람, 사람들 스스로와의 관계에 대해 더 많은 제어를 제공하도록 하기 위해 존재한다.

마케터는 개인정보에 대해 개인 직접 지불할 용의가 있는가? 사실 사람들이 자신의 개인정보를 파는 시장은 여태껏 존재한 적이 없다. 우리가 확실히 아는 것은 개인정보는 사용가치가 있다는 것이다. 디지털화되어 저장될 수 있는 당신 생활의 모든 개인정보에 대해 생각해보자. 사진, 비디오, 문서, 텍스트, 이메일, 당신과 다른 사람의 연락 정보, 접수 및 지급 청구서, 의료 및 헬스 데이터 등등

모든 VRM 개발자는 개인들이 독립적이고 자발적인 행위자로써 스스로 이해하고 권한을 부여하도록 돕는 비즈니스를 하고 있다. 마케팅 메시지를 위해 단지 더 나은 "목표대상"으로서가 아니다. 개인에게 독립과 참여를 제시하고자 한다. 예를 들어 우리는 개별 고객이 다음과 같이 주장할 수 있는 서비스 약관에 대해 작업하고 있다. 예를 들어, 약관내용에 "당신의 웹사이트 외에서는 나를 추적하지 마시오." 그리고 "나에 대해 당신이 수집한 모든 데이터를 내가 구체적으로 명시한 양식으로 나에게 다시 공유하시오"란 문구가 들어가도록 말이다. 이러한 약관 내용은 무엇을 판매하기 위한 것과는 아무 관련이 없다. 그것은 거래에 관한 것이 아니라 관계에 관한 것이다.

우리는 떠오르는 완전히 새로운 종류의 마케팅을 위해 서둘러 티핑 포인트에 도달해야 할 필요가 있다. 새로운 마케팅 모델을 이끌어 갈 수 있는 개인 데이터금고를 많은 사람들이 사용하는 전환점 말이다. (개인 프라이버시에 대한 우려가 증가하고 있기 때문에) 데이터금고가 다른 용도로 인해 대중화될 가능성이 있으며 이러한 전환은 곧 언젠가는 일어날 것이다. 당분간 개인 데이터금고는 적어도 개인에게 제어의 새로운 형식을 제시할 것이고 점점 불안해지는 디지털 세계에 새로운 가능성을 열어 줄 것이다.

사업 성공가능성 포착하기

개인정보에 주목하게 되면 사업상 몇 가지 얻을 수 있는 교훈이 있는데 다음은 개인정보에 관한 기본 전략이다.

당신 고객의 프라이버시를 존중하라.

이것은 현재 추세 가운데 가장 기본적인 교훈이다. 우리는 고객이 원하지 않는 방법으로 고객 데이터를 사용하는 몇몇 회사들(구글이나 페이스북뿐 만 아니라)에 대한 기사들을 보아 왔다. 점점 커지고 있는 프라이버시에 대해 관심을 기울여라. 의회가 데이터 브로커와 인터넷 프라이버시에 대해 반복적으로 듣게 되고 관련 이슈에 대한 대중들의 인식이 높아 진다면 의회는 반드시 종합적인 조치를 취할 것이다. 고객의 프라이버시를 보호하겠다고 약속하고 이를 이행하는 회사들이 그 보답으로 고객을 유치하고 고객을 놓치지 않게 될 것이다.

고객이 자신의 데이터에 접근하고 제어할 수 있도록 하라.

고객이 자신의 데이터에 대해 권리를 가져야 한다는 생각은 널리 받아들여지고 있다. 이러한 생각의 중심에는 스마트공시, 개인정보 금고에 관한 개념, 소비자 데이터 및 프라이버시에 대한 새로운 접근방식이 있다. 소비자는 자신의 데이터에 접근하려 할 것이고 미래지향적 기업은 그것을 소비자에게 제공해야 한다. 게다가 동의한 계약에 따라 해당 온라인 회사들이 자신의 데이터에 대한 제어권을 허용하고 있는지 소비자들은 의심할 것이다. 또한 소비자에 대해 데이터브로커가 가진 정보의 종류를 알려달라고 요구하기 시작할 것이다.

고객지향 마케팅을 실험하라.

새로운 프라이버시 이슈가 떠오르면서 소비자의 금융, 구매, 기호에 대한 저장, 기록, 분석한 웹사이트와 앱을 우리가 사용할 것이라는 것을 소비자들은 예상할 수 있다. 기업은 소비자들에게 그들이 가진 정보를 오픈 데이터로 공유하도록 인센티브를 제공할 수 있고 소비자가 가진 요구사항을 회사들이 제공하는 것과 일치 시킬 수 있다. 그렇게 함으로써 기업들은 광고와 프로모션의 수동적인 수신자 이상으로 소비자에게 더 접근할 수 있다. 가장 큰 기회는 자동차, 전자, 여행, 부동산 등과 같은 구매가치가 가장 큰 고급시장에 있다

프라이버시 비즈니스를 찾아라.

개인정보 보호는 몇몇 기업들이 현재 믿고 있는 것처럼 주요한 비즈니스 동력원이 될 것이다. 만약 그렇다면 소비자들이 개인 데이터금고, 소프트웨어 솔루션과 앱을 통해 데이터를 보호하도록 돕는 사업기회들이 많이 있을 것이다. 회사들은 프라이버시를 보호하기 위해 데이터금고를 사용함으로써 중요한 데이터를 제공하고 있는 소비자들과 더 직접적인 관계를 맺을 수 있다.

펄스널닷컴의 최고 정책담당자이자 법률자문위원인 조쉬 겔퍼(Josh Galper)는 나에게 이메일을 통해 기업이 그들의 서비스를 사용하는 방식에 대해 알려왔다. "우리가 기업이나 정부기관과 일하는 한 가지 주요한 방법은 파트너에게 고객이 공유하고 재사용할 수 있는 그들의 계정과 연관된 정보들로 미리 채워진 공동 브랜드 데이터금고를 제공하는 것입니다. 그것은 어떤 디바이스에서도 접근 가능하고, 연인끼리 안전하게 공유할 수 있거나, Fill It을 통해 특정 양식에 데이터를 자동으로 채울 수 있습니다.

그렇게 하는 것은 사람들에게 자신의 정보에 대한 권한을 주는 것으로, 현재 가지고 있는 사일로(역자 주: 조직 내 부서간 장벽이나 부서 이기주의)들을 없앨 뿐만 아니라 이런 데이터와 문서의 양방향 교환은 고객과 회사를 연결하고 정보를 교환하는 프론트 오피스 솔루션을 급진적으로 향상시킬 수 있습니다. 이것은 회사와 개인 모두에게 이득이 됩니다." 겔퍼는 펄스널닷컴이 보험, 교육, 금융 영역에서 주로 이런 방법으로 일하고 있다고 말했다.

"우리는 또한 그들에게 가치 있는 특별한 사용사례를 위해 개발된 BYOD(당신 자신의 데이터를 가지고 오라, Bring Your Own Data) 앱(예를 들어 금융정보와 같은 중요한 파일을 위한 디지털지갑, 패스워드 금고)을 포함해서 그들의 고객에게 공동 브랜드 금고를 판매하는 파트너들과 일하고 있습니다. 또, 개인에 의한 소유권과 제어에 관한 규칙에 따라 개인의 금고가 기술적, 실질적으로 어떻게 작동하는지를 지시합니다."

"마지막으로 기업도 역시 소유자로서 펄스널닷컴에 등록해서 직장동료들이 중요한 데이터와 파일을 다른 직원과 안전하게 공유할 수 있습니다. 예를 들어 비밀번호, FedEx 계정 같은 것입니다. 이메일로 하는 대신 금고를 통해 암호화된 상태로 공유하길 선호하는 민감한 파일들도 가능합니다. 또 기업은 Fill It을 통해 기업금고로부터 데이터를 사용해 양식을 자동으로 완성할 수도 있습니다. 정부 양식이든 그 외 다른 양식이든 상관없이 말입니다."

11장. 프라이버시, 보안, 개인정보의 가치

12. 사회를 꿰뚫어보며 비즈니스 하기

13장. 정부와 데이터 : 오픈 월드를 위한 기준 만들기

14장. 오픈 데이터의 미래

12장 사회를 꿰뚫어보며 비즈니스 하기

오픈 데이터는 언론인과 사회활동가들에게는 긴요한 것이 되었고 정부와 기업들에게는 조사할 수 밖에 없는 냉정한 현실이 되었다. 점점 더 많은 오픈 데이터가 사용 가능해 짐에 따라 그것을 어떻게 사용해야 할지 아는 기자들과 옹호 조직들의 수가 증가하고 있다. 그들은 정부 계약, 정치 기부금, 의료 회사와 모든 종류의 기업에 대한 데이터를 분석하고 있다. 그들의 임무는 데이터 사용에 있어서 한쪽에는 정부와 기업체를, 다른 쪽에는 대중을 두고 힘의 균형을 맞추는 것이다. 그들의 성공에는 한 가지 분명한 메시지가 있다. 숨기는 게 종전보다 더 어렵다는 것이다.

이 새로운 종류의 데이터 수사관들은 데이터를 분석하고 그 결과를 대중에게 전달하는 두 가지 모두에 기술을 사용한다. 투명성 개선의 선두 주자인 썬라이트 재단은 정부 활동과 정부관련 사업에 투명성 확보를 목표로 거의 20명의 개발자로 구성된 사내 연구소를 운영하고 있다. 글로벌 위트니스(Global Witness)는 자금세탁 폭로를 위해 기업과 금융 기록을 분석하고 있다. 정부 감독(Government Oversight) 프로젝트는 연방정부와의 계약과 계약담당자들을 분석하고 있다. 톰 스테인버그(Tom Steinberg)에 의해 설립되고 운영되는 영국의 마이소사이어티(MySociety)는 여러 활동을 하는데 그 중에서도 정보자유법을 통해 얻은 데이터를 게시하고 있다. 프로퍼블리카(ProPublica)와 공공청렴센터(Center for Public Integrity) 같은 언론 기관들은 헬스케어 제공자의 데이터를 심도 있게 조사하고 있다. 그리고 동시에 이들 조직은 이미 공개된 데이터를 사용하고 필요하다면 소송을 하면서 (자주 승소한다) 더 많은 데이터를 제공하도록 정부기관에 압력을 행사하고 있다.

데이터 수사관들은 정부와 기업을 상대로 제 3자의 입장에 있다. 이들 덕분에 비밀 유지가 더 어려워지는 세상에서 회사와 정부가 운영되고 있다. 따라서 당신이 하는 일은 결국 드러날 수 밖에 없다라는 가정하에서 당신의 사업을 운영하는 것이 리스크 관리의 일부이다

컴퓨터가 지원하는 보고서의 탄생

데이터 중심 저널리즘의 현대시대는 1973년으로 거슬러 올라간다. 1973년은 조사식 보고가 매우 성공한 때로 그 해 5월 밥 우드워드(Bob Woodward)와 칼 번스타인(Carl Bernstein)은 워터게이트 사건에 관한 워싱턴 포스트 보도로 퓰리처 상을 수상했다. 닉슨 대통령의 최고 보좌관 여러 명은 그 해 초부터 유죄선고를 받고 사임하기 시작했고 닉슨 대통령은 "나는 사기꾼이 아니다"라고 강변했으나 다음해 사임함으로써 이 사건은 끝이 났다. 역사는 다양하게 해석될 수 있으나 조사식 보고가 대통령을 실각시켰다고 말하는 게 맞을 것이다.

그러나 아마도 그 해가 저널리즘의 가장 중요한 전환점이었다는 점은 거의 주목 받지 못했다. 1973년에 인디애나 대학교 출판부는 정밀 저널리즘 : 리포터가 소개하는 사회과학 방식(Precision Journalism: A Reporter's Introduction to Social Science Methods)이라는 책의 초판을 발간했다. 이 책의 저자는 필 마이어(Phil Meyer)라는 나이트 리더(Knight Ridder(역자 주 : 미국 내 발행부수 제 1위의 신문기업))의 한 리포터였다. 워터게이트 사건이 기자들에게 우드워드나 번스타인이 되고 싶도록 만들었다면 마이어의 이 책은 조사식 보고서에 대한 새로운 데이터 중심 접근 방식 툴을 제시하였다. 우드워드와 번스타인은 늦은 밤 주차장에서 정보원

들을 만났으나 마이어는 진실을 얻기 위해 정량적인 방법과 메인 프레임 컴퓨터를 사용했다.

마이어는 하버드 대학교 네이만(Nieman) 저널리즘 펠로우십에서 "컴퓨터 지원 리포팅"으로 알려진 것을 개발하기 시작했고 1967년에 그 해 도시 폭동을 취재하는 프리 프레스(Free Press) 직원을 돕기 위해 디트로이트로 왔을 때 그 개념을 적용했다. 잔뜩 긴장된 뉴스룸은 이 폭도들이 누구인지에 대해 교육적이고 인구통계학적인 이론적인 얘기들로만 채워졌다. 마이어는 그들이 누구인지를 찾기 위해 설문조사라고 하는 급진적인 아이디어를 내 놓았다. 미시간 주립 대학과 공동 수행한 설문조사에서, 많은 대학교육을 받은 사람들이 폭동에 참여했다는 사실 등 몇몇 놀라운 결과가 드러났다. 프리 프레스는 퓰리처 상을 수상했다. 그리고 마이어는 자신이 뭔가를 눈치채고 있다는 것을 깨달았다.

마이어가 자신의 책을 쓰고 있을 때 한 동료가 그 당시 "신(新)저널리즘"이라 불리던 것에 대비해서 마이어의 접근법을 "정밀 저널리즘"이라고 부르자고 제안했다. 신(新)저널리즘은 리포터와 리포터의 의견을 행위의 한가운데 두는 주관적인 접근법이었다. 지금 보면 신(新)저널리즘이 꽤 구닥다리 같아 보인다. 그러나 전기 쿨에이드 산 테스트(The Electric Kool-Aid Acid Test)라는 책을 최근에 읽어 본 사람이 있는가? 마이어의 작품은 그 이상 동시적일 수 없을 만큼 현재를 잘 반영한다. 그의 책은 현재 제4판으로 아직도 출판되고 있고 새로운 기술을 잘 따라가기 위해 계속 업데이트 되고 있다.

현재도 기자 뿐만 아니라 감시단체에 의해 사용되고 있는 컴퓨터 지원 리포팅은 오픈 데이터를 가장 중요하게 사용하는 곳 중 하나로 진화하고 있다. 지난 40년 넘게 저널리스트들은 사기를 조사하고, 정부지출 패턴을 밝히고, 인구통계학적 트렌드를 추적하는 등등 그 이상의 것이라도 찾아내기 위해 데이터 분석 방법을 배워왔다. 현재도 수많은 비영리단체들이 그들의 데이터 중심 정책 분석과 연구를 위해 동일한 방법을 사용하고 있다. 이렇게 데이터를 캐낸 결과, 기업, 정부, 공공기관, 대형 비영리단체는 이들의 비밀을 조사하는 방법을 아는 전 세계의 전문가 군대와 함께 소위 말하는 유리 집에 살고 있다는 것을 알게 되었다. 더 많은 정보가 오픈 데이터로 공개될수록 데이터 수사관들은 더 많은 일을 할 것이다. 신문은 전국적으로 감소하고 있을지 모르지만 리포터가 개발한 조사 기술은 실제 파급력있게 성장하고 있는 중이다.

구식 보고, 새로운 기술

척 루이스(Chuck Lewis)는 기자, 비영리단체 지도자, 현재는 아메리카 대학교(American University)의 교수, 이렇게 세 가지 훌륭한 경력의 소유자로 살아왔다. 그를 인터뷰한 커뮤니케이션 스쿨 사무실 벽에는 몇 개의 캐리커처와 동료와 친구들이 선물로 준 풍자화가 있다. 오래 된 정치 매거진 George의 표지에는 그의 모형과 그를 돈 꼴레오네(Don Corleone) 제국 마피아의 대부가 아닌 비영리단체 조사 보고의 대부처럼 풍자하는 그림이 있었다. 브란도(Brando)의 위협적인 캐릭터와는 대조적으로 자신의 인생 경력을 설명할 때 그는 전문가답고 활기찼다.

"저는 지금까지 30년 넘게 조사식 보고를 해왔습니다." 그는 워싱턴 ABC 뉴스에서 일했고 뉴욕 공공청렴센터(Center for Public Integrity)로 불리는 조직을 시작하도록 영감을 준 씩스티 미닛츠(60 Minutes)에서도 일했다. 루이스는 1989년에 공공청렴센터를 발족시켜 강력한 언론으로 성장시켰고, 15년 동안 300개의 보고서와 14개 책에 대해서 상을 받을 만큼 센터의 조사 작업을 잘 이끌었다. 그는 말했다. "서는 두 개의 정치학 학위를 갖고 있습니다. 그리고 우리의 일반적인 접근방식은 정치학과 저널리즘의 최적의 요소의 결합을 시도하는 것입니다. 저는 대부분의 정치학보다 더 적절하고 철저한 조사를 하고 싶고 당신이 일반적으로 알고 있는 어떤 것보다 더 깊이 있는 보고서를 작성하고 싶습니다."

루이스에 의하면 이 센터의 전략은 "여태껏 누구도 읽지 않은 공공데이터"에 집중해온 것이다. 다른 특종들도 많지만 그 중에서도, 이라크와 아프가니스탄 전쟁 당시 핼리버튼(Halliburton)의 정부 계약에 관한 세부 사항을 발표했다. 1990년대 웹 발전에 따라 데이터와 문서에 새롭게 접근하기 위해 기자들은 인터넷을 사용했다. "1990년대 초반 까지만 해도 컴퓨터 기반보고를 위한 국립연구소(NICAR, the National Institute for Computer-Assisted Reporting)는 기자 · 편집자 조사단(Investigative Reporters and Editors)의 일부였습니다. 가장 최근의 NICAR 회의에는 600명이 참가했었고 그 수는 점점 늘어나고 있습니다. 흥미로운 것은 20대와 30대 초반의 사람들이 증가하고 있다는 것입니다."

조사 보고는 기술과 보조를 맞추고 있고 루이스의 오래된 조직이 그 최전선에 자리 잡고 있다. 그는 자신의 책에서 자랑스럽게 다음과 같이 쓰고 있다. "공공청렴센터는 컴퓨터 지원 리포팅은 에서 역사상 가장 큰 프로젝트를 했습니다." 이 센터는 헬스케어에 관한 중요한 정부 정보를 오픈 데이터로 만들고 그것을 혁신적인 방법으로 사용할 수 있도록 하고 있다.

공공청렴센터는 메디케어에 대해 면밀히 관찰하기로 결정했다. 루이스는 "메디케어는 제멋대로 뻗어져 나간 대규모의 복잡한 프로그램의 늪입니다."라고 말했다. 센터의 연구진은 메디케어 사기를 조사하려고 했는데,

조사를 하다 보니 그들이 필요로 하는 기록들이 공개되지 않았다는 것을 알게 되었다. 다우 존스와 함께 월스트리트 저널 출판인은 보건복지부에 기록을 요청했으나 보건복지부는 공개하려 하지 않았다. "다우 존스와 월스트리트 저널은 미국 지방법원에 소송을 제기했고 결국 보건사회복지부는 마지못해 그 기록들을 주었습니다. 공공청렴센터와 월스트리트 저널은 약 12,000달러를 지불했습니다."

"연구진들은 수 억 개의 기록을 보고 있었습니다. 어디 한 군데 아픈 사람이 24시간 응급센터와 작은 의원에서 치료 후 받은 의료비 청구서에는 여러가지 다양한 유형의 치료비가 덧붙여져 청구되어 있었습니다. 100달러의 메디케어 비용이 청구되어야 하는데 700달러가 청구되었습니다."

루이스에 따르면, 센터는 "110억달러쯤 되는 돈이 부정하게 사용되고 있다는 것을 파악할 수 있었습니다. 110억달러 정도의 돈이라면 이건 아주 큰 돈입니다. 보고서가 나온 두 달 만에 해당 부서 감찰총장은 센터가 밝혀낸 사기 건을 조사하겠다고 발표했습니다. 신문과 비영리단체는 이 프로젝트를 시작하고, 데이터셋을 내려 받고, 그것들을 연결하고 그리고 찾아낼 수 있게 되었습니다."

이것은 저널리즘과 착한 정부를 위한 승리라고 할 수 있었으나 여전히 불완전했다. 1979년 법원명령에 의거하여 저널리스트들은 개별 의사들에게 제기된 혐의사실에 대한 기록에 접근할 수 없었다. 그 후, 2013년 5월 플로리다 잭슨 빌 지방법원은 프라이버시 법에 대한 해석이 33년이 지나면서 변경되었다는 것을 근거로 이전의 결정을 없던 것으로 했다. 이전의 결정이 의미하는 것은 조사가 전체 메디케어에는 영향을 주지는 않지만 특정 의료서비스 제공자와 그들의 관행에는 실제적인 영향을 줄 수 있다는 것이었다.

메디케어 조사의 범위에 관해 모든 사람의 의견이 일치하지 않을 수는 있지만 많은 다른 조사 보고서를 통해 헬스케어 산업은 다소 과열되었다. 가장 지속적이고 효과적인 데이터 중심 조사는 아마 2008년 40여명의 직원으로 시작한 프로퍼블리카 일 것이다.

메디케어 조사 팀처럼 프로퍼블리카는 그들이 때때로 오픈 데이터로 배포되는 데이터를 얻기 위해 싸우고 있다는 것을 알게 되었다. 몇 년 전 프로퍼블리카는 미국에서 투석치료를 조사하기로 결정했고 정보자유법(the Freedom of Information Act)에 따라 데이터를 요청했으나 긴 협상 끝에야 얻을 수 있었다. 데이터를 얻었을 때 프로퍼블리카는 투석치료 시스템에 심각한 요금문제와 안전문제가 있다는 것을 알 수 있었다. 그래서 프로퍼블리카는 환자를 위한 최적 치료를 돕는 투석시설 추적기를 개발했다. 이 때가 2010년이었다. 다음해에 상원의원 찰스 그래슬리(Charles Grassley)의 질문을 받고(R-IA), 메디케어 & 메디케어 서비스 센터는 투석 센터에 관한 데이터를 대중들에게 더 많이 사용할 수 있도록 하는 조치를 발표했다. 상원의원은 "더 많은 조사와 투명성은 소비자들을 위해서 좋은 일입니다."라고 했지만 다음과 같이 덧붙였다. "그런 개선이 일어나도록 하기 위해 조사 미디어가 의회에 대한 폭로와 압력을 행사해서는 안됩니다."

프로퍼블리카는 정부구제 금융과 비영리 재정 등 다수의 공익적 이슈를 추적하면서 오픈 데이터를 사용한 헬스케어 연구에 큰 영향력을 끼쳤다. 프로퍼블리카의 프리스크라이버 체크업(Prescriber Checkup) 프로젝트는 의사들이 메디케어 제약 혜택을 받는 개별 처방패턴을 비교하는 것이 가능하도록 했다. 달러스 퍼 닥터스(Dallars for Doctors)는 제약회사가 의사들과 다른 헬스케어 전문인들에게 지불한 지불금을 추적한다. 양로원

조사(Nursing Home Inspect)는 규제 보고서에 근거하여 수준 낮은 요양원을 찾아내는 것이 가능하도록 한다.

전국과 전세계의 여러 진취적인 기자들은 거대한 효과를 내기 위해 그들이 분석할 수 있는 오픈 데이터를 찾고 있다. 루이스(Lewis)는 미국 전체 주를 대상으로 고등학교 시험성적을 조사한 애틀란타 저널 콘스티튜션(Atlanta Journal Constitution)의 조사를 주목했다. 이 조사에 따르면 의심스러운 성적이 많이 있었다. 그래서 애틀란타 저널 콘스티튜션은 학교 행정가들이 숫자를 조작했다는 것을 설득력 있게 보여주는 확률적 분석을 진행했다. 이 이야기는 영향력이 있었다. 이 조사와 관련해 은퇴한 지역 감독관과 34명의 다른 교육자들이 갈취와 절도를 포함한 혐의로 기소되었다.

신문과 다른 뉴스 기관도 역시 구독자들이 오픈 데이터를 수집, 분석, 개선시키는데 함께 참여 할 수 있도록 창의적인 접근방법을 취하고 있다. 예를 들면, 프로퍼블리카는 2012년 선거 기간 동안 캠페인 광고 자금에 관한 데이터베이스를 개발할 때 일반인들을 초대했다. 그러나 언론 크라우드소싱에서 세계 챔피언은 영국의 가디언일 것이다. 2009년부터 가디언은 의회 장관이 지출한 돈에 관해 자세한 비용보고서를 받았고, 그 보고서의 한 줄 한 줄을 검토하기 위해 구독자를 이용했다. 온 국민이 즐기는 오락 같아 보이는 일에 초대된 가디언 구독자들은 그들의 대표가 그들의 돈을 무엇에 썼는지 정확히 알아내도록 돕는다는 점을 좋아했다. 신문은 구독자들이 검토한 이 보고서의 결과를 일련의 시리즈로 다루고 있다. 이 일이 시작된 이후 더 많은 의원들이 택시 대신 지하철을 이용하고 있다.

사업 투명성에 영향을 주는 사업행위

역사적으로 볼 때 조사 기자들은 그들의 타깃이 정보를 숨기기 위해 엄청난 노력을 함에도 불구하고 정보를 파헤치려고 했다. 대기업의 금융거래는 특히 풀기가 어려웠다. 그러나 최근 공공 이익, 경제 건전성에 대한 관심 등 몇 가지 변화들이 금융 부문과 회사 운영에 대해 더 큰 투명성을 요구하고 있다.

그 이유를 이해하기 위해서 몇 년 전으로 돌아가서 생각해보자. 우리 시대의 가장 공포스러운 영화는 좀비 영화나 종말론적 디스토피아 판타지가 아니었다. 그것은 앤드류 로스 솔킨(Andrew Ross Sorkin)의 책을 에이치비오(HBO)가 영화로 만든 투 빅 투 페일(Too Big To Fail)이다. 이 영화는 2008년 금융위기에 관한 것이었다.

에이지비오가 투 빅 투 페일을 발표했을 때, 관람객들은 상영되는 장면들을 고전적인 재난영화처럼 받아 들였다. 윌리엄 허트(William Hurt)가 주연을 맡은 행크 폴슨(Hank Paulson)이 등장하는데 그는 스트레스에서 벗어나기 위해 회의상을 떠난다. 빌리 크루덥(Billy Crudup)이 연기한 티모시 가이트너(Timothy Geithner)는 윌리엄과의 통화에서 전화기에 대고 그에게 저주를 퍼붓는다. 그 분위기는 마치 소행성 덩어리가 프랑스 파리를 날려 버리고 더 큰 덩어리가 뉴욕과 워싱턴을 향하고 있는 90년대 말의 소행성 영화 같았다. 파리는 2008년 8월에 붕괴한 리먼 브라더스(Lehman Brothers)고, 뉴욕과 워싱턴은 불안정한 상태인 에이아이지(AIG)와 베어 스턴스(Bear Stearns)였다.

2011년 투 빅 투 페일이 상영되었을 때 티모시 가이트너는 무대 인터뷰에서 국가 재정 지도자들은 그들이 실제로 보이는 모습 만큼이나 패닉에 빠진 상태라는 것을 인정했다. "결단이 나고 있었습니다. 우리는 각본도 도구도 없었습니다... 인생은 선택이지만.. 우리에게 좋은 선택은 없었습니다.. 의미 있는 통제가 전혀 없는 상태로 이런 거대한 금융 시스템이 활보하도록 방치한 것입니다."

붕괴에는 여러 가지 원인이 있지만 한 가지 원인은 투명성의 실패였다. 즉 데이터의 실패였다. 금융위기의 여파로 기업, 금융기관 그리고 이들의 운영 방식에 대해 더 많은 오픈 데이터를 요구하게 되었다. 더 나은 데이터를 요구하는 새로운 운동은 지지자, 기업가, 투자자, 규제기관, 기업 등 서로 어울릴 것 같지 않은 분야의 조합으로 주도되고 있다. 이 새로운 투명성은 기자와 모든 종류의 데이터 수사관뿐 아니라 궁극적으로 투자자에게 도움이 될 것이다.

우리가 이 위기를 통해 배운 가장 충격적인 사실 중 하나는 누구도 주요 금융기관들이 어떻게 구조화되어 있는지 실제로 아는 사람이 없다는 것이다. 아마도 그 기관들도 모를 것이리라. 리먼 브라더스 붕괴 이후의 국제은행업무에 관한 연구에서 다음과 같은 사실을 발견했다는 점을 생각해보라. "리먼 브라더스 그룹은 약 50개국에서 운영된 2,985개의 법인으로 구성되어 있습니다. 합법적, 비합법적인 경영체 둘 다 복잡하게 혼합되어 있습니다... 이쪽 회사에서 수행한 무역은 다른 회사에 등록될 수 있습니다." 만약 규제기관이 리먼 브라더스를 의심했다 하더라도 리먼의 3,000개 면면을 들여다 보거나 이 회사가 망하기 전에 어떤 조치를 취한다는 것은 거의 불가능하다는 것을 알았을 것이다.

리먼 브라더스에게 적용되었던 것은 대부분의 주요 금융기관과 많은 대기업들에게도 적용된다. 미국과 다른 나라들의 기업체는 오너십, 자회사, 통제위원회 등 매우 복잡한 구조로 되어 있다. 때로는 세금을 이유로, 때로는 운영상의 이유로, 그리고 때로는 서서히 덧붙여진 회사들을 통한 성장 때문에 말이다. 이런 복잡한 회사를 의미 있는 방법으로 더 잘 이해하고 설명할 수 있도록 도와줄 수 있는 오픈 데이터에 대한 필요성이 증가하고 있다.

금융위기에 대한 대응을 위해 통과된 도드프랭크법은 많은 분야에서 투명성을 의무화하고 있다. 이 법에서 첫 번째 언급된 목표는 "금융시스템의 책임과 투명성을 개선하여 미국의 금융 안정화를 촉진하기 위함"이다. 월스트리트투명성과 책임으로 표현한 'Title VII' 에서 신용 디폴트 스왑과 신용 파생상품에 관해 더 큰 투명성을 요구하고 있다. 투자자 보호를 포함하고 있는 'Title IX' 는 증권거래위원회에게 금융상품과 서비스에 대해 "판매시점" 공개 규칙을 제정할 권한을 주고, 경영자의 보상에 대해 정기적으로 주주의 승인을 얻도록 요구하고 있다. 'Title X' 는 소비자 금융보호국을 설립하고, 이 기관에게 투명성 개선을 위한 권한을 부여하고 금융상품의 수를 공개하도록 하고 있다.

이렇게 정부 부문에서 투명성 강화가 진행되는 한편, 민간기업도 역시 기업과 금융기관에 대해 새로운 수준의 투명성을 시행하고 있다. 런던의 오픈 데이터 연구소에서 인큐베이트 된 회사들 중 하나인 오픈 코퍼레이트는 기업구조를 깊이 있게 분석하고 그 구조를 볼 수 있도록 매핑했다.

오픈 코퍼레이트의 CEO인 크리스 태거트는 미국에 1,475개의 자회사, 케이맨 제도(Cayman Islands)에 739개의 자회사가 등록된 골드만 삭스의 매핑 결과에 대해 설명했다. "국가별로 시각화 함으로써 [이 검색 가능한 지도] 는, 예를 들어 골드만 삭스와 모건 스탠리의 경우, 케이맨 제도가 이들 네트워크에 얼마나 중요한 지를 보여줍니다." 태거트는 기술관련 뉴스 서비스인 기가옴(GigaOm)에서 다음과 같이 말했다. "그것은 이 데이터를 기반으로 한 학술적 연구로 할 수 있었던 것인데 아마도 대 여섯 사람 정도는 이런 것에 대해 읽어본 적 있을 것입니다. 이것은 하나의 오픈 데이터셋에 그것을 놓을 때 자동적으로 생기는 부산물입니다."(한편, 오픈 코퍼레이트는 모든 조사결과를 오픈 라이센스에 따라 오픈 데이터로 무상 배포하나, 사업모델은 추가적인 지불 서비스를 제공하는 것을 포함하고 있다.)

만약 당신이 이와 같은 노력들이 급진적인 반기업주의에 의해 주도된 것이라 생각한다면 아마 영국 총리 데이비드 카메론(David Cameron)이 당신과 얘기하고 싶어할 것이다. 2013년 1월, 스위스 다보스에서 열린 세계경제포럼에 영국 보수당 총리가 참석했다. 영국은 G8 회장직을 예상했고 카메론은 우선순위에 따라 전체 개요를 설명하기 위해 그 회의장에 있었다. "무역, 세금, 그리고 투명성"과 이 세 가지의 관계에 대해 말하면서, 카메론은 오픈 데이터가 비즈니스에 필수적인 사례를 열거했다. 아래에서 그 내용을 발췌했다.

> *정부와 기업이 어떻게 운영되는지에 대해 더 투명해질 필요가 있습니다... 이것이 반 기업적이고 부자들을 비난하는 것이고 세금을 성공적으로 걷기 위한 의제라고 느끼십니까? 전혀 아닙니다. 이것은 완전히 사업 친화적인 의제입니다. 저는 당신이 알고 있는 가장 사업 친화적인 리더에 가깝습니다... 그러나, 제가 또 열정적으로 믿고 있는 것이 있습니다. 그건 바로 여러분이 공개 경제, 낮은 세금, 자유기업체제를 원한다면 당신은 게임의 규칙을 마련할 필요가 있으며 그 규칙을 적용하도록 준비할 필요가 있다는 것입니다... 이것은 적절한 회사, 적절한 세금, 적절한 규칙에 관한 비전이고 곧 공개사회, 공개경제, 공개정부의 비전입니다*

정부에 비치는 햇빛

데이터중심 연구는 조사식 보고를 완전히 바꿔놓았을 뿐 아니라, 새로운 형태의 공익 비영리단체를 만들어 냈는데, 이 단체들은 정부와 기업의 업무 그리고 이 둘 사이의 관계를 찾아내기 위해 기자들이 사용하는 것과 동일한 종류의 조사식 데이터 분석을 사용하고 있다.

2006년에 시작한 썬라이트 재단은 이런 단체들 중 가장 영향력 있고 기술적으로 가장 정교하다. 이 재단은 돈과 정치를 주로 다루는 두 개의 비영리 단체를 운영했고 지금도 이 재단을 계속 이끌고 있는 엘렌 밀러(Ellen Miller)에 의해 설립되었다. 2013년 봄에 만났을 때 그녀는 말했다. "썬라이트의 설립에 대한 통찰력을 제공한 것은 기자였습니다. 만약 돈, 권력, 영향력과 그것이 정부에 어떻게 영향을 미치는지에 관한 데이터에 더 쉽게 접근할 수 있다면 무책임한 정부에 대해 토론하고 논쟁이 될 만한 설득력 있고 주목할 만한 이야기를 쓰는 것은 더 쉬워질 것입니다."

썬라이트 재단은 초기에 구글에서 아주 눈부신 힌트를 얻었고 혁신 센터로 썬라이트 연구소(Sunlight Labs)를 갖추었다. (연구실의 첫 번째 대표는 그랙 엘렌(Greg Elin)이었는데, 나중에 그가 최고 데이터 책임자로 연방정부 통신위원회에서 있을 때 같이 일한 적이 있다.) 지금은 20명에 가까운 연구원을 보유한 이 연구실은 잇달아 창조적인 앱들을 내놓았다. 몇 개는 공무원과 민간자금간의 관계를 밝히는 것이었다. 예를 들면 2012년 선거에서 썬라이트는 애드 호크(Ad Hawk)라는 스마트폰 용 앱을 개발했다. 당신이 TV를 보는 중에 애드 호크를 TV를 향해 놓으면 그 앱이 TV의 정치광고를 듣고 그 광고에 누가 돈을 지불 했는지를 스마트폰을 통해 보여준다. 썬라이트는 그 툴이 "슈퍼팩(super PAC, 역자 주 : 억만장자들로 이뤄진 민간 정치자금 단체로 캠프에는 소속되지 않으며 외곽에서 지지활동을 함, 합법적인 모금 가능)과 "강아지를 위해 사는 미국인들(Americans for Puppies)"과 같이 순진무구해 보이는 이름을 가진 단체들이 폭탄처럼 광고를 터트림으로써 고통 받는 투표자들을 위해 설계되었습니다"라고 말했다.

가장 널리 사용되는 썬라이트 앱 중 하나는 영향력 탐색기(Influence Explorer)인데 이 앱은 돈, 정치, 영향력에 관한 10개의 서로 다른 데이터셋을 결합한다. 밀러의 설명에 따르면 이 앱은 주요기업들이 정치로비와 캠페인 기부금에 가장 많이 돈을 쓰는 기업 중 주요기업이 속하는지, 주요기업 임원 중 연방자문위원회에 소속된 사람은 몇 명인지, 주요 기업들이 얼마나 많은 정부보조금을 받고 계약을 따내고 있는지, 미국 환경보호청(EPA)에 의해 몇 번이나 주요 기업들이 언급되었는지 보여줄 수 있다. 밀러의 말처럼 "이 앱의 기본 아이디어는 페이지를 내려가면서 노동조합, 기업, 기업의 임원, 어떤 법적 단체든 간에 그들의 프로파일을 볼 수 있고, 주나 연방 수준에서 그들의 영향력 프로파일이 어떤 모습인지를 알 수 있습니다."

연방 계약자들은 점점 늘어나고 있는 정밀조사에 대한 준비를 지금 해야한다. 정부감독 프로젝트(POGO)는 수년 동안 정부 계약의 투명성을 높이는데 주력해왔다. 게다가 정부의 새로운 오픈 데이터 추진 움직임으로 인해 시간이 지날수록 계약에 관해 더 상세하고 읽을 만한 정보를 제공해 주어야만 할 것이다. 만약 당신이 연방정부와 사업을 하고 있다면 당신의 사업은 과거보다 더욱 공개될 것이고 만약 당신이 추후 정부 계약자가 될 가능성이 있다면 높은 투명성은 기존 업체들에 관해 더 큰 통찰력을 주어 당신의 경쟁에 도움이 될 것이다.

주 정부 계약자도 몇 가지 질문에 대비해야 한다. 특히 주 보조금 혜택을 받고 있다면 더욱 그렇다. 굿 잡 퍼스트(Good Job First)는 주 정부가 자신의 주에서 사업을 하도록 기업들을 유치하기 위해 어떻게 보조금을 지급하고 있는지에 관한 데이터를 구축했다. 굿 잡 퍼스트의 데이터는 주 정부의 이런 관행을 다큐멘터리로 만들어 비난한 뉴욕타임즈 시리즈인 "보조금 합중국(The United States of Subsidies, 역자 주: 미합중국(The United States of America) 대신에, 비꼬기 위해 마지막 단어 하나만 바꿈)"에서 사용한 주요 소스 중 하나였다. 심지어 누구에게나 기업 보조금에 관해 정보를 제공하는 비즈비즈(BizVizz)라는 아이폰 앱도 있다. 주 정부 예산이 빠듯해지고 주 정부 공무원들이 해고되고 실업률이 증가하게 된다면 이 보조금에 대한 대중의 비판이 증가할 수 있다

사업 성공가능성 포착하기

훤하게 보이는 사회는 많은 기업들에게 기회보다는 과제를 더 많이 제시하는 것 같다. 하지만 주목할 가치가 있는 것은 기자들이 사용할 수 있는 정부의 오픈 데이터에 기업도 접근할 수 있다는 것이다. 이 사실은 정보자유법을 가장 빈번하게 사용하는 주체가 기업이라는 것을 말해준다. 비즈니스 인텔리전스가 정보자유법의 본래 목적은 아니었지만 정보공개법으로 인한 중요한 부산물로 드러났다. (다음 장에서 상세히 말하겠다.) 모든 기업은 정보자유법이 어떻게 작용하는지 또 그 법을 어떻게 비즈니스 인텔리전스 도구로 사용할 것인지에 대해 알아야 한다.

방어자의 측면에서 볼 때, 기업은 과거 어느 때 보다 더 투명한 환경(아마도, 투명한 회의실?)에서 기업을 운영하고 있다는 것을 인지할 필요가 있다. 기자들과 감시단체들은 대기업과 정부 그리고 이 둘 사이의 관계에 관한 진실을 파헤치는데 있어서 그 어느 때 보다 훨씬 더 잘 하고 있다. 또 연방정부의 지출, 정부의 계약, 기업의 투명성, 정치적 로비와 선거자금 조달처럼 기업과 기업의 투자자에게 중대하게 영향을 미칠 수 있는 시민들의

실질적인 이슈에 관해 대중이 관심을 가지도록 분위기를 조성하고 있다.

아래 제시된 이번 장에서 언급한 기관들은 시민과 기업들이 똑같이 따라야 하는 영향력 있는 일을 하고 있다.

- 공공청렴센터(The Center for Public Integrity)
- 글로벌 윗니스(Global Witness)
- 굿 잡 퍼스트(Good Jobs First)
- 마이소사이어티(MySociety)
- 오픈 코퍼레이트(Open Corporates)
- 정부 감시 프로젝트(The Project on Government Oversight)
- 프로퍼블리카(ProPublica)
- 썬라이트재단(The Sunlight Foundation)

투명하고 공정한 사회는 단지 대기업에만 적용되는 것은 아니다. 정부 프로그램에 의해 정산되는 헬스케어 제공자와 같이 정부 시스템에 의해 자신의 사업거래가 추적 당하는 개인도 어느 날 갑자기 자신들의 사업관행이 갑자기 오픈 데이터로 공개되는 것을 알게 될 지도 모른다.

최근 정부기록에서 메디케어 제공자를 식별하도록 한 법원의 결정은 기업이나 서비스 제공자의 이름을 포함한 기록들이 과거보다 더 많이 공개될 것이라는 신호로써 주목할 만한 결정이다. 법원의 이러한 결정은 현재관행과 대중의 이익을 고려해 개인정보 보호법을 해석한 것이다. 이런 추론이 얼마나 광범위하게 적용될지 어떤 과제를 남기게 될지 어떻게 시행될지 아직 명확한 것은 없다. 이 글을 쓰는 시점에서 보건복지부는 법원이 공개해야 한다고 한 데이터를 배포하면서 프라이버시 보호에 있어서 어떻게 적절한 균형을 찾아야 할지는 아직 결정하지 못했다.

일반적으로, 크건 작건 규모에 상관없이 기업의 더 많은 운영데이터가 오픈 데이터로 공개될 거라 예상하는 것이 신중한 태도일 것이다. 그렇게 해서 초래되는 결과는 분명하다. 사업을 하려면 합법적인 것은 물론 기본이고, 일반인들이 공정하고 윤리적이라고 생각하는 방식대로 해라. 그리고 혹시 당신 자신을 변호할 준비가 아직 되지 않았다면 자신을 변호할 준비를 하라.

이 모든 게 기업 자신들에게는 그다지 인기가 없었던 기업의 책임과 비슷한 개념인 것 같기도 하다. 결국 기업의 책임이라는 바로 그 말이 암시하는 것은, 책임져야 할 어떤 것을 대기업이 숨기고 있다는 것이다. 금융거래뿐 아니라 노동 관행, 안전기록을 숨기고 있다는 것이다. 또 무엇을 숨기고 있을지 누가 알겠는가? 그러나 아래에 열거된 다수의 융합 트렌드는 기업에서 오픈 데이터에 대한 새로운 분야의 필요성을 만들어 냈다.

- 최근 세계 금융시장의 붕괴로 인해 대중들은 금융기관의 투명성에 압력을 가하고 있으며, 이에 관한 일부 법률이 제정되었다.
- 정부 기관은 광범위한 산업분야에서 재무 및 운영의 투명성을 관리한다.
- 공익단체와 언론인들은 이전 보다 더 민간 영역에 관해 배우기 위해 데이터 마이닝 능력을 연마하고 있다.
- 아마도 가장 중요한 것은 투자자, 사업 분석가, 기업은 그들이 투자하거나 함께 사업하고 있는 기업들에 대해 더 큰 투명성을 요구하고 있다.

방어적인 접근법을 넘어설 기회가 여기에 있다. 이는 내가 원하는 기업 신뢰성의 새로운 시대를 만들어낼 기회이기도 하다. 그것은 단지 투명성과

책임에 대한 것뿐 아니라 자신감과 신뢰를 불러 일으킬 오픈 데이터를 공개하는 것이다. 이런 트렌드에 대해 경계하는 기업들은 두 가지를 알아야 한다. 그 두 가지는 오픈 데이터 공개는 불가피한 것이며 궁극적으로는 사업이 잘 되게 해 줄 것이라는 점이다. 세상이 알길 원하지 않는 것을 숨기는 회사들에 대해서는 이미 너무나 많은 데이터들이 있다. 하지만 회사를 더 많이 공개할수록 운영 관행은 개선될 것이고 사업은 성장할 것이며 새로운 투자를 유치할 수 있을 것이다.

11장. 프라이버시, 보안, 개인정보의 가치

12장. 사회를 꿰뚫어보며 비즈니스 하기

13. 정부와 데이터 :
오픈 월드를 위한 기준 만들기

14장. 오픈 데이터의 미래

13장 정부와 데이터 : 오픈 월드를 위한 기준 만들기

2013년 5월 9일, 벵가지에서 발생한 테러에 대한 미국의회 증언이 뉴욕 타임즈와 월스트리트 저널의 1면을 장식했다. USA 투데이는 클리브랜드에서 발생한 새로운 형태의 납치사건과 성적학대 사건에 초점을 맞추었다. 대부분의 미디어는 오바마 정권의 연방국세청 스캔들을 계속해서 보도했다. 워싱턴 포스트만 그 해 가장 중요한 기술에 관한 이야기 중 하나를 모든 사람이 놓쳤다는 짧은 기사를 하나 게재했다. 앞으로 수십 년 동안 기술, 비즈니스, 정부에 영향을 미칠 수 있는 아주 중요한 기술에 관한 이야기였다.

텍사스 주 오스틴 기술 연구소 방문에서 오바마 대통령은 정부와 국민에게 혁신이 될 수 있는 오픈 데이터 정책과 행정명령을 발표했다. 이 정책에 따라, 대통령은 "국민들이 보다 많은 정부 데이터를 쉽게 찾고 이용할 수 있도록 할 것입니다. 그리고 수많은 스타트업에게 도움을 줄 것입니다. 오픈 데이터를 통해서 수많은 스타트업이 사업영역을 확장하고, 미처 상상하지 못한 제품과 서비스를 개발하는데 도움을 받게 될 것입니다."라고 공언했다.

기술 관련 언론과 블로거 그리고 열린정부와 데이터 공개를 오랫동안 지지해온 사람들은 앞으로 이정표가 될 이 소식을 반겼다. 그로부터 1주 후, 이 정책은 알렉스 하워드(Alex Howard)가 슬레이트(Slate) 에 올린 한 편의 기사 덕분에 본격화 되었다. 하워드는 선도적인 테크놀로지 출판사인 오라일리 미디어(O'Reilly Media)에서 여러 해 동안 열린정부 만들기에 노력한 인물이다. 그는 오바마 대통령의 이 발표를 "오바마 정부가 이번 달에 제일 잘한 일"라고 묘사했다. 그 때가 대통령 입장에서 좋았다는 것이라기

보다는 아직도 충분히 좋은 때라고 하는 것이 정확하다. 하워드가 썼던 것처럼 "지금이야말로 국민의 세금으로 만들어지는 정부데이터가 시민, 기업가, 정치가 등에게 유용한 정보로 만들어지기에 가장 중요한 순간일 것입니다."

오랫동안 정부 데이터 공개를 지지한 사람들은 새로운 오픈 데이터 공개 정책에 대해 높이 평가했다. 정부 데이터 공개 지지자들은 "이 보고서는 정보공개법 개정(1996년) 이후로 가장 의미 있는 정보관련 정책입니다."라고 반겼다. "백악관에서 추진하고 있는 데이터 공개는 정부를 변화시킬 것입니다. 대통령 (그리고 헌신적인 직원들)이 데이터 공개가 의미하는 바에 대해 적극적으로 비전을 제시하고 의견을 수렴해 준 것을 기쁘게 생각합니다."

이 정책은 단순히 열린정부 지지자들에게만 좋은 소식이 아니라 정부의 오픈 데이터를 사업에 활용하려는 기업에게도 도움이 될 것이다. 매우 구체적인 지침과 함께 광범위하고 야심찬 비전을 제시하는 이 정책은 정부정책 관점에서 볼 때 특별한 의미를 갖는다. 미국 최고기술책임 부국장인 닉 시나이는 이렇게 말했다. "우리는 이 정책을 반드시 잘 운용하고 싶었습니다. 단순히 정책을 확인하는 수준이 아니라 조직의 핵심 DNA의 일부가 되어야 하는 것입니다. 오픈 데이터는 목표달성을 위해 가치있는 것으로 간주되어야 합니다."

새 정책이 무엇을 의미하는지 제대로 알기 위해서는 미 연방 데이터 시스템(이런걸 시스템이라고 부를 수 있다면)이 얼마나 엉망인지를 알아야 한다. 100개 이상의 연방기관들은 각각 그들만의 방식으로 데이터를 수집하고 있다. 다시 말해 단일기관 내에서 각 부서별로 보유하고 있는 데이터 관리시스템들 조차도 서로 다른 규칙으로 데이터를 수집하고 있다는 것이다.

정통한 소식통에 따르면 연방정부에서 사용했던 정보시스템은 10,000개 이상인데 그 중 상당수가 20~30년씩 된 것이고 대부분은 상호호환이 안 된다고 한다. 이런 시스템을 바꾸려고 노력하고 있는 사람들은 그 일을 영화 “레이더스: 잃어버린 성궤를 찾아서” 마지막 장면의 상자가 끝없이 쌓여있는 창고에 비유한다. 단 한 가지만 빼고 말이다. 그 상자들이 중세 영어에서 부터 아마도 고대 상형문자에 이르기까지 서로 다른 언어로 구분되어 있다는 것 말이다.

궁극적으로 오픈 데이터 공개정책과 행정명령이 가야 할 방향은 기업, 공공기관, 개인이 정부 오픈 데이터(민감한 정보 또는 일급기밀이 아니라면)에 접근하여 분석하고, 그것들을 다른 데이터와 결합 할 수 있어야 한다는 것이다. 정부 데이터는 컴퓨터가 처리할 수 있도록 기계판독이 가능해야 한다. 예를 들어, 수기로 작성된 예산 목록이 아닌 기계판독이 가능한 엑셀 스프레드시트 형태의 예산 데이터이어야 한다.

정부의 오픈 데이터가 되기 위한 7가지의 기준이 정책에 제시되었다. 정부에 의해 공개되는 오픈 데이터는 다음과 같은 특성이 있어야 한다.

- 공개성 : 개인정보, 일급기밀, 보안사항 또는 특정 데이터셋에 대한 제약사항이 없는 한 “공개성의 추정”을 채택한 기관은 모든 데이터를 공개한다.
- 접근성 : 오픈데이터는 회수, 다운로드, 색인, 검색이 가능하도록 편리하게 제공되어야 한다.
- 설명 : 사용자가 데이터를 적용하는데 도움이 되는 방법으로 설명되어야 한다.
- 재사용 가능성 : 오픈데이터는 제약없이 재활용할 수 있도록 오픈라이선스로 공개한다.
- 완전성 : 가능한 수집된 원시데이터 그대로 제공해야 한다.
- 적시성 : 실질적인 도움이 되도록 가능한 신속하게 제공한다.

- 배포 후 관리 : 데이터공개 후, 이용자들의 데이터활용을 돕기위해 담당자를 지정한다.

정책에 따라 공공기관은 데이터 수준에 주의해야 하며 공공기관의 데이터를 사용하는 사람들로부터 피드백을 받아야 한다. 그렇게 하는 것이 사용자들의 원하는 오픈 데이터가 무엇인지를 파악하고 활용할 수 있도록 유도하는 최선의 방법이다.

데이터 공개 정책은 미연방정부뿐 아니라 주정부, 지방정부, 다른 국가의 리더십의 더 큰 정부 실행과제 셋 중 일부이다. 13장에서는 열린정부가 어떻게 더 많은 오픈 데이터를 공개 할 것인지, 어떤 기회를 가져와줄 것인지, 기업에 미치는 영향은 무엇인지 그리고 향후 정부의 추진방향은 어떤지 등에 관해 설명할 것이다.

괴짜, 일벌레, 해방자 그리고 정부의 오픈 데이터

오바마 대통령은 직무 첫날 데이터 공개에 대한 정부의 강한 의지를 밝혔다. 그리고 2009년 1월 21일 "투명한 시스템, 국민의 참여, 협업"을 요구하는 투명성과 열린정부에 관한 각서를 발표했다. "오바마 행정부는 전례없는 정부 공개 수준을 만들기 위해 최선을 다하고 있습니다."라고 썼다. 그는 연방데이터는 "국가자산"이며 "공공기관은 국민이 온라인으로 쉽게 접근하고 의사결정할 수 있도록 새로운 기술을 제공해야 합니다."라고 말했다. 그 뒤로 오바마 행정부는 수많은 새로운 기구(조직)를 만들고 보고서를 내놓았다. 행정부는 데이터 공개를 위하여 중앙 집중 형 플랫폼인 Data.gov를 발족시켰다. 그 후, 토드 박 미국 최고 기술책임자와 스티브 밴로켈(Steve VanRoekel) 미국 최고 정보책임자는 데이터를 처리하는 방법을 현대화하기 위해 새로운 디지털 정부 전략을 발표했다.

어디에서부터 정부의 데이터 공개 촉구가 시작되었는가? 오바마 대통령 취임 무렵 매우 다른 기술과 표현방식, 전문분야를 가진 두 집단("Geeks"와 "Wonks")간의 희한한 커플 협업에 의해 이미 오픈 데이터 운동은 시작되고 있었다. Geeks(괴짜), 즉 컴퓨터 과학 전문가들은 거대 규모의 데이터를 보다 분명하고 이해하기 쉽게 분석하기 위한 툴을 개발하고 있었다. Wonks(일벌레)는 정책 측면에서 보다 나은 정부, 현명한 기업정책, 보다 빠른 혁신을 위해 Geeks가 마련한 컴퓨팅 파워를 창의적으로 사용하는 방법을 찾았다. Geeks와 Wonks가 하는 일을 하나로 합쳐보라. 그러면 당신은 공익과 경제성장에 강력한 영향력을 끼칠 수 있는 사용 가능한 오픈 데이터셋을 가질 수 있게 된다.

오픈 데이터 공개 운동은 세 번째 그룹인 해방자들에 의해 가속화 되고 있다. 이 다양한 집단(해방자들)은 정부 안팎에서 오픈 데이터 공개를 지지하는 컴퓨터 연구소와 전문집단뿐 아니라 개발자, 저널리스트, 정책분석가, 기업가, 관련 시민 등 다양한 그룹에서 데이터를 광범위하게 활용할 수 있도록 헌신하고 있다. 그들은 각자의 관심분야에서 앞으로 어떤 기술이 진일보할 수 있는지에 대한 열정으로 가득 차 있다. 해방자들은 일부에서 "데이터 민주주의"라고 불렀던 것에 헌신하고 있으며 데이터 민주주의는 사업상의 영향력뿐 아니라 사회적으로도 영향력을 미칠 수 있을 거라고 생각한다.

오바마 행정부의 오픈 데이터 공약은 오픈 데이터 공개와 시민의 거버넌스 프로세스 참여 둘 다를 포함하는 열린정부를 위한 폭넓고 민주적인 비전에서 성장했다. 오픈 데이터 공개와 데이터 활용이 잘되었을 때 열린정부는 보다 강력해질 것이다. 예를 들어, 참여 예산 운동은 시민이 자신이 거주하는 지역의 예산이 어떻게 쓰여질지 결정하는데 참여할 수 있도록 "예산 데이터 공유시스템"을 개발했다. 이 운동은 브라질, 포르투 알레그레(Porto Alegre)에서 시작되어 전 세계 1,500개 도시로 확산되고 있다.

열린정부의 철학과 그 철학에 부합하는 공약인 오픈 데이터 정책은 국제적인 활동으로도 전개되고 있다. 데이비드 카메론 영국 총리는 "투명성이 우리 정부의 핵심 안건입니다."라는 입장을 밝히며 오바마 대통령의 정책을 환영했다. 영국과 미국 두 나라는 주도적으로 오픈 데이터 공개에 국제적 노력을 도모하고 있다. 약 60개국이 정부의 데이터를 오픈 데이터 형태로 공개하도록 약속한 "열린정부 만들기 협력관계"를 구축하고 있다.

영국정부의 데이터 공개 담당자는 시민과의 대화를 시작하고 있다. 폴 멀트바이(Paul Maltby) 영국 내각 조정관(UK.Cabinet Office Director)은 2013년부터 오픈 데이터의 투명성(Transparency and Open Data) 확보를 위해 시민 참여확대를 유도하고 있다. 내가 그를 만났을 때는 그가 일을 시작한 지 약 3개월 정도 되었을 때였는데 사업계의 요구와 일반인의 관심을 모두 고려한 오픈 데이터 접근법을 개발하고 있었다.

정부 기관이 자신만의 방식으로 오픈 데이터를 게시하는 미국의 Data.go.kr과는 대조적으로 영국의 Data.gov.uk는 데이터 활용자들이 함께 참여하여 만든 것이다. "우리는 오픈 데이터 사용자 그룹이 있습니다. 이 그룹의 구성원은 대기업, 소규모 기업, 캠페인 단체 등 다양합니다. 이 그룹이 하는 일은 사용자들이 무엇을 원하는지 그리고 사용자들이 사용하기를 원하는 가치 있어 보이는 것들의 상위 목록이 무엇인지에 관한 것입니다. 즉, 우선순위 목록을 작성합니다." 멀트바이는 말했다. "중앙정부의 의제이기도 하지만 이 일은 사용자중심의 의제이기도 합니다."

최근, 분석가들은 유럽과 영국의 "공공분야 데이터"의 잠재적 가치를 추정하려고 노력하고 있다. 이 데이터는 공개적으로 이용 가능한 데이터지만 이용 수수료가 청구되거나 재사용 제한이 있을 수 있기 때문에 실질적으로는 아직 진정한 오픈 데이터는 아닌 실정이다. 컨설팅회사 딜로이트가 실시한 한 연구에 따르면 영국의 오픈 데이터는 미국 달러로 약 30억~90억 달러의 가치가 있는 것으로 추정되었고 그래햄 비커리(Graham Vickery)가 실시한 또 다른 연구에 따르면 유럽연합의 오픈 데이터는 30억~1,400억 유로의 가치를 가진 것으로 추정된다. 이러한 오픈 데이터의 평가가치는 새로운 웹사이트 구축, 앱 개발 같은 직접적인 데이터 활용에서부터 데이터 분석 기술 시장조성, 효율적인 정부운영 등 간접적인 이익까지 활용 범위가 다양하다. 이와 같은 경제적 잠재력을 파악한 유럽연합은 오픈 데이터를 공개하였고 영국에서와 같이 데이터 공개 정책을 도입, 적용할 것이다. 즉, 특별한 이유가 없는 한 정부 데이터는 공개 될 것이다.

유럽연합은 비커리의 연구를 근거로 한 오픈 데이터 공개로 인해 유럽의 공공부문 정보가치가 해마다 약 400억 유로 정도씩 증가할 것으로 추정한다. G8은 영국의 주도로, 유사한 정책을 채택했다.

다시 미국으로 돌아와서, 다른 많은 국가에서와 마찬가지로 연방정책이 주요한 영향력을 끼치고 있는 세 가지 종류의 오픈 데이터는 아래와 같다.

- 날씨데이터 또는 정부지원 의료연구 처럼 정부가 수집하거나 (지원금을 통해) 만든 과학적 데이터 : 이런종류의 데이터는 추가적인 연구, 분석, 사업개발에 필요한 공공소스이다. 12장에서 이러한 종류의 데이터에 대해 논의했다.
- 정부의 예산지출현황, 프로그램 운영현황등 정부운영에 대한 데이터 : 이 데이터는 국민에 대한정부의 책무성을 위해 중요하며, 잠재적으로 정부와 계약을 할 사람들이 이 데이터를 통해 사업기회를 발견할 수 도있다.

• 정부가 수집하거나 정부 권한에 의거하여 기업이 스스로 사용가능 하도록 만든 규제 대상기업에 관한데이터 : 이 데이터를 반드시 공개하도록 하는것은 점점 더늘어나는 공통적인 규제형식이며 사업에 직접적으로 영향을 끼친다

정부 투명성 : 정부가 어떻게 일하고 있는지에 관한 데이터

2007년부터 USASpending.gov는 국민들에게 정부 예산지출 요약정보를 제공하고 있는데, 이 웹사이트는 당시 오클라호마 주 공화당 상원의원이었던 톰 코번(Tom Coburn)과 버락 오바마 상원의원이 주제하여 입법통과의 결과로 서비스가 시작되었다. 이 사이트는 정부 투명성을 높이기 위해 오픈 데이터를 공개하고자 했던 정부가 최초로 노력했던 것 중 하나였고 몇 년 후에 정부 우호세력의 지지를 받았다.

하지만 USASpending.gov는 연방지출과는 전혀 상관이 없었다. 정부계약자 또는 하청업체와의 상세 거래내역은 제공하지 않았고 공무원의 급여정보도 제공하지 않았다. 연방 프로그램의 3분의 2는 웹사이트에 제공하지 않거나 다른 프로그램과 일치하지 않은 정보를 제공하거나 혹은 중요한 정보는 누락된 상태로 서비스 되고 있다. (12장에서 설명했듯이)비영리 단체인 썬라이트 재단에서 최근 분석한 바에 따르면 USASpending.gov에서 제공하는 예산지출 정보는 약 1조 5500억 달러의 오차가 있을 정도로 부정확하다.

USASpending.gov는 분명 문제가 있지만 또다른 정부 프로그램인 미국경기부양법(the American Recovery and Reinvestment Act: ARRA)은 보다 나은 데이터 제공이 가능하다는 사실을 보여주었다. 미국 경기부양법이 2009년 통과되었을 때, 경제회복을 위한 예산이 무려 8,000억 달러 이상

책정되어 엄격한 지출 추적이 필요했다. 경기부양 예산지출을 모니터링 하는 "경기부양 책무성과 투명성 이사회(The Recovery Accountability and Transparency Board: RATB)" 는 표준화 된 데이터 양식으로 경기부양 자금의 사용내역을 직접 보고하도록 요구했다. RATB의 이사회는 자금을 지원받은 회사의 우편번호와 함께 자금지원 정보를 온라인으로 국민들에게 공개했다. 이 시스템은 최초로 한 곳에서 모든 공공기관의 예산지출내역을 볼 수 있게 했으며 수천만 달러의 횡령과 낭비를 막을 수 있었다.

미국 경기부양법(ARRA)에 영감을 얻어, 일부 입법자들은 같은 기준으로 미 연방예산을 관리하려고 한다. 의회 상정 중인 가장 중요한 법안은 이 책 4장에서 간단히 설명한 "데이터 법"이다. 상원의원 마크 워너(Mark Warner)(D-VA), 롭 포트만(Rob Portman)(R-OH), 감독 및 정부개혁 위원회 대럴 잇사(Darrell Issa)(R-CA), 엘리자 커밍(Elijah Cummings)(D-MD)등이 지지하는 "데이터 법"은 연방정부가 세부예산지출 내역을 표준화하여 공개 할 것을 요구하고 있다.

데이터 법을 추진하는 "데이터 투명성 연합"의 리더 허드슨 홀리스터(Hudson Hollister)는 연방정부의 예산지출 내역을 공개하는 것이 오픈 데이터 공약 실현을 위한 핵심이라고 생각한다. "비록 이 정책이 오픈 데이터의 목표와 정의를 만들겠지만 연방정부 자체의 지출 및 운영을 추적하는 연방정부의 보고시스템과 데이터베이스는 현재 오픈 데이터의 정의에 맞지 않습니다. 데이터 법을 통해 정부지출과 운영은 혼돈스럽고 접근 불가능한 문서에서 진정한 설명력이 있는 오픈 데이터로 전환되어야 합니다."

"우리는 모든 법률을 자동으로 매핑하여 볼 수 있기 때문에 특정 법률의 재정결과에 대한 의견 불일치를 방지 할 수 있을 것입니다. 의회의 최초 예산지출 계획에서부터 예산자금의 최종 처리까지 정부 지출의 모든 단계에서 자금추적이 가능하기 때문입니다. 우리는 모든 계약사항과 승인내역을 횡령관련통지표를 활용하여 확인할 수 있습니다. 프로그램의 실행내역과 함께 특정 프로그램의 예산지출을 자동으로 조정할 수 있을 것입니다."

정부의 오픈 데이터 공개는 차기 대통령이 공화당인지 민주당인지와는 관계없이 계속 진행될 것으로 보인다. 정당이 극심하게 대립하는 국가에서 오픈 데이터 공개는 보기 드문 초당파적인 실행계획 중 하나일 수 있다. 상원의원과 하원의원 모두 데이터 법을 강력하게 지지하고 있다. 정부의 오픈 데이터 공개는 자유주의자의 특징을 보여주는 한 가지 형태이다. 오픈 데이터 공개는 국민들이 의사결정에 필요한 정보를 제공하고 동시에 국민들이 정부를 감시하도록 돕기 때문이다.

기업에게도 역시 정보의 자유를

"정보자유법(Freedom of Information Act)"은 정부 투명성 제고를 위한 또 하나의 지속적인 툴로, 공공 이익뿐 아니라 비즈니스에도 도움이 된다. 정보자유법은 1966년에 제정되었는데 200년 전에 이 법을 시행한 스웨덴을 제외하면 세계 최초다. 2009년, 정부 정보서비스 사무소(OGIS)는 정보자유법을 보다 효과적으로 시행하기 위해 국립 문서기록 관리청 내에 처음 설치되었다. 정보자유법의 옴부즈만 역할을 수행하는 정부 정보서비스 사무소는 정보요청자와 정보제공자 간의 분쟁조정을 담당한다. 정부 정보서비스 사무소 소장 밀리암 니즈벳(Miriam Nisbet)은 "정보자유법은 꽤 간단한 개념입니다. 당신은 누구에게 무엇이든 요청 할 수 있습니다." 라고 말한다.

사람들은 종종 정보자유법이 저널리스트를 위한 툴이라고 생각하지만 저널리스트는연방정부 요구사항의 6%만 관여하고 있는 것으로 나타났다. 이와 대조적으로 정보자유법 요청의 상당수는 경쟁기업의 정부와 어떤 거래를 하는지 알고 싶은 기업에서 나온다. 정보자유법은 기업들의 투자리스트 측정, 잠재적 파트너 평가, 경쟁력 분석 등에 도움이 된다.

정보자유법은 시스템 활용을 위한 풍부한 자원을 보유하고 있는 기업에게 가장 유용하다. 최근 월스트리트 저널은 5년간 10만 명 이상의 정보자유법 요청을 검토했다. 그런데 검토자의 다수가 투자회사와 헤지 펀드였다. 어떤 포트폴리오 매니저가 "정보전쟁"이라고 부르는 곳에서 이 기업들은 헬스, 에너지, 기타 분야와 관련 공공기관에게 그 공공기관의 관할영역에 있는 기업과 제품에 관한 정보를 요청하고 있다고 했다. 예를 들어, 미 식약청은 여러 다양한 약에 대한 "부작용 보고서"를 요청 받고 있다. 이 보고서는 그 약이 어떤 잠재적 문제가 있는지 그로 인해 제조사의 주가는 어떻게 될 것인지를 보여주는 신호이다.

이론상으로는 모든 기업은 정보자유법에 요구한 다른 기업의 결과를 활용할 수 있다. 정보자유법 하에 공개된 공공기관의 모든 정보는 모두가 볼 수 있는 공공정보로 간주된다.

그러나 문제는 정보자유법 데이터는 곳곳에 분산되어 있어 제대로 활용하기가 쉽지 않다는 점이다. 약 100여 개의 연방부처와 부처의 일부 부서는 매년 65만 건의 정보자유법 요청을 처리한다. 이 65만 건에는 자기 자신의 기록을 요구하는 사람은 포함되지 않는다. 예를 들어, 사회보장국이나 FBI가 자신의 뒤를 캐고 파일을 보길 원한다고 생각하는 그런 사람 말이다. 기관별로 정보자유법 요청을 다르게 처리하고 관련된 요청에 대한 대응을 조절하는 공식적인 방법은 이제까지 없었다.

정보공개 시스템(The FOIA system)은 검색과 다운로드가 가능하도록 전자화된 형태로 제공되기만 하면 충분한 양의 오픈 데이터를 공개할 수 있다. 즉, 이 시스템이 오픈 데이터로서 그 정보를 제공한다면 말이다. 정부 정보서비스 사무소는 정보자유법 요청사항과 문서를 정리 할 수 있는 최초의 전자시스템을 만들기 위해 환경 보호국 등과 협력해 왔다. 니즈벳은 "컨셉은 사용자의 요청접수부터 처리결과까지 한번에 확인 할 수 있는 원스톱 서비스입니다."라고 말했다.

불행하게도 공공기관이 정보공개 시스템 온라인을 반드시 사용해야 한다는 의무는 없고 단지 몇몇 기관이 시스템에 접속했을 뿐이다. 정보공개 시스템은 보다 효율적으로 오픈 데이터 공개를 가능케 해줄 것이다. 영국과 다른 몇몇 국가의 마이소사이어티에 의해 발족되었던 왓두데이노우(WhatDoTheyKnow)라고 불렸던 정부공개 웹사이트와 MuckRock이라고 불리는 뉴 저지의 비영리 단체는 시스템을 보다 쉽게 탐색 할 수 있도록 온라인 양식을 제공한다. 미국 의회는 정보 공개시스템을 보다 효율적, 효과적으로 관리 및 활용하기 위해서 시스템 개편을 논의하고 있는 중이다.

규제 툴로서 오픈 데이터

오바마 행정부하에서 연방기구는 "light-touch"라 불리는 규제를 시도했다. 실제로는 기업들이 정확하게 무엇을 해야 할지 말하지 않으면서 연방기구의 규제대상인 기업을 개선시키는 방법을 찾고 있다. 오픈 데이터를 통한 투명성 확보는 "light-touch" 규제의 효과적인 형태이다. 소비자 금융 보호국이 금융 상품을 위해 도드프랭크법을 시행하는 것처럼 오픈 데이터 공개를 의무화함으로써 공공기관은 소비자가 가장 친화적인 기업을 선택하고 시장을 개선할 수 있도록 도움을 준다. 기업 입장에서는 기존의 규정을 준수하고 더 성가신 규정들의 위험을 회피하는 한 가지 방법으로서 투명성을 선택할 수 있다. 오픈 데이터가 기업과 시장에 변화를 줄 것이라는 도드프랭크법의 기본적인 철학은 많은 규제 정책을 견인해 왔다. 카스 선스타인은 연방업무 규제 정책을 총괄하는 규제정보관리실장으로 재임 시 이러한 철학을 따랐는데 그가 최근에 쓴 책 심플러(Simpler)에 언급되어 있다. 아콘 펑(Archon Fung), 매어리 그래햄(Mary Graham), 데이비드 웨일(David Weil)이 주축이 되었던 하버드 대학교 케네디 스쿨 투명성 정책 프로젝트는 이러한 접근법을 "선별 투명성(targeted transparency) "이라고 설명했다. 이는 어떤 규제목적을 달성하기 위해 정부가 요구하는 투명성을 사용하는 것을 가리킨다.

전형적인 예는 1984년 인도 보팔에 위치한 농약 공장에서의 화학 재앙 후 의회에 의해 의무화 된 유해 화학 물질 배출목록 (TRI)이다. 유해 화학물질 배출목록 의무화에 따라 수천 개의 제조업 및 기타 시설은 매년 환경 보호국에 대기와 물로의 화학물질 배출을 보고해야 한다. 유해 화학물질 배출목록 데이터를 활용하여 지역 신문에 최악의 공해 유발기업을 공표하고 있으며 기업은 일반적으로 신속하게 시정조치 하고 있다.

효과적인 정부 센터의 열린정부 정책관 숀 멀튼(Sean Moulton)은 TRI(유해물질 배출목록)에서의 초창기를 회상해 본다(센터의 원래 이름은 OMB Watch이다). 이 센터는 1980년대 말 개소 후 유해 화학물질 배출목록 데이터 업무로 시작되었다. 당시는 웹 개발 이전으로 네트워크 알 권리라는 것을 개발하고 다이얼로 거는 전화서비스를 통해 이용할 수 있도록 했다. 거추장스럽긴 했지만 이런 형태의 투명성은 효과가 있었다.

"대중이 유해 화학성분 목록을 확인 할 수 있다는 사실만으로도 독성 배출을 낮추라는 엄청난 압력이 될 수 있습니다."고 멀튼은 말한다. "독성

물질을 배출하는 회사들을 규제하는 법적 요구사항은 없었지만 1980년대 후반부터 이러한 독성물질 배출은 60~70%로 감소했습니다. 수년에 거쳐 미국 환경보호청(EPA)은 신규 화학 물질, 신규 산업 부문을 추가했습니다. 초기에는 추적되는 독성물질 배출 수준이 매우 높았고 나중에는 낮아지는 동일한 패턴을 보였습니다." 모루톤에 따르면 많은 경우 특히 대규모 중앙 집중형 화학회사들은 자신들의 유해 화학물질 배출량을 확인하기 전까지는 배출량이 얼마나 많은지 인지하지 못하고 있었다고 한다.

관련 기업은 대부분 데이터 공개에 별다른 관심이 없었지만 그들의 업무 운영이 결과적으로 향상되었다. 유해 화학물질 배출량에 관한 연구인 공개에 의한 규제(Regulation Through Revelation)에서 공공정책학 교수인 제임스 해밀턴(James Hamilton)은 "유해 화학물질 배출목록(TRI)은 의사결정과 논쟁의 방식을 변화시켰습니다."라고 말했다. "유해 물질의 정보에 대한 양적 연구는 투자자, 기자, 거주민에게 뉴스를 제공했음을 보여줍니다." 그는 또 덧붙였다. "사례연구에 따르면 유해 화학물질 배출목록은 담당자들에게 예전에는 알지 못했던 환경배출량을 알려 배출량을 줄이기 위한 적절한 조치를 취하도록 하고 있습니다."

기후에 대한 과도한 규제가 아직은 없지만 유해 화학물질 배출량에서 보듯 워싱턴에서도 앞으로 더 많은 투명성을 위한 요구가 있을것이 분명하다. 기업에게 적극적으로 어떻게 운영하라는 규제를 통과시키기도 힘들지만 이들 기업들이 무엇을 하는지 알아야 한다는 규제 당국, 투자자, 국민의 기본적인 생각을 반박하기도 어렵다. 또한 연방 기관들은 투명성을 위한 규제 통과와 오픈 데이터 공개를 위한 충분한 재량권을 보유하고 있다. 예를 들어, 환경 옹호단체가 매우 좌절했던 것처럼 의회는 온실가스 총량제한 배출권 거래제 법안을 통과시킬 수 없었지만 환경보호국이 미국 전역의 온실가스배출을 보여주는 웹사이트를 새로 만드는 것을 막지는 못했다.

공공 데이터와 공공안전

연방 정부, 일부 주, 지방 정부는 안전관련 데이터를 국민이 이용 가능케 하는데 매우 적극적이다. 몇몇 정부기관은 소비자 제품 안전위원회 주도로 제품 안전 이슈 보고를 쉽게 만들어주는 "Safer-Products.gov", 소비자 리콜에 대한 허브 역할을 하는 "Recall.gov" 사이트를 개설하여 함께 협업하고 있다. 리콜에 있어서 문제는 환경 보호국에서부터 미국 해안경비대에 이르기까지 여섯 개의 다른 기관이 처리하고 있다는 것이다. 이 기관들은 현재 한 장소에서 모든 것을 접근 할 수 있게 공통의 플랫폼에 데이터를 입력하고 있다.

Recalls.gov의 웹사이트와 모바일 앱은 소비자가 제품에 대한 관할기관이 어디인지 걱정할 필요 없이 리콜을 가능하게 한다. 모바일 버전은 중고 상점이나 장터에서 중고상품 구매에 유용하다. (모바일 앱을 이용하면 리콜 장소에 직접 갈 필요가 없다.) 가령, 세이퍼키즈앤홈즈(SaferKidsAndHomes)과 위메이크잇세이퍼(WeMakeItSafer) 등의 민간 단체들도 Recall.gov를 이용해서 국민에게 서비스 하고 있다.

2009년 가을 웹 서비스를 시작한 Foodsafety.gov는 질병관리부, 식품부, 의약품 관리부, 미 농무부가 함께 협력하고 있다. 이 기관들은 소비자들이 원하는 정보를 찾기 어려운 복잡한 규칙에 따라 식품안전에 대한 책임을 공유하고 있다. 이 웹사이트에서는 규칙들을 하나로 묶어 소비자가 연방정부 관료주의에 대해 골머리를 썩일 필요 없이 불량 햄버거와 오염된 치즈에 대한 정보를 얻을 수 있도록 한다.

고속도로 안전 또한 새로운 주목을 받고 있다. 2012년 교통부는 Safer Bus 모바일 앱(미국에서 버스는 연간 7억 5,000만 명의 승객을 태운다)을 발표했다. 그리고 2013년, 도로교통안전국에서 교통국과 제휴해 SaferCar 앱을 개발했다. 이 포괄적인 앱은 “사용자가 자동차의 제조사와 모델에 따른 안전등급 검색, 자동차 시트 설치 도움말, 차량안전 불만사항 접수, 자동차 리콜에 대한 자동통지 등록 등이 가능합니다.” SaferCar 앱은 몇 년 동안 미국 도로교통안전국에서 연구한 결과이다. 공공기관은 자동차 충돌 통계를 오픈 데이터로 보유하고 있고 제조사, 모델, 년도에 따라 기관에 접수된 불만사항을 검색 할 수 있는 “안전불만사항 검색 엔진”을 서비스하고 있다.

이 검색 엔진은 2009년 대규모 리콜로 이어진 도요타의 브레이크 문제 발견에 도움이 되었다. 잘 알려진 자동차 정보 사이트 중 하나인 카팩스(CARFAX)는 정부 데이터와 다른 다양한 데이터 소스를 이용하여 자동차 안전정보와 중고차에 대한 자세한 정보를 제공한다. "카팩스는 미국전역과 캐나다의 자동차 대리점 이외에도 많은 경찰서와 소방서의 충돌 수리 시설, 자동차 경매 등을 포함, 34,000 개의 여러 다른 소스에서 데이터를 수신합니다. 카팩스 데이터베이스는 60억 이상의 기록을 포함하고 있는 북미에서 가장 포괄적인 차량 이력 데이터베이스입니다.”

또한, 소비자 단체들은 새로운 방식으로 안전 문제에 정부의 오픈 데이터를 사용하고 있다. 컨슈머 리포트는 병원 비교 연방 웹사이트와 다른 주의 정보를 보완하여 데이터를 수집함으로써 2,000개 이상 병원에 대한 안전등급과 기타정보를 비교할 수 있다. 이러한 안전등급 비교 서비스는 소비자가 매우 중요한 결정을 하는데 도움을 주며 정부 오픈 데이터의 스마트 공시에 가장 좋은 예이다.

(제 4장에서 언급했듯) 미연방, 주, 지역 오픈 데이터를 위한 플랫폼인 소

크라타에서 근무하고 있는 케빈 메리트(Kevin Merritt)는 지방정부가 뉴욕과 샌프란시스코 같은 도시에 안보데이터를 제공하기 위한 방법을 제시한다. "예를 들어, 기계판독이 가능한 레스토랑의 검사 데이터와 신속하게 업데이트 되는 뉴욕시의 오픈 데이터 플랫폼의 형식이 있다면 옐프는 고객에게 그들이 제일 좋아하는 레스토랑의 청결도를 알려줄 수 있습니다. 또한, 미국 부동산 전문포털 트룰리아(Trulia)와 모바일 웹 어팔리셔스(Appalicious)는 미래의 임차인과 임대인에게 샌프란시스코의 오픈 데이터 플랫폼인 데이터에스에프(DataSF)의 주택 데이터를 활용하여 건물의 안전성에 대한 정보를 제공합니다."

열린정부의 지역사회 지향

보안 데이터를 넘어 모든 주와 지방 데이터를 보다 사용 가능하고, 유용하고, 시각화 하도록 하는 활발한 움직임이 있다. 샌프란시스코 시는 개빈 뉴솜(Gavin Newsom) 전 시장이 그의 책 Citizenville에서 기술한 대로 이 방면의 초기 개척자였다. 또한, 데이터 공개는 지자체 들이 시의 운영방향을 이해하는 데 도움이 된다. 시카고의 경우, 람 엠마뉴엘(Rahm Emanuel)시장에 의해 개설되어 모든 종류의 시 데이터를 통합하는 최초의 사례 중 하나였던 metrochicagodata.org가 있다.

뉴욕 시에서는 마이클 블룸버그(Michael Bloomberg) 시장이 거의 일 단위로 시 데이터로부터 새로운 통찰력을 얻기 위해, 공식적으로는 정책 및 전략 계획 사무실로 알려진 "geek squad"를 창설했다. 그 사무실은 어느 식당이 도시 하수구로 기름찌꺼기를 내버리는지 알기 위해, 저소득 거주자 들을 위한 조언 미팅 약속을 잡기위해, 진행 중인 범죄에 경찰이 반응하는 평균시간(9분 6초) 산출을 확인하기 위해 데이터를 분석했다. 분석 디렉터 마이클 플라워즈(Michael Flowers)는 뉴욕 타임즈와의 인터뷰에서 "우리가 여기서 실제로 운영하는 것은 뉴욕학 연구소입니다" 라고 말했다.

마찬가지로 뉴욕 주는 기업과 일반 시민들 모두를 위한 소스 역할을 하는 중앙 허브인 Data.NY.gov를 개설했다. 이는 뉴욕의 최고 낚시터와 로또 복권을 작동시키는 난수발생기에 대한 안내뿐만 아니라 국가 예산에 대한 데이터와 국가에서 운영하는 기업들 및 주정부를 위한 일자리 공고에 대한 자료를 담은 사이트를 포함한다. 그리고 캔자스 주는 주 정부에 데이터를 제출하고 주 정부로부터 데이터를 사용할 수 있는 기업들을 위한 새로운 온라인 허브를 개발 중이다.

뉴욕주립대학교 알바니(University at SUNY, Albany) 분교와 민관 파트너십을 맺은 정부 기술 센터는 "공공부문 혁신을 발전시키고, 능력을 향상 시키며, 공공가치를 발생시키고, 우수한 거버넌스를 지원하기 위해 전세계의 국가 및 시 정부와 함께 일합니다. 이제까지 보여준 것처럼 도시와 주 정부를 도와주는 오픈 데이터의 잠재력은 이제 막 시작되고 있습니다." 라고 말한다.

센터 디렉터인 테레사 파르도(Theresa Pardo)은 내게 이메일로 "크고 작은 도시들이 오픈 데이터의 원칙들과 잠재력을 채택했습니다"고 말했다. "우리는 이 사실을 베이징, 빙엄턴, 올바니, 아부자 등지에서 발견하고 있습니다. 도시 지도자들은 광범위한 정부의 오픈 데이터 프로그램을 위한 필요한 환경을 만들고자 작업 중이지만 그들의 도시들이 직면한 어려움이 모두 같은 것은 아닙니다. 몇몇은 강력한 기반이 있는 반면에 그 외에는 이제 막 현대화가 시작되고 있습니다. 기술적 어려움이 항상 가장 힘든 일은 아닙니다. 가장 힘든 일은 정부 데이터는 디지털로만이 아니라 공개된 것으로 태어나도록 하기 위해 리더들이 내부정책과 관례를 파괴하는 조치를 취할 때 시작됩니다."

개발을 위한 데이터 활용

휴대전화와 스마트폰 보급이 확산되고 있는 개발 도상국에서는 정부차원에서 모바일 웹을 활용하여 국민들에게 편의를 제공하기 위해 데이터 공개 프로젝트를 후원하고 있다. 개발도상국가들은 지속 가능한 방법으로 국가 성장을 관리하기 위해 데이터를 활용하는 "스마트 시티"로의 변화를 꾀하고 있다. 재해 발생시, 국민들이 휴대전화를 이용하여 정부 구호 직원에게 관련데이터를 보낼 수 있다. 소프트웨어 프로그램 우샤히드디(Ushahidi) (스와힐리어로 "증언")는 케냐 정부가 선거 후 폭력 보고서를 모니터링 하기 위해 개발되었는데, 2010년 지진 후에는 아이티의 구호 활동을 파악하는 데 도움을 주었다.

세계은행은 데이터 공개를 경제 발전을 위한 툴로 생각하여 전세계의 많은 프로젝트에 자금을 제공하고 있다. 세계 은행 프로젝트는 케냐의 키 베라 빈민가부터 탄자니아 다르 에스 살람의 도시까지 지원하고 있다. 세계은행은 "오픈 개발 기술 제휴"를 지원하고 세계 빈곤 퇴치를 위한 데이터 공개와 혁신 프로그램을 위해 웹사이트를 유지한다.

이러한 노력으로 바로 향상되거나 효과가 있지는 않다. 도시 문제에 관한 데이터를 수집하기 위한 아프리카 프로젝트인 후두마(Huduma)는 첫 해에 소수의 참가자만이 참여했다. 국민들은 고장이 신고된 하수구가 실제로 수리되리라고는 생각하지 않았던 것이다.

어떤 것이 제일 효과가 있는가? 개발 도상국에서 데이터 공개의 새로운 영향을 탐구하는 프로젝트는 그 질문에 대답하기 위해 노력하고 있다. 프로젝트 웹사이트는 사례 연구를 제시하고 데이터 공개 및 개발에 관한 연구의 장으로서 역할을 한다. 그리고 2013년 6월에는 여러 시민사회 단체들은 세계 데이터 공개와 투명성을 촉진하기 위해 글로벌 오픈 데이터 이니셔티브 (Global Open Data Initiative)를 수립했다고 발표했다.

많은 국가에서 집단지성을 통해 생성된 특정 유형의 오픈 데이터는 부패 사건을 보고하고, 정부의 부당한 영향력(간섭)을 폭로하며, 부당한 가격 설정 방식과 싸우는 중요한 툴이다. 이러한 플랫폼은 민주주의 거버넌스 개선 및 오픈 비즈니스 환경을 만드는데 중요하다. 예를 들면,

- **인도 웹사이트** 아이패이드어브라이브(IPaidABribe)는 공무원이 국민에게 민원처리 후 받은 뇌물에 대한 익명의 보고서를 제공하여 "부패의시장가치" 데이터를 작성하고 국민들이 뇌물을 주지않고 정부의 도움을 받을 수 있는 방법을 알려준다.
- **하버드 비즈니스 스쿨이 연구했던** "크라우드소싱의 부패방지조직"인 러시아의 로스필(RosPil)은 엄청난 성공을 거두었다. 2011년 말까지, 로스필은 기업이 사업을 수주하기 위해 약속한 리베이트를 방지함으로써 의심스러운 계약에 대한 13억 달러의 낭비를 방지하였다.
- NGO, 정부, 국민간의 성공적인 협력으로 의료지원을 위한 남아프리카 지역 계획단체(SARPAM)는 다국적 제약회사로부터 가격할인을 받았다. 이 단체는 서로 다른 약에 대한 지불 정보를 수집하기 위해 스마트폰을 사용하는 환자를 모집했다. 예컨대, 앙골라와 짐바브웨에서 같은 약에 대한가격 차이를 발견했을 때 이 단체는 정부가 저렴한 가격에 효과적인 협상할 수있도록 이를 증거로 제시할 수 있다.
- **칠레의 포더로피디아**(Poderopedia)**라는** 새로운 웹플랫폼은 중요한 기업가와 정치인의 프로파일과 그들간의 커넥션을 공개하기 시작했다. 이를 통해 그들간의 영향력 행사를 보다 분명히 밝힐수 있다. 이 모든 것은 오픈데이터와 크라우드소싱에 의존하고 있다.

사업 성공가능성 포착하기

이 장에서는 이 책의 처음 이슈로 되돌아 간다. 정부는 국민과 기업이 활용 가능하도록 데이터를 공개해야 한다는 이슈가 그것이다. 오픈 데이터를 공개하고 열린정부 구현을 촉진하기 위한 정부가 할 수 있는 역할을 모두 다루자면 여러 권의 책으로도 모자랄 것이다. 본 장에서는 미국 연방정부에 초점을 맞춰 비즈니스에 가장 중요한 영향을 미치는 몇 가지 사항을 권고한다.

중앙집중의 오픈 데이터 자원을 유지하라.

정부는 오픈 데이터의 중앙 저장소인 Data.gov를 지속적으로 유지하면서 접근성 및 유용성을 높이기 위한 개선계획을 수립하고 있다. 데이터 공개 정책 실행을 일환으로 정부는 오픈 소스 소프트웨어를 연구하는 세계 최대 커뮤니티인 기트허브와 함께 데이터 공개 프로젝트를 추진한다. 이는 정부 안팎으로 데이터 공개를 추진하는 사람들에게는 중요한 일이다. 뉴욕 시, 뉴욕 주, 캔자스 주, 시카고시 등 주 및 지방 자치 단체 역시 중앙집중적인 오픈 데이터 허브를 구성 할 수 있다.

오픈 데이터 관리를 위한 초당적인 법안을 마련하라.

의회가 어떤 일을 하도록 하는 능력을 거의 포기한 국가에서조차도 오픈 데이터와 프라이버시에 관한 법률제정은 여전히 양당의 지지로 실용적이고 사업친화적인 법안으로서 통과되었다. 3가지 즉각적인 기회는 다음과 같다

- **데이터법을 통과 시켜라.**
  데이터법은 폭넓은 지지층을 확보하고 있다. 연방정부의 예산지출은 더 투명해야 한다는 보편적인 합의가 있다. 오바마 행정부의 데이터 공개정책을 한걸음 더 진전시키기 위해서는 데이터법을 통과시켜야 한다.

- **소비자 개인정보 보호에 관한 법안을 수립하라.**
  소비자 개인정보 보호권리장전(Consumer Privacy Bill of Rights) (11장에서설명)을 권고하고 있는 백악관 보고서는 소비자 개인정보 보호의 올바른 첫걸음이다. 소비자 개인정보 보호가 효과적이기 위해서는 입법이 필요하다. 미국은 유럽 연합의 데이터보호정책을 배울 필요가 있다. 미국과 유럽연합 모두가 데이터를 쉽게 복제하고 배포할 수 있게 된다면 어떤 개인정보보호법안도 기술적으로 시행할 수 있다는점을 이해할 필요가 있다.

- **"정보공개법"을 개혁하라.**
  1966년에 법안이 통과된 이래, 정보공개법을 강화하기 위한 2가지 주요개정이 이루어졌다. 정부 안팎의 많은 사람들은 새로운 개정이 필요하다고 믿고있다. 현재의 법안은 "정보공개"에 대한 모든 요청을 위해 중앙집중형 웹포털을 구축하고 옴부스맨 기능을 강화해야 하는 것으로 되어 있다. 또한 공공기관은 "정보공개"에 관한 공식적인 요청을 받기전에 온라인으로 먼저 게시하도록 노력해야 한다. 오픈데이터에 의한 정보 공개요청은 이러한 변화를 통해 더 많은 정보를 얻을수 있다.

효과적으로 정부 기술 자금을 사용하라.

연방, 주, 시 정부들은 (현재 구축되고 있는 시스템이라면 검열을 통과하지도 못했을) 과거로부터 물려받은 레거시 시스템 상에 중요한 정보를 관리하고 있고 민간부문보다 뒤떨어진 기술에 많은 돈을 지출하고 있다. (제 4 장에서 설명한) 연방 정부의 기술 계약을 담당하는 시스템은 변경할 필요가 있는 주요 장애물이다. 시와 주는 새로운 기술을 실험하기 위해 더 많은 유연성을 가져야 하고 그 기술을 활용해야 한다. 긍정적인 예로, 뉴욕시는 100만달러를 투자(시 총예산의 1%의 500분의 1도 안 되는)해서 산더미처럼 쌓인 시 데이터로부터 의미 추출을 시작하기 위해 젊고 열정적인 기술 천재들을 모집했다.

데이터 품질을 향상 시켜라.

연방 정부 기관들은 공개 정책에 따라 많은 오픈 데이터를 공개하기 시작했지만 오픈 데이터 품질 측면에서 부끄러운 일이 벌어질 수도 있다. 상당부분의 정부데이터가 불완전하고 부정확하다는 것은 공공연한 비밀이다. USASpending.gov에 있는 1.55 조 달러의 오류는 단지 하나의 끔찍한 예일 뿐이다. 예를 들어, 일부 기관들의 경우 지리 데이터 제공에 만연한 문제가 있다. 당신은 만약 미국 환경보호청이 규제하는 공장위치를 찾으려고 한다면 중국, 태평양 또는 보스턴 항구의 한 가운데가 표시된다. 정부 기관들은 스스로 자신들이 보유하고 있는 오픈 데이터를 클린업하고 규제하는 기업들에게 더 좋은 데이터를 요청하거나 혹은 크라우드소싱 같은 창의적인 해결책을 활용 해야 한다.

영리한 방법으로 이해관계자를 참여시켜라.

지금까지 연방 정부의 오픈 데이터 공개는 일 방향으로 이루어 졌다. 일반적으로 공공기관은 특정 데이터셋만을 이용할 수 있도록 하고 있다. 기관의 오픈 데이터는 Data.gov 또는 다른 웹 사이트에 게시된다. 그리고 사람들이 활용하기를 기대한다. 스마트공시에 관한 전담팀 연구에 따르면,많은 경우 기업들이 필요로 하는 데이터를 찾을 수 없거나 적합한 형태로 사용할 수 없는 것으로 나타났다. 내 생각엔 정부가 지나치게 공급자 측면에서 데이터를 공개했다. 나는 아래 그림에서 모든 이해 관계자를 결합하는 더 포괄적인 프로세스를 프로세스를 설명하기 위해 "수요자 중심의 데이터 공개"라는 용어를 생각해 냈다.

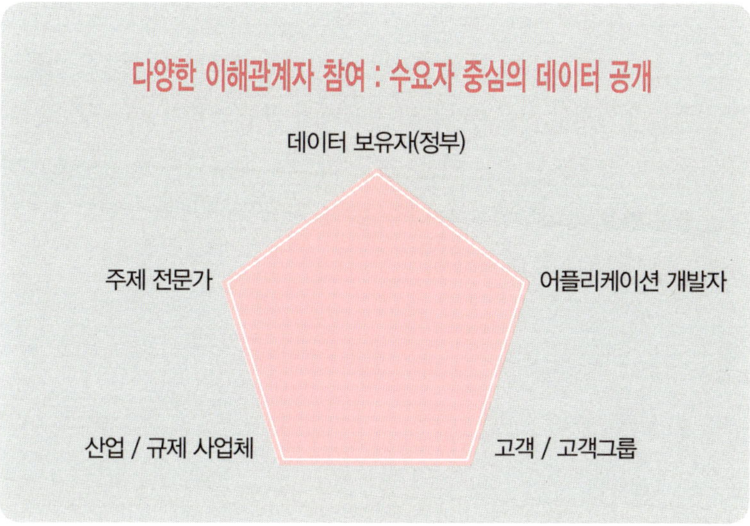

오픈 데이터 공개 정책은 공공기관들의 오픈 데이터 공개계획 수립을 유도하기에 좋은 방법이다. 오픈 데이터 활용에 지대한 관심을 가진 이해 관계자가 적극적으로 참여하도록 진지하게 실행해야 한다.

혁신을 장려하기 위해 Challenge.gov를 활용해라.

연방정부 웹 사이트 Challenge.gov는 집단지성을 최고 원칙으로 적용하므로 공공기관들은 Challenge.gov를 지속적으로 활용할 필요가 있다. 특히 그들은 비즈니스, 사회 또는 과학적인 문제를 해결하기 위해 정부의 오픈 데이터 자원을 사용하는 사람들의 참여를 유도해야 한다. 연방 정부 주최의 해커톤과 "White House Champions of Change(변화의 참피언 대회)" 프로그램을 포함한 시민 참여는 접근방식은 다르나 역할은 유사하다.

가능한 정부지원 연구 데이터를 공개하라.

연구논문 무료 제작을 지원하는 새로운 정부 정책과 (제10장에서 설명된) FASTR 법률(과학기술에 대한 공정한 접근연구법)은 시의 적절하다. 이러한 오픈 액세스 정책은 여전히 개발 및 실행이 필요하다. 새로운 연방정부 정책이 연방정부 자금지원을 받은 과학적 연구 결과가 요약 정보뿐 아니라 진정한 오픈 데이터로 이용이 가능하도록 해야 할 것을 요구하고 있다는 점은 매우 중요한 일이다. 미국 정부는 연구 결과에 대한 완전하고 자유로운 접근이 가능토록 해야 한다.

11장. 프라이버시, 보안, 개인정보의 가치

12장. 사회를 꿰뚫어보며 비즈니스 하기

13장. 정부와 데이터 : 오픈 월드를 위한 기준 만들기

14. 오픈 데이터의 미래

이 책은 오픈 데이터 활용을 위한 새로운 방법을 찾고 있는 기업, 정부기관 및 혁신가들을 위한 내용을 기술하고 있다. 어떤 분야의 급격한 변화를 따라잡는 것은 어려운 일이기 때문에 이 책을 집필하는 것은 창조적이고 흥미로운 일이고 여러 가지 측면에서 보람된 일이다. 필자가 이 책을 마무리하는 시점에도 다음과 같이 완전히 독특한 방법으로 오픈 데이터를 활용하는 새로운 기업들이 생겨나고 있었다.

- 스위스에 본사를 둔 취리히보험회사는 현재 "취리히 리스크 룸(Zurich Risk Room)"이라는 글로벌기업을 위한 툴을 판매하고 있다. 시뮬레이션3D 디스플레이를 이용하여 이 리스크 룸(The Risk Room)은 다양한 국가가 환경적, 정치적, 사회적, 기타 요인을 포함하는 위험요소가 어디에 있는지 다차원 그래프로 보여준다. 이 앱을 이렇게 보자. 가상공간에 한쪽에는 니르바나(Nirvana)가 있고 다른쪽에는 아마겟돈이 있다고 상상해 보자, 대부분의 나라들은 중간에 위치할 것이다. 취리히의 설명에 의하면 물부족, 에너지 가격의 변동 또는 정치적 불안등의 위험을 증명하는데 공개적으로 이용 가능한 정교한 앱이다. 또한, 다른 유형의 위험요소와 복잡한 상호작용관계를 분석하는 것은 특별 보너스이다. 아이패드로 이 앱을 다운로드 받을 수 있다.
- "릴레이션십 사이언스(Relationship Science)"는 "상위 1%를 위한 명함정리기"라고 불린다. 이 첨단 기술산업에 대한 다소 오래된 은유적이지만 정확한 비유이다. 이 회사는 벤처자금에서 6천만달러를 출자하여 설립되었고 인도에서 800명의 직원에 의해 운영되고 있으며 세계에서 가장 영향력 있는 사람과 접촉할 수 있는 최고의 네트워크이다. 이 회사는 기업이 고액의 연회비를 지불하고 있다면 개인정보 및 사회적 정보를 포함하여 200만명 이상의 파워브로커와의 네트워크를 제공한다. 그것은 일종의 슈퍼링크드인과 같은 것이지만 "릴레이션십 사이언스"는 가입하는 사람에게 의존하지 않는다는 점에서 차이가 있다. 이 네트워크는 오픈 데이터로 구축되어 있다.

- 시카고에 본사를 둔 푸드 지니어스(Food Genius)는 독립 및 체인 레스토랑의 10 만개 이상 메뉴의 가격, 성분과 및 요리법에 대한 데이터베이스를 정리했다. 이 회사는 14,000개 성분, 기술, 개념들을 이용하여 요리를 분석하고 식품업계에 큰 가치가 될 수 있는 동향을 발견하기 위해 데이터를 사용할 수 있는 방법을 생각했다. "큰규모의 식품기업들의 혁신은 독립된 주방에서 시작합니다." CEO인 저스틴매스(Justin Mass)는 기술뉴스사이트 기가옴(GigaOm)을 통해 말했다. "크래프트(Kraft) 같은 장난감 제조회사의 제품개발 주기는 2년입니다. 한편, 한 레스토랑에서는 새로운 요리를 30분만에 개발하여 출시할 수 있습니다".

불과 몇 년 전만해도 들어 본 사람도 없었던 오픈 데이터가 얼마나 큰 혁명을 가져 올지 아무도 예측할 수 없다. 그럼에도 불구하고 이 책에서 설명하는 트렌드는 계속 진행 될 것이다. 오픈 데이터를 사용함으로써 더 많은 사업들이 많이 혹은 조금 성장하는 것을 기대할 수 있다. 모든 분야에서 정부의 높은 수준의 데이터셋 제공, 시장 통찰력, 브랜드 관리 및 트랜드 예측 데이터를 분석하기 위한 더 다양한 방법 그리고 오픈 이노베이션을 위한 보다 많은 연구 등 오픈 데이터를 활용하는 사례를 참조하라. 이번 장에서는 오픈 데이터가 미래에 어떤 일을 할 수 있는지를 살펴보면서 기존의 기업과 사업가들에게 줄 수 있는 핵심적인 조언을 간략히 정리하도록 하겠다.

스타트업을 위한 제언

오픈 데이터는 고객에 초점을 맞춘 웹 사이트, B2B 서비스, 데이터 관리 전문 업체 등을 포함한 많은 스타트업들에게 무료로 제공되는 풍부한 자원이다. 모든 스타트업들이 오픈 데이터를 활용 할 수 있는 방법은 아래와 같다.

사업 개발을 위한 새로운 자원으로 오픈 데이터를 활용해라.

우리는 데이터에 대한 놀라운 반전을 보고 있다. 데이터를 소유하고 있지 않은 기업보다 데이터를 소유하고 있는 기업이 보다 더 큰 사업의 기회를 가질 수 있다. 이것은 여전히 많은 분야에서 사실이지만 성공한 기업은 누구나 사용할 수 있는 무료 오픈 데이터를 기반으로 구축할 수 있는 것도 분명하다. 물론 오픈 데이터에 대한 분석 툴, 전문 지식 및 분석이 요구된다.

큰 기회에 집중하라.

위에서 언급한 바에 따르면 비즈니스는 어떤 종류의 오픈 데이터를 가지고도 만들 수 있다. 그 중에도 정부는 가장 큰 사업의 기회로 헬스, 금융, 에너지, 교육의 4개 분야의 오픈 데이터에 초점을 맞추고 있다.

스마트 공시와 선택엔진을 탐색하라.

스마트 공시는 소비자의 선택을 위한 강력한 툴이며 온라인 스타트업의 새로운 분야의 기초이다. 아무도 오픈 데이터 형식을 최적으로 작동시키는 방법을 모르는 것 같다. 영국은 현재 규모는 크지만 고객의 만족도는 낮은 선택 엔진을 가지고 있다. 미국에서 빌쉬링크(BillShrink) 같은 선택엔진이 인기가 있었지만 규모가 크지는 않다. 비즈니스 기회는 고객이 필요로 하는 서비스에 적합한 모델을 찾는 사람에게 주어진다.

고객이 개인정보의 가치를 깨닫게 도와주라.

오늘날처럼 개인정보 보호가 중요한 사회에서는 아마도 더 많은 사람들이 본인의 데이터를 제어하고 자신의 이익을 위해 선택적으로 공유하는데 관심을 보일 것이다. 개인정보의 가치는 모두가 인식하고 있지만 개인정보를 활용한 사업기회 발굴은 미흡한 상황이다. 개인정보 설정 및 개인정보 금고를 제공하는 것은 한가지 비즈니스이지만 그것을 사용할 수 있는 많은 방법들을 적용하여 전혀 다른 비즈니스 기회를 만들 수 있다.

정부와 기업에게 새로운 데이터 솔루션을 제공해라.

새로운 데이터 솔루션이 정부의 데이터셋이 연방, 주 및 지방 차원에서 얼마나 형편없이 운영되고 있는지 알면 놀라게 될 것이다. 정부기관들이 도움을 필요로 하고 있다는 것은 좋은 뉴스이다. 정부가 계약 프로세스를 성공적으로 변경할 수 있게 된다면 정부의 오픈 데이터 관리는 과거보다 더 많은 새로운 계약 기회를 주는 성장 산업이 될 수 있다.

특별한 오픈 데이터를 활용한 사업 기회를 찾아라.

레스토랑의 메뉴와 레시피 데이터를 수집하여 성공적인 비즈니스를 구축하는 것이 비즈니스 성공을 위한 확실한 경로는 아니다. 그러나 푸드 지니어스 창업자가 다른 사람들이 놓치고 있는 기회를 발굴하여 비즈니스에 적용한 것은 좋은 사례이다. 오픈 데이터를 활용한 사업영역은 확대되고 있으나 여전히 성공적인 비즈니스보다 틈새 비즈니스 기회가 더 많이 있다. 당신이 그 분야의 전문 지식을 가지고 있으며 고객의 요구 사항을 알고 있는 경우, 오픈 데이터는 당신 추진하고자 하는 사업을 충족시킬 수 있는 좋은 기회가 될 것이다.

기존 기업을 위한 조언

오픈 데이터는 기존 기업을 위해 현재 업무를 개선하고, 새로운 파트너

십을 평가하고, 보다 효과적으로 투자를 관리 할 수 있는 기회를 제공한다. 또한 고객과 연결하고 고객 충성도를 높이기 위한 툴이 될 수 있다.

사업 파트너와 잠재적 투자 평가에 오픈 데이터를 활용하라.

증권거래위원회 보고서같은 새로운 디지털 투자 서비스와 오픈 코퍼레이트, 듀딜같은 웹 사이트 등이 증가함에 따라 공공기업과 민간기업에서 보다 많은 데이터를 적합한 형태로 사용 할 수 있게 되었다. 파트너 및 투자 목적으로 어떤 회사를 고려하는 모든 기업 또는 금융회사는 실사의 일환으로 이러한 새로운 소스를 사용해야 한다.

ESG 데이터를 공개하고 이용하라.

많은 기업들이 ESG 데이터를 공개 시, 자칫 오류가 있게 되면 기업에 대한 의심을 불러 일으킬 수 있다. 투자자, 주주 그리고 소비자 모두 ESG 데이터 공개를 요구하고 있다. ESG 데이터를 공개하고 더 중요하게는 지속가능한 비즈니스 관행을 준수하여야 기업은 투자 자금, 우수한 인재 그리고 고객선호도를 확보할 수 있다.

고객에게 자신의 데이터를 제공함으로써 고객 로열티를 구축한다.

소비자가 자신의 의료 기록, 휴대 전화 청구서 또는 구매이력 데이터에 관심이 있다는 충분한 증거가 있다. 영국에서는 주요 에너지 회사, 통신 회사 및 적어도 하나의 주요 소매 유통 업체들은 충성도 구축 전략으로 고객에게 다시 데이터를 돌려주고 있다. 일부 미국의 유틸리티 회사들도 소비자에게 데이터를 주고 있으며 모든 소비자 분야의 기업이 이러한 방법을 활용 할 수 있다.

소셜 웹을 활용하여 소셜 고객 서비스를 실행하라.

리뷰 사이트, 블로그, 트위터는 포커스그룹이 할 수 있는 것 이상으로 당신의 회사의 평판이 좋은지 나쁜지 알려준다. 그리고 소셜 웹과 오픈 데이터를 모니터링 하는 것은 마케팅 정보의 주요 공급원이 될 수 있다. 동시에 미디어를 단순히 홍보의 수단으로 활용하는 것이 아니라 고객 민원 응대를 위해 소셜고객서비스에 사용하면 효과적인 브랜드 구축 전략이 될 수 있다.

오픈 이노베이션을 실험하라.

초기의 과학적 연구 데이터를 공유하는 것은 이상적인 일은 아닐 수 있지만 비즈니스 관점에서는 좋은 일이 될 수도 있다. 고객이 명확하게 시장성이 있는 상품에 대해 지적하기 전에 오픈 데이터로 초기 결과를 발표함으로써 제약회사는 R&D를 촉진할 수 있다. 공중 보건에 미치는 장점은 분명하다. 잠재적인 비즈니스 이점은 아직 두고 봐야겠지만.

See-Through World에서 운영하는 것을 배워라.

기업분석 정보, 사업전략 또는 내부 R&D 정보 등 진정으로 소유권이 있는 정보는 오픈 데이터가 되어서는 안되며 아무도 그렇게 하자고 제안하지도 않는다. 그러나 기업 현황, 기업이력, 정치 기부금 규제에 대한 준수 등 더 넓은 세계에 영향을 미치는 기업정보는 빠르게 공개되고 있다. 이런 영역에서는 정부가 오픈 데이터를 더 많이 공개하고 공개된 데이터를 분석할 수 있는 더 많은 전문가 확보를 기대하고 있다.

공공과 민간의 파트너십 기회를 찾아라.

기업들은 공공 서비스와 기업 분석 모두를 원하기 때문에 기업이 정부 데이터를 유용하게 활용 할 수 있다면 연방 정부기관은 기업과의 제휴가 가능 할 지도 모른다. 정부의 데이터 공개 정책은 데이터 관리에 대한 규칙을 설정하는 것이 아니라 이미 수집된 데이터를 대중에게 어떻게 제공할 것인지에 초점을 맞추고 있다. 민간 부문에서 오픈 데이터 이용을 위한 방대한 자원을 제공할 수 있다. 아마도 가장 좋은 예는 구글로, 2010년부터 미 특허청의 데이터를 무료로 대중에게 공개하기 위해 수수료 없이 특허청과 협력해 왔다. 그 결과 구글에서 1790년 이후의 특허 및 상표 데이터 검색은 쉬운 형태로 이용 할 수 있다.

오픈 데이터의 미래 미리 보기

이 조언은 이 책에서 다루고 있는 오픈 데이터의 기회에 대한 내용을 기초하고 있다. 그러나 앞으로 10년 안에 오픈 데이터가 어떻게 바뀔지 생각해 봐야 한다. 이 책은 오픈 데이터의 많은 동향, 전망 등을 설명하고 있다. 우리 앞에는 다양한 가능성이 있다.

오픈 데이터가 완전한 잠재력에 도달하면 우리는 혁신, 비즈니스, 심지어 일상 생활의 변화를 느낄 수 있다. 또한 2020년 중반에 세상이 어떻게 바뀔지 아래와 같이 예상할 수 있다.

어떤 주제에 대한 연산 데이터는 개인 또는 보호된 데이터를 제외하고 온/오프라인 데이터로 이용할 수 있다. 의료, 부동산, 금융 동향, 과학의 발전, 교육, 그 밖의 심층적이고 유용한 데이터들을 아이패드의 뉴욕 타임즈 처럼 언제든지 접근 할 수 있다. 시와 주에서 제공하는 수천 개의 무료 데이터셋을 표준화된 형식으로 손쉽게 다운로드 받을 수 있다.

고등학생과 일부 조숙한 중학생은 수십 년 전에 데이터 분석가들을 당혹하게 했던 "AP Data Science"를 일상적으로 수강하고 있다. (분석 소프트웨어는 데이터 공개 증가에 따라 같이 발전하고 있다.) 주식 시장 프로젝트는 특히 인기가 있다. 우수한 학생 중에는 예측 기법과 감정분석 기법으로 증권거래위원의 XBRL 데이터를 분석, 투자해서 번 돈으로 그들이 원하는 대학에 입학하기도 했다.

이러한 학생의 부모(혹은 더 나이 많은 형제)는 데이터로 준비된 경제의 새로운 비즈니스 벤처를 구축하고 있다. 거의 모든 기술 스타트업은 어떤 방법으로든 오픈 데이터를 활용하고 있다. 무선 와이파이가 노트북의 일부 기능인 것처럼 오픈 데이터는 단순히 툴킷의 일부이다. 거의 대부분의 스타트업이 예외 없이 오픈 데이터를 활용하기 때문에 오픈 데이터를 활용하는 스타트업의 파악은 더 이상 하지 않는다.

모든 중요한 데이터셋이 현재 상호 운용 가능하기 때문에 많은 새로운 기업이 창의적인 데이터 매시업에 활용하고 있다. 마찬가지로 대학 졸업생이나 퇴직자에게 모두 인기 있는 시티추저닷컴(City-Chooser.com)라는 웹사이트는 당신이 이사하기에 이상적인 장소를 최대 20개의 다른 요인을 고려하여 선택할 수 있도록 도와준다. 교육, 안전, 출퇴근 시간 등의 친숙한 변수 외에도 문화 활동, 이웃주민의 생활양식 (지역 주민의 의견을 바탕으로), 레스토랑 품질, 자산 가격 변동 예측, 향후 10년, 20년, 30년 후의 날씨 예측, 데이터를 포함하고 있다.

떠오르는 스타트업은 매스컴의 많은 관심을 받고 있지만 기존 기업 또한 오픈 데이터 성공 사례를 가지고 있다. 고객과 대면하는 기업들이 마케팅 측면에서 보다 효율적이고, 고객 중심적이며, 스마트하다. 또한 고객과 대면하는 기업의 영업이익률은 상당히 향상되고 있다. 많은 기업은 고객을 보다 잘 이해하고 더 나은 서비스를 제공하기 위해 오픈 데이터를 활용하여 강력한 고객 충성도를 구축하고 있다.

고객들은 이제 일상적으로 개인 맞춤형 헬스케어, 금융서비스를 기대한다. 주택담보 대출신청은 더 이상 몇 개월씩 소요되지 않는다. 사람들은 쉽게 승인 받아 업로드 할 수 있는 개인 데이터금고에 필요한 모든 관련 데이터를 보관한다. 선택엔진은 신청자에게 최상의 조건을 갖춘 대출상품을 제공한다. 신청자는 대출기관에 자신의 데이터를 디지털 방식으로 전송한다. 필요한 양식이 자동으로 입력되고 주택 구매자의 95 %는 일주일 이내에 승인받을 수 있다.

이전 비인기 사업들의 고객 만족도 점수가 증가 추세에 있다. 무선통신 회사, 항공 회사, 은행 및 다른 고객대면 기업은 문제를 해결하기 위해 신속하고 효과적으로 고객과 협력하는 방법을 배웠다. 블룸버그가 고객 불만 지수를 개발하고 고객의 온라인 댓글 심리 분석에 따라 기업의 순위를 매긴 것이 전환점이 되었다. 가장 인기 있는 비즈니스 컨설턴트는 기업들에게 고객의 행복과 자신의 긍정적인 온라인 평판을 유지하는 방법을 가르쳐주는 사회적 고객 서비스 전문가이다.

중소기업들은 그들이 필요로 하는 자본을 기꺼이 빌려주는 새로운 투자자들을 발견했다. 쉽게 분석 할 수 있는 방법으로 그들 기업운영에 관한 더 많은 데이터를 공개함으로써 이들 기업은 투자 가치가 있다는 것을 (혹은 없다는 것을) 입증했다. 일부 기업들은 과거보다 빠르게 실패하기도 한다. 그러나 성공한 기업들은 빠르게 성장하고 있다.

몇 가지 심각한 뇌 질환은 현재 효과적으로 관리, 예방 또는 치료할 수 있다. 과학자들이 오픈 이노베이션 프로젝트인 "10 년 BRAIN의 실행계획"을 수립하면서 가속화 되었다. 2023년에는 알츠하이머 병의 치료약이 개발 되고 조기진단을 통하여 자폐증을 예방할 수 있을 것이다. 여타 생 의학

분야에서 여러 주요 제약회사는 새로운 사업모델을 이용한 대규모 오픈 이노베이션 프로젝트를 시작했다.

사회의 가장 다루기 힘든 문제의 일부가 해결되고 있는 중이다. 보다 효율적으로 버스 노선과 실시간 자동차 운행현황을 분석하여 교통을 제어하는 등 오픈 데이터 분석을 통하여 도시교통은 변화를 꾀하고 있다. 세계기아 문제는 날씨와 토양 데이터를 사용하여 성공적으로 농사를 돕는 새로운 "정밀 농업" 프로그램 덕분에 감소 추세이다. "데이터 법"이 통과 된 후 (국민을 결집하기 위해 데이터를 활용하는 "현명한 정부" 지지자의 압력 하에) 연방 정부의 지출은 당파 의회가 새로운 예산삭감과 재원에 동의하도록 강요한 것처럼 투명성이 높아졌다.

가장 중요한 것은 오픈 데이터는 기후 변화의 속도를 느리게 하거나 심지어 중지하는데 도움이 될 수 있다. 남부의 심한 가뭄, 중서부의 홍수, 북동부의 허리케인이 1년 사이에 발생하자 미국은 긴급상황으로 기후 변화에 초점을 맞추었다. 의회가 탄소세를 통과시키지 않고 있지만 결국에는 통과될 것이라고 보고있는 투자자들은 탄소 배출량을 위험요소로 보고 관심을 집중하고 있다. 증권거래위원회는 모든 공공기업이 "글로벌 리포팅 이니셔티브"의 단순화된 버전을 사용한 오픈 데이터로 보고하는 것을 지속가능성의 실질적 요인으로 선언했다. 데이터가 공개되자 기업들은 지속 가능 경영을 개선하기 위해 신속하게 대처했다.

동시에 오픈 데이터는 실질적인 이익을 발생시키면서 지구 온난화 방지를 돕는 "주요 엔지니어링 프로젝트"를 추진 가능하게 했다. 소비자의 전력사용 제어를 돕기 위해 오픈 데이터를 이용하여 만든 "스마트 그리드"는 극적으로 전국의 에너지 효율을 증가시켰다. 날씨 데이터의 고급 분석은 바람의 변화 패턴이 유리하게 작용하는 지역에 풍력 에너지 기업을 설립하는

데 도움을 주었다. 그리고 개별 실험실 간 협업을 통해 국제 오픈 이노베이션 프로젝트는 경쟁력 있는 가격으로 인공 광합성 방법을 발견했다. 대기로부터 실제로 이산화탄소를 제거하는 새로운 에너지원은 최초로 기후변화를 막을 수 있을 것이다.

물론, 현재로 돌아와보면 데이터 공개로 인한 혜택이 얼마나 실현될 것인지 알 수는 없다. 그러나 몇 가지만 실현된다고 해도 우리는 경제 성장의 새로운 자원과 함께 더 나은 세계에서 살 수 있을 것이다. 오픈 데이터는 비즈니스, 사회, 소비자를 위한 좋은 기회를 제공하는 긍정적이고 파괴적인 힘이다. 오픈 데이터를 이해하고 사용할 줄 아는 사람은 누구나 최선의 방법으로 미래를 준비하고 있는 것이다.

오픈 데이터의 세계에 오신 것을 환영하며 부디 안전 운행 하시기를…

지은이 감사의 글

이 책은 수 년간의 연구를 통해 얻은 아이디어와 관찰을 집대성한 것으로서 수많은 동료들의 도움으로 완성되었다. 컨슈머 리포트에서 일할 당시 나는 로다 카팟킨(Rhoda Karpatkin)과 짐 게스트(Jim Guest) 그리고 실력 있는 경영 팀과 함께한 테스트와 연구 데이터를 사용해 미국 소비자들의 삶의 질을 향상시키기 위해 노력했다. 워싱턴에서 일할 때는 크리스 호닉(Chris Hoenig), 제리 아셀(Jeri Asher) 그리고 다른 동료들과 함께 미국 전역을 대상으로 한 정책개발을 위해 오픈 데이터를 사용했다. 연방정부 커뮤니케이션 위원회 시절에는 줄리어스 제네코스키 회장을 비롯하여 소비자 행정사무국의 빌 프리드먼(Bill Freedman) 부서장, 율 권(Yul Kwon), 마크 스톤(Mark Stone), 카렌 펠츠 스트라우스(Karen Peltz Strauss) 등 많은 동료들과 함께 기술과 데이터를 활용한 인터넷 세대의 전자통신 수준 향상을 위해 노력했다.

내가 의장을 맡았던 백악관 스마트 공시 전담 팀은 사람들이 정보에 근거한 올바른 결정을 할 수 있도록 하고 마케팅 시장을 좀 더 효율적으로 만들기 위해 오픈 데이터가 도울 수 있는 것이 무엇인지에 대한 새로운 지평선을 개척했다. 초기 아이디어와 표본을 제공해 준 대니 고로프, 리처드 탈러(Richard Thaler), 마이런 거트만(Myron Gutmann), 페드로 에스피나(Pedro Espina)에게 감사를 표한다. 우리의 노력을 헌신적으로 지원해준 카스 선스타인(Cass Sunstein), 아네시 초프라(Aneesh Chopra), 토드 박(Todd Park)에게도 고마움을 표한다. 또한 연구부장 아이린 우(Irene Wu)

와 연구원들의 헌신, 통찰, 노고에 감사를 드린다. 일을 하면서 나는 정부 기관에 종사하는 수 많은 전문가들을 만났는데 그들의 대책위원회 보고서와 이 책에서 공개한 정부의 오픈 데이터에서 보여준 통찰력과 헌신에도 고마움을 느낀다. 미국 기술 담당 본부장 보좌인 크리스 베인(Chris Vein)과 스마트 공시를 위해 함께 일해준 특별한 동료인 재무부의 소피 레이즈맨에게 특히 감사를 드린다.

기업 데이터에 관한 오그피디아 프로젝트(OrgPedia Project)로 함께 일한 짐 헨들러(Jim Hendler), 존 에릭슨(John Erickson) 그리고 그 밖의 다른 동료들에게도 감사하며 특히, 처음에는 오그피디아 프로젝트에 지금은 뉴욕대학 거버넌스 랩에 합류할 수 있도록 해 준 베스 노벡에게 감사한다. 그녀가 정부의 공개성을 위해 오픈 데이터를 개발한 공헌은 나에게 많은 영감을 주었으며 이 작업을 그녀와 함께 한 것이 무척 자랑스럽다. 아론 코헨(Aaron Cohen) 공동 창업자, 쉔카 프라사드(Shankar Prasad), 마닉 스리(Manik Suri), 스테판 벌헐스트(Stefaan Verhulst), 로라 맨리(Laura Manley) 프로젝트 매니저 같이 거버넌스 랩에서 함께 일했던 동료들은 아직도 내게 멋진 아이디어와 영감 그리고 깊은 통찰력을 준다.

이 책을 위해 인터뷰에 응하고 책의 완성에 기여해준 많은 분들께 깊은 감사를 드린다. 내가 이 책에서 언급했던 분 외에도 많은 분들을 통해 시간과 아이디어, 소스, 그들이 일하는 지역에서의 사례를 제공받았다. 밥 애들러(Bob Adler), 마이클 앨포드(Michael Alford), 제니 알렌(Jenni Allen), 케이 알렌(Kay Allen), 호세 알론소(Jose Alonso), 스캇 아메이(Scott Amey), 빅터 아샐(Victor Asal), 마이클 앗킨(Michael Atkin), 미첼 벨진(Mitchell Belgin), 루스 벨(Ruth Bell), 예일 브라운스테인(Yale Braunstein), 마이크 바이른(Mike Byrne), 제임스 참(James Cham), 프라탑 터지(Pratap Chatterjee), 존 첼렌(John Chelen), 마이클 츄이(Michael Chui), 데이비드 콜그렌(David Colgren), 존 코인(John Coyne), 빌 에져스(Bill Eggers), 그레그 엘린(Greg Elin), 브라이언 포르드(Brian Forde), 조 개랠노(Joe Galarneau), 댄 게일린(Dan Gaylin), 낸시 질스(Nancy Gillis), 댄 골먼(Dan Goleman), 나단 구드(Nathan Good), 필립 그린(Philip N. Green), 스테파니 그로서(Stephanie Grosser), 밥 그로브스(Bob Groves), 피터 그로브스(Peter Groves), 데이비드 핼펀(David Halpern), 크리스 헨델(Chris Hendel), 모리스 헐리이(Maurice Herlihy), 베르나데테 하일랜드(Bernadette Hyland), 호웰 잭슨(Howell Jackson), 샬로테 칸(Charlotte Kahn), 팀즈 켈시(Tims Kelsey), 진 킴멜맨(Gene Kimmelman), 제드 콜코(Jed Kolko), 제니퍼 라플레어(Jennifer LaFleur), 제시 레비(Jesse Levey), 라펠 마즈마(Raphael Majma), 필 매테라(Phil Mattera), 패트리스 맥데르모트(Patrice McDermott), 캐서린 맥페이트(Katherine McFate), 크리스 마이어(Chris Meyer), 마이클 넬슨(Michael Nelson), 그레그 노리스(Greg Norris), 소피아 올리버(Sophia Oliver), 놈 오른스테인(Norm Ornstein), 스테파니 오스트펠드(Stefanie Ostfeld), 해미드 오후야키(Hamid Ouyachi), 칼 로스마이어(Karl Rothmeyer), 앨런 쉐취터(Alan Schechter), 딕 쉴로브(Dick Sclove), 피터 쉐인(Peter Shane), 로지 샤르프(Rosie Sharpe), 미카 싸이프리(Micah Sifry), 앨런 심슨(Alan Simpson), 데이비드 스미스(David Smith), 잔 스테들러(John Stadler), 마이크 스타(Mike Starr), 톰 스테인버그(Tom Steinberg), 폴 스테이거(Paul Stieger), 윌 터커(Will Tucker), 젬마 베내블스(Jemma Venables), 에릭 왜너(Eric Wanner), 스티브 영(Steve Young), 이슨 쥬커맨(Ethan Zuckerman)에게 감사를 표한다.

혹시라도 나의 실수로 명단에서 빠진 분들께는 진정한 사과를 드린다.

오픈 데이터의 세계가 급속도로 변해 가고 있어서 나는 OpenDataNow.com을 개설했다. 이곳에서 오픈 데이터의 최근 정보와 통찰력을 얻길 바란다. 웹사이트 개발을 위해 노력해 준 제니 리(Janey Lee)와 해니 디자인스(Hanee Designs)의 노력에 감사를 표한다. 대책위원회와 함께 개시한 정부의 소비자 중심 데이터와 정보 웹사이트인 Consumer.dat.gov에 들인 노력에 대해 Data.gov의 지니 홈(Jeanne Holm)에게 감사를 표한다.

출판사 에이전트 게일 로스(Gail Ross)와 편집을 맡은 톰 밀러(Tom Miller) 없이는 이 책이 출판 되지 못했을 것이다. 이 책의 중요성에 대한 신뢰를 보여준 톰의 탁월한 편집 능력 덕분에 내 책이 올바른 방향을 잡을 수 있었다. 마감이 급했음에도 불구하고 전문성과 깊은 통찰을 담아 검토 작업을 해 준 데이비드 블래스트코브스키(David Blaszkowsky), 짐 헨들러(Jim Handler), 빌 호프만(Bill Hoffman), 허드슨 홀리스터(Hudson Hollister), 앨리샤 버거 레비(Alicia Berger Levey), 척 루이스(Chuck Lewis), 하비 루이스(Harvey Lewis), 샬로테 메이어슨(Charlotte Mayerson), 베스 노벡, 하워드 파넬(Howard Parnell), 스테판 벌헐스트, 위츠 쉘랙(Wittes Schlack) 부부에게도 감사를 표한다. 이 분들의 의견과 협조는 이 책에 큰 도움이 되었으며 책에 남은 오류들은 내 몫이다.

마지막으로 이 책을 위해 사랑과 지지, 협조를 보내 준 가족들에게 고마움을 표한다. 아내 캐롤(Carol)이 검토 작업에 가장 많이 참여했다. 캐롤은 내 삶의 방향을 바로 잡아 주었고 책의 방향도 잡아 주었다. 데이터 전문가이신 부모님도 많은 격려와 귀중한 조언들로 나를 도와 주셨다. 나에게 차세대적 관점과 웹사이트를 위한 조언을 제공해 준 내 아이들, 앨리슨(Alison), 조애나(Joanna), 벤(Ben)에게도 고맙다는 말을 전한다.

내소망은 내 자녀들에게 오픈 데이터를 통해 보다 열린, 보다 공평한 그리고 보다 풍족한 미래를 가져다 주는 것이다.

참고문헌

저자 주 : 오픈 데이터의 세계는 매우 급속하게 변한다. 아래 목록은 2013년 10월 현재 가장 중요한 인쇄자료의 일부이다. 오픈 데이터에 관해 진행중인 뉴스와 정보는 내 웹사이트인 OpenDataNow.com을 참조 바란다

도서

Ayres, Ian. Super Crunchers. New York: Bantam Dell, 2008. Brabham, Daren C. Crowdsourcing. Cambridge, MA: MIT Press, 2013. Duval, Jared. Next Generation Democracy: What the Open-Source Revolution Means for Power, Politics, and Oftange. New York: Bloomsbury, 2010.

Eccles, Robert G., and Michael P. Krzus. One Report: Integrated Reporting for a Sustainable Strategy. Hoboken, NJ: John Wiley & Sons, 2010.

Eggers, William D., and Paul MacMillan. The Solution Revolution: How Business, Government, and Social Enterprises Are Teaming Up to Solve Society's Toughest Problems. Boston: Harvard Business Review Press, 2013.

Esty, Daniel C., and Andrew S. Winston. Green to Gold: How Smart Companies Use Environmental Strategy to Innovate, Create Value, and Build Competitive Advantage. Hoboken, NJ: John Wiley & Sons, 2009. (First published by Yale University Press, 2006.)

Fung, Archon, Mary Graham, and David Weil. Full Disclosure: The Perils and Promise of Transparency. New York: Cambridge University Press, 2007.

Garfield, Bob, and Doug Levy. Can't Buy Me Like: How Autftentic Customer Connections Drive Superior Results. New York: Portfolio/ Penguin, 2013, NOOK e-book edition.

Goldstein, Brett (ed.) with Lauren Dyson. Beyond Transparency: Open Data and the Future of Civic Innovation. San Francisco: Code for America Press, 2013.

Goleman, Daniel. Ecological Intelligence: How Knowing the Hidden Impacts of What We Buy Can Cftange Everything. New York: Broad- way Books, 2009.

Hamilton, James T. Regulation Through Revelation: The Origin, Politics, and Impacts of the Toxics Release Inventory Program. Cambridge, UK: Cambridge University Press, 2005.

Johnson, Steven. Future Perfect: The Case for Progress in a Networked Age. New York: Riverhead Books, 2012, NOOK e-book edition.

Lathrop, Daniel, and Laurel Ruma (eds.) Open Government: Collaboration, Transparency, and Participation in Practice. Sebastopol, CA: O'Reilly Media, 2010, NOOK e-book edition.

Mayer-Schönberger, Viktor, and Kenneth Cukier. Big Data: A Revolution That Will Transform How We Live, Work, and Think. New York: Houghton Mifflin Harcourt, 2013.

Newsom, Gavin, with Lisa Dickey. Citizenville: How to Take the Town Square Digital and Reinvent Government. New York: Penguin, 2013, NOOK e-book edition.

Nielsen, Michael. Reinventing Discovery: The New Era of Networked Science. Princeton, NJ: Princeton University Press, 2012.

Noveck, Beth Simone. Wiki Government: How Technology Can Make Government Better, Democracy Stronger, and Citizens More Powerful. Washington, DC: Brookings Institution Press, 2009.

Savitz, Andrew W., with Karl Weber. The Triple Bottom Line: How Today's Best-Run Companies Are Achieving Economic, Social, and Environmental Success and How You Can Too. San Francisco: Jossey Bass/John Wiley & Sons, 2006.

Searls, Doc. The Intention Economy: When Customers Take Charge. Boston: Harvard Business Review Press, 2012, NOOK e-book edition.

Shirky, Clay. Here Comes Everybody: The Power of Organizing Without Organizations. New York: Penguin, 2008.

Shirky, Clay. Cognitive Surplus: Creativity and Generosity in a Connected Age. New York: Penguin, 2010, NOOK e-book edition.

Sifry, Micah L. Wikileaks and the Age of Transparency. New York: OR Books, 2011, NOOK e-book edition.

Smolan, Rick, and Jennifer Erwitt (eds.) The Human Face of Big Data. Sausalito, CA: Against All Odds Productions, 2012.

Soyka, Peter A. Creating a Sustainable Organization: Approaches for Enhancing Corporate Value Though Sustainability. Upper Saddle River, NJ: FT Press, 2012, NOOK e-book edition.

Sunstein, Cass R. Simpler: The Future of Government. New York: Simon & Schuster, 2013, NOOK e-book edition.

Surowiecki, James. The Wisdom of Crowds. New York: Anchor Books, 2005.

Tapscott, Don, and Anthony D. Williams. Wikinomics: How Mass Collaboration Changes Everything. New York: Penguin, 2006.

Tauberer, Joshua. The Principles and Practices of Open Government Data (self-published), Edition 1.1a, June 2012, http://opengovdata.io.

Thaler, Richard H.,and Cass R. Sunstein. Nudge: Improving Decisions About Health, Wealth, and Happiness. New York: Penguin, 2009. First published 2008 by Yale University Press.

정부문서 (미국, 영국, 유럽연합, G8, 연대순)

Obama, Barack. Memorandum for the Heads of Executive Departments and Agencies, "Transparency and Open Government," January 21, 2009, http://www.whitehouse.gov/the_press_office/transparencyandopengovernment

Orszag, Peter R. Memorandum for the Heads of Executive Departments and Agencies, "Open Government Directive," December 8, 2009, http://www.whitehouse.gov/sites/default/files/omb/assets/ memoranda_2010/m1006.pdf.

Sunstein, Cass R. Memorandum for the Heads of Executive Departments and Agencies, "Informing Consumers Through Smart Disclosure," September 8, 2011, http://www.whitehouse.gov/sites/ default/files/omb/inforeg/for-agencies/informing-consumers- through-smart-disclosure.pdf.

The White House. "The Open Government Partnership: National Action Plan for the United States of America," September 20, 2011, http://www.whitehouse.gov/sites/default/files/us_national_ action_plan_final_2.pdf.

The White House. "Consumer Data Privacy in a Networked World: A Framework for Protecting Privacy and Promoting Innovation in the Global Digital Economy," February 23, 2012, http://www.whitehouse.gov/sites/default/files/privacy-final.pdf.

U.K. Cabinet Office & Department for Business Innovation and Skills. "Better Choices: Better Deals—Consumers Powering Growth," April 13, 2012, http://www.bis.gov.uk/assets/biscore/ consumer-issues/docs/b/11-749-better-choices-better-deals- consumers-powering-growth.pdf.

U.K. Cabinet Office. "Open Data White Paper: Unleashing the Potential," June 28, 2012, http://www.gov.uk/government/publications/open-data-white-paper-unleashing-the-potential.

Holdren, John P. Memorandum for the Heads of Executive Departments and Agencies, "Increasing Access to the Results of Federally Funded Scientific Research," February 22, 2013, http://www. whitehouse.gov/sites/default/files/microsites/ostp/ostp_public_ access_memo_2013.pdf.

Obama, Barack. Executive Order, "Making Open and Machine Readable the New Default for Government Information," May 9, 2013, http://www.whitehouse.gov/the-press-office/2013/05/09/executive-order-making-open-and-machine-readable-new-default- government-.

Burwell, Sylvia M., Steven VanRoekel, Todd Park, and Dominic J. Mancini. Memorandum for the Heads of Executive Departments and Agencies, "Open Data Policy—Managing Information as an Asset," May 9, 2013, http://www.whitehouse.gov/sites/ default/files/omb/memoranda/2013/m-13-13.pdf.

National Science and Technology Council. "Smart Disclosure and Consumer Decision Making: Report of the Task Force on Smart Disclosure," May 2013, http://www.whitehouse.gov/sites/default/ files/microsites/ostp/report_of_the_task_force_on_smart_disclosure.pdf.

U.K. Cabinet Office. "Policy Paper: G8 Open Data Charter and Technical Annex," June 18, 2013, https://www.gov.uk/government/publications/open-data-charter/g8-open-data-charter-and- technical-annex.

보고서 (연대순)

Vickery, Graham. "Review of Recent Studies on PSI [Public Sector Information] Re- Use and Related Market Developments." For the European Commission, 2011, http://www.umic.pt/images/ stories/publicacoes6/psi_final_version_formatted-1pdf.

McKinsey Global Institute (James Manyika, Michael Chui, Brad Brown, Jacques Bughin, Richard Dobbs, Charles Roxburgh, Angela Hung Byers). "Big Data: The Next Frontier for Innovation, Competition, and Productivity." McKinsey & Company, May 2011, www.mckinsey.com/insights/business_technology/big_data_the_ next_frontier_for_innovation.

Deloitte Analytics. "Open Growth: Stimulating the Demand for Open Data in the U.K." Deloitte, 2012, www.deloitte.com/assets/ Dcom-UnitedKingdom/ Local%20 Assets/Documents/Market%20 insights/Deloitte%20Analytics/ukda-open-growth. pdf.

McKinsey Center for U.S. Health System Reform (Peter Groves, Basel Kayyali, David Knott, Steve Van Kuiken). "The 'Big Data' Revolution in Health Care: Accelerating Value and Innovation." McKinsey & Company, January 2013, www.mckinsey.com/ insights/health_systems_and_services/the_bigdata_ revolution_ in_us_health_care.

World Economic Forum. "Unlocking the Value of Personal Data: From Collection to Usage." World Economic Forum, February 2013, http://www3.weforum.org/ docs/WEF_IT_Unlocking ValuePersonalData_CollectionUsage_Report_2013.pdf.

Deloitte. "Market Assessment of Public Sector Information." For the Department for Business Innovation & Skills (U.K.), May 2013, https://www.gov.uk/government/ uploads/system/uploads/attachment_data/file/198905/bis-13-743-market-assessment-of-public- sector-information.pdf.

McKinsey Global Institute, McKinsey Center for Government, and McKinsey Business Technology Office (James Manyika, Michael Chui, Peter Groves, Diana Farrell, Steve Van Kuiken, Elizabeth Almasi Doshi). "Open Data: Unlocking Innovation and Performance With Liquid Information," McKinsey & Company, October 2013, http://www.mckinsey.com/insights/business_ technology/ open_data_unlocking_innovation_and_performance_with_liquid_ information.

부록 A

OpenDataNow.com 활용하기

저자 주 : 내가 오픈 데이터에 관한 것을 얘기하기 위해 시작했던 웹 사이트인 OpenDataNow.com은 이 책과 더불어 참조해야 하는 것 이상의 의미를 가진다. 이 웹사이트를 통해 발전하고 있는 오픈 데이터 분야의 정보, 논의, 뉴스에 관한 자료가 계속적이길 바란다. 그런 측면에서 독자들은 아마도 이 웹사이트에는 이 책에 언급된 인물들과 기관에 관한 수많은 인터뷰와 기사가 있다는 것을 알게 될 것이다. 아래는 이 책이 발행되는 시점을 기준으로 관련 포스트와 포스트의 주제가 최초로 나오는 각 장을 나열한 것이다.

1장 : 개빈 스타크스, 오픈 데이터 연구소

2장 : 데이비드 프리드버그, 클라이메트 코퍼레이션; 데이터팔루자에서 토드 박을 비롯한 다른 리더들; 나이젤 섀드볼트 경과 오픈 데이터 연구소 "인큐베이터" 리더들

3장 : 빌 잭슨, 그레이트스쿨

4장 : 허드슨 홀리스터, 데이터 투명성 연합; 제레미 브론프맨, 에니그마

6장 : 다라 오루크, 굿가이드

7장 : 코트니 파월, 파우티, 퍼블릭디맨드; 크리스틴 뮬너, 뉴브랜드어낼리틱스; 마이클 퍼틱, 레퓨테이션닷컴; 헬렌 마겟, 옥스퍼드 인터넷 연구소

8장 : 세스 그라임스, 알타 플라나 코퍼레이션

9장 : 베스 노벡, 거버넌스 랩; 로버트 심슨, 주니버스

10장 : 오픈 사이언스를 위한 변화의 챔피언 백악관

11장 : 닉 시나이, 미국 최고기술책임자 부 국장

12장 : 엘런 밀러, 선라이트 재단; 톰 스타인버그, 마이소사이어티

13장: 폴 멀트바이, 영국 내각 조정관

부록 B

데이터 유형 정의하기

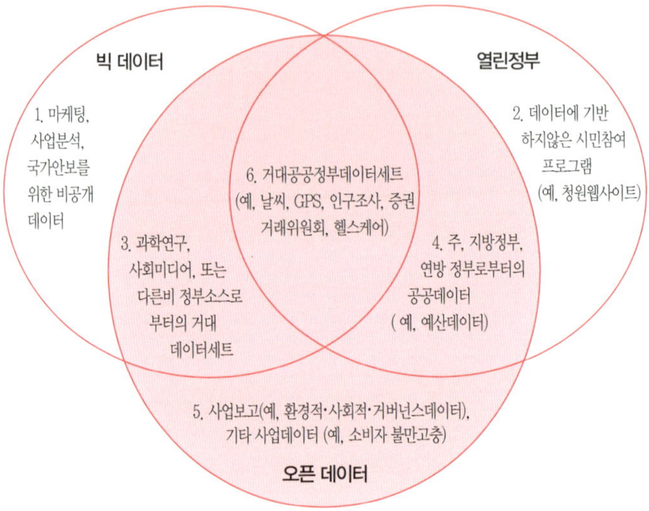

빅 데이터, 열린정부, 오픈 데이터는 밀접하게 연관되어 있지만 같지 않다. 앞 장의 벤 다이어그램에서 나는 이들이 어떻게 서로 연관되어 있는 지를 보여주려고 그림을 그려보았다.

빅 데이터와 열린정부의 정의는 아주 명료하진 않다. 빅 데이터는 본질적으로 매우 거대한 데이터셋을 기술하지만 이것은 다소 주관적 판단이며 기술에 달려있다. 왜냐하면 오늘날의 빅 데이터는 데이터분석과 컴퓨팅기술이 개선될 몇 년 후에는 그다지 크게 보이지 않을 수 있기 때문이다. 열린

정부는 여러 가지 아이디어들이 결합된 것으로 연방정부 지출데이터 같은 정부가 공개하는 데이터, 헬스, 환경, 여러 산업분야와 같은 공동관심사에 대한 이슈를 수집하는 정부공개 데이터 등 시민을 정부에 참여시키기 위한 협업적 전략이 포함된다.

이 책에서 나는 오픈 데이터에 대해 간략하고 포괄적인 정의를 선택했다. 즉, 오픈 데이터란 사람들, 기업, 조직이 새로운 사업을 시작하고 패턴과 트렌드를 분석하며 데이터 중심 결정을 내리고 복잡한 문제를 해결하기 위해 사용할 수 있는 접근 가능한 공공 데이터이다. 다른 사람들은 이보다 더 자세하게 오픈 데이터를 정의했다. 모든 정의는 크게 두 가지 기본적인 특징을 가지고 있는데, 오픈 데이터는 누구나 사용할 수 있도록 반드시 공개적으로 사용 가능해야만 하며 재사용을 허용하는 방식으로 라이센스 되어야 한다. 그리고 그 상대적으로 사용하고 분석하기 쉽게 만드는 형태이어야만 한다. 여기에서 "공개성"의 차이가 있긴 하지만 말이다. 그리고 오픈 데이터 사용료는 무료 혹은 최소한 비용이어야 한다는 일반적 합의가 존재한다.

이러한 기본적인 정의를 시작으로 빅 데이터, 열린정부, 오픈 데이터라는 세가지 개념이 교차점은 벤 다이그램에서 보듯 6개의 하위개념을 정의한다. (빅 데이터와 열린정부 사이의 교차점에 대해서는 별도의 유형이 존재하지 않는다. 이 부분에 있는 것은 어떤 것이라도 오픈 데이터이다.) 아래 각각의 번호는 6개 하위개념의 특징적 예를 설명한 것이다.

1. 오픈 데이터가 아닌 빅 데이터. 상당한 상업적 가치가 있는 일부 빅 데이터를 포함 다수의 빅 데이터가 이 유형에 속한다.
   대형 소매업자가 소비자의 구매습관에 가지고 있는 모든 데이터, 병원이 가지고 있는 환자에 대한 모든 데이터 또는 은행 신용카드 소지자에 대해 은행이 가지고 있는 모든 데이터가 여기에 해당한다. 이 정보는 데이터 소지자 자신만의 것이며 상업적 이득을 위해 사용될 수 있다. 미국 국가안전국이 수집하는 데이터 같은 데이터도 역시 이 유형이다.

2. 오픈 데이터가 아닌 열린정부 업무. 순전히 시민 참여에만 주력하는 열린정부 부분을 포함한다. 예를 들어, 백악관은 시민의 인풋을 경청하기 위해 청원 웹사이트인 We the People을 시작했다. 이 사이트의 데이터는 사용 가능하지만 일정 수의 서명자 이상일 경우 오픈 데이터를 공개하는 것이 이 사이트의 주요 목적은 아니다.
3. 빅, 오픈, 비 정부 데이터. 9장과 10장에 기술된 이런 종류의 과학적 데이터 공유 프로젝트와 시민과학 프로젝트가 여기에 해당한다. 천문학적 관찰에서 얻은 빅 데이터, 인간게놈 프로젝트 같은 거대한 생체의학적 프로젝트에서 얻은 빅 데이터 또는 다른 소스에서 얻은 빅 데이터는 공개되고 공유된 접근법을 통해 최대의 가치를 실현한다. 이런 연구의 일부가 정부로부터 지원을 받을 수는 있지만 일반적으로 이 데이터는 정부기관에 의해 소유, 관리, 분석되지 않기 때문에 "정부 데이터"가 아니다. 또한 트위터와 다른 형태의 소셜미디어로부터 분석될 수 있는 데이터도 여기에 해당된다.
4. 빅 데이터가 아닌 열린정부 데이터. 가치 있는 것이 되기 위해 정부 데이터가 반드시 빅 데이터가 될 필요는 없다. 주, 도시, 연방정부로부터의 데이터를 공개할 때 과하지 않은 가장 일반적인 양의 데이터는 주요한 영향력을 끼칠 수 있다. 이런 종류의 데이터는 참여형 예산 운동에 힘을 실어준다. 그래서 전 세계 도시들은 거주민들에게 도시 예산을 살펴보고 예산을 사용하는 것을 도와달라고 초대하고 있다.

사람들이 대중버스나 건강 클리닉과 같은 도시 서비스를 사용하도록 도와주는 앱에 힘을 실어준다.

5. 오픈 데이터—빅 데이터가 아니며 정부로부터도 아닌 데이터. 여기에는 잠재적 투자자를 만족시키거나 평판개선을 위한 것처럼 기업들이 자기자신의 목적을 위해 선택하는 사적 부문 데이터가 포함된다. 환경적·사회적·거버넌스 매트릭스도 여기에 해당된다. 또 소비자 불만고충에서 온 데이터 같은 평판 데이터는 사업에 큰 영향력을 끼칠 수 있다.

6. 빅, 오픈, 정부 데이터 (3중으로 겹치는 부분). 이 데이터셋은 다른 유형에 비해 가장 큰 영향력을 가지고 있다. 정부기관은 매우 거대한 양의 데이터를 수집할 능력과 자금을 가지고 있으며 이러한 데이터세트를 공개하는 것은 주요한 경제적 이득을 가지고 있다. 전국의 날씨 데이터와 GPS 데이터가 가장 자주 인용되는 예이다. 미국 인구조사 데이터와 증권거래위원회, 보건복지부가 수집하는 데이터도 여기에 해당한다. 13장에 설명된 새로운 오픈 데이터 정책에 따라 이 유형은 점점 더 커지고 점점 더 탄탄해지며 훨씬 더 중요하게 될 것 같다.

용어사전

저자 주: 용어정리를 위해 나는 선별된 참고문헌에 열거된 다수의 소스와 여기에 인용된 일부 추가적인 소스를 모았다. 일부의 경우, 내 자신의 말로 용어를 정의하기 위해 여러 개의 소스를 사용했다. 내 목적은 가능한 한 가장 기술적으로 정교한 정의를 제공하는 것이나 각각의 용어에 대한 모든 다양한 정의를 조정하는 것이 아니라 독자에게 오픈 데이터 세계를 알기 쉽게 이해하는 것을 돕고자 기본적인 이해를 제공하는 것이다.

- **익명(사용자 정보보호)**

"익명(사용자 정보보호)이란 데이터셋에서부터 이름, 주소, 신용카드 번호, 생년월일, 사회보장 번호 같은 모든 종류의 개인식별자를 없애는 것을 말한다. 그 결과로 나오는 데이터는 어떤 사람의 프라이버시도 저해하지 않으면서 그 다음에 분석되고 공유될 수 있다. (Mayer-Schönberger and Cukier, 빅 데이터, 154). 이 과정이 프라이버시를 보호하는 것을 의미할 수도 있지만 잘못될 염려가 없는 것은 아니다. 참조 : 모자이크 효과.

- **API (애플리케이션 프로그래밍 인터페이스)**

API가 있어서 앱이나 웹사이트는 서로 얘기할 수 있고 소프트웨어와 데이터를 사용할 수 있다. 예를 들어, 연방기구에 의해 제공되는 API는 외부 프로그래머들이 연방기구의 소프트웨어 일부를 검색할 수 있도록 해준다.

또 다른 데이터와 소프트웨어가 또한 관련될 수 있는 새로운 앱을 개발하기 위해 연방기구 데이터 일부에 프로세스할 수 있도록 해 준다.

빅데이터

빅 데이터는 여러 가지로 설명되어 왔다. 그 중에서 맥킨지 글로벌 연구소의 정의가 도움이 된다. "'빅 데이터'란 전형적인 데이터베이스 소프트웨어 툴이 포착·저장·관리·분석할 수 있는 능력을 넘어서는 규모를 가진 데이터셋을 말한다. 이 정의는 의도적으로 주관적이며 빅 데이터로 간주되기 위해서 얼마나 데이터세트가 커야 하는 지에 대한 변동성 있는 정의를 포함한다…. 시간이 지나면서 기술이 진보해감에 따라 우리가 추정하는 바는 빅 데이터가 되기 위한 데이터셋 크기는 더 커질 것이라는 점이다." 이 보고서는 또한 어떤 한 산업계에서는 "빅"이라고 간주될 수 있는 데이터 양이 더 강력한 분석 툴을 가진 다른 산업계에서는 그다지 크지 않을 수도 있다는 점을 언급한다(맥킨지 글로벌 연구소, "빅 데이터," 6). 다른 정의에서는 데이터가 변하는 속도를 가리키는 "속도(velocity)"를 추가했고 늘어나는 사용 가능한 종류의 데이터를 나타내는 "다양성(variety)", 데이터의 "규모(volume)"를 추가해서 빅 데이터의 "V 3개"라고 하기도 한다.

선택엔진

소비자의 필요를 가장 잘 충족시켜주는 옵션을 소비자가 선택하도록 돕기 위해 제품과 서비스에 대한 데이터를 사용하는 상호작용적인(대화형) 웹사이트 혹은 앱을 말한다. 비행기 티켓 예약이나 호텔 예약에 사용되는 여행 사이트가 여기에 해당되는 예이다. 선택엔진은 스마트 공시를 이행하기 위해 계획될 수 있다.

집단지성

위키피디아에서는 집단지성을 "다수 개인들의 협업과 경쟁으로 발생하며 합의된 의사결정에서 나타나는 공유된 지성 또는 집단지성" 이라고 정의한다. 이와는 약간 다른 설명을 하고 있는 파이낸셜 타임즈 렉시콘 온라인에서는 "집단지성 –즉 크라우드소싱 –이란 어려운 문제를 해결하기 위해 다수의 사람들을 하나의 집단으로서 활용하는 것을 가리킨다. 한 명의 개인이 제공할 수 있는 것 보다 사람들이 집단으로 하게 되면 효과적으로 문제를 해결하고 더 나은 통찰력과 더 나은 해답을 제시할 수 있다고 생각한다. 일반적으로 이 용어는 9장과 10장에 기술된 여러 가지 다른 종류의 집단이 가능한 문제 해결을 이야기 할 때 사용된다

컴퓨터 사회과학

공중보건, 사회적 추세 혹은 정치활동과 같은 이슈에 관한 연구를 하기 위해 거대한 데이터세트를 사용하는 것을 말한다. 온라인 청원에 대한 반응을 분석하는 것

또는 공공안전이나 범죄에서의 추세를 예상하기 위해 핸드폰 기록을 사용하는 것 등이 예이다.
컴퓨터 기반보고. "컴퓨터 기반보고는 새로운 이야기를 작성하는데 필요한 데이터를 수집하고 분석하기 위해 컴퓨터를 사용하는 것을 말한다…. 리포터는 일상적으로 데이터베이스에 있는 정보를 수집하고 공공기록을 스프레드시트와 통계 프로그램을 사용해 분식하고 지리 정보시스템 매핑으로 정치적 변화와 인구통계상 변화를 연구한다" (위키피디아). 컴퓨터 기반보고는 1장과 2장에 기술된 바와 같이 저널리스트 필립 마이어(Philip Meyer)에 의해 시작되었다.

● 기업 신뢰도

이 한 회사의 브랜드를 개선하고 투자와 제휴관계를 유치하고 대중과 이해관계자들의 관심에 대응하고 일반적으로 이 회사에 대한 신뢰를 형성하기 위해 회사의 재무운영, 환경적/사회적/거버넌스 정책 등 회사 운영에 관한 데이터를 자발적으로 공개하는 것을 가리키는 이 책(6장)에서 사용된 용어. 저자는 "기업의 책임" 또는 "기업의 투명성"이라는 용어와 대체될 수 있다고 제안했다.

● 기업의 사회적 책임(CSR)

"투자자, 소비자, 직원, 커뮤니티, 환경 등의 모든 이해관계자의 관심사인 사업운영과 가치 그리고 그 기업의 정책과 행동에 반영되는 환경을 통합한 것"이라고 포괄적으로 정의된다."(www.csrwire.com). 기업의 사회적 책임에는 오염감소를 위한 자선 기부금이나 청년 취업 프로그램과 같은 회사의 어떤 종류의 노력도 포함될 수 있다. 이 개념은 회사의 핵심목적으로부터 멀어지게 만든다고 하는 일부 사업계 리더들의 비난과 주요한 운영상의 혹은 정책상의 이슈에는 주목하지 않으면서 회사의 이미지 개선을 위해 기업의 사회적 책임을 사용할 수 있다는 활동가들의 비난을 받아왔다.
그래서 최근에는 많은 기업들이 기업이 사회적 책임이란 용어 대신 좀 더 구체적이며 오픈 데이터로서 공개될 수 있는 환경적/사회적/거버넌스 정책을 언급해 오고 있다.

● 크라우드소싱

2006년 잡지 Wired 에서 제프 하우(Jeff Howe)와 마크 로빈슨(Mark Robinson)이 처음으로 쓴 용어. 이 기사가 발표된 지 얼마 되지 않아 작성한 블러그 포스트에서 하우는 다음과 같이 크라우드소싱을 정의했다. "간단히 정의하자면 크라우드소싱은 직원들에 의해 수행된 기능을 하며 공개모집의 형태를 가진 정의되지 않은 (그리고 일반적으로 거대한) 사람들의 네트워크로 아웃소싱하는 어떤 기업이나 기관의 행위를 나타낸다. 크라우드소싱은 (업무가 협업으로 수행될 때) 동료 공동 생산이라는 형태를 취하기도 하지만 종종 단독의 개인에 의한다. 크라우드소싱의 중대한 선결요건은 공개모집 형태를 사용하는 것과 거대한 잠재적 노동자들의 네트워크를 사용하는 것이다." 좀 더 최근에는 "크라우드소싱"이라는 용어가 40개 이상의 정의가 있는 데이터와 정보에 관한 온라인 콜라보레이션을 표현하기 위한 일반적인 용어로서 사용되었다. (제프 하우의 블러그 포스트http://croudsourcing.typepad.com/cs/2006/06/croud sourcing_a.html.)

데이터

연방정부 데이터 허브인Data.gov에 따르면, "특정의 개념이나 개념들을 나타내는 가치 혹은 가치들의 세트이다. 데이터는 의미를 추출해내고 문맥을 제공하기 위해 다른 데이터와 분석되거나 최대한 가능한 한 결합될 때 '정보'가 된다. 데이터의 의미는 그 데이터의 문맥에 따라 다를 수 있다"(www.data.gov/glossary). 데이터는 정량적인 방법으로 컴퓨터에 의해 저장되고, 대표되고, 분석될 수 있기 때문에 좀 더 일반적인 "정보"와 구분된다. 문서의 텍스트는 컴퓨터 데이터베이스에서 발견되는 조직화된 데이터와 대조하기 위해 종종 "구조화되지 않은" 데이터라고 언급된다.

데이터 발견

구글이나 다른 검색엔지을 사용하는 경험과 비슷한 자연스럽고 직관적인 검색 프로세스를 통해 유용한 데이터를 찾는 능력을 말한다. 여기에는 관심주제와 관련되었다는 것을 사용자가 알지 못했을 수 있는 데이터를 "발견해내는" 능력이 포함되는데 "데이터 탐색"이라고 가끔 불리기도 한다. 4장의 에니그마에 관한 논의를 살펴보라.

데이터 엔클래브(데이터 고립영역)

"폐쇄된 연구자 커뮤니티에서 너무 민감해서 광범위하게 공유될 수 없는 데이터세트를 공유하도록 해주는 툴"(www.norc.org/Research/Capabilities/ Pages/data-enclave.aspx). 예를 들어, 데이터 엔클래브는 시카고 주립대학교의 NORC 연구조직에 의해 관리된다.

● **데이터 이그조스트(data exhaust)**

데이터 이그조스트(data exhaust). "사람들이 자신들의 뒤에 남기는 디지털 흔적을 '데이터 이그저스트' 라고 부른다. 사람들의 행동과 움직임의 부산물로서 떨어져 나온 데이터를 가리킨다. 인터넷의 경우, 어디에서 클릭했는지, 어떤 페이지를 얼마나 오랫동안 보았는지, 마우스 커서를 어디에 두었는 지 등 사용자의 온라인 상호작용을 보여준다 (메이어 앤 큐키어(Mayer-Schonberger and Cukier), 빅 데이터, 113). 핸드폰 사용에서 다른 종류의 데이터도 한 예가 되는데 전화를 건 번호와 발신자 위치 같은 것이다.

● **데이터-끌어안기 장애(data-hugging disorder)**

정부기관이 관리하는 데이터를 붙잡고 공개하기를 꺼려하는 경향을 표현하기 위해 오픈 데이터 옹호자들이 사용한 농담조의 용어.

● **데이터 긁어내기(data scraping)**

컴퓨터를 특정종류의 웹사이트에 접근하도록 해서 원하는 정보를 데이터베이스로 체계적으로 복사하도록 프로그래밍하는 것. (예를 들어, 신용카드 조건과 연회비에 관한 데이터베이스를 만들기 위해 신용카드 관련 사이트를 검색하는 것) 조직화되지 않고 분산되어 있는 공개적으로 사용 가능한 데이터를 노력과 비용을 들여 구조화되어 사용 가능한 오픈데이터로 바꿀 수 있는 기술.

● **데이터 베이스**

"데이터 베이스란 구조화된 데이터 모음이다. 데이터는 현실에서 관련된 측면을 (예, 호텔에서 사용 가능한 방을 알아볼 때), 정보가 필요한 프로세스를 지지하는 방식으로(예, 빈 방이 있는 호텔 찾기) 모형을 만들기 위해 조직화된다."(위키피디아). 데이터베이스는 이 정보가 분석과 문제해결을 위해 사용될 수 있도록 이 정보를 한 개 혹은 그 이상의 데이터셋으로 조직화한다.

● **데이터팔루자(Datapalooza).**

미국 최고기술책임자인 토드 박이 보건복지부에 있을 때 시작한 것으로 정부의 오픈 데이터를 기념하고 새롭게 사용하는 법을 찾기 위해 정부전문가, 사업가, 기업 등이 한 자리에 모인다.

데이터셋

Data.gov 용어에서 : "데이터셋은 구조화된 데이터 모음으로 가장 기본적인 데이터셋을 대표하는 것은 테뷸러(목록표) 형식으로 제시된 데이터 요소이다. 각 열은 특정 변인을 나타내고 각 행은 그 열 변인의 주어진 값에 해당한다. 데이터셋은 목록표 형식뿐 아니라 확장된 마크업 언어(XML) 파일, 특정지역과 관련된 데이터 파일 또는 이미지 파일 등 다양한 비목록표 형식으로 된 정보도 제시한다."(www.data.gov/glossary).

수요자 중심 데이터공개

대중에게 가장 유용할 데이터셋을 포착하고 공개하는 것을 돕기 위해 데이터를 관리하는 정부기관과 만나는 주제전문가, 앱 개발자, 산업계, 소비자 단체 등을 포함할 수 있는 자문 프로세스를 가리키는 저자의 용어

환경적·사회적·거버넌스 보고

어떤 한 회사의 운영에 있어서 환경적·사회적·거버넌스 요인에 관한 공개적인 보고. 이 용어는 가끔 기업의 사회적 책임과 상호 교환해서 사용되지만 기업의 사회적 책임보다 좀 더 측정가능하고 정량적 접근을 기술할 때 점점 더 많이 사용되는 것 같다. 옹호단체로부터의 요청에 따른 대응으로서 혹은 다른 방식으로 정부 보고조건에 따라 오픈 데이터로서 자발적으로 보고될 수도 있다.

확장 가능한 업무보고 언어. 참조 XBRL

확장 가능한 마크업 언어. 참조 XML

5개 별점(Five-star) 링크드 오픈 데이터

월드와이드웹의 창시자인 팀 버너스 리경이 가장 유용하지 않은 것에서부터 가장 유용한 것까지 여러 단계의 오픈 데이터를 나타내기 위해 개발한 여러 유형의 세트. 재사용이 가능하도록 허용하는 오픈 라이센스가 있는 모든 형태로 웹 상에서 데이터를 사용 가능하도록 단순하게 만드는 것(별 1개)에서부터 기계판독이 가능한 링크드 데이터(별5개)까지 다양하다. 데이터는 서로 다른 정도의 "개방성"이 있는 상태에서 공개될 수 있지만 모든 오픈 데이터는 온라인에서 공개적으로 사용 가능해야 하며 재사용을 허용해주는 오픈 라이센스를 요구한다는 점을 강조한다.(5stardata.info).

● 특정지역과 관련된 데이터

어떤 사람이나 시설, 단체, 자연조직 혹은 다른 법적 단체의 물리적 위치와 관련된 데이터. 특정지역과 관련된 데이터는 영속적인 위치와 관련되거나 시간경과에 따른 사물이나 사람의 움직임을 추적하는데 사용될 수도 있다. 예로는 GPS를 통해 추적된 스마트폰 위치 데이터에서부터 환경오염 통제를 위해 환경보호단체가 관장하는 시설에 관한 데이터까지 다양하다. 또한 어떤 국가의 국경 외곽지역이나 호수나 산 같은 지리적 특징을 나타내는 지도에서의 위치처럼 지도의 어떤 지역을 나타내는데 사용될 수도 있다.

● 해커톤

"컴퓨터 프로그래머와 그래픽 디자이너, 인터페이스 디자이너, 프로젝트 매니저 등 소프트웨어 개발과 관련된 사람들이 소프트웨어 프로젝트에 대해 집중적으로 협업하는 하나의 사건…. 소요되는 기간은 보통 하루에서 일주일 사이 정도이다. 많은 경우 해커톤의 목적은 사용 가능한 소프트웨어를 만드는 것이지만 단순히 교육적 목적이나 사회적 목적을 위해 의도된 해커톤도 있다. 해커톤은 특정한 것에 집중하는 경향이 있는데 예를 들면 사용된 프로그래밍 언어, 운영체계, 앱, API, 주제, 프로그래머들의 인구통계학적 집단 같은 것들이다."(위키피디아).

● 정보

연방정부의 프로젝트 오픈 데이터에서는 "정보란 [정부의 정의에 따라] 사실, 데이터 또는 의견 등의 지식이 텍스트, 숫자, 그래프, 지도, 이야기 혹은 시청각적 형태 등 모든 종류의 중개물이나 형태로 소통하는 것이나 대표하는 것을 의미한다."고 정의한다(project-open-data. github.io). 이 정의가 시사하는 것처럼 모든 데이터는 정보의 한 형태이다. 하지만 모든 정보가 즉시 데이터로서 분석될 수 있는 형태는 아니다.

● 상호운용성

다른 소스로부터 온 다른 데이터셋은 그 데이터가 구조화되거나 제시되는 방식의 차이로 인해 방해 받지 않으면서 같이 분석하는 능력

● 법인 식별기호(LEI)

미국 재무부에 따름. "법인 식별기호란 금융거래에 관여하는 합법적으로 구분되는 실체를 고유하게 식별하는 참조기호이다. 현재, 실체를 식별하는 방법이 많이 있

지만 모든 시장과 사법관할 지역에서 법인을 위해 통일된 글로벌 식별기호 시스템은 없다. 법인 식별기호는 위험관리자와 규제자가 금융거래에서 상대방을 즉시 정확하게 식별할 수 있도록 해주는 최초의 글로벌한 독특한 실체 식별자로서 금융데이터를 위한 핵심으로 계획된다."
(http://www.treasury.gov/initiatives/ofr/data/Documents/LEI_FAQs_February2013_FINAL.pdf).

라이트-터치 규제

실제로는 기업들이 정확하게 무엇을 해야 할지 말하지 않으면서 연방기구의 규제대상 기업을 개선시키는 방법을 설명할 때 많은 오바마 행정부의 기구들이 사용한 용어. 예를 들어, 어떤 정부기구는 시장원리가 가격과 수수료를 견제하길 바라면서 사업체에게 가격과 수수료에 대해 좀 더 투명한 데이터를 공개하라고 요구할 수 있다.(실제로 교통국에서는 항공업계에게 이렇게 한 적이 있다.) 라이트-터치 규제에서 목표가 된 투명성은 종종 사용된다.

링크드 데이터

링크드 데이터는 어떤 한 웹사이트 주소와 비슷한 웹 주소를 데이터의 각 부분에 할당해서 웹을 통해 데이터를 연결하는 것이 가능하게 한다. 기존의 전통적인 데이터베이스와 달리, 서로 다른 링크드 데이터 요소들 사이의 이러한 연결은 확장될 수 있고 제한 없이 증가할 수 있다. 링크드 데이터는 서로 다른 정부기구에서 온 정부 데이터처럼 서로 다른 데이터셋에서 온 다른 유형의 데이터를 연결하고 분석하는데 특히 유용하다. 링크드 데이터는 씨멘틱 웹이라는 컨셉의 핵심이다. 참조: 벤치마켓 논문 팀 버너스리, James Hendler, and Ora Lassila, "The 시멘틱웹," Scientific American, 2001년 5월 17일.

기계판독 가능성

"기계판독이 가능한 데이터란 정보가 컴퓨터에 의해 프로세스 되고 분석되는 것이 가능하게 하는 형태로 저장된 디지털 정보이다. 이러한 형태 덕분에 전자적 데이터는 가능한 한 사용 가능하게 된다. 예로는 스프레드시트와 데이터 베이스 앱으로 바로 가져올 수 있는 형태가 포함된다. 이와는 대조적으로, 인쇄된 내용을 이미지로 재생성한 것이나 비구조적인 대화식 텍스트만을 갖고 있는 컴퓨터 파일은 일반적으로 기계판독 가능한 형태를 나타내지 않는다"(선스테인, "스마트 공시를 통해 소비자에게 알리기,"5).

● 매시업(Mashup)

"웹 개발에서 매시업이란 새로운 서비스를 만들기 위해 두 개 이상의 소스로부터 데이터, 프레젠테이션 또는 기능을 사용하고 결합하는 웹 페이지 혹은 웹 앱이다. 이 용어가 시사하는 것에는 간편하고 신속한 통합, 종종 공개된 앱 프로그래밍 인터페이스(API)를 사용하는 것 그리고 가공되지 않은 원본 데이터를 만들기 위해 반드시 원래의 이유일 필요는 없었던 풍부한 결과를 만들기 위한 데이터 소스가 있다. 메시업의 주요 특징은 결합, 시각화 그리고 수집이다. 개인적·전문적 사용을 위해 기존의 데이터를 좀 더 유용하게 만드는 것이 중요하다." (위키피디아). 예를 들어, 대기오염과 천식과의 관계를 보여주기 위해 환경적 오픈 데이터를 병원 입원에 관한 데이터와 결합하는 시각화 같이 "데이터 매시업"이란 그 안에서 결합되는 주요 정보가 데이터인 매시업이다.

● 메타 데이터

"메타 데이터는 데이터의 수많은 특징을 설명한다. 즉, '데이터를 설명하는 데이터'이다…. 어떤 특정의 데이텀(데이터의 단수형)이 있다고 할 경우, 메타 데이터는 다른 데이터와 이 데이텀의 관계뿐 아니라 이 데이텀이 표현되는 방식, 수용 가능한 값의 범위, 레이블되어야 하는 방식에 대해 설명할 수 있다. 또 재산을 관리하는 책임 있는 집사, 관련법률과 규제, 접근관리원칙과 같은 다른 관련된 정보를 제공할 수도 있다." (www.data.gov/glossary). 메타 데이터는 또한 데이터 품질에 관한 정책을 포함할 수도 있다.

● 무어의 법칙

인텔 공동창업자인 고든 무어가 처음 발견한 것으로 컴퓨터 프로세서 파워는 대략적으로 2년 마다 두 배가 된다는 법칙이다. 또 하드 드라이버의 저장능력은 2년 마다 두 배가 된다는 마크 크라이더가 최초로 제안했던 크라이더의 법칙과도 관련이 있다.(Ayres, 슈퍼크런처(super crunchers), 151–152).

● 모자이크 효과

익명의 데이터셋과 다른 데이터에서 모은 조각들을 통해 누구의 데이터가 수집되었는지를 식별하는 것을 알아낼 잠재성. "모자이크 효과는 개별 데이터셋에 별도로 있는 정보가 어떤 한 개인을 식별할 위험을 가지고 있지(또는 보안과 같은 몇몇 다른 중요한 관심사를 위협하지) 않을 수 있지만 다른 사용 가능한 정보와 결합될 때는 그런 위험을 가지고 있을 수 있는 때에 발생한다…. 기관들은 기존의 데이터와 공개적으로 공개될 의도가 있는 데이터의 일부 결합이 개인을 식별하도록 하거나 다른 보안상의 위험을 허용하는지를 결정하기 위해서는 반드시 다른 공개적으로 사용 가능한 데이터를 고려해야만 한다. 어떤 중개물에서 그리고 어떤 소스로부터라도 말이다."(Burwell 외., "오픈 데이터 정책,"4–5).

● 마이데이터(MyData) 와 마이데이터(midata)

개인들에게 자신에 관한 데이터를 주기 위해 계획된 미국과 영국에서 각각 정부가 주도하는 계획. 이 데이터는 일반적인 대중에게는 어떤 수단에 의해서도 공개되지 않지만 사람과 사람, 서로 관련된 개인들에게는 보안이 유지된 상태에서 사용 가능하다는 특별한 의미에서 "공개"된다. 예로는 개인의 건강기록, 에너지 사용 기록, 학력이 있다. 일부의 경우(재향군인회로부터의 건강기록), 정부가 이 데이터를 가지고 있으며 개인들에게 공개한다. 또 다른 경우(에너지 사용), 정부는 이 데이터를 소유한 기업과 같이 업무를 추진할 수 있다.

● 원리포트

원리포트란 기업의 연간보고서에 나오는 재무적인 내러티브 정보를, '기업의 사회적 책임' 이나 '기업지속가능' 보고서에 나오는 비재무적(예, 환경적·사회적·거버넌스 이슈)인 내러티브 정보와 결합하는 하나의 보고서를 만드는 것을 의미한다… 원리포트는 사용자가 자신의 재무적·비재무적 정보를 분석할 수 있도록 해 주는 분석 툴을 사용하는 것처럼 종이 같은 방식으로는 될 수 없는 통합된 보고서를 제공하기 위해서 인터넷을 사용하는 것을 포함한다." (에클스와 크르저스, 원리포트,10).

● 오픈 액세스

오픈 액세스 운동을 통해 과학적 연구 결과를 만들어냈는데 특히 세금으로 지원되는 연구가 일반에게 신속하게 무료로 오픈되도록 했다. 오픈 액세스 운동의 많은 부분이 과학저널에 발표되는 논문에 접근하는 것에 주력했지만 연구 데이터 자체를 공유하는 것의 잠재적 이점에 대해서도 부각시킨다.

● 오픈 데이터

이 책에서 오픈 데이터는 "사람들, 기업, 조직이 새로운 사업을 시작하고 패턴과 트렌드를 분석하며 데이터 중심 결정을 내리고 복잡한 문제를 해결하기 위해 사용할 수 있는 접근 가능한 공공 데이터"로 설명한다. 정부의 오픈 데이터에 좀 더 집중하고 더 상세한 정의를 사용한 사람들도 있다. 2007년 30 '열린정부' 옹호자 대회결과 영향력 있는 서류가 발표되었는데 썬라이트 재단이 지원하는 오픈지식재단이 여기에 포함된다.(http://sunlightfoundation.com/policy/documents/ten-open-data-principles). 연방정부는 오픈 데이터를 정의하기 위해 이와 비슷한 요인 세트를 사용해오고 있다(Burwell 외, "오픈 데이터 정책"). 모든 오픈 데이터의 핵심적인 특징은 모든 데이터가 재사용되도록 허용하는 오픈 데이터 오픈 라이센스에 따라 데이터는 사용 가용하도록 만들어져야 한다는 것이다. 오픈 데이터 옹호자들은 오픈 데이터가 비용이 거의 없거나 무료로 사용 가능하도록 되어야 한다는 데에 일반적으로 동의한다. 그러나 이것이 지금까지 절대적인 핵심 조건으로서 받아들여지지는 않았던 것 같다.

● 열린 정의

2006년 오픈지식재단이 최초로 개발시켰던 것으로 일반적으로 데이터와 내용 둘 다를 위해 "개방성"을 정의하는 틀이다. 가장 간단하게 말하면 "어떤 데이터 또는 내용을 누구라도 자유롭게 속성과/또는 똑같이 공유한다는 요건에 따라 사용, 재사용, 재분배한다면 그것은 오픈된다"고 말할 수 있다. 좀 더 자세한 정의는 http://opendefinition.org 참고.

● 열린정부

13장에 설명된 오픈정부운동은 지금까지 연방, 주, 지방행정 수준에서 투명성, 참여, 콜라보레이션을 증진시키는 것에 주력해왔다.
열린정부에 포함되는 것은
(1) 정부운영에 대한 데이터를 정부가 공개하는 것,
(2) 시민들로부터의 인풋에 정부가 편견 없이 열려있는 것,
(3) 헤커톤과 다른 과제(콜라보레이션)를 통해 시민들이 어떤 문제의 해결책을 찾을 수 있도록 정부가 관여하는 것,
(4) 정부가 공동의 관심사(예, 건강, 환경 등)에 관한 이슈에 대해 수집하는 데이터를 공개하는 것, 오픈 데이터에 대한 약속을 지키는 것이다. 마지막 네 번째는 기술관련 저술가 팀 오릴리가 "플랫폼으로서의 정부"라고 불렀던 것이다. (Lathrop and Ruma, 열린정부, 2장).

● 오픈 이노베이션

UC 버클리 경영대학의 헨리 체스브로는 자신의 저서 오픈 이노베이션에서 "오픈

이노베이션은 내부적 혁신을 가속화하고 외부의 혁신을 사용하도록 시장을 확장시키기 위해 목적을 가지고 지식의 내적 흐름과 외적 흐름을 사용하는 것이다. [이 패러다임]이 가정하는 것은 기업들은 내부 아이디어뿐 아니라 외부 아이디어를 또 기업이 기술진보를 바란다면 시장에 내부적 외부적 경로를 사용할 수 있고 해야만 한다는 것이다."라고 밝혔다.(http://openinnovation.berkeley.edu/what_is_oi.html).

● 오픈 라이선스

"대체로 오픈 라이선스는 약간의 제한이나 무제한으로 어떤 작업에 접근, 재사용, 재분배할 수 있도록 허가해주는 것이다… 예를 들어, 오픈 라이선스에 의해 사용가능하게 된 웹사이트에 있는 어떤 작업은 누구라도 그것을 인쇄해서 공유하고 다른 웹사이트나 인쇄물로 발행할 수 있고, 오디오 녹음이나 필름 등 다른 미디어로 일부 혹은 전체를 바꾸거나 추가할 수 있다."(http://opendefinition.org/guide). Creative Commons License(CCL: 저작물사용 허가표시)는 오픈 라이선스의 흔한 예이다. 오픈-소스 소프트웨어. "저작권자가 어떤 사람에게라도 어떤 목적으로라도 소프트웨어를 연구, 변경, 분배할 권한을 제공한 오픈-소스 라이센스에 따라 사용가능하고 라이센스된 소스코드가 있는 컴퓨터 소프트웨어. 오픈-소스 소프트웨어는 종종 공개적인 협업방식으로 개발된다"(위키피디아)
오픈-소스 소프트웨어는 종종 약간의 제한이 있는데 예를 들어 동일한 라이센스에 서명한 사람하고만 공유 가능할 수도 있거나 어떤 종류의 재사용은 허가를 요구할 수 있다

● 개인정보금고

"개인 정보 저장소" 또는 "개인정보 보관함"이라고도 불림. 개인이 자신의 개인정보를 안전하고 확실하게 저장할 수 있도록 해주며 그 사람 자신의 통제에 따라 제3자가 그 사람의 정보에 선택적으로 접근할 수 있도록 해주는 앱. 예를 들어, 어떤 사람이 정부양식을 자동으로 작성하기 위해 그 사람의 개인정보금고로부터 데이터를 사용할 수 있거나 할인이나 다른 좋은 조건을 받는 대가로 마케터에게 사용가능하도록 자신의 데이터를 만들 수 있다(벤더관계관리 컨셉)

● 개인적으로 식별 가능한 정보(PII)

"정보 보안에서 사용되는 PII는 한 명의 사람을 식별, 연락, 또는 위치를 찾아내거나 문맥에서 개인을 식별하기 위해 자신의 정보나 다른 정보를 통해 사용될 수 있

는 정보를 말한다."(위키피디아).

● 페타바이트

테라바이트의 천배

● 디자인에 의한 프라이버시

캐나다 온타리오 정보·프라이버시 감독관인 앤 카부키안 박사에 의해 발전된 체계로 "디자인에 의한 프라이버시는 프라이버시의 미래는 법적 규제적 체제를 준수하는 것만으로는 보장될 수 없고 오히려 어떤 조직 운영에 있어서 반드시 디폴트 모드가 되어한다는 관점을 제기한다. 디자인에 의한 프라이버시의 목적은 프라이버시를 보장하고 개인이 자신의 정보에 대한 제어를 획득하며 기관의 경우, 지속가능한 경쟁적 우위를 획득하도록 하는 것이다"(www.privacybydesign.ca). 디자인에 의한 프라이버시는 프라이버시보호는 정보를 위한 디폴트가 되어야 한다, 데이터 내에 포함되어야 한다, 프라이버시는 정보가 수집될 시점부터 폐기될 때까지 보호되어야 한다는 개념 등을 포함한 7개 원리를 설정한다.

● 공공부문정보(PSI)

정부가 공동 사용을 위해 사용 가능하도록 만든 데이터와 정보. 재사용을 위해 무료로 혹은 라이센스 되어 공공부문정보를 사용할 수 없을 수도 있기 때문에 공공부문정보가 항상 오픈데이터인 것은 아니다. 그러나 유럽연합명령에 따라 회원국들은 현재 공공부문정보를 재사용을 위해 사용할 수 있도록 그리고 오픈 데이터로 사용할 수 있도록 만들기 위해 공동포털을 사용하도록 권고되고 있다.

● 감정분석

"감정분석 또는 오피니언 마이닝이란 소스재료에 있는 주관적인 정보를 파악하고 추출해 내기 위해 자연언어 프로세싱, 컴퓨터언어학, 텍스트분석을 적용하는 것을 가리킨다. 일반적으로 말해서 감정분석은 어떤 주제에 대해서 화자 또는 저자의 태도를 결정하는 것이 목표이다." (위키피디아). 8장에 기술된 것처럼 감정분석은 호텔체인에서의 운영상 문제점을 찾아내거나 지방정부기관에 대한 만족도 평가에 이르기까지 다양한 목적을 위해 사용될 수 있다. 감정분석은 대개 텍스트분석의 형태이지만 얼굴표정과 목소리 톤과 같은 단서들도 현재 언어와 같이 분석되고 있다.

● 스마트 공시

"소비자들이 정보에 근거해 잘 알고 선택을 할 수 있도록 복잡한 데이터를 표준화하고 기계 판독가능 형태로 제때에 제공하는 것" (선스테인, "스마트 공시를 통해 소비자에게 알리기," 2). 스마트 공시를 통해 소비자는 복잡한 제품과 서비스를 비교하고 선택하는데 도움이 되며 자신의 필요에 꼭 맞는 제품과 서비스를 선택할 수 있게 된다. 또한 스마트 공시를 통해 공개된 데이터는 소비자를 위해 상호작용적인 선택엔진을 만들기 위해 혁신가와 사업가들에 의해 사용될 수 있다. 요약하자면 스마트 공시는 소비자들이 정보에 근거해 잘 알고 선택을 할 수 있도록 해줌으로써 상품과 서비스를 위해 더 투명하고 효과적인 시장을 만들고자 한다.

● 사회적 고객서비스

고객관계 개선을 위해 소셜 미디어와 고객서비스를 결합한 새로운 개념. 7장에 논의된 사회적 고객서비스는 고객서비스 센터보다 더 비용 효율적으로 고객 불만고충을 처리하고 기업들로 하여금 소셜미디어를 통해 우수한 고객서비스를 쇼케이스할 수 있도록 의도된다.

사회적 경청. 일반인들이 회사나 그 회사 제품, 영화 또는 텔레비전 쇼, 기관 또는 단체에 대해 어떻게 느끼는지를 결정하기 위해 트위터, 페이스북, 온라인 후기, 기타 다른 소셜 미디어를 분석하는 것.

● 공공부문정보(PSI)

정부가 공동 사용을 위해 사용 가능하도록 만든 데이터와 정보. 재사용을 위해 무료로 혹은 라이센스 되어 공공부문정보를 사용할 수 없을 수도 있기 때문에 공공부문정보가 항상 오픈데이터인 것은 아니다. 그러나 유럽연합명령에 따라 회원국들은 현재 공공부문정보를 재사용을 위해 사용할 수 있도록 그리고 오픈 데이터로 사용할 수 있도록 만들기 위해 공동포털을 사용하도록 권고되고 있다.

● 지속가능성

"지속가능성은 견딜 수 있는 능력이다…. 인간에게 있어서 지속가능성은 생태적, 경제적, 정치적, 문화적 영역에서 웰빙의 상태를 장기간 유지할 수 있는 잠재성이다. 지속가능성은 환경적 형평성, 사회적 형평성, 경제적 수요와의 조화를 필요로 한다"(위키피디아). 사업적 문맥에서 보자면 "지속가능한 기업이란 환경을 보호하며 환경과 상호작용하는 사람들의 삶을 윤택하게 해주면서 기업의 이해관계자들을 위해 이윤을 만드는 기업이다…. 상호의존적인 세계에서 지속가능성은 사업의 예술로 간주될 수 있다"(새비츠와 웨버, 트리플 바텀 라인, x).

태깅

"정보 시스템에서 태그는… 어떤 정보에 할당된 키워드 또는 용어이다… 이런 종류의 메타 데이터는 어떤 아이템을 설명하는 것을 돕고 검색이나 브라우징을 함으로써 그 아이템을 다시 찾을 수 있도록 해준다. 태그는 시스템에 따라 그 아이템을 만든 사람이나 뷰어에 의해 일반적으로 비공식적으로 그리고 개인적으로 선택된다."(위키피디아). 태깅은 오픈 데이터를 공개하고 사용자들로 하여금 그들에게 적합하다고 생각하는 데이터를 태그하도록 초대함으로써 일반인이나 전문적으로 행해지는 프로세스이다.

목표가 된 투명성

하버드 대학교 케네디 행정대학원 투명성 정책 프로젝트에서 사용된 용어. "목표가 된 투명성은 일반적으로 공공 심의와 담당자의 책무성을 개선하는 것을 목표로 하는 대신 기업이나 다른 조직에 의한 선별적 공개를 통해 어떤 특정 리스크나 성과 문제를 감소시키는 것을 목표로 한다.

목표가 된 투명성의 독창성은 상대적으로 손이 덜 가는 정부 활동을 통한 개별 선택의 이동성, 자유시장 방식, 참여민주주의에 있다.(Fung 외, 완전한 공개, 5). 잘 알려진 예로는 유해 화학물질 배출목록으로 특정 공장에서 배출하는 오염물질 양에 관한 데이터를 공개함으로써 성공적으로 오염을 감소시켰다. 목표가 된 투명성은 라이트-터치규제의 주요 툴이다.

테라바이트. 기가바이트 천 배와 동등한 데이터 양. 에펠탑만큼 높이 쌓여진 타이핑된 60개 종이 더미에 있는 정보의 양이라고 계산되었다. 하지만 이 계산의 원래 소스는 불분명하다. 참조: 페타바이트.

텍스트 분석

자연언어의 텍스트에서 의미를 추출하는 방식으로 1950년대부터 시작되었다. 텍스트 분석은 감정분석의 기초를 형성한다.

Triple Bottom Line

"지속가능성의 권위자인 존 엘킹톤"이 사용한 용어로, "사업의 성공은 (대부분은 이윤, 투자수익율, 주주가치로 표현되는) 전통적인 재무적 성과에 의해서뿐 아니라 사업이 운영되고 있는 더 넓은 범위의 경제, 환경, 사회에 미치는 사업의 영향력에 의해서 측정되어야만 한다"는 아이디어이다. (새비츠와 웨버, 트리플 바텀 라인,xii).

벤더관계관리(VRM)

The Intention Economy의 저자인 다크 시얼즈에 의해 발전된 개념으로 소비자 자신의 개인 데이터에 대한 통제를 통해 마케터가 소비자에게 접속할 수 있는 방법을 소비자가 관리할 수 있게 되는 시스템. 마케터가 소비자 데이터를 분석하고 사용하는 프로세스인 소비자관계관리(CRM)에 반대되는 것으로 설명됨.

XBRL (확장가능한 업무보고 언어)

A사업 및 금융데이터를 전자적으로 커뮤니케이트하기 위해 점점 더 많이 사용되는 컴퓨터 언어. "증권거래위원회는 '상호작용적 데이터'로서 확장가능한 업무 보고 언어로 부르는데, 전자적 '태그' 사용을 통해 표준화된 전자적 형태로 사업정보를 나타내도록 계획된 자유롭게 사용 가능한 표준이다. 각 사업정보는 (예, 수익이나 단기 채무, 혁신이나 전략, 엄청난 양의 탄소배출 또는 사고로 [인한] 시간 손실)인터넷을 통해 이러한 정보에 접근하도록 할 수 있는 메타 데이터라고 불리는 전자적 태그를 가질 수 있다."(에클스와 크르저스, 원리포트, 68).

XML(확장가능한 마크업 언어)

Data.gov에 따르면, "확장가능한 마크업 언어는 몇 가지 목적을 위해 발전되어 왔는데 그 중에 하나는 문서의 메타데이터를 좀 더 직접적으로 사용 가능하도록 만드는 것이다. 적절하게 사용될 때 확장가능한 마크업 언어는 컴퓨터가 자동적으로 정보를 추출할 수 있도록 문서에 있는 정보를 태그한다. 그래서 사용자들은 검색, 브라우징, 정보 발견과 같은 능력을 제공받게 된다. 또한 어떤 문서의 추적버전을 위한 메카니즘을 제공한다는 점은 중요한 특성으로 다른 사람들이 사용할 수 있도록 어떤 정보의 이력을 허용해 주는데 이것은 입법, 정책 지도, 결정에 관한 메모를 추적하기 위한 중요한 역량이다."(http://www.data.gov/developers/blog/primer-machine-readability-online-documents-and-data).

장별 참고문헌

저자 주 : 이 책에서는 수 많은 온라인 기업에 대해 언급하고 그 기업들의 웹사이트에 있는 설명을 인용한다. 대부분의 경우 웹사이트는 해당 기업 이름으로 쉽게 찾을 수 있기 때문에 여기에 그 웹 사이트 주소를 제시하지는 않았다. 웹 URL이 제시된 경우는 기업 이름과 직접적으로 매치되지 않을 경우이다. 여기에 언급된 일부에 대한 완전한 인용은 참고문헌을 참조하기 바란다.

서론

14. 오픈 데이터에 대한 오바마 대통령의 발언 : http://www.whitehouse. gov/the-출판부-office/2013/05/09/remarks-president-applied-materials-inc-austin-tx.

15. 맥킨지,"오픈데이터,"6.

19. 개빈 스타크스의 인용: "정부 공개하기", 오픈 데이터 연구소 컨퍼런스, 런던, 2012년 11월 10일.

20. 팀 버네스리 약력: http://www.theodi.org/people/timbl.

22. 오픈 데이터에 관한 설명: 정부 오픈 데이터에 관한 정의는 Burwell 외, "오픈 데이터 정책,"과 선라이트 재단, "정부정보 공개를 위한 10가지 원칙," 참고 http://sunlightfoundation.com/policy/documents/ten- open-data-principles.

20. 인터넷의 역사: http://en.wikipedia.org/wiki/Internetand http://en.wikipedia.org/wiki/DARPA.

21. 오바마 대통령의 인용: http://www.whitehouse.gov/the-press-office/2013/05/09/remarks-president-applied-materials-inc- austin-tx.

24. 빅 데이터의 개요: 참조 메이어-숀버거(Mayer-Schonberger)와 쿠키어(Cukier),빅 데이터.

24. "오픈 데이터에 단지 2.5페이지만 할애한다": 메이어-숀버거와 쿠키어, 빅 데이터, 116 - 118.

26. "그들의 가치가 정확히 얼마가 될지는 아무도 확신하지 못한다": 빅 데이터 가치에 대한 비평, 참조 제임스 글랜즈(James Glanz), "빅 데이터는 경제적인 커다란 쓸모 없는 것인가?" 뉴욕 타임즈, 2013년 8월 18일 (http://www.nytimes.com/2013/08/18/sunday-review/is-big-data-an-economic-big- dud.html?pagewanted=all).

27. 오픈 데이터 500에 관한 더 많은 정보는 고브랩 웹사이트 참조 (http://thegovlab.org); 와이어트 캐쉬(Wyatt Kash), "고브랩은 오픈 데이터 성공사례를 찾는다,"InformationWeekGovernment, 2013년 9월 19일. (http://www.informationweek.com/government/information-management/govlab-to-showcase-top-businesses-using/240161518);

콜비 하취머스(Colby Hochmuth), "오픈 데이터 500은 기업에게 정부 데이터 를 사용할 수 있도록 목소리를 내게 한다," Fedscoop, 2013년 9월 23일 (http:// fedscoop.com/open-data-500-govlab-joel-gurin/).

27. 딜로이트의 "전형": 딜로이트,"열린 성장", 3.
28. 딜로이트로 부터의 인용: 딜로이트,"열린 성장", 8.
29. "이 책에 대해": 여기에 설명된 wwkfy의 소스는 관련된 공통 기준에 제시된다. 2장

2장

37. 날씨 데이터: 미국 날씨예보의 경제적 혜택으로 제시된 315억 달러는 국립해양대기청과 국가날씨서비스에 따름, "날씨가 준비된 국가의 가치," 2011년 10월 13일(http://www.ppi.noaa.gov/wp-content/uploads/PPI-Weather-Econ-Stats-10-13-11.pdf). 이 보고서에서는 "315억 달러이라는 금액은 날씨예보 생성에 관한 민간 및 공공 날씨국에서 연간 사용하는 51억 달러를 훨씬 넘는 숫자이다."라고 주목한다. 참조 클레이 존슨(Clay Johnson), "날씨 데이터는 어떻게 공개되었나" The Information Diet, 2010년 8월 9일 (http://www.informationdiet.com/blog/read/how-did-weather-data-get-opened); 국립해양대기청, "국립해양대기청의 사회적 영향력, (http://www.ppi.noaa.gov/economics/ societal-impacts). 데이비드 스피글러 (데이비드 B. Spiegler)는 민간분야 기상학을 15억 달러에서 20억 달러로 추정한다. "민간분야 기상학 업데이트," 2007년 6월, 미국 기상학학회, 18 (http://www.ametsoc.org/boardpges/cwce).
37. GPS 데이터: 미국 최고기술책임자 토드 박은 GPS 데이터 가치를 900억 달러로 인용했다: 필립 옘(Philip Yam), "무료 데이터로 빠른 혁신을 시작하는 방법," Scientific American, 2013년 3월 23일 (http://www.scientificamerican.com/article.cfm?id=how-to-kick-start-innovaton). 이 금액은 산업계 연구 결과이기 때문에 "수백억 달러"이라는 추정은 좀 더 보수적이다(닉 시나이와의

개인적인 대화에서, 2013년 6월).

37. 쿤드라의 인용: 비벡 쿤드라, "21세기의 디지털 연료 : 오픈 데이터와 네트워크 효과를 통한 혁신, 출판, 정치, 공공정책 조앤 쇼렌스테인 센터, 하버드 대학교 : 토의 논문 시리즈, 2012년 1월 16일 (http://www.hks.harvard.edu/publishpol/publications/papers/ discussion_papers/d70_kundra.pdf).

38. 판지바 : 알렉스 하워드, "판지바는 커머셜을 위한 글로벌 검색 엔진 구축을 위해 정부 데이터를 사용한다" 오릴리 스트라타, 2012년 12월 6일 (http://strata.oreilly.com/2012/12/panjiva-govern- ment-data-platform.html).

39. GPS와 매핑 데이터를 사용하는 구글: 저자 빈트 써프와의 전화인터뷰, 2013년 10월 10일; 메리디스 위테이커(Meredith Whittaker)로 부터 저자에게 이메일, 2013년 10월 10일; 랜스 위트니(Lance Whitney), "2020년 말까지 자율자동차로부터 이윤을 내는 구글 - 분석가," CNET, 2013년 7월 9일, (http://news.cnet.com/8301-1023_3-57592837-93/googles-to-profit-from-self-driving-cars-by-decades-end-analyst/); 션 케인(Sean Kane), "비디오: 마침내 구글의 자율주행차 뒤에 있는 기술을 설명한다" Popular Science, 2011년 10월 19일 (http://www.popsci.com/technology/article/2011-10/googles-explains-tech-behind-their-autonomous-cars).

39. 포스퀘어(Foursquare) : 에린 그리피스(Erin Griffith), "포스퀘어 탐험은 놀랍다. 그러나 매우 적은 무리의 사람들에게만," PandoDaily, 2013년 6월 28일, (http://pandodaily.com/2013/06/28/foursquare-explore-is-amazing-but-only-for-a-very-small-group-of-people).

39. 우버 : 메간 맥아들(Megan McArdle), "당신이 택시를 잡을 수 없는 이유," The Atlantic, 2012년 4월 2일(http://www.theatlantic.com/잡지/archive/2012/05/why-you-cant-get-a-taxi/308942).

40. 레이건 대통령과GPS: "글로벌 포지셔닝 시스템," Wiki- pedia(http://en.

wikipedia.org/wiki/Global_Positioning_System).

40. 핸드폰 디자인 : "1983년부터 2009년까지의 핸드폰 디자인의 진화," Web Designer Depot (http://www.webde- signerdepot.com/2009/05/the-evolution-of-cell-phone-design- between 1983-2009).

41. 웨더 언더그라운드: 에리카 오그(Erica Ogg),"웨더 언더그라운드는 훨씬 더 많은 데이터 소스가 있는 태블렛 날씨 앱을 업그레이드 시킨다.
기가옴(GigaOm), 2013년 7월 11일, (http://gigaom.com/2013/07/11/weather-underground-upgrades-tablet-weather-app-with-a-lot-more-sources-of-data).

42. "새로운 시대 분석기업에서 가장 큰 규모의 매입 중 하나" : 애쉴리 밴스(Ashlee Vance), "몬산토의 10억 달러 짜리 베팅이 농장에 빅 데이터를 가져온다,"Bloomberg Businessweek Technology, 2013년 10월 2일 (http://www.businessweek.com/articles/2013-10-02/monsanto-buys-climate-corporation-for-930-million-bringing-big-data- to-the-farm).

43. 데이비드 프리드버그의 인용: 클라이미트 코퍼레이션 저자와의 인터뷰, 샌프란시스코, 2013년 4월 12일

47. 헬스 데이터: 맥킨지,"헬스케어에서 '빅 데이터' 혁명," 8.

47. "The industry is here": 저자에게 보낸 알렉스 하워드의 코멘트

47. "약 80 퍼센트… 온라인에서 헬스 정보 얻기": 전체온라인 활동에 관한 Pew 트렌드 데이터 (2010년 9월 설문조사 데이터).

48. "데이터에 관한 신나는 파티" 마틴 티스네(Martin Tisne), "데이터에 관한… 신나는 파티,"하버드 비지니스 리뷰 블러그, 2013년3월19일 (http://hbr.org/special-collections/insight/scaling-social-impact/an-all-out-crazy-party-of-data).

48. 토드 박의 인용: 2013년 6워 4일 헬스 데이터팔루자 둘째날 기조.
참조 : Simon
Owens, "토드 박은 헬스케어 산업에 혁명을 일으킬 수 있는가?" The Atlantic,

2011년 6월 2일 (http://www.theatlantic.com/technology/archive/2011/06/can-todd-park-revolutionize-the-health-care-industry/239708).

51. 인터뷰: 아이딘(Aidin): 에릭 휘트니(Eric Whitney),"데이터팔루자 : 컨셉, 컨퍼런스, 운동," NPR.org, 2013년 6월 7일http://m.npr. org/news/Business 189565146).

52. 섀드볼트의 인용: 저자와의 인터뷰, 뉴욕, 2013년 4월 19일.

52. 스타크스의 인용, "여기서 우리가 지금 하려고 하는 것" : 저자와의 인터뷰, 런던, 2013년 4월 2일.

54. 스타크스의 인용,"한 가지 관점": 저자에게 보낸 이 메일, 2013년 6월 11일.

54. 마스토돈 씨, 로케이터블, 오픈 코퍼레이트, 아니스트 빌딩 : 저자와의 인터뷰, 오픈 데이터연구소,런던, 2013년 4월 2일.

56. 아니스트 빌딩에 관한 포브스 기사: 요니 코헨(Yoni Cohen), "더 친환경적인 빌딩을 위해 아니스트 빌딩, 옐프, 링크드인을 만나보라," 포브스, 2012년 3월 7일 (http://www.forbes.com/sites/yonicohen/2012/03/07/meet-honest-buildings-a-yelp-and-linkedin-for greener-buildings).

57. 앱의 평균가격: 에리카 오그, "아이폰 앱의 평균가격은 19센트. 이 가격은 아마도 계속 떨어질 것이다," 기가옴, 2013년 7월 18일, (http://gigaom.com/2013/07/18/com/2013/07/18/the-average-iphone-app-price-is-now-0-19-and-itll-probably-keep-shrinking).

59. 브라이트스코프와 노동부: 비벡 쿤드라, ibid, 13-15.

3장

62. 스마트 공시에 관한 일반적인 온라인 자료: 참조 http:// www.data.gov/consumer/community/consumer. 스마트 공시란 용어는 백악관 스마트 공시 대책위원회 회의를 계획할 때 소피 래이즈맨이 만든 말로 그 이전에는 스마트 데이터라는 용어를 사용했었다.

64. 스마트 공시에 대한 정의": 선스테인,"메모: 스마트 공시를 통해 소비자에게

알리기,"2.

64. 2012년 3월 스마트 공시 회담에 관한 보고와 블러깅, 클라크(Charles S. Clark), "백악관 회담은 대중에게 더 잘 알리기 위한 노력을 시작한다," Government Executive, 2012년 4월 2일 (http://www.govexec.com/management/2012/04/white-house-summit-cranks-push-better-inform-public/41654); 카스 선스테인, "스마트 공시를 통해 소비자에게 알리기," 백악관 블러그, 2012년 3월 30일 (http://www.whitehouse.gov/blog/2012/03/30/informing-consumers-through-smart-disclosure); 알렉스 하워드, "스마트 공시란 무엇인가?" O'Reilly Radar, 2012년 4월 1일 (http:// radar.oreilly.com/2012/04/what-is-smart-disclosure.html).

64. 스마트 공시 전담 팀 보고서: 국가과학기술위원회, "스마트 공시와 소비자 의사 결정."

65. RECAP: 탈러와 선스테인, 너지, 95 - 96.

65. "연간 총 130억 달러": 카스 선스테인에서 바길이 인용, "돈을 보여주시오," New Republic, 2012년 10월 5일 (http://www.newrepublic.com/article/books-and-arts/magazine/108153/show-me-the-money).

65. "하버드 비즈니스 리뷰를 위한 기사에서": 탈러와 터커, "정보가 더 스마트해지면 소비자도 더 스마트해진다," 하버드 비즈니스 리뷰, 2013년 1월–2월.

66. "그의 최신 저서에서": 선스테인, 심플러, 98 - 100.

67. "8,000만 명 이상의 미국인이 접근한다": 닉시나이, 저자와의 전화인터뷰, 2013년 5월 17일

68. "그린 버튼...1,600만 가정 이상": 닉시나이, 저자와의 전화인터뷰, 2013년 5월 17일

69. 선택엔진 사업 모델: 국가과학기술 위원회, "스마트 공시와 소비자 의사결정," 29.

70. 유나이티드헬스그룹:"현재 전국 모든 시장에서 실질적으로 사용 가능한 유나이티드헬스케어의 내 의료비용 견적서™," 언론보도, 2013년 5월 15일

(http://www.unitedhealthgroup.com/Newsroom/Articles/Feed/UnitedHealthcare/2013/0515MyHealt hcareEstimatorAvailable.aspx).

71. "콜로라도 퍼블릭 뉴스에 따르면": 에릭 휘트니, "헬스케어 쇼핑객들은 주목하십시오 : 헬스케어 제공자들을 위한 콜로라도의 새로운 가격목록," 콜로라도 퍼블릭 라디오/카이저 헬스 뉴스, 2012년 5월 16일 (http:// www.kaiserhealthnews.org/stories/2012/may/16/colorado-health-care-price-list-database.aspx).

71. 미국 재무부 자원센터: 금융데이터 목록(http://www.treasury.gov/resource-center/ financial-education/Pages/fdd.aspx); 사라 지렌(Sarah Gearen), "소비자가 정보에 근거한 잘 알고 하는 선택을 하도록 돕기 위해 연방데이터를 사용하는 혁신가," 미국 재무부 블러그, 2013년 4월16일 (http://www.treasury.gov/connect/blog/Pages/Innovators-Using-Federal-data-to-Help-Consumers-Make-Informed-Decisions.aspx).

72. 주와 지방정부 vs 연방 소스로부터의 데이터를 사용하는 질로우: 마이크 넬슨과의 개인적인 대화, 2013년 8월 8일.

72. "백악관 블러그의 포스트": 토드 박과 스티븐 밴 레켈(Steven Van-Roekel), "열린 정부 데이터의 도움을 받는 아메리칸 드림," 백악관 블러그, 2013년 8월 7일 (http://www.whitehouse.gov/blog/2013/08/07/american-dream-aided-open-government-data).

72. 질로우에서의 인용: 데이비드 사사키(David Sasaki), "오픈 데이터 스타트업을 위한 조언", (개인 블러그), 2013년 7월 17일 (http://davidsasaki.name/2013/07/advice-for-open-data-startups/?utm_source=feedly).

73. "그의 2013년 1월에": 오바마 대통령, 연두교서, 2013년 2월 12일 (http://www.whitehouse.gov/state-of-the-union-2013).

73. "대통령은 훨씬 더 강력하게 밀어붙이기 위해 계획을 발표했다": 프랭크 제임스(Frank James), "오바마 대학 계획을 위한 예의 바른 수용은 장애물로 착각하게 한다," NPR: It's All Politics, 2013년 8월 22일 (http://www.npr.org/blogs/

itsallpolitics/2013/08/22/214556995/polite-reception-for-obama-college-cost-plan-belies-hurdles); 태머 르윈(Tamar Lewin), "오바마의 계획은 대학교 비용을 더 낮추는 것을 목표로 한다," 뉴욕 타임즈, 2013년 8월 22일 (http://www.nytimes.com/2013/08/22/education/obamas-plan-aims-to-lower-cost-of- college. html?pagewanted=all).

74. GreatSchools.org 금융 : 앨런 심슨으로 부터의 이 메일, 2013년 8월 5일 : GreatSchools.org연간보고서.

75. 오기 카바조비치 인용: 저자와의 인터뷰, 2013년 3월 28일.

76. 오파워의 효과성에 관한 통계자료: http://opower.com ; 매트 데이비드(Matt David), 환경보호기금, "행동과 에너지절약: 실험적 개입 시리즈로부터의 증거," 2011년 (http://opower.com/uploads/library/file/5/edf_behavior_and_energysavings.pdf).

76. 전국 광대역 지도 : www.broadbandmap.gov.

77. "미국 광대역 측정": 2011년 최초 보고서, 후속 연간 보고서, 방식에 관한 토의는 http://www.fcc.gov/measuringbroadbandamerica/ 볼 수 있음.

77. "메져먼트 랩, 또는 M-랩": M-랩에 대한 상세내용 www.measurementlab.net.

77. "오픈데이터는 누구나 검토하고 사용할 수 있다": 참조https:// code.google.com/p/m-lab/wiki/HowToAccessMLabData

78. 빈트 서프 인용: 저자와의 전화인터뷰, 2013년 10월2일. 5

78. "이란 정부는 네트워크의 속도를 낮췄다": 콜린 앤더슨, "인터넷 흐리게 하기 : 이란에서 검열의 방식으로서 조절장치 탐지하기," 코넬 대학교 도서관, 초안 제출, 2013년 6월 18일 (http://arxiv.org/abs/1306.4361/).

78. " 네트워크 중립의 글로벌 지도": 참조 netneutralitymap.org/.

79. 슈왁 샤타보루(Schwark Satyavolu): 저자와의 전화인터뷰, 2013년 6월 13일.

80. 영국 선택엔진: 마크 스웨니(Mark Sweney), "미어캡 알렉샌드르 오르로브

(Meerkat Aleksandr Orlov)가 텔레비전 광고를 위해 시장확대를 도왔던 방법," 가디언, 2010년 1월 15일

80. (http://www.guardian.co.uk/media/2010/jan/16/aleksander-orlov-price-comparison-ads).

80. "Which? 잡지": "가격이 맞습니까?," Which?, 2013년 8월, 32 - 35.

81. Ideas42 설명: 윌 터커로부터의 이 메일, 2013년 8월 8일.

82. 오기 카바조비치 인용: 저자와의 인터뷰, Arlington, VA, 3월 28, 2013.

82. 나이젤 섀드볼트 인용: 저자와의 인터뷰, 뉴욕, 2013년 4월19일.

84. 폴 잉글리쉬 인용: 조프 콜빈(Geoff Colvin), "카약이 망을 보는 개의 자리를 차지하기," 포춘, 2012년 9월 27일 (http://management.fortune.cnn.com/2012/09/27/kayak-paul-english/;http://www.bloomberg.com/news/2012-11-08/priceline-buys-kayak-for-1-8-billion-expanding-in-travel.html).

85. 자이언트 푸드: 사망기사, "소비주의 에스터 피터슨 어머니: 영양가 표시, 오픈 데이팅, 그녀가 기여한 것 중 단위 가격, " Baltimore Sun, 1997년 12월 24일 (http://arti- cles.baltimoresun.com/1997-12-24/news/1997358044_1_esther-peterson-nutritional-labeling-unit-pricing).

86. 아이작슨으로부터의 인용 : 저자에게 보낸 이 메일, 2013년 8월 2일.

87. 브레슬린-반할트로부터의 인용 : 저자에게 보낸 이 메일, 2013년 8월 5일.

4장

89. 허드슨 홀리스터의 인용: 저자와의 인터뷰, 워싱턴, DC, 2013년 3월 27일.

89. 데이터 데모데이: http://www.datacoalition.com/index.php?option=com_content&view=article&id=39.

89. 서로 다른 유형의 기업의 예: 허드슨 홀리스터 저자와의 인터뷰, 워싱턴, DC, 2013년 7월 30일.

91. “팔란티르 테크놀로지를 잡아라”: “팔란티르 테크놀로지,”위키피디아 (http://en.wikipedia.org/wiki/palantir_technologies).

92. 이브스로부터의 인용: 데이비드 이브스, “오픈 데이터의 가치 : 성장을 측정하지 말고 파괴를 측정하라,” 이브스.ca, 2013년 4월 25일 (http://caves.ca/2013/04/25/the-value-of-open-data-dont-mea-sure-growth-measure-destruction).

93. 1억8,100만 달러짜리 웹사이트: 클래이 존슨, “열린정부의 미래는 어떤가?” Department of Better Technology 블러그, 2013년 4월 15일 (http://www.dobt.co/What-Is-The-Future-Of-open-Government).

93. “존슨과 다른 사람들이 설득력 있게 썼다”: 클래이 존슨, “TheHealthcare.gov Fiasco,” Department of Better Technology 블러그, 2013년 10월 7일 (http://blog.dobt.co/post/63381111778/the-healthcare-gov-fiasco); 알렉스 하워드, “최초의 인터넷 대통령이 정부의 가장 거대한 가장 큰 관심사인 인터넷 실패를 만들어냈던 방법,” BuzzFeed Politics, 2013년 10월 13일 (http://www.buzzfeed.com/alexhoward/how-the-first-internet-president-produced-american-governmen).

93. RFP-EZ 비용절감: 캐런 밀러와 토드 박, “RFP- EZDelivers가 납세자를 위해 비용을 절감하고 소규모 기업에게는 기회를 제공한다, 과학기술정책 블러그, 2013년 5월 15일 (http://www.whitehouse.gov/blog/2013/05/15/rfp-ez-delivers-savings-taxpayers-new- opportunities-small-business).

94. “그리고. . . 시멘틱웹이라고 불렀다” 링크드 데이터의 개념은 팀 버너스리, 제임스 헨들러(James Hendler), 오라 래실라(Ora Lassilla)의 기사에서 소개되었다. “시멘틱웹,”ScientificAmerican, 2001년 5월.

95. OpenGov Inc.에서 인용: 저자와의 인터뷰, 팰로 앨토(Palo Alto), CA, 4월 11, 2013. OpenGov에 관한 정보는 율리야 체르노바(Yuliya Chernova) 참조, “팰로 앨토가 전면에 나선 지금 OpenGov는 더 많은 지방정부의 투명성을

목표로 한다," 월스트리트 저널: Venture CapitalDispatch, 2013년 7월 11일 (http://blogs.wsj.com/ venturecapital/2013/07/11/with-palo-alto-on-board-opengov-aims-for-trans-parency-in-dozens-more-city-governments/).

97. 메리트 인용: 저자에게 보낸 이 메일, 2013년 8월 5일.

97. 데이터마켓과 import.io: 메이어-숀버거와 쿠키어, 빅 데이터, 121.

98. 브론프맨의 인용: 저자와의 인터뷰, 뉴욕, 2013년 5월23일. 참조 또한 크리스 벨래즈코(크리스 Velazco), "테크크런치 디스럽트뉴욕2013의 승자는…. 에니그마다!" 테크크런치, 2013년 5월1일(http:// techcrunch.com/2013/05/01/and-the-winner-of-techcrunch- disrupt-ny-2013-is-enigma).

102. "괴짜 평화봉사단": 스몰란과 어위트(Smolan and Erwitt), 빅 데이터의 인간적인 모습, 165.

103. 15만 명의 데이터과학자: 맥킨지글로벌연구소,"빅 데이터: 혁신, 경쟁, 생산성을 위한 차기 첨단 분야," 104.

5장

105. 칼 맬러머드와 증권거래위원회: 타우버러(Tauberer), 열린정부 데이터의 원칙과 실제, 11 - 12.

106. "XBRL로의 움직임": 연방정부의 XBRL 사용에 관한 기본배경은 xbrl.sec.gov. 참조

106. 블라즈코브스키의 인용 : 저자에게 보낸 이 메일, 2013년 6월 12일.

107. "콜롬비아 경영대학 보고서": 해리스와 모르스필드(Trevor S. Harris and Suzanne Morsfield), "현재와 미래의 XBRL 평가 및 투자자와 분석가를 위한 인터액티브 데이터," 콜롬비아 경영대학, 회계와 증권분석 수월성센터, White Paper 3번, 2012년 12월, i and ii (http://www4.gsb.columbia.edu/filemgr?&file_id=7313146).

108. 콜 리포트 : 미국 재무부, 금융연구 사무소, "2012년 연간 보고서," 114 - 115 (http://www.treasury.gov/initiatives/wsr/ofr/Documents/OFR_Annual_Report_071912_Final.pdf).

108. "로보캅": 데이비드 블라즈코브스키 저자에게 보낸 이 메일, 2013년 6월 12일. 증권거래위원회 자문위원회 회원: http://www.sec.gov/News/PressRelease/Detail/ pressRelease/1365171488168#.UgO4- 5KTjQg.

108. 투자자 자문위원회가 증권거래위원회에 제출한 보고서에서 인용 : "증권거래위원회와 비용효과적인 정보검색 필요에 관한 투자자 자문위원회의 조언 (2013년 7월 25일 채택)," 1 (http://www.sec.gov/spotlight/investor-advisory-committee-2012/data-tagging-resolution-72513.pdf).

108. "스펙트럼의 한 쪽 끝은 시그피그": 마이클 카니(Michael Carney), "시그피그는 재정전문가의 현재상황에 대한 비난을 계속하기 위해 1,500만 달러를 긁어 모은다.," PandoDaily, 2013년 7월 2일 (http://pandodaily.com/2013/07/02/sigfig-rakes-in-15m-to-continue-its-assault-on-the-financial-advisory-status-quo).

110. 밸로우로부터 인용 : 저자에게 보낸 이 메일, 2013년 8월 2일

111. "감정분석에 관한 뉴욕 컨퍼런스": 감정분석 심포지엄, 뉴욕, 2013년 5월 8일

111. 크레드스트리트 : 존 에반스(Jon Evans),"빅 데이터가 페이스북에 심각한 손상을 입힐 수 있다,"테크크런치, 2013년 3월 30일, (http://techcrunch.com/2013/03/30/big-data-could-cripple-face-book)

113. 태거트의 인용 : 저자와의 인터뷰, 런던, 2013년 4월2일.

113. "법인 식별기호 (LEI) 시스템을 시행하라": 법인 식별기호 이니셔티브에 대한 배경지식은 미국 재무부 금융연구 사무국을 참조하라, "2012 연간 보고서," 5장 (데이터 기준 홍보) (http://www.treasury.gov/initiatives/wsr/ofr/Documents/OFR_Annual_ Report_071912_Final.pdf).

114. 온 덱 캐피탈: 콜라오(J.J. Colao), "사업상 대출이 필요합니까? 알고리즘에게 깊은 인상을 남기십시오, 대출 담당자가 아니라," 포브스, 2013년 4월 15일

(http:// www.forbes.com/sites/jjcolao/2013/03/27/need-a-business-loan-im출판부-the-algorithm-not-the-loan-officer/).

116. 킴멜맨과 피츠패트릭(Kimmelman과Fitzpatrick)이 인용 : 저자와의 인터뷰, 런던, 2013년 4월 3일. 참조 또한 Amy Wilson, "듀딜은 소규모사업에 숨겨진 보물을 찾는다," The Telegraph, 2012년 10월 9일(http://www.telegraph.co.uk/finance/businessclub/9596506/Duedil-hunts-for-buried-treasure-in-small-businesses.html).

117. "비영리단체도 기업이다" : 아스펀 연구소 보고서, 베스 노벡과 고로프, "영향력을 끼치는 정보: 비영리 부문 데이터 해방시키기," 아스펀 연구소, 2013년 (http://www. aspeninstitute.org/sites/default/files/con-tent/docs/events/psi_Information-for-Impact.pdf). 또한 참조 베스 노벡, "국세청 : 환골탈퇴하라, 데이터를 공개하라," 포브스, 2013년 5월21일 (http://www.forbes.com/sites/bethsimonen- oveck/2013/05/21/irs-turn-over-a-new-leaf-open-up-data).

117. 오바마 대통령의 예산제인시: 신시아 슈맨 (Cinthia Schuman), "오바마의 2014년 예산은 '빅 데이터'를 위한 점수가 포함되어 있다,'" The Aspen Idea (블러그), 2013년 4월 15일 (http://www.aspeninstitute.org/about/blog/score-big-data).

6장

121. 탄소정보공개 프로젝트 펀드: 탄소정보공개 프로젝트 웹사이트(2013년 6월 현재) (https://www.cdproject.net/en-US/Pages/ About-Us.aspx).

122. 도드프랭크: "도드프랭크 월스트리트 개혁과 소비자 보호법," 위키피디아 (http://en. wikipedia.org/wiki/Dodd%E2%80%93Frank_Wall_Street_Reform_and_Consumer_Protection_Act).

123. 채굴산업 투명성 계획: 미국 내무부 웹사이트 (http://www.doi.gov/EITI/index.cfm).

123. "아무도 실제로 만족하지 못함": Clive Crook, "우수한 기업," 이코노미스트, 2005년 1월 20일(http://www.economist.com/node/3555212); 데보라 돈(Deborah Doane), "기업의 사회적책임에 관한 미신" 사회적 이노베이션 리뷰, 2005년 가을 (http://www. ssireview.org/articles/ entry/the_myth_of_csr).

123. 좋은 것을 위해 무역하기: 필립 그린과 케이 앨런(Philip N. Green과KayAllen)의 인터뷰, 런던, 2013년 4월 2일.

124. 기업의 사회적 책임과 환경적·사회적·거버넌스 : 에클스와 크르저스, 원리포트, 123

125. 그린 투 골드 인용 : 에스티와 윈스톤, 그린 투 골드, 8, 282.

125. 트리플 바텀 라인인용 : 새비츠와 웨버, 트리플 바텀 라인,x - xii.

126. 프레스트보의 인용: 에스티와 윈스톤에서 인용됨, 그린 투 골드, 31.

126."유니레버는... 아마도 지속가능성의... 전형적인 예가 된다": 마크 건더(Mark Gunther), "유니레버의 CEO는 만지기만 해도 식물이 잘 자라는 손을 가지고 있다," 포춘, 2013년 6월 10일 (http://money.cnn.com/2013/05/23/leadership/ unilever-paul-polman.pr.fortune/index.html?pw_log=in).).

127. 상위 100대 지속가능한 기업: 아만다 화이트(Amanda White),"당신은 몇 개의 상위 100대 지속가능한 기업에 투자하고 있습니까?" top1000funds.com, 2012년 2월 1일 (http://www.top1000funds.com/news/2012/02/01/how-many-top100-sustainable-companies-do-you-invest-in).

127. "독일은행의 광범위한 연구": "기업의 사회적 책임과 관련 있는 기업의 성과, 독일은행의 발견," 환경적 리더, 2012년 6월 15일 (http://www.environmentalleader.com/ 2012/06/15/company-performance-linked-to-csr-deutsche-bank-finds).

127. "훨씬 더 포괄적인 분석": 에클스와 크르저스, 원리포트, 124.

127. 캐플란 의 인용 : 에클스와 크르저스, 원리포트, 93

128. 소이카 책 인용 : 소이카, 지속가능한 조직 만들기, 251 - 253.

128. 소이카 인용: 저자에게 보낸 이메일, 2013년 8월 1일.

129. 라베닐 인용: 저자에게 보낸 이메일, 2013년 8월 5일.

129. 블룸버그 환경적·사회적·거버넌스 데이터 이용 : 블룸버그, "2012 지속가능성 보고서," 15 (http://www.bloomberg.com/bsustainable/wpcontent/hemes/wp_sustain13_theme/report/BloombergSustReport2012.pdf.)

130. 웰리스 인용 : 저자와의 전화인터뷰, 2013년 8월 5일.

130. 글로벌 보고 이니셔티브 : https://www.globalreporting.org.

130. 화이트의 인용 : 앨런 화이트, "변하지 못하는 지속가능성 지표에 의해 압도되다." 가디언 지속가능성 비즈니스 블러그, 2013년 8월 7일 (http://www.theguardian.com/sustainable-business/blog/sustainability-indicators-corporate-transformation).

130. S&P500 기업과 포춘500 기업에 의한 보고: G&A연구소, "거버넌스 & 책무성 연구소에 의한 새로운 분석에 따르면, 지속가능성에 대해 보고하는 S&P 500® 과 포춘 500® 에 있는 기업의 수는 작년에 비해 2배 더 많다, 2011년 12월 17일 (http://www.ga- institute.com/nc/issue-master-system/news-details/article/ number-of-companies-in-sp-500R-and-fortune-500-R-report- ing-on-sustainability-more-than-doubles-1.html).

130. KPMG 연구: 마이크 웰리스에서 인용, "글로벌 리포팅 이니셔티브 업데이트 : 지속가능성 보고에 대한 글로벌 트렌드," 지속가능성 전문가 국제학회 기조, 2013년 5월 (http://www.slideshare. net/ MAWallace).

132. 원리포트의 정의와 인터넷 사용에 관한 인용 : 에클스와 크르저스, 원리포트,9,10.

132. 원리포트 사용에 관한 크르저스 : 개인적인 커뮤니케이션, 2012년 3월 7일.

133. 소이카의 인용 : 저자에게 보낸 이 메일, 2013년 8월 1일.

133. 웰리스 인용 : 저자와의 전화인터뷰, 2013년 8월 5일

133. 골먼 의 인용 : 골먼, Ecological Intelligence, 9 - 10.

134.오루크 인용 : 저자와의 인터뷰, 샌프란시스코, 2013년 4월 11일.

또한 참조 클레어 캐인 밀러(Claire Cain Miller), "웹과 아이폰에 대해 : 신중한 쇼핑을 돕는 툴," 뉴욕 타임즈, 2009년 6월 14일 (http://www.nytimes.com/2009/06/15/technology/ internet/15guide.html).

140. 에이치앤엠과 갭 청원: 스티븐 그린하우스, "주요 소매업자들이 방글라데시 안전계획에 참여하다, "뉴욕 타임즈, 2013년 5월 13일 (http://www.nytimes.com/2013/05/14/business/global/hm-agrees-to-bangladesh-safety-plan.html).

7장

142. 이프름의 법칙 : 폴 레스닉(Paul Resnick), 리차드 제크하우져(Richard Zeckhauser), 존 스완슨(John Swanson), 케이트 락우드(Kate Lockwood), "이베이 평판의 가치: 대조실험," 조사보고서(미시건 주립대학교), 2004년 3월12일, 29.

143. "그들의 정확성은 의미해볼 여지가 있다": 톰 슬리(Tom Slee),"인터넷 평판 시스템에 관한 몇 가지 분명한 것들," 힘슬리(Whimsley), 2013년9월 29일 (http://tomslee.net/2013/09/some-obvious-things-about-internet-reputation-systems.html); 개리 볼톤(Gary Bolton), 벤 그레이너(Ben Greiner), 액셀 옥켄펠스(Axel Ockenfels), "신뢰 획책하기: 평판 정보생성을 할 때 이익교환," 2012년 3월 25일 (http://ben.orsee. org/papers/engineering_trust.pdf).

143. 가필드/레비 인용: 가필드와 레비, Can'tBuyMeLike, 7,9.

144. 케리 피에르와 청구서 쇼크: 존 서터(John D. Sutter),"미국은 모바일 "청구서 쇼크'를 규제하는 것을 목표로 한다,'"CNN.com, 2010년 10월 13일 (http://www.cnn.com/2010/ TECH/mobile/10/13/fcc.bill.shock/index.html).

145. 청구서 쇼크 협약: 에드워드 와이어트(Edward Wyatt), "무선 사용자는 초과 사용에 대해 경보를 받게 될 것이다,"뉴욕 타임즈, 2011년 10월 17일 (http://www. nytimes.com/2011/10/17/ technology/fcc-and-wire-less-

carriers-agree-to-alerts-to-fight-bill-shock.html?emc=eta1).

146. "2012년 소비자 금융보호국": 소비자 금융보호국 불만고충 데이터베이스는 다음에서 접속할 수 있다 http://www.consumerfinance.gov/complaint. 더 상세한 내용은http://www.consumerfinance.gov/complaintdatabase 와 http://www.consumerfinance.gov/reports/a-snapshot-of-com-plaints-received-3.

147. 아이레스 논문 : 이안 아이레스, 제프 링월(Jeff Lingwall), 소냐 스테인웨이 (Sonia Steinway),"데이터 베이스 안의 해골: 소비자금융보호국의 소비자 불만 고충에 관한 조기분석, 예일대학교 법률 및 경제학 연구논문. 475호,2013년 7월 17일 (http://papers.ssrn.com/sol3/papers.cfm?abstract_id=2295157).

147. "미국은행가에 대한 최근 논문": 래이첼 위트코브스키(Rachel Witkowski), "고객은 현재 은행의 가장 거대한 규제협박이다," 아메리칸 뱅커, 2013년 9월 11일 (http:// www.americanbanker.com/issues/178_176/customers-are-now-banks-greatest-regulatory- threat-1061975-1.html). 참소 또한 애이미 폰틴넬(Amy Fontinelle), "은행들은 왜 당신의 불만을 들으려고 서두르고 있는가," 포브스, 2013년 10월 25일 (http://www.forbes.com/sites/investopedia/2013/10/25/why-banks-are-scrambling-to-hear-your -complaints/).

148. 소비자 금융보호국 불만을 예상하는 소셜미디어 : 브랜든 퍼셀(Brandon Purcell)과 닉 발도치(Nick Baldocci), "고객경험 개선을 위해 소비자 금융보호국 불만 데이터 베이스 이용하기,"월간 온라인 회의 시리즈 비욘드 더 아크, 2013 년 1월 31일 http://beyondthearc.com/downloads/BTA-Webinar-CFPBAnalysis-1-31-13.pdf).

149. 파월과 퍼티의 인용 : 저자와의 인터뷰,뉴욕, 2013년 4월 17일

151. 갈취 보고서 : "갈취 보고서," 위키피디아, (http://en.wikipedia.org/wiki/Ripoff_Report).

152. 옐프와 수입: 마이클 루카,"후기, 평판, 수익: Yelp.com의 사례," 보고서

12-016, 하버드 경영대학, 2011년 9월 16일 (http://www.hbs.edu/faculty/Publication%20Files/12-016.pdf).

152. UC 버클리 연구 : 앤더슨과 매그러더(Michael L. Anderson and Jeremy R. Magruder), "크라우드로부터 배우기: 온라인 후기 데이터베이스 효과에 대한 회귀 불연속성 추정,"The Economic Journal122, no.563 (2012) : 957 - 989.

152. 글래스도어 인용 : 2010년 6월 글래스도어 설립자와의 회의를 위한 준비자료에서.

153. 나쁜 온라인 후기에 관한 연구: 데이비드 스트레이트펠드(David Streitfeld), "웹 후기작성자들이 나쁜 것을 만들어내는 이유," 뉴욕 타임즈, 2013년7월 15일 http://bits.blogs.nytimes.com/2013/07/15/why-web-reviewers-make-up-bad-things).

153. 아마존 자기광고 저자들 : 데이비드 스트레이트펠드, "그의 가장 든든한 팬은 그 사람 자신이다," 뉴욕 타임즈, 2012년 9월 4일 (http://bits.blogs.nytimes.com/2012/09/04/his-biggest-fan-was-himself).

154. 마이클 잭슨 캠페인: 데이비드 스트레이트펠드, "마이클 잭슨과 대결하려면, 보복하고자 한다," 뉴욕 타임즈, 2013년 1월 25일 (http://www.nytimes.com/2013/01/21/business/a-casu- alty-on-the-battlefield-of-amazons-partisan-book-reviews. html?pagewanted=all).

154. 킨들의 사례 : 데이비드 스트레이트펠드, "별 하나에 2달러를 위해서 온라인 소매업자는 별점 5점 제품 후기를 얻는다," 뉴욕 타임즈, 2012년 1월 26일 (http://www.nytimes.com/2012/01/27/technology/for-2-a-star-a-retailer-gets-5-star-reviews.html).

154. 옐프 스팅: 데이비드 스트레이트펠드, "옐프에서 후기를 사라 그러면 벌점을 받게 된다,"뉴욕 타임즈, 2012년 10월 18일 (http://www.nytimes.com/2012/10/18/technology/yelp-tries-to-halt-deceptive- reviews.html?_r=0).

155. 5%의 가짜 후기를 예상하라: 저자 크리스틴 뮬너와의 인터뷰, 워싱턴, DC,

2013년 3월 29일

155. 가짜 후기에 대한 가트너의 추정: "가트너는 2014년까지 소셜미디어 후기의 10% - 15%가 기업으로부터 돈을 지불 받은 가짜라고 말한다." 언론보도, 2012년 9월17일 (http://www.gartner. com/newsroom/id/2161315).

155. 가짜 후기에 대한 빙 리우의 추정: 트리니티 하트만(Trinity Hartman), "빙 리우 : 가짜 후기 찾아내는 과학," Content Ping, 2012년 5월 18일 (http://www.contentping.com/social-media-2/bing-liu-the-science-of-detecting-fake-reviews).

155. 크리스틴 뮬러의 인용 : 저자와의 인터뷰, 워싱턴, DC, 2013년 3월 29일

157. 3일마다 10억 개의 트윗 : 스몰란과 어위트, 빅 데이터의 인간적인 모습, 150.

157. 트위터에서 데이터를 사용하기 위한APIs (예): https://dev.twitter.com/docs 그리고 https://dev.twitter.com/docs/faq#rest-api-v1.1.

157. 거대한 중심으로서의 그닙: "그닙," 위키피디아 (http://en.wikipedia.org/wiki/Gnip).

157. 데이터선환 가격: http://datasift.com/platform/pricing

158. 태플린 인용 : 거버넌스 랩 실험(컨퍼런스), 뉴욕, 2013년 4월 19일

158. 마겟 인용 : 저자와의 인터뷰, 런던, 2013년 4월 5일.

159. 퍼틱 인용 : 저자와의 인터뷰, Redwood City, CA, 2013년 4월 11일

160. 퍼틱 인용 : 저자에게 보낸 이 메일, 2013년 8월 7일

163. 퍼틱 인용 : 저자에게 보낸 이 메일, 2013년 8월 7일

164. 파월 인용 : 저자와의 인터뷰, 뉴욕, 2013년 4월 17일

8장

166. 감정분석과 마케팅에 대한 일반적인 배경은 케빈 랜댈(Kevin Randall), "시장 연구 3.0 의 현주소: 태도, 감정분석에서 알고리즘을 만나다," FastCompany.com, 2009년 9월 18일 (http://www.fastcompany.com/1363805/market-research-30-here-attitudes-meet-algorithms-sentiment-analysis);

세스 그라임스, "시장연구+감정분석=새로운 통찰력," 브레이크스루(Breakthrough) 분석, 2012년 10월24일 (http:// breakthroughanalysis.com/2012/10/24/market-research-senti-ment-analysis-new-insight).

167. 그라임스 인용 : 의학박사 타코마 박(Takoma Park)과의 인터뷰 2013년 3월 28일

168. 섬리 : 빅터 루커슨(Victor Luckerson),"17살짜리의 3,000만달러짜리 뉴스 앱은 심지어 왜 합법적인가?"타임, 2013년 3월27일 (http:// business.time.com/2013/03/27/why-is-that-17-year-olds-25-mil- lion-news-app-even-legal).

168. "그녀는 쿼틀에 주목했다": 쿼틀 웹사이트http://www.quertle.com, 컴펜디아 바오사이언스 사이트http://www.compendiabio.com, h3 바이오메디슨 웹사이트 http://www.h3biomedicine.com/home. 국립 암 연구소의 암 게놈 아틀라스에서 제공한 데이터 마이닝을 위한 이들의 콜라보레이션에 관한 웹사이트 http://www.h3biomedicine. com/press-release-details/54. 이런 앱에 대해 내게 경각심을 일깨워준 모린 맥아더 하트(Maureen McArthur Hart)에게 감사를 표한다.

170. "그라임스는 1년에 두 번씩 감정분석에 관한 컨퍼런스를 개최한다": 감정분석 심포지엄에서, 뉴욕, 2013년 5월 8일.

170. 위츠 쉘랙의 인용 : 감정분석 심포지엄에서, 뉴욕, 2013년 5월 8일.

171. 유니레버에 의한 감정분석 사용: 세스 그라임스, "감정분석: 앱에 집중하기," BeyeNetwork, 2008년 2월 19일(http://www.b-eye-network.com/view/6897).

171. 블루핀 : 스몰란과 어위트, 빅 데이터의 인간적인 모습, 170.

172. 유럽 통신회사에 의한 감정분석 사용 : 조 뮬리치(Joe Mullich), "경쟁사 연구 : 경쟁적인 마케팅 툴로서의 감정분석," Data Informed, 2012년 12월 10일 (http://data-informed.com/opposition-research-sentiment-analysis-as-a-competitive-marketing-tool).

173. 뮬러 인용 : 워싱턴 DC에서 저자와의 인터뷰, 2013년 3월 29일.

175. "시장이 워싱턴 포스트에게 말했다.": 줄리 자우즈머(Julie Zauzmer), "그래이 시장은D.C.의 좋은 점수를 기념한다," 워싱턴 포스트, 2013년 7월 9일 (http://www.washingtonpost.com/local/mayor-gray-cel-ebrates-dcs-good-grades/2013/07/09/b830fd8c-e8d3-11e2-aa9f- c03a72e2d342_story.html).

176. "더 이른 워싱턴 포스트 기사는 비평했다": 마이크 드보니스(Mike DeBonis), "D.C.의 등급이 얼마나 유용한가?",워싱턴 포스트 (블러그), 2013년 4월 3일 (http://www.washingtonpost.com/blogs/mike-debonis/wp/2013/04/03/just-how-useful-is-grade-d-c/).

176. "칭찬받은 월스트리트 저널": 사라 포트록(Sarah Portlock), "D.C.에서는, 소셜미디어 감시는 성공한다," 월스트리트 저널, 2012년11월 28일 (http://online.wsj.com/article/SB10001424127887324712504578133530033916570.html).

177. 빈정거림의 문제섬: 캐서린 모즈맨, "온라인 빈정거림을 전환하는 전략과학," 월스트리트 저널, 2011년 10월 30일 (http://online.wsj.com/article/SB10001424052970203335504578088763796519732.html).

178. "불가능한 정확성 번호를 주장": 세스 그라임스, "감정정확성 클레임을 절대 믿지 말라," 소셜미디어 엑스플로러, 2012년 7월 17일 (http://www.socialmediaexplorer.com/social-media-monitoring/never-trust-sentiment-accuracy-claims/).

178. 감정분석의 테러방지용 사용: 칼 레세메이어(Karl Rethemeyer), 개인적인 커뮤니케이션, 2012년 5월 14일

178. 더 작은 기업을 위한 조언: 앤젤라 하우즈맨(Angela Hausman), PhD, "소셜미디어 분석: 감정분석," 하우즈맨 마케팅 소식지, 2013년 6월 28일 (http://www. hausmanmarketingletter.com/social- media-analytics-sentiment-analysis).

179. 그라임스의 인용 : 저자에게 보낸 이 메일, 2013년 8월 2일

9장

181. 크라우드소싱 : 계속 진행중인 뉴스와 정보에 대해서는 "산업계 웹사이트,"인 www.crowdsourcing.org.을 참조

181. "40개의 서로 다른 정의": 브레이밤(Brabham), 크라우드소싱,2.

182. 이노센티브는 "선구자…": 언론자료, "이노센티브는 문제해결자를 위해 향상된 콜라보레이션 툴을 발표한다" 2012년 4월 2일 (http://www.innocentive.com/innocen-tive-announces-enhanced-collaboration-tools-문제-solvers).

183. 스프래들린 의 인용: 저자와의 전화인터뷰, 2013년 5월22일.

184. 캐글 과제(2013년 6월 기준):http://www.kaggle.com/competitions; 또한 참조 데릭 해리스(Derrick Harris), "캐글은 지금 100K 데이터 과학자를 보유하고 있다. 하지만 데이터 과학자란 무엇인가?" 기가옴, 2013년 7월 11일 (http://gigaom.com/2013/07/11/ kaggle-now-has-100k-data-scientists-but-whats-a-data-scientist).

184. 탑코더 대회: 언론자료," 탑코더의 오픈 커뮤니티 과제 프로세스는 빅 데이터 게놈 배열 알고리즘을 위해 970배 속도를 증가시킨다," 2013년 2월 7일 (http://www.topcoder.com/pressroom/topcoders-open-commu- nity-challenge-process-yields-970-fold-increase-in-speed-for- big-data-genomics-sequencing-algorithm).

184. 워싱턴 대학교 에이즈 연구: 사리카 벤살(Sarika Bensal), "크라우드소싱을 위한 한 가지 요점: 게이머들은 에이즈 와 비슷한 단백질의 단백질 구조를 찾아낸다," 포브스, 2011년 9월 28일(http://www.forbes.com/sites/sarikabansal/2011/09/28/crowdsourcing-gamers-solve-protein).

185. "노벡은 오랫동안 열린정부의 선구자였다": 노벡, 위키 거버먼트, throughout.

187. "그의 영향력 있는 저서 퓨쳐 퍼펙트에서": 존슨, 퓨쳐 퍼펙트, 94.
187. 노벡 인용 : 저자와의 인터뷰, 뉴욕, 2013년 5월31일.
188. 스택 오버플로우 사업모델 : "스택 오버플로우의 사업모델은 무엇인가?" (http://meta.stackoverflow.com/questions/79435/what-is-stack-overflows-business-model).
188. 매트 카우프만 인용 : 저자에게 보낸 이 메일, 2013년 8월 2일.
189. 위키피디아에 관한 연구 : 스테이시 쿤즈네트소브(Stacey Kuznetsov), "위키피디아 기고자들의 동기," ACM SIGCAS Computers and Society Newsletter 36,no.2 (2006) (http://staceyk.org/personal/Wikipe-diaMotivations.pdf). 참조 또한 요아힘 슈뢰터와 구이도 허텔(Joachim Schroer and Guido Hertel, "오픈 웹 기반 백과사전으로의 자발적 참여: 위키피디언즈, 왜 그들은 그것을 하는가," Media Psychology 12, no. 1 (2009): 96 - 120 (http://citeseerx.ist.psu.edu/viewdoc/download?doi=10.1.1.86.2761&rep=rep1&type=pdf).
189. 인포아미 : 인그리드 룬넨(Ingrid Lunden), "인포아미는 크라우드소스된 연구사업이 바닥까지 내려 앉은 후 퇴각한다. 모든 보고서는 이제 무료다," 테크크런치, 2013년 2월 1일(http://techcrunch.com/2013/02/01/infoarmy-retreats-after-crowdsourced-research- business-goes-through-the-floor-all-reports-now-free/?utm_ source=feedburner&utm_medium=feed&utm_campaign=Feed% 3A+Techcrunch+%28TechCrunch%29).
190. NASA: http://data.nasa.gov.
190. 국립기록보존관: http://www.archives.gov/citizen-archivist.
190. USAID : 저자 스테파니 그로서와의 인터뷰, 2012년 12월 14일. 또한, 섀드록 로버츠(Shadrock Roberts), 스테파니 그로서와 스웰틀리(D. Ben Swartley), "지역개발 신용인증 데이터로의 크라우드소싱: 사례연구," USAID, 2012년 6월 (http://transi- tion.usaid.gov/our_work/economic_growth_and_trade/

development_credit/pdfs/2012/USAIDcrouwdsourcingCaseStudy.pdf).

190. 국립기록보존관과 1940년 인구조사 데이터: 미리암 니즈벳(Miriam Nisbet)이 저자에게 보낸 이 메일, 2013년 6월 12일.

191. 심슨 인용 : 저자와의 인터뷰, 옥스포드, 2013년 4월 5일.

193. 셀 슬라이더 : 리아트 클라크(Liat Clark), "시민과학 프로젝트는 암 세포 식별을 크라우드소싱한다," Wired (UK), 2012년 10월 24일 (http://www.wired.co.uk/news/archive/2012-10/24/cancer- research-crowdsourcing).

193. "위키피디아는 약 1억 시간을 대표한다": 샤키, 인지과잉, 14.

194. BP 기름유출에 대한 스카이트루스 분석: 닐리 터커(Neely Tucker), "스카이트루스, 환경과 인공위성 혁명," 워싱턴 포스트, 2013년 7월 31일 (http://skytruth.org/washington-post-magazine-skytruth-the-environment-and-the-satellite-revolution/).

194. 스카이트루스와 프랙파인더 : 서명되지 않은 블러그 포스트, "프랙파인더 : 당신의 도움이 필요한 쉐일가스 시추기술 사이트 매핑하기와 추적하기," 스카이트루스 블러그, 2013년 7월 31일, (http://blog.skytruth.org/2013/07/frackfinder-mapping-and-tracking.html).

194. 미케니컬 터크 : https://www.mturk.com/mturk/welcome. 미케니컬 터크의 정확성 : 재콥 로그스태디어스(Jakob Rogstadius)외, "크라우드소싱 시장에서의 업무성과에 대한 내적 외적 동기 평가," 제 5차 웹브러그와 소셜미디어 국제AAAI회의 발표, 인공지성 진보를 위한 협회, 2011년. https://www.aaai.org/ocs/index.php/ICWSM/ICWSM11/paper/view/2778. 에서 검색

195. "클래이 샤키가 집단지성의 힘을 요약했다": 샤키, Here Comes Everybody, 104.

197. 스프래들린의 인용: 저자와의 전화인터뷰, 2013년 8월 5일.

10 장

199. 제이 브래드너 : "제이 브래드너: 오픈 소스 암 연구," 테드, 2011년 5월

(http://www.ted.com/talks/jay_bradner_open_source_cancer_research.html).
200. 텐샤 : 언론자료, "텐샤 치료법은 암과 다른 질병을 위해 선별된 브로모도메인 억제유전자를 발전시키기 위해 1,500만 달러 의 시리즈 A 파이낸싱을 이수한다.," 2011년 9월12일(http://www.tenshatherapeutics.com/pdf/tensha_pres_release_9_12_11.pdf).
201. SARS : 서로위키(Surowiecki), 군중의 지혜, 158
201. "나는 발견의 재창조를 믿는다": 닐슨, 재창조 발견, 10.
203. 버뮤다 협정 : 닐슨, 재창조 발견, 7.
203. 폴록 인용 : 저자와의 인터뷰, 런던, 2013년 4월4일.
203. MIT 연구 : 윌리엄스(Heidi L. Williams), "지적재산권과 혁신: 휴먼게놈으로부터의 증거,"Journal of Political Economy121, no.1(2013) : 1-27.
204. 연구 데이터 연합의 인용: http://rd-alliance.org/about.html.
204. 두뇌연구 이니셔티브: 조나단 그레이, "오바마의 새 10만 달러 두뇌 매핑 프로젝트는 오픈 액세스가 될 것인가?" 오픈지식재단 블러그, 2013년 4월 4일(http.//blog.okfn.org/2013/04/04/will-obamas-new-100m-brain-mapping-project-be-open- access).
204. 폭스 재단 인용 : 언론자료, "마이클 J. 폭스 재단은 파킨슨병 위험에 노출된 사람들을 연구하는 파킨슨 병 지적 표지물 연구를 발족시킨다.," 2013년 4월 23일 (https://www.michaeljfox.org/foundation/publi- cation-detail.html?id=472&category=7).
204. 마이클J. 폭스와PPMI—"완전한 오픈엑세스": PPMI 공표정책, 2010년 5월 28일, 1(http://www.ppmi-info.org/wp-content/uploads/2010/07/PPMI-Publication-Policy.pdf).
205. 캐시 쥬스티에 관한 자료: 린다 티슐러(Linda Tischler), "암 치료와 혁신을 추구하기 위한 데이터 이용," 패스트 컴퍼니, 2013년 4월 15일(http://www.fastcompany.com/ 3007768/creative-conversations/using-data-treat-cancer-and-drive-innovation. 또한 "캐시 쥬스티,"

위키피디아,(http://en.wikipedia.org/wiki/Kathy_Giusti).

206. PatientsLikekeMe에 관한 추가 정보: 참조 "제이미 헤이우드(Jamie Heywood) : 헬스케어 혁명," 테드 (http://www.ted.com/speakers/jamie_heywood.html).

207. 글락소스미스클라인 는 얼츄라이얼즈을 지지한다: 언론자료, "글락소스미스클라인은 임상데이터 투명성을 위한 얼츄라이얼즈 캠페인 지지를 발표한다," 2013년 2월 5일 (http://www.gsk.com/media/press-releases/2013/GSK-announces-support-forAll-Trials-campaign-for-clinical-data-transparency.html).

207. 글락소스미스클라인 PR 문제: 프라탑 터지, "의료 시험데이터 활동가 점수는 글락소를 이긴다," CorpWatch 블러그, 2013년 2월 7일 (http://www.corpwatch. org/article.php?id=15816).

207. 얼츄라이얼즈에 반대하는 제약산업계: 이안 샘플,"약물 시험데이터를 통해 환자를 전쟁터로 움직이는 거대 제약회사," 가디언, 2013년 7월 21일 (http://www.guardian.co.uk/busi-ness/2013/jul/21/big-pharma-secret-drugs-trials); 케이티 토마스(Katie Thomas), "제약연구에서 봉인 뜯기," 뉴욕 타임즈, 2013년 6월 29일 (http://www.nytimes.com/2013/06/30/business/breaking-the-seal-on-drug-research.html?pagewanted=all).

208. 아론 슈워츠 : "아론 슈워츠," 위키피디아 (http://en.wikipedia.org/wiki/Aaron_Swartz).

209. 프린스턴 대학교에서의 RECAP: http://www.recapthelaw.org. 이 "RECAP" 은 3장에서 설명된 탈러와 선스테인이 추천한 "RECAP" 접근법과는 상관없다

210. 슈워츠를 상대로 한 소송: 팀 쿠싱(Tim Cushing), "제이스토어/아론 슈워츠 소송에서 미국정부는 중범죄 건수를 4개에서 13개로 올린다," TechDirt, 2012년9월 18일 (http://www.techdirt. com/articles/20120917/17393320412/us-government-ups-felony-count-jstoraaron-swartz-case-four-to-thirteen.shtml).

210. 제이스토어 예상밖의 타겟 : http://about.jstor.org/10Things.
210. 엘제비어 수익 : "정보의 가격," 이코노미스트, 2012년 2월 4일, (http://www.economist.com/node/21545974).
210. 학술계의 활력 : "학술계의 활력," 위키피디아 (http://en.wikipedia.org/wiki/ Academic_Spring).
211. 액세스 2연구 : "액세스2연구," 위키피디아 (http://en.wikipedia.org/wiki/ Access2Research).
211. 청원 캠페인 : We the People 웹사이트, https://petitions.whitehouse.gov/petition/require-free-access-over-internet-scientific-journal-articles-arising-taxpayer-funded-research/wDX- 82FLQ.
211. 청원에 대한 반응 : We the People 웹사이트, https://petitions.whitehouse.gov/ response/increasing-public-access-results-scientific-research.
211. 홀드런 메모 : 홀드런, 행정부처와 기관의 장에게 보낸 메모.
212. 변화의 챔피언 : http://www.whitehouse.gov/champions/open-science; http://www.whitehouse.gov/sites/default/files/microsites/ostp/openscience_release_6-18-13.pdf.
212. FASTR : 메레디스 슈와르츠(Meredith Schwartz), "FASTR는 정부지원 연구에 오픈 엑세스를 가속화하는 것이다." Library Journal, 2013년 2월21일 (http://lj.libraryjournal.com/2013/02/oa/fastr- aims-to-speed-open-access-to-government-funded-research).
213. 아이젠 인용 : 비디오 http://en.wikipedia.org/wiki/File:PhD_Comics_open_Access_ Week_2012. ogv.
213. "2011년에 발행된 모든 과학논문의 절반" : "오픈 엑세스 전환점에 도달하다," Science-Metrix News, 8월 2013 (http://www.science-metrix.com/eng/news_13_08.htm).
213. "논문들이...더 자주 인용되었다": 헤더 피어워와 토드 비전 (Heather A. Piwowar and Todd J. Vision), "데이터 재사용과 오픈 데이터 인용

이점,"PeerJ, 2013년 10월 1일, (https://peerj.com/articles/175/).

214. 잭 앤드라카(Jack Andraka): 리아 스티클리(Lia Steakley),"10대 암연구가 잭 앤드라카는 과학에서의 오픈 액세스와 의학에서의 부진을 토론한다,"SCOPE (스탠포드 의학), 2013년 6월 3일 (http://scopeblog.stanford.edu/2013/06/03/teen-cancer-researcher-jack-andraka-discusses-open-access-in-science-stagnation-in-medicine); "인텔 ISEF 2012에서의 최고상을 수상한 것은 잭 앤드라카에게 놀라운 한 해를 열어준다," Society for Science & the Public, 2013년 4월 30일 (http://societyforscience.typepad.com/ssp/2013/04/winning-the-top-award-at-intel-isef-2012-kicks-off-amazing-year-for-jack- andraka.html).

215. 뉴 잉글랜드 저널 : 마틴 프랭크(Martin Frank), PhD,"공개이긴 하나 무료는 아니다—21세기의 공표," New England Journal of Medicine, 2013년 2월 28일, 787 – 789.

216. 폴록 인용 : 저자와의 인터뷰, 런던, 2013년 4월4일

217. 고로프 인용 : 저자에게 보낸 이 메일, 2013년 6월 16일.

219. "영향력 있는 책위키나믹스에서": 탭스캇과 윌리엄즈, 위키나믹스, 163 – 166.

220. 브래드너의 인용 : 저자와의 전화인터뷰, 2013년 8월 9일.

221. 엘리 릴리와 오픈 이노베이션 : 참조 https://openinnovation.lilly.com/dd/.

221. 글락소스미스클라인과 오픈 이노베이션 : 언론자료, "발전하는 세계에 영향을 미치는 질병에 관한 글락소스미스클라인의 오픈 이노베이션 연구 자금 부양," 2013년 5월 3일, (http://www.gsk.com/media/press-releases/2013/funding-boost-for-gsks-open-innova-tion-research-into-diseases-af.html).

222. "위키나믹스의 저자들이 언급한 것처럼": 탭스캇과 윌리엄즈, 위키나믹스, 221 – 222

▌11장▐

225. 맥넬리의 인용 : http://technologizer.com/2009/11/09/great-tech-quotes

226. 데이터 브로커 : 참조 로이스 베켓(Lois Beckett), "데이터 브로커가 우리에 대해 아는 것에 관해 우리가 아는 모든 것" 프로퍼블리카, 2013년 3월 7일 (http://www.propublica.org/article/everything-we-know-about-what-data-brokers-know-about-you).

226. "학부모는 경보를 울렸다": 코니 레취와 벤 챔프만(Corinne Lestch and Ben Chapman), "뉴욕학부모는 인블룸(inBloom)이라는 프로그램에 대해 분노한다. 인블룸은 교수법 툴을 개발하기 위해 학교와 기업이 개인적인 학생정보를 컴파일하도록 계약한 프로그램이다." 뉴욕 데일리 뉴스, 2013년 3월13일 (http://www.nydailynews.com/new-york/student-data-compiling-system-outrages-article-1.1287990). 참조 또한 스테파니 사이먼 (Stephanie Simon) (로이터), "학부모가 프라이버시에 대해 멈칫할 때 학교 데이터 베이스는 후원자를 잃어버린다." 시카고 트리뷴, 2013일 5월 29일 (http://articles.chicagotribune.com/2013-05-29/news/sns-rt-us-usa-education-databasebre94s0yu-20130529_1_student-data- database-school-districts).

226. "총기소유자들은 걱정한다": 제이 데이비드 굳맨(J. 데이비드 Goodman), "신문은 총기 허가증 소유자들의 지도를 작성한다." 뉴욕 타임즈, 2013년 1월 18일,(http://www.nytimes.com/ 2013/01/19/nyregion/news- paper-takes-down-map-of-gun-permit-holders.html?emc=eta1). 참조 또한 케빈 밀러, "상원 수정안은 총기 소유자 정보 공개를 금한다." Morning Sentinel (메인 주), 2013년 4월 18일 (http://www.onlinesentinel.com/news/senate-amend-ment-bans-release-of-gun-owner-information_2013-04-18. html?pagenum=full).

228. "공정한 신용보고 법": "공정한 신용보고 법," 위키피디아 (http://en.wikipedia. org/wiki/Fair_Credit_Reporting_Act).

228. "뉴욕 타임즈가 표현한 것처럼, 대단하게": 나타샤 싱어(Natasha Singer),

"프라이버시 법의 미국 퀼트, 미완성," 뉴욕 타임즈, 2013년 3월 30일, (http://www.nytimes.com/2013/03/31/technology/in-privacy-laws-an-incomplete-american-quilt.html?pagewanted=all).

228. "개인정보에 접근하고 수정할 권리": 백악관, "소비자 데이터 프라이버시,"48.

229. 뎀시 인용 : 저자와의 인터뷰, 샌프란시스코, 2013년 4월 12일

230. 시나이의 인용: 저자와의 인터뷰, 2013년 5월 17일

231. 펜트랜드의 아이디어에 대한 추가 정보는 펜트랜드와의 인터뷰 참조, "빅 데이터를 깨우는 재창조 학회," Edge, 8월 30, 2012, 알렉스 "샌디" 펜트랜드, "데이터 중심 사회," Scientific American, 2013년 10월, 78-83. (http://www.edge.org/conversation/reinventing-society-in-the-wake-of- big-data).

232. 트루카 : 세계경제포럼, "개인정보의 가치 공개하기," 30. 또한 참조 "트루카," 위키피디아.

232. 데이터에 관한 뉴딜: 알렉스 펜트랜드, "모바일 커뮤니케이션의 현실 마이닝: 데이터에 관한 뉴딜을 향해," 글로벌 정보기술 보고서2008 - 2009 : 네트워크 세계에서의 모빌러티, 편집. 수미트라 두타와 아이린 미아(Soumitra Dutta and Irene Mia) (세계경제포럼, 2009), 79 (http://hd.media.mit.edu/wef_globalit.pdf).

233. "세계경제포럼이 생성했다" : 세계경제포럼, "개인정보의 가치 드러내기."

233. "30일이 걸릴지도 모른다": 마이크 매스닉(Mike Masnick), "당신이 마주치는 모든 개인정보정책을 읽으려면 1년에 1달은 휴가를 내야 할 지 모른다," TechDirt, 2012년 4월 23일, (http://www.techdirt.com/articles/20120420/10560418585/to-read-all-privacy-policiesyou-encounter-youd-need-to-take-month-off- work-each-year.shtml).

234. "기구가 참여할 필요가 있다…" 세계경제포럼, "개인정보의 가치 드러내기,"4.

234. 개인정보금고의 정의: 세계경제포럼, "개인정보의 가치 드러내기,"29.

235. "자신의 데이터에 대해 돈을 지불하도록 하기": 셜즈, The Intention Economy, throughout.

236. 퍼스널닷컴과 디자인에 의한 프라이버시: 조쉬 갤퍼, 저자에게 보낸 이 메일, 2013년 8월 4일과 5일.

236. 이코노미스트에 나온 퍼스널닷컴: "개인정보: 너 자신을 알라," 이코노미스트, 2012년 12월 15일 (http://www.economist.com/news/business/21568438-data-lockers-promise-help-people- profit-their-personal-information-know-thyself/print).

236. 퍼스널닷컴에서는 무료 : 빌 플룩(Bill Flook), "네, 퍼스널닷컴은 요금을 지불하도록 합니다. 하지만 머리속에는 더 큰 무엇인가를 가지고 있습니다." 워싱턴 비즈니스 저널, 2013년6월 5일, (http://www.bizjournals.com/washington/blog/ techflash/2013/06/personalcom-is-now-charging-but-its.html?ana=RSS&s=article_search&utm_ source=dlvr.it&utm_medium=twitter).

237. 퍼스널닷컴, DMV, 교육부: 조쉬 갤퍼, 저자에게 보낸 이 메일, 2013년 6월 14일.

237. "2,000만 명의 . . . 연방학생 지원": http://www.ed.gov/about/ offices/list/fsa/index.html. 참조 또한 Kate Freeman, "'Personal for Education' 앱에서 눈 깜짝할 사이에 장학금을 신청하세요," Mashable, 2013년 1월 8일, (http://mashable.com/2013/01/08/personal-for-education).

237. "매년 3,000만 시간": 언론자료, 백악관 이벤트에서 'Personal for Education' 앱을 개인적으로 출시," 2012년 10월 9일 (https://www.personal.com/personal-launches-personal- for-education).

237. 양식작성에 관한 세계경제포럼: 세계경제포럼, "개인정보의 가치 드러내기," 29.

238. 퍼틱 인용 : 저자와의 인터뷰, Redwood City, CA, 2013년 4월 11일.

240. "아직 이윤을 내지 못했다": 나타샤 싱어, "당신의 온라인 라이프에 변화를 주기 위한 금고," 뉴욕 타임즈, 2012년 12월 8일 (http://www.nytimes.com/2012/12/09/ business/company-envisions-vaults-for-personal-data.html?pagewanted=all).

241. 피터페이더의 인용 : 톰 시모니트(Tom Simonite),"만약 페이스북이 당신의 데이터로부터 이윤을 낼 수 있다면, 당신은 왜 그렇게 하지 못하겠는가?" MIT Technology Review, 2013년 7월 30일 (http://www.technologyreview.com/news/517356/if-face-book-can-profit-from-your-data-why-cant-you).

241. 카트리나 러먼(Katrina Lerman) 블러그 포스트: 카느리나 러먼, "너 자신을 팔아라: 오픈 데이터 시장에서의 모험," Verbatim, 7월 31, 2013 (http://blog.communispace.com/learn/go-sell-yourself-adven-tures-on-the-open-data-시장/#_msocom_1).

242. 셜즈 블러그 포스트: "개인정보를 위해서는 가치비트 매각가액을 사용하라," Doc 셜즈 웹블러그, 2012년 2월 13일 (http://blogs.law.harvard.edu/doc/2012/02/13/for-personal-data-use-value-beats-sale-value).

244. 조쉬 갤퍼 인용 : 저자에게 보낸 이 메일, 2013년 8월 5일.

▌12 장 ▌

249. 미시건 주립대학교와의 마이어연구 : 수잔 로즈그랜트(Susan Rosegrant), "폭동의 뿌리 찾아내기," 사회연구 연구소(업데이트됨) (http://home.isr.umich.edu/sampler/revealing-the-roots-of-a-riot).

248. Precision Journalism에 나온 마이어, http://www.unc.edu/~pmeyer/book.200 루이스 인용: 저자와의 인터뷰, 워싱턴,DC, 2013년 3월 28일.

252. 법원결정 : 모리스 탬맨(Maurice Tamman), "연방판사는 의료데이터에 대한 공공 액세스 금지를 해제한다," 로이터, 2013년 5월 31일 (http://www.reuters.com/article/2013/05/31/us-medicare-lawsuit-idUSBRE94U1AE20130531). 법원결정에 대해서는 다음 참조 http://hr.cch.com/hld/FloridaMedicalAssociationvDeptof-HealthEducationandWelfare.pdf.

253. 투석에 대한 프로퍼블리카와 그래슬리의 인용 : 저자 폴 스타이거(Paul Steiger)와의 인터뷰, 뉴욕, 2013년 1월 25일; 로빈 필드(Robin Fields), "프로퍼블리카

를 따르는 연방정부 공무원들은 투석 클리닉 데이터를 공개하라,
"프로퍼블리카, 2011년 3월 29일 (http://www.propublica.org/article/feds-to-follow-propublica-release-dialysis-clinic-data). 다른 프로퍼블리카 프로젝트는, 참조 처방자 대조는 http://projects.propublica.org/checkup, 달러 퍼 닥터는 http://projects.propublica.org/docdollars, 요양원조사는 http:// projects.propublica.org/nursing-homes.

254. 아틀란타 주 학교: "우리 아이들 속이기," 아틀란타저널 컨스티슈션에서 진행 중인 온라인 아카이브는 (http://www.ajc.com/s/news/school-test-scores); 마이클 위너립(Michael Winerip), "아틀란타 전 학교대표는 시험관련 스캔들로 기소된다," 뉴욕 타임즈, 2013년 3월 29일, (http://www.nytimes.com/2013/3/30/us/former-school-chief-in-atlanta-indicted-in-cheating-scandal.html?pagewanted=all&_r=0).

254. 가디언 크라우드소싱 : "데이터블러그 + 수상의 비용," 가디언에서 진행중인 온라인 아카이브는 (http://www.guardian.co.uk/news/datablog+politics/mps-expenses).

255. 가이트너 인용 : 로이즈 그로브(Lloyd Grove), "Too Big to Fail? 가이트너는 아니다라고 말한다," The Daily Beast, 2011년 5월 17일 (http://www.thedailybeast.com/articles/2011/05/18/too-big-to-fail-timothy-geithner-says-no-at-hbo-movie-screening.html).

256. 리먼 브라더스에 관한 인용 : 은행 감독에 관한 바젤 위원회, "양국 은행 결의 그룹 보고서 및 조언," 국제결제은행, 2010년 3월

257. 도드프랭크 : "도드프랭크 월 스트리트 개혁 및 소비자 보호법,"위키피디아.

257. 태거트 인용 : 데이비드 마이어,"돈을 따르고 싶은가? 오픈 코퍼레이트는 기업구조를 드러내기 위해 오픈 데이터를 사용한다," 기가옴, 2013년 7월 12일 (http://gigaom.com/2013/07/12/want-to-follow-the-money-opencorporates-uses-open-data-to-expose-corporate-structures).

258. 카메론 인용: 영국 수상 데이비드 카메론이 다보스 세계경제포럼에서 했던 연설,

2013년 1월 24, 영국 수상 공식 웹사이트에서 볼 수 있음, www.number10.gov.uk.

259. 밀러 인용 : 저자와의 인터뷰, 뉴욕, 2013년 4월 17일.

259. 애드 호크 : http://adhawk.sunlightfoundation.com.

260. POGO : 저자 스캇 아메이와의 인터뷰, 2013년 1월 16일 참조 : http://www.pogo.org.

260. 굿잡 퍼스트 : 저자 필 매테라와의 인터뷰, 2012년 12월 13일 참조: www.goodjobsfirst.org.

261. "그들의 데이터는 주요 소스 중 하나였다": 뉴욕 타임즈 시리즈, "보조금 합중국," 인터액티브 앱 http://www.nytimes.com/interactive/2012/12/01/us/government-incentives.html. 처음에는 3부 시리즈로 발행되었다, 2012년 12월1일~3일

261. 비즈비즈 : 톰 로즈톤(Tom Roston),"비즈비즈 : 다큐멘터리 영화에 의해 영감을 받은 모바일 앱" POV (PBS 웹사이트), 2013년 2월 4일 (http://www.pbs.org/pov/blog/docsoup/2013/02/bizvizz-a-mobile-app-inspired-by-a-documentary-film/#.URGmnej8V5b).

263. "내가 새로운 시대라고 부르는 것": 기업 신뢰도라는 용어는 저자와의 대화 중 미첼 벨진(Mitchell Belgin)이 제안했다.

13 장

266. "오스틴에 있는 기술센터 방문에서": 필립 러커(Philip Rucker),"오스틴에서 오바마 대통령은 경제를 부흥시킬 정책을 발표하기로 계획한다," 워싱턴 포스트: Post Politics, 2013년 5월9일, (http://www.washingtonpost.com/blogs/post-politics/wp/2013/05/09/in-austin-obama-plans- to-announce-steps-to-boost-economy).

266. 오바마 대통령의 오픈 데이터 정책에 관한 발언: http://www.whitehouse.gov/the-press-office/2013/05/09/remarks-president-applied-materials

-inc-austin-tx.
266. "이 정책은 슬레이트에서 본격화 되었다": 알렉산더 하워드, "오바마 정부가 이번 달에 제일 잘한 일," 슬레이트 : 미래시제, 2013년 5월 15일 (http://www.slate.com/articles/ technology/ future_tense/2013/05/open_data_executive_order_is_the_best_thing_ obama_s_done_this_month.single.html).
267. 오픈 데이터 정책 옹호자의 발언 인용 : 닉 시나이와 헤일리 반 다이크(Haley Van Dyck), "Recap: 오픈 데이터를 위한 빅 데이," 과학기술정책 블러그, 2013년 5월 10, (http://www.whitehouse.gov/blog/2013/05/10/recap-big-day-open-data).
267. 닉 시나이의 발언 인용: 저자와의 전화 인터뷰, 2013년 5월 17일
268. "연방정부에서 사용되는 10,000개의 다른 정보": 재러드 뒤발(Jared Duval), 다음 세대 민주주의, 174, 비벡 쿤드라를 설명하면서, "문 열기: 열린정부로의 열쇠 찾기,"패널 토의, Center for American Progress, 워싱턴, DC, 2009년 3월 20일.
269. "2009년 1월 21일에": 버락 오바마, 메모, "투명성과 오픈정부."
270. 시민참여형 예산 : 대니얼 앨츌러(Daniel Altschuler), "미국의 시민참여형 예산 : 그 역할은 무엇인가?" Nonprofit Quarterly 블러그, 2013년 4월 18일 (http://www.nonprofitquarterly.org/policy-social-context/22157-participatory-budgeting-in-the-united- states-what-is-its-role.html).
271. 데이비드 카메론의 인용 : 영국내각으로 보내는 편지, 2011년 7월 7일, "정부의 새 투명성 계획: 무엇을 공개할 것이며 그것이 어떻게 해서 그리 대단한가?" 에서 재인쇄, 가디언 데이터 블러그, 2011년 7월 7일(http://www.guardian.co.uk/news/datablog/2011/jul/07/government-transpar-ency-data-releases#cameron).
271. 국제적인 열린정부 만들기 협력관계에 대한 미국의 노력 : 참조 "열린정부 만들기 협력관계 : 국가 활동 계획." 또한 참조 파트너십 웹사이트 at http://www.

opengovpartnership.org.

271. 폴 멀트바이 인용 : 저자와의 인터뷰, 런던, 2013년 4월 4일

272. "약 30억 달러와 90억 달러 사이에서": 딜로이트, "공공부문 정보에 대한 시장 평가." 또한 참조 스테판 셰익스피어(Stephan Shakespeare), "셰익스피어 리뷰: 공공부문 정보에 대한 독립적인 리뷰," 2013년 5월 (https://www.gov.uk/government/uploads/system/ uploads/attachment_data/file/198752/13-744-shakespeare-review-of-public-sector-infor-mation.pdf); Anna Leach, "보고서에서 공공 데이터는 사업을 활성화시킬 것이라고 말한다," 월스트리트 저널, 2013년 5월 15일 (http:// blogs.wsj.com/tech-europe/2013/05/15/public-data-will-boost-business-report-says); 스테판 셰익스피어, "셰익스피어 리뷰," YouGov, (http://yougov.co.uk/news/2013/05/15/shake- speare-review).

272. "약 300억 유로에서 1,400 억 유로 사이": 비커리(Vickery), "PSI에 관한 최신 연구 리뷰."

272. EU 투표 : 톰 브루스터(Tom Brewster), "의회가 새 법에 찬성한 이후 유럽 연합은 오픈 데이터 붐을 알린다," Tech Week Europe, 2013년 6월 13일 (http://www.techweekeurope.co.uk/news/ eu-heralds-open-data-boom-after-parliament-vote-118978). 새로운 오픈 데이터 공개로 인한 가치를 400억 유로로 추정한 것은 비커리다, "PSI에 관한 최신 연구 리뷰."

272. G8 : 영국내각, "정책서 : G8 오픈데이터 헌장 및 전문부록."

273. USASpending.gov의 선라이트 실수 : Sunlightfoundation.com/clearspending.

273. "ARRA는… 더 나은 데이터가 가능하다는 것을 보여주었다".: 앤드리아 피터슨(Andrea Peterson), "회복법이 오픈 데이터를 위한 시험 사례가 되었던 방법이 여기에 있다,"워싱턴 포스트: The Switch, 2013년 9월16일 (http://www.washing tonpost.com/blogs/the-switch/wp/2013/09/16/heres-how-the-recovery-act-became-a-test-case-for-open-data/).

274. "낭비되고 부정하게 사용되는 수천만 달러를 막는다": 저자와의 인터뷰에서 허드슨 홀리스터가 6,000만 달러를 절약한다고 한 것을 인용, 워싱턴, DC, 2013년 3월 27일

274. 허드슨 홀리스터 인용 : 저자와의 인터뷰, 워싱턴, DC, 2013년 3월 27일

275. 니즈벳 인용 : 저자와의 인터뷰, 워싱턴, DC, 2013년 3월 28일

275. 언론과 사업에서의 정보자유법 이용: "자주 파일을 정리하는 사람 : 사업은 FOIA를 그들의 사업으로 만든다,"Society of Professional Journalists, 2006년 7월 3일 (http://www.spj.org/rrr.asp?ref=31&t=foia).

276. "월 스트리트 저널이 검토했다 : 브로디 뮬린즈와 크리스토퍼 위버(Brody Mullins and Christopher Weaver),"열린정부법은 헤지펀드 이윤에 불을 지핀다,"월 스트리트 저널, 2013년 9월23일 (http://online.wsj.com/news/articles/SB10001424127887324202304579053033444112314).

276. 정보자유법 개혁에 관한 토의: 참조 "한 걸음 더 앞으로, 한 걸음 지나쳤다: 운영위원회는 제한적인 정보자유법 개선을 승인한다," 효과적인 정부를 위한 센터, 2013년 3월 21일 (http://www.foreffectivegov.org/one-step-forward-one-step-missed-house-committee-approves-limited-foia-improvements).

277. "카스 선스테인은 이 철학을 따랐다": 선스테인, 심플러.

278. "목표가 된 투명성": 펑, 그라함, 웨일, 완전한 공개, 6.

278. 숀 모루톤 인용 : 저자와의 인터뷰,워싱턴,DC, 2013년 3월 27일

279. 유해 화학물질 배출목록의 영향력에 관해 인용 : 해밀턴, 공개를 통한 규제, 8; 또한 참조 펑, 그라함, 웨일, 완전한 공개, 188.

281. 카팩스 데이터 소스 : http://www.carfax.com/about/data_sources.cfx.

281. 병원 데이터에 관한 컨슈머 리포트 : "당신이 다니는 병원은 얼마나 안전합니까?" 컨슈머 리포트, 2012년 8월 (http://www.consumerreports.org/cro/magazine/2012/08/how-safe-is-your-hospital/index. htm);"여전히 미국 병원에서 안전이 뒤처진다," 컨슈터 리포트2013년 5월 (http://www.consumerreports.

org/cro/잡지/2013/05/safety-still-lags-in-u-s-hospitals/index.htm).

282. 케빈 메리트 인용 : 저자에게 보낸 이 메일, 2013년 8월 5일.

282. "뉴숌은 자신의 책에서 기술한다": 뉴숌,시티즌빌,throughout.

282. "뉴요콜로지의 사무실": 앨런 퓨어(Allen Feuer), "시장의 긱스쿼드," 뉴욕타임즈,2013년 3월 24일

283. 테레사 파르도의 인용 : 저자에게 보낸 이 메일, 2013년 6월 14일, 또한 정부의 기술센터 athttp://www.ctg.albany.edu.

284. 후두마 평가 : 래케쉬 라이아니(Rakesh Rajani)의 Open Up! 회의에서의 발표, 런던, 2012년 11월 13일.

284. 로스필(RosPil)의 성공: 폴 힐리(Paul M. Healy), 카르틱 라만나(Karthik Ramanna), 매튜 새퍼(Matthew Shaffer), "사례연구 : Rospil.info," 하버드 경영대학, 2012년 2월 14일 (http://hbr.org/product/rospil-info/ an/112033-PDF-ENG).

284. SARPAM : 호세 알론소(Jose Alonso), 개인적인 커뮤니케이션, 2012년 11월 2012년, 참조 : www.sarpam.net.

285. 포데로피디아 : 제시카 맥켄지(Jessica McKenzie), "칠레 반부패 자료 : 사회적 정치적 연결의 크라우드소스 데이터 베이스," TechPresident, 2013년 5월 17일(http://techpresident.com/news/wegov/23893/chilean-anti-corruption-resource-crowd- sourced-database-social-and-political-connections).

288. EPA 데이터의 문제점 : 저자와의 개인적 커뮤니케이션 스티브 영(Steve Young), 데이비드 스미스(David Smith), 마이클 앨포드(Michael Alford).

14 장

292. 관계과학 : 앤드류 로스 솔킨, "이름 데이터 베이스와 이름들이 연결된 방식," 뉴욕 타임즈, 2013년 2월 11일 (http://dealbook.nytimes.com/2013/02/11/a-database-of-names-and-how-they-connect).

293. 푸드 지니어스 : 데릭 해리스, "데이터로 사업을 어떻게 발전시키는지 식품으로 설명하는 7가지 쉬운 방법," 기가옴, 2013년 7월 4일 (http://gigaom.com/tag/food-genius). 또한 참조 케빈 피차드(Kevin Fitchard), "푸드 지니어스가 메뉴 데이터에서부터 얼티미트 테스트 키친을 구축한 방법," 기가옴, 2012년 12월 21일 (http://gigaom.com/2012/12/21/how-food-genius-built-the-ultimate-test-kitchen-out-of-menu-data).

색인

A

B

C

D

E

F

G

I

J

N

Q

R

T

U

X

Y

Z

지은이 소개

조엘 구린은 그 만의 독특한 배경을 가지고 오픈 데이터 연구에 합류했다. 과학 기자로서 사회에 첫 발을 내디딘 그는 잡지와 온라인 출판 분야의 리더이자 혁신가가 되었고 소비자 중심 데이터와 정보에 관한 백악관 전담팀을 이끌었고 현재 오픈 데이터와 오픈 정부에 관한 재단이 자금을 지원하는 프로그램을 이끄는 것을 돕고 있다.

구린은 하버드 대학교에서 생화학 전공으로 학사학위를 취득한 후 곧바로 과학 저술가와 편집자로서의 길을 걷기 시작했다. 미국 과학진흥협회와 미국 과학저술가협회로부터 최고 과학저술상을 수상했다. 기준점이론을 소개한 다이어트하는 사람의 딜레마(The Dieter's Dilemma)를 윌리엄 벤네트와 공동으로 저술했으며 감성지능 (감성지능)의 저자인 다니엘 골먼과 마음/몸 의학(Mind/Body Medicine)을 공동 편집했다. 또한 내셔널 매거진 퍼 제너럴 엑설런스(National Magazine Award for General Excellence)를 수상한 최초의 헬스 관련 출판물이었던 아메리칸 헬스(American Health) 잡지의 편집장이자 공동창립자였다.

구린은 또한 컨슈머 리포트를 발행하는 비영리 출판사인 컨슈머 유니온(Consumers Union)에서 과학 편집자로서 일을 시작했고 곧 편집장이 되었다. 그리고 지난 약 10여 년간은 부사장으로서 컨슈머 리포트의 웹사이트인 ConsumerReports.org를 발족시키고 발전시켰다. 그의 리더십 덕분에 이 웹사이트는 현재 300백만 명 이상의 구독자를 보유하고 있는 전 세계에서 가장 거대한 정보기반 유료 사이트가 되었다.

2009년 12월, 구린은 연방정부 통신위원회의 소비자 행정 사무국 최고책임자로서 오바마 행정부에 영입되었다. 그 후 백악관 스마트 공시 대책위원회 수장을 맡음으로써 그는 헬스케어, 금융서비스, 교육, 에너지 등의 서비스에서 정부의 오픈 데이터가 소비자의 최고 선택에 도움이 되는 방법을 연구했다. 현재는 뉴욕 대학교 거버넌스 랩의 선임 자문가로 일하면서 우리가 관리하는 방식을 개선시키고 사람들의 삶을 향상시키기 위해 오픈 데이터와 시민들이 참여를 사용하는 방법에 관해 연구하고 있다. 가족으로는 아내 캐롤과 어른이 된 자녀 3명이 있으며 현재 뉴욕 주 스카즈데일 (Scarsdale)에서 아내와 살고 있다.